CSR-Richtlinie-Umsetzungsgesetz

Nina Isabelle Schröder

CSR-Richtlinie-Umsetzungsgesetz

Beurteilung aus Arbeitnehmerperspektive

Mit einem Geleitwort von Prof. Dr. Bernhard Pellens

Nina Isabelle Schröder
Fakultät für Wirtschaftswissenschaft
Ruhr-Universität Bochum
Bochum, Deutschland

Zugl.: Dissertation, Ruhr-Universität Bochum, 2019

ISBN 978-3-658-29197-6   ISBN 978-3-658-29198-3   (eBook)
https://doi.org/10.1007/978-3-658-29198-3

Die Deutsche Nationalbibliothek verzeichnet diese Publikation in der Deutschen National-
bibliografie; detaillierte bibliografische Daten sind im Internet über http://dnb.d-nb.de abrufbar.

© Springer Fachmedien Wiesbaden GmbH, ein Teil von Springer Nature 2020
Das Werk einschließlich aller seiner Teile ist urheberrechtlich geschützt. Jede Verwertung, die
nicht ausdrücklich vom Urheberrechtsgesetz zugelassen ist, bedarf der vorherigen Zustimmung
des Verlags. Das gilt insbesondere für Vervielfältigungen, Bearbeitungen, Übersetzungen,
Mikroverfilmungen und die Einspeicherung und Verarbeitung in elektronischen Systemen.
Die Wiedergabe von allgemein beschreibenden Bezeichnungen, Marken, Unternehmensnamen
etc. in diesem Werk bedeutet nicht, dass diese frei durch jedermann benutzt werden dürfen. Die
Berechtigung zur Benutzung unterliegt, auch ohne gesonderten Hinweis hierzu, den Regeln des
Markenrechts. Die Rechte des jeweiligen Zeicheninhabers sind zu beachten.
Der Verlag, die Autoren und die Herausgeber gehen davon aus, dass die Angaben und Informationen in diesem Werk zum Zeitpunkt der Veröffentlichung vollständig und korrekt sind.
Weder der Verlag, noch die Autoren oder die Herausgeber übernehmen, ausdrücklich oder
implizit, Gewähr für den Inhalt des Werkes, etwaige Fehler oder Äußerungen. Der Verlag bleibt
im Hinblick auf geografische Zuordnungen und Gebietsbezeichnungen in veröffentlichten Karten
und Institutionsadressen neutral.

Springer Gabler ist ein Imprint der eingetragenen Gesellschaft Springer Fachmedien Wiesbaden
GmbH und ist ein Teil von Springer Nature.
Die Anschrift der Gesellschaft ist: Abraham-Lincoln-Str. 46, 65189 Wiesbaden, Germany

Geleitwort

Vor dem Hintergrund des gesamtgesellschaftlichen Wertewandels sind die gesetzlich geforderten Transparenzpflichten über gesellschaftliche und ökologische Aspekte der Geschäftstätigkeit von Unternehmen im (Konzern-)Lagebericht in den letzten Jahren ausgeweitet worden. Den aktuellen Höhepunkt in der Entwicklung der gesetzlich verpflichtenden nichtfinanziellen Berichterstattung stellt die Richtlinie 2014/95/EU der Europäischen Kommission dar, deren Umsetzung in deutsches Recht durch das Gesetz zur Stärkung der nichtfinanziellen Berichterstattung der Unternehmen in ihren Lage- und Konzernlageberichten (CSR-Richtlinie-Umsetzungsgesetz, CSR-RL-UmsG) 2017 erfolgte. Inwieweit durch das CSR-RL-UmsG eine Transparenzerhöhung hinsichtlich der Sozial- und Umweltbelange von Unternehmen erreicht werden kann, ist noch unklar.

Die vorliegende Arbeit von Nina Isabelle Schröder greift diese Fragestellung auf und untersucht im Rahmen einer quantitativen empirischen Analyse die Auswirkungen des CSR-RL-UmsG auf die Transparenz der Nachhaltigkeitsberichterstattung. Anders als der überwiegende Teil bisheriger diesbezüglichen empirischer Studien, die sich auf die Shareholder beziehen, wird in ihrer Arbeit die Perspektive von Arbeitnehmern eingenommen. Dabei fokussiert Frau Schröder zwei wesentliche Forschungsfragen: Zum einen untersucht Sie, ob die Ziele des Gesetzgebers durch das CSR-RL-UmsG erreicht werden können. Zum anderen geht sie der Frage nach, ob die formalen und inhaltlichen Vorgaben des CSR-RL-UmsG zum Interesse der Arbeitnehmer an nichtfinanziellen Informationen beitragen.

Frau Schröder greift ein in ihrer Arbeit ein für die Wissenschaft, den Regulator und insbesondere für die Unternehmenspraxis aktuelles und hoch relevantes Thema auf. Die Dissertation überzeugt einerseits durch einen umfangreichen Überblick der für die nichtfinanzielle Berichterstattung einschlägigen Normen. Andererseits werden die Nutzeneinschätzungen dieser Berichtsinstrumente sowie eventuelle Verbesserungsmöglichkeiten aus Arbeitnehmerperspektive deutlich. Ich wünsche der Arbeit daher im Namen aller Herausgeber, dass sie die verdiente Anerkennung in der Fachöffentlichkeit erhalten wird.

Prof. Dr. Bernhard Pellens

Vorwort

Mein erster und besonderer Dank gilt meinem Doktorvater Prof. Dr. Bernhard Pellens. Er unterstützte mich bei der Themenfindung und ermöglichte es mir, zur Nachhaltigkeitsberichterstattung unter Anwendung qualitativer Forschungsmethoden zu promovieren. Insbesondere für das mir entgegengebrachte Vertrauen bedanke ich mich herzlich. Mein Dank gilt zudem Prof. Dr. Stephan Paul für die Übernahme des Zweitgutachtens und Prof. Dr. Thorsten Knauer für seine Prüfungstätigkeit im Rahmen der Disputation. Meinen Interviewpartnern, die diese Art von Forschungsarbeit erst ermöglicht haben, danke ich für die Zeit und ihr Wissen, das sie mit mir geteilt haben.

Während meiner Promotionszeit war ich immer wieder auf Unterstützung angewiesen. Mein besonderer Dank gilt hier Dr. Andrè Schmidt sowie Dr. Andreas Bonse, Yvonne Kohlbrunn und Dr. Anja Schwering. Eure Hilfe trug wesentlich zum Gelingen meines Dissertationsvorhabens bei. Prof. Jost Schieren danke ich sehr dafür, dass er mich schon in einer viel früheren Phase meines Lebens darin bestärkt hat, an mich zu glauben und mich auch größeren Herausforderungen zu stellen.

Den Teams von der Bibliothek, dem Dekanat, dem Prüfungsamt und dem ZföB danke ich für jahrelange freundschaftlich geprägte gute Zusammenarbeit. Ich freue mich auf einen weiteren gemeinsamen Weg in neuen Konstellationen.

Privat danke ich Felix Niggemann, Theresa Schlottbohm, Christina Stappert, Katrin Tholen und Sirka van Vorst. Danke für das Verständnis und das geduldige Zuhören, die kritischen Fragen und die Sortierung meiner Gedanken, danke für das auf den Punkt bringen und die wundervollen Stunden der Ablenkung. Ich bin glücklich, Freunde wie euch zu haben. Meiner Familie danke ich für bedingungslosen Rückhalt.

Im Laufe meiner Promotionszeit haben sich über berufliche Verbindungen, fachliche Fragen und Büronachbarschaften Kontakte entwickelt, die ich nicht mehr missen möchte. Ich möchte meinen Kollegen und Freunden danken für eine wundervolle Zeit. Ich danke Euch für die Unterstützung und das Mutmachen, für das Gefühl nicht alleine zu sein, für Euer Verständnis, Eure Kritik, Euren fachlichen und organisatorischen Rat. Ich danke Euch für kostbare Minuten der Ablenkung und Euren Humor. Ihr habt die Universität zu einem Ort gemacht, der viel mehr für mich ist als ein Arbeitsplatz. Danke an Said Bonakdar, Lukas Isenberg, Steffen Köhler, Ghizal Lali, Florian Lewalder, Elisabeth Overkamp, Lukas Piechulek, Imke Rohden, Johannes Rosche, Christian Rulff, Janina-

Vanessa Schneider, Anna Talmann, Michael Tamminga und „die lustigen Fakultätsmenschen". Ich freue mich darauf, in meinem Leben nach der Dissertation Berufliches weiterhin mit Privatem zu vermischen.

Nina Isabelle Schröder

Inhaltsüberblick

Geleitwort V
Vorwort VII
Inhaltsverzeichnis XI
Abbildungsverzeichnis XV
Tabellenverzeichnis XVII
Abkürzungsverzeichnis XVII

1 Einleitung 1
    1.1   Motivation und Zielsetzung 1
    1.2   Gang der Untersuchung 7

**2 Pflichten, Aufgaben und Adressaten der nichtfinanziellen
   Unternehmensberichterstattung in Deutschland 9**
    2.1   Berichterstattungspflichten in Deutschland 9
    2.2   Aufgaben der Berichterstattung 12
    2.3   Rechnungslegungsinstrumente zur nichtfinanziellen
            Berichterstattung 13
    2.4   Arbeitnehmer als Berichterstattungsadressaten 14

**3 Entwicklung der gesetzlich verpflichtenden nichtfinanziellen
   Berichterstattung im Europarecht und die Umsetzung in
   deutsches Recht 21**
    3.1   Richtlinie 2003/51/EG (Modernisierungsrichtlinie) 21
    3.2   Richtlinie 2013/34/EU (EU-Bilanzrichtlinie) 39
    3.3   Richtlinie 2014/95/EU (Corporate Social Responsibility-
            Richtlinie) 45
    3.4   Zusammenfassender Überblick und Beurteilung 88

4 Stand der Forschung 107

5 Empirische Untersuchung 119
    5.1   Untersuchungsdesign und Vorgehen 119
    5.2   Ergebnisse der empirischen Untersuchung 141
    5.3   Limitationen und weiterer Forschungsbedarf 190

6 Schlussbetrachtung 193
6.1 Zentrale Ergebnisse und kritische Würdigung 193
6.2 Ausblick 201

Literaturverzeichnis **203**

Rechtsnormenverzeichnis **237**

Anhang **243**

Inhaltsverzeichnis

Geleitwort V
Vorwort VII
Inhaltsüberblick IX
Abbildungsverzeichnis XV
Tabellenverzeichnis XVII
Abkürzungsverzeichnis XIX

1 Einleitung 1
1.1 Motivation und Zielsetzung 1
1.2 Gang der Untersuchung 7

2 Pflichten, Aufgaben und Adressaten der nichtfinanziellen Unternehmensberichterstattung in Deutschland 9
2.1 Berichterstattungspflichten in Deutschland 9
2.2 Aufgaben der Berichterstattung 12
2.3 Rechnungslegungsinstrumente zur nichtfinanziellen Berichterstattung 13
2.4 Arbeitnehmer als Berichterstattungsadressaten 14

3 Entwicklung der gesetzlich verpflichtenden nichtfinanziellen Berichterstattung im Europarecht und die Umsetzung in deutsches Recht 21
3.1 Richtlinie 2003/51/EG (Modernisierungsrichtlinie) 21
    3.1.1 Europäischer Rechtsrahmen 21
    3.1.2 Umsetzung in deutsches Recht 28
        3.1.2.1 Bilanzrechtsreformgesetz (BilReG) 28
        3.1.2.2 Deutscher Rechnungslegungs Standard Nr. 15 (DRS 15) 31
        3.1.2.3 Deutscher Rechnungslegungs Standard Nr. 20 (DRS 20) 36
3.2 Richtlinie 2013/34/EU (EU-Bilanzrichtlinie) 39
    3.2.1 Europäischer Rechtsrahmen 39
    3.2.2 Umsetzung in deutsches Recht: Bilanzrichtlinie-Umsetzungsgesetz (BilRUG) 42
3.3 Richtlinie 2014/95/EU (Corporate Social Responsibility-Richtlinie) 45

3.3.1 Europäischer Rechtsrahmen 45
   3.3.1.1 Zielsetzung und Umsetzungsprozess...................... 45
   3.3.1.2 Nichtfinanzielle Erklärung gem. Corporate Social
       Responsibility-Richtlinie................................. 51
     3.3.1.2.1 Anwendungsbereich und
          Befreiungsmöglichkeiten................................. 51
     3.3.1.2.2 Risiken aus Geschäftsbeziehungen...................... 53
     3.3.1.2.3 Berichtsformat.. 54
     3.3.1.2.4 Anwendung von Rahmenwerken......................... 55
     3.3.1.2.5 Inhaltliche Ausgestaltung................................. 55
     3.3.1.2.6 Weglassen nachteiliger Angaben....................... 57
     3.3.1.2.7 Prüfung.. 58
   3.3.1.3 Diversitätskonzept gem. Corporate Social
       Responsibility-Richtlinie................................. 58
   3.3.1.4 Leitlinien der EU-Kommission............................. 59
3.3.2 Umsetzung in deutsches Recht: Gesetz zur Stärkung der
   nichtfinanziellen Berichterstattung der Unternehmen in
   ihren Lage- und Konzernlageberichten (CSR-Richtlinie-
   Umsetzungsgesetz) 62
   3.3.2.1 Zielsetzung und Umsetzungsprozess...................... 62
   3.3.2.2 Nichtfinanzielle Erklärung gem. CSR-Richtlinie-
       Umsetzungsgesetz.. 64
     3.3.2.2.1 Anwendungsbereich und
          Befreiungsmöglichkeiten................................. 64
     3.3.2.2.2 Risiken aus Geschäftsbeziehungen...................... 67
     3.3.2.2.3 Berichtsformat.. 68
     3.3.2.2.4 Anwendung von Rahmenwerken......................... 72
     3.3.2.2.5 Inhaltliche Ausgestaltung................................. 73
     3.3.2.2.6 Weglassen nachteiliger Angaben....................... 77
     3.3.2.2.7 Prüfung.. 80
   3.3.2.3 Diversitätskonzept gem. CSR-Richtlinie-
       Umsetzungsgesetz.. 84
   3.3.2.4 Deutscher Rechnungslegungs Änderungsstandard
       Nr. 8 (DRÄS 8).. 85
3.4 Zusammenfassender Überblick und Beurteilung............... 88
   3.4.1 Zusammenfassender Überblick der gesetzlich
      verpflichtenden nichtfinanziellen Berichterstattung von der
      Modernisierungsrichtlinie bis zum CSR-Richtlinie-
      Umsetzungsgesetz 88

3.4.2	Beurteilung des Status quo der gesetzlich verpflichtenden nichtfinanziellen Berichterstattung aus deutscher Perspektive	88
3.4.3	Beurteilung des Status quo der gesetzlich verpflichtenden nichtfinanziellen Berichterstattung aus gewerkschaftlicher Perspektive	102

4 Stand der Forschung **107**

5 Empirische Untersuchung **119**
5.1 Untersuchungsdesign und Vorgehen 119
    5.1.1 Forschungsfragen 119
    5.1.2 Auswahl der Forschungsmethoden 121
        5.1.2.1 Teilstrukturierte Interviews 121
        5.1.2.2 Qualitative Inhaltsanalyse 122
        5.1.2.3 Gütekriterien qualitativer Forschung 124
    5.1.3 Planung und Durchführung der teilstrukturierten Interviews 127
        5.1.3.1 Auswahl der Befragten 127
        5.1.3.2 Erstellung des Leitfadens und Pretest 129
        5.1.3.3 Ablauf der teilstrukturierten Interviews 132
    5.1.4 Planung und Durchführung der qualitativen Inhaltsanalyse . 135
        5.1.4.1 Analysetechnik 135
        5.1.4.2 Definition des Kategorien- und Codesystems 136
        5.1.4.3 Ablauf der qualitativen Inhaltsanalyse 140
5.2 Ergebnisse der empirischen Untersuchung 141
    5.2.1 Zielsetzungen des Gesetzgebers 141
        5.2.1.1 Relevanz, Konsistenz und Vergleichbarkeit der Berichterstattung über Sozial- und Umweltbelange 141
        5.2.1.2 Sensibilisierung der Unternehmen für Sozial- und Umweltbelange 145
        5.2.1.3 Vertrauensstärkung und Rechenschaftslegung der Unternehmen 150
        5.2.1.4 Erhöhung der Vielfalt in Führungsebenen 153
    5.2.2 Vorgaben des CSR-Richtlinie-Umsetzungsgesetzes 155
        5.2.2.1 Anwendungsbereich 155
        5.2.2.2 Risiken aus Geschäftsbeziehungen 157
        5.2.2.3 Berichtsformat 158
        5.2.2.4 Anwendung von Rahmenwerken 162
        5.2.2.5 Inhaltliche Ausgestaltung 163

5.2.2.5.1	Geschäftsmodell	164
5.2.2.5.2	Umweltbelange	165
5.2.2.5.3	Arbeitnehmerbelange	166
5.2.2.5.4	Sozialbelange	175
5.2.2.5.5	Achtung der Menschenrechte	176
5.2.2.5.6	Bekämpfung von Korruption und Bestechung	177

5.2.2.6 Weglassen nachteiliger Angaben 178

5.2.2.7 Prüfung 179

5.2.2.8 Diversitätskonzept 182

5.2.3 Handlungsempfehlungen zur Erreichung der Zielsetzungen des Gesetzgebers 183

    5.2.3.1 Relevanz, Konsistenz und Vergleichbarkeit der Berichterstattung über Sozial- und Umweltbelange 183

    5.2.3.2 Sensibilisierung der Unternehmen für Sozial- und Umweltbelange 184

    5.2.3.3 Vertrauensstärkung und Rechenschaftslegung der Unternehmen 185

    5.2.3.4 Erhöhung der Vielfalt in Führungsebenen 186

5.2.4 Handlungsempfehlungen für die formalen und inhaltlichen Vorgaben des CSR-Richtlinie-Umsetzungsgesetzes 187

5.3 Limitationen und weiterer Forschungsbedarf 190

6 Schlussbetrachtung **193**

6.1 Zentrale Ergebnisse und kritische Würdigung 193

6.2 Ausblick 201

Literaturverzeichnis **203**

Rechtsnormenverzeichnis **237**

Anhang **243**

Abbildungsverzeichnis

Abbildung 1: Möglichkeiten des Berichtsformats 70

Abbildung 2: Möglichkeiten der Veröffentlichung 71

Abbildung 3: Inhaltliche Ausgestaltung der nichtfinanziellen Erklärung bzw. des gesonderten nichtfinanziellen Berichts 78

Abbildung 4: Zu den Berichtsaspekten der nichtfinanziellen Erklärung bzw. des gesonderten nichtfinanziellen Berichts zu machende Angaben 79

Abbildung 5: Zeitstrahl von der Modernisierungsrichtlinie bis zum CSR-RL-UmsG 89

Abbildung 6: Themenfelder der Nachhaltigkeitsberichterstattung 107

Abbildung 7: Stakeholder der Nachhaltigkeitsberichterstattung 108

Abbildung 8: Gegenüberstellung der Fragestellungen und der Themenblöcke der Erzählaufforderungen 131

Abbildung 9: Beispielhaftes Kategorien- und Codesystem der Hauptkategorie Zielsetzungen des CSR-RL-UmsG 138

Abbildung 10: Beispielhaftes Kategorien- und induktives Codesystem der Hauptkategorie Vorgaben des CSR-RL-UmsG 139

Abbildung 11: Erzählaufforderungen des Leitfadens der Untersuchung 250

Abbildung 12: Anschreiben der Untersuchung 251

Abbildung 13: Verschwiegenheits- und Einverständniserklärung der Untersuchung 252

Tabellenverzeichnis

Tabelle 1:	Übersicht der Interviewpartner	133
Tabelle 2:	Informationsinteressen von betrieblichen Interessenvertretern und Gewerkschaftsmitgliedern	143
Tabelle 3:	Themen von Sub- und Zuliefererunternehmen	158
Tabelle 4:	Schriftliche Informationsquellen des Unternehmens	160
Tabelle 5:	Schriftliche Informationsquellen anderer Stellen	161
Tabelle 6:	Informationsvermittlung über betriebliche Interessenvertreter	162
Tabelle 7:	Themen des Kriteriums Umweltbelange	166
Tabelle 8:	Themen des Kriteriums Gehalt	167
Tabelle 9:	Themen des Kriteriums Langfristigkeit des Arbeitsverhältnisses	169
Tabelle 10:	Themen des Kriteriums Gesundheitsschutz und Sicherheit am Arbeitsplatz	170
Tabelle 11:	Themen des Kriteriums Arbeits- und Rahmenbedingungen	172
Tabelle 12:	Themen des Kriteriums Aus- und Weiterbildung	173
Tabelle 13:	Themen des Kriteriums Arbeitsklima: Kommunikation	174
Tabelle 14:	Themen des Kriteriums Arbeitsklima: Maßnahmen zur Förderung des Klimas	174
Tabelle 15:	Themen des Kriteriums soziales Engagement und Sponsoring	175
Tabelle 16:	Europäischer Rechtsrahmen und Umsetzung in deutsches Recht der Richtlinie 2003/51/EG	243
Tabelle 17:	Europäischer Rechtsrahmen und Umsetzung in deutsches Recht der Richtlinie 2013/34/EU	245
Tabelle 18:	Europäischer Rechtsrahmen und Umsetzung in deutsches Recht der Richtlinie 2014/95/EU	245

Abkürzungsverzeichnis

Abs.	Absatz
AEUV	Vertrag über die Arbeitsweise der Europäischen Union
AG	Aktiengesellschaft
AktG	Aktiengesetz
Anm.	Anmerkung
AO	Abgabenordnung
Art.	Artikel
BAnz	Bundesanzeiger
BDA	Bundesvereinigung der Deutschen Arbeitgeberverbände
BGBl.	Bundesgesetzblatt
BDI	Bundesverband der Deutschen Industrie
BetrVG	Betriebsverfassungsgesetz
BilMoG	Bilanzrechtsmodernisierungsgesetz
BilReG	Bilanzrechtsreformgesetz
BilRUG	Bilanzrichtlinie-Umsetzungsgesetz
BMJ	Bundesministerium der Justiz
BMJV	Bundesministerium der Justiz und für Verbraucheschutz
BRAK	Bundesrechtsanwaltskammer
bspw.	beispielsweise
BStBK	Bundessteuerberaterkammer
BUND	Bund für Umwelt- und Naturschutz Deutschland
BVE	Bundesvereinigung der Deutschen Ernährungsindustrie
BVI	Bundesverband Investment und Asset Management
bzgl.	bezüglich
bzw.	beziehungsweise
CDP	Carbon Disclosure Project
CorA	Corporate Accountability – Netzwerk für Unternehmensverantwortung
co2ncept	plus co2ncept plus – Verband der Wirtschaft für Emissionshandel und Klimaschutz
CSR	Corporate Social Responsibility
CSR-RL	Corporate Social Responsibility-Richtlinie
CSR-RL-UmsG	CSR-Richtlinie-Umsetzungsgesetz
DAI	Deutsches Aktieninstitut
DAV	Deutscher Anwaltverein
DAX	Deutscher Aktienindex
DGB	Deutscher Gewerkschaftsbund

DGCN	Deutsche Global Compact Netzwerk
DIHK	Deutscher Industrie- und Handelskammertag
DNWE	Deutsches Netzwerk Wirtschaftsethik – EBEN Deutschland
Dr.	Doktor
DRÄS	Deutscher Rechnungslegungs Änderungsstandard
DRS	Deutscher Rechnungslegungs Standard
DRSC	Deutsches Rechnungslegungs Standards Committee e.V.
DPR	Deutsche Prüfstelle für Rechnungslegung e.V.
DSR	Deutscher Standardisierungsrat
DStV	Deutscher Steuerberaterverband
econsense	econsense – Forum Nachhaltige Entwicklung der Deutschen Wirtschaft
E-DRS	Entwurf eines Deutschen Rechnungslegungs Standards
EG	Europäische Gemeinschaft
EG-Kommission	Kommission der Europäischen Gemeinschaft
EGHGB	Einführungsgesetz zum HGB
EMAS	Eco-Management and Audit Scheme
EnBW	Energie Baden-Württemberg AG
ErwG	Erwägungsgrund
EStG	Einkommensteuergesetz
EU	Eurpäische Union
EU-Kommission	Europäische Kommission
EU-Parlament	Europäisches Parlament
EUV	EU-Vertrag
e.V.	eingetragener Verein
EWG	Europäische Wirtschaftsgemeinschaft
gem.	gemäß
GesE	Gesetzentwurf
GmbH	Gesellschaft mit beschränkter Haftung
GoB	Grundsätze ordnungsgemäßer Buchführung
GoL	Grundsätze ordnungsmäßiger Lageberichterstattung
GRI	Global Reporting Initiative
GUTcert	GUT Certifizierungsgesellschaft für Managementsysteme
GuV	Gewinn- und Verlustrechnung
HDE	Handelsverband Deutschland
HFA	Hauptfachausschuss
HGB	Handelsgesetzbuch
HLEG	High-Level Expert Group on Sustainable Finance
Hrsg.	Herausgeber
IAS	International Accounting Standards
IASB	International Accounting Standards Boards

Abkürzungsverzeichnis

i.d.R.	in der Regel
IDW	Institut für Wirtschaftsprüfer
IFRS	International Financial Reporting Standards
IIRC	International Integrated Reporting Council
ILO	International Labour Organization
i.S.d.	im Sinne des
ISO	International Organization for Standardization
i.V.m.	in Verbindung mit
KG	Kommanditgesellschaft
KGaA	Kommanditgesellschaft auf Aktien
KWG	Kreditwesengesetz
lit.	littera
Mio.	Millionen
MitbestG	itbestimmungsgesetz
Nr.	Nummer
OECD	Organisation für wirtschaftliche Zusammenarbeit und Entwicklung
OHG	Offene Handelsgesellschaft
o.V.	ohne Verfasser
PS	Prüfungsstandard
PS MC	Practice Statement Management Commentary
PublG	Publizitätsgesetz
Rat	Rat der europäischen Union
RefE	Referentenentwurf
RL	Richtlinie
Rn.	Randnummer
RNE	Rat für nachhaltige Entwicklung
S.	Satz
S.	Seite
SE	Societas Europaea, Europäische Gesellschaft
sog.	sogenannte/r/s
TCFD	Task Force on Climate-related Financial Disclosures
Tz.	Textziffer
u.a.	unter anderem
UN	United Nations
UNCED	United Nations Conference on Environment and Development
Unterabs.	Untersabsatz
UN WCED	United Nations World Commission on Environment and Development
US-GAAP	United States Generally Accepted Accounting Principles
UstG	Umsatzsteuergesetz

u.U.	unter Umständen
VCI	Verband der Chemischen Industrie
VDMA	erband Deutscher Maschinen- und Anlagenbauer
VfU	Verein für Umweltmanagement und Nachhaltigkeit in Finanzinstituten
vgl.	vergleiche
VHS NRW	Landesverband der Volkshochschulen von Nordrhein-Westfalen
VKU	Verband kommunaler Unternehmen
VZBV	Verbraucherzentrale Bundesverband
WpHG	Wertpapierhandelsgesetz
WPK	Wirtschaftsprüferkammer
WpÜG	Wertpapiererwerbs- und Übernahmegesetz
ZDH	Zentralverband des Deutschen Handwerks
ZGV	Der Mittelstandsverbund – ZGV
z.B.	zum Beispiel

1 Einleitung

1.1 Motivation und Zielsetzung

„Durch die Offenlegung von sozialen und ökologischen [...] Informationen können die Kontakte zu Stakeholdern erleichtert und konkrete Gefahren für die Nachhaltigkeit aufgezeigt werden. Ferner kann die Offenlegung als wesentliches Element der Rechenschaftspflicht auch dazu beitragen, dass die Öffentlichkeit den Unternehmen Vertrauen entgegenbringt."[1]

Ereignisse wie die Finanzkrise in den Jahren 2007 und 2008 haben zu einem massiven Vertrauensverlust der Gesellschaft in die Rechnungslegung von Unternehmen geführt.[2] Zur gleichen Zeit hat sich ein gesamtgesellschaftlicher Wertewandel in Form einer Weiterentwicklung des kollektiven Bewusstseins der Gesellschaft vollzogen.[3] Dieser äußert sich in der Forderung nach bewusstem Wirtschaften und einer größeren Übernahme von Verantwortung durch Unternehmen.[4]

In der Konsequenz fordern Stakeholder wie Arbeitnehmer[5] oder Kunden eine wertorientierte, nichtfinanzielle Aspekte einbeziehende Geschäftstätigkeit von Unternehmen und eine entsprechende Berichterstattung hierüber.[6] Ökonomische, gesellschaftliche und ökologische Aspekte werden bei der Gesamtbeurteilung von Unternehmen gemeinsam betrachtet.[7] Beispielsweise verlangen Investoren auch Informationen über nichtfinanzielle Aspekte, um über ein Investment zu entscheiden.[8] Geschäftspartner machen auch von nichtfinanziellen Angaben

---

1   EU-Kommission (2011b), S. 14.

2   Vgl. Kusterer (2017), S. 44; Marten/Weigt (2018), S. 454; Velte (2017), S. 2814.

3   Vgl. Behncke/Hoffmann (2012), S. 411; Daub (2008), S. 85; Kusterer (2017), S. 44; Marten/Weigt (2018), S. 454.

4   Vgl. Daub (2008), S. 84-85; Rehbinder (2017), S. 17.

5   Aus Gründen der leichteren Lesbarkeit wird in der vorliegenden Arbeit für die Bezeichnung von Personengruppen eine neutrale Form (z.B. Arbeitnehmer, Arbeitnehmervertreter, Interviewer, Befragter, Interessenvertreter) gewählt. Hiermit sind sowohl weibliche als auch männliche Personen gemeint.

6   Vgl. Behncke/Hoffmann (2012), S. 411; Blöink/Halbleib (2017), S. 183; Böcking/Althoff (2017), S. 246; Daub (2008), S. 84; Durchschein/Haller (2018), S. 199; Marten/Weigt (2018), S. 454; Miolo/Veser (2012), S. 479; Müller/Stawinoga (2013a), S. M1.

7   Vgl. Blöink/Halbleib (2017), S. 183; Zülch/Kretzmann (2016), S. 2617.

8   Vgl. Blöink/Halbleib (2017), S. 183.

© Springer Fachmedien Wiesbaden GmbH, ein Teil von Springer Nature 2020
N. I. Schröder, *CSR-Richtlinie-Umsetzungsgesetz*,
https://doi.org/10.1007/978-3-658-29198-3_1

abhängig, ob sie Lieferbeziehungen zu Unternehmen eingehen.[9] Diese Themen lassen sich unter dem Begriff der Nachhaltigkeit zusammenfassen.

Bisher existiert keine präzise und allgemeingültige Definition des ursprünglich aus der Forstwirtschaft kommenden Begriffs der Nachhaltigkeit.[10] Die geläufigste Begriffsbestimmung für nachhaltige Entwicklung ist die der Brundtland Kommission für Umwelt und Entwicklung der Vereinten Nationen (United Nations World Commission on Environment and Development, UN WCED).[11] In ihrem 1987 unter dem Namen Brundtland Report vorgelegten Bericht Our common Future definiert die UN WCED eine Entwicklung als nachhaltig, wenn sie die Bedürfnisse der Gegenwart befriedigt, ohne zu riskieren, dass zukünftige Generationen ihre eigenen Bedürfnisse nicht befriedigen können.[12]

Durch eine Operationalisierung des Begriffs der Nachhaltigkeit wird versucht, der geringen Konkretisierung und dem damit bestehenden Interpretationsspielraum der Definition der UN WCED entgegenzuwirken.[13] Am bekanntesten ist dabei die Differenzierung der nachhaltigen Entwicklung nach dem sog. Drei-Säulen-Modell, das sich seit der erstmaligen Formulierung auf der UN-Konferenz für Umwelt und Entwicklung (UN Conference on Environment and Development, UNCED) in Rio de Janeiro 1992 (sog. Rio-Konferenz) seit Mitte der 1990er-Jahre international durchgesetzt hat.[14] Um eine nachhaltige Entwicklung in den einzelnen Ländern einzuleiten und zu fördern, unterschrieben die 178 teilnehmenden Staaten im Abschlussdokument der Rio-Konferenz Agenda 21[15] die Konkretisierung dieses Leitbilds einer nachhaltigen Entwicklung.[16]

Das Konzept des Drei-Säulen-Modells (Tripple-Bottom-Line) unterscheidet ökonomische, soziale sowie ökologische Ziele und Werte der Nachhaltigkeit (triadischer Nachhaltigkeitsbegriff).[17] Nachhaltigkeit wird als Zielzustand eines Verhaltens definiert, in dem allen drei Dimensionen die gleiche Gewichtung zuteil wird und die Funktionsfähigkeit aller drei Bereiche grundsätzlich und

---

9   Vgl. Blöink/Halbleib (2017), S. 183.

10   Vgl. Hilpert (2014), S. 19. Vgl. ausführlich zum Ursprung des Begriffs in der Forstwirtschaft z.B. Hoffmann (2011), S. 6.

11   Vgl. Lackmann (2010), S. 5; Simon-Heckroth (2014), S. 311.

12   Vgl. UN WCED (1987), S. 41.

13   Vgl. Behrens (2010), S. 27-28.

14   Vgl. Behrens (2010), S. 28. Blank (2001), S. 375; Fifka (2018), S. 142; von Hauff/Kleine (2009), S. 17.

15   Vgl. UN (1992).

16   Vgl. Hilpert (2014), S. 19.

17   Vgl. Figge/Hahn (2004), S. 174; Hoffmann (2011), S. 9; Querschnittsgruppe Arbeit und Ökologie (2000b), S. 24; von der Crone/Hoch (2002), S. 40. Vgl. ausführlich zu den Dimensionen des Drei-Säulen-Modells Abschlussbericht der Enquete-Kommission (1998), S. 17-29.

1.1 Motivation und Zielsetzung

langfristig nicht gefährdet wird.[18] In der Konsequenz sollen nachfolgende Generationen durch das gegenwärtige Handeln nicht beeinträchtigt werden.[19] Eine ähnliche Definition trifft der Deutsche Rechnungslegungs Standard 20 (DRS 20). In diesem wird Nachhaltigkeit als ein Konzept beschrieben, das eine ganzheitliche und dauerhaft zukunftsfähige Entwicklung der ökonomischen, ökologischen und sozialen Leistung eines Unternehmens oder Konzerns anstrebt.[20]

Es setzt sich zunehmend die Auffassung durch, dass die klassische Finanzberichterstattung die Informationsbedürfnisse über soziale und ökologische Themen nur unzureichend befriedigen kann.[21] Daher kam es in den letzten Jahren zu einem Umbruch der traditionellen, auf finanzielle Aspekte fokussierten und primär die Shareholder adressierenden Unternehmensberichterstattung.[22] Es etablierten sich Rechnungslegungsinstrumente zur Ermittlung, Veröffentlichung und Rechenschaftslegung über die ökonomische sowie soziale und ökologische Leistung der Unternehmen.[23] Diese legen die positiven und negativen Auswirkungen der Unternehmen auf eine nachhaltige Entwicklung gegenüber internen als auch externen Stakeholdern dar.[24] Zusammenfassen lassen sich diese Rechnungslegungsinstrumente unter dem Begriff der Nachhaltigkeitsberichterstattung.[25] Die Berichterstattung über Nachhaltigkeitsaspekte kann dabei in Deutschland grundsätzlich neben der gesetzlichen Verpflichtung zur Berichterstattung im (Konzern-)Lagebericht über die freiwilligen Rechnungslegungsinstrumente des Integrated Reporting gem. des Rahmens des International Integrated Reporting Council (IIRC) und/oder den von der übrigen Berichterstattung separaten Nachhaltigkeitsbericht erfolgen.[26]

Die Berichterstattung sogenannter nichtfinanzieller Leistungsindikatoren, wie z.B. Informationen über Umwelt- und Arbeitnehmerbelange, wird seit dem Bilanzrechtsreformgesetz (BilReG) vom 04. Dezember 2004 gesetzlich vorgeschrieben.[27] Vor dem Hintergrund des Vertrauensverlustes der Gesellschaft in

---

18   Vgl. Hilpert (2014), S. 19; Hoffmann (2011), S. 9; Querschnittsgruppe Arbeit und Ökologie (2000a), S. 21.
19   Vgl. Hilpert (2014), S. 19.
20   Vgl. DRS 20.11.
21   Vgl. Vaessen (2013), S. 1; Velte (2017), S. 2813.
22   Vgl. Marten/Weigt (2018), S. 454; Müller/Stawinoga (2013a), S. M1; Velte (2017), S. 2814.
23   Vgl. Böcking/Althoff (2017), S. 249; Fifka (2018), S. 141-142; GRI (2016), GRI 101 S. 3.
24   Vgl. Böcking/Althoff (2017), S. 249; Fifka (2018), S. 141-142; GRI (2016), GRI 101 S. 3.
25   Vgl. Fifka (2018), S. 141-142.
26   Vgl. Arbeitskreis Externe Unternehmensrechnung der Schmalenbach-Gesellschaft für Betriebswirtschaft (2015), S. 236; Simon-Heckroth (2014), S. 313. Die freiwillige Nachhaltigkeitsberichtertstattung erfolgt primär durch den separaten Nachhaltigkeitsbericht. Beispielsweise 2016 veröffentlichten 70% der DAX30-Unternehmen einen Nachhaltigkeitsbericht, lediglich BASF SE und SAP SE veröffentlichten einen integrierten Bericht nach dem Rahmenwerk des IIRC (vgl. Kirchhoff Consult AG (2017), S. 4).
27   Vgl. §§ 289 Abs. 3 bzw. 315 Abs. 3 HGB.

die Rechnungslegung und des gesamtgesellschaftlichen Wertewandels ist die gesetzlich geforderte Transparenz der Berichterstattung über ökologische und gesellschaftliche Aspekte der Geschäftstätigkeit von Unternehmen im (Konzern-)Lagebericht in den letzten Jahren ausgeweitet worden.[28]

Den aktuellen Höhepunkt in der Entwicklung der gesetzlich verpflichtenden nichtfinanziellen Berichterstattung stellt die Richtlinie (RL) 2014/95/EU der Europäischen Kommission (EU-Kommission) dar. Diese verfolgt das Ziel, die Transparenz der Sozial- und Umweltbelange in allen Mitgliedstaaten der Europäischen Union (EU)[29] durch die Verbesserung der Relevanz, Konsistenz und Vergleichbarkeit der Berichterstattung zu steigern.[30] Durch die Verpflichtung zur Offenlegung von sozialen und ökologischen Informationen sollen die berichtenden Unternehmen für Themen der Nachhaltigkeit sensibilisiert werden und Rechenschaft über die Auswirkungen ihrer Tätigkeit auf die Gesellschaft ablegen.[31] Für Investoren und Verbraucher soll durch die Berichterstattung der Zugang zu nichtfinanziellen Informationen erleichtert und ihr Vertrauen in die Unternehmen gestärkt werden.[32] Zudem soll durch die Offenlegungspflichten Druck entstehen, Vielfalt in Führungsebenen zu steigern und so das organisatorische und geschäftliche Verständnis sowie die Aufgeschlossenheit der Mitglieder gegenüber neuen Ideen zu erhöhen.[33]

Langfristig soll durch die Regulierung und Offenlegungspflichten der nichtfinanziellen Informationen eine Steigerung der Aktivitäten zur Verantwortungsübernahme von Unternehmen bewirkt werden.[34] Diese Verantwortungsübernahme für die Auswirkungen ihrer Tätigkeit auf die Gesellschaft stellt für die EU-Kommission die Definition von Corporate Social Responsibility (CSR) dar, weshalb die Richtlinie 2014/95/EU synonym als Corporate Social Responsibility-Richtlinie (CSR-RL) bezeichnet wird.[35] Die Erhöhung der Transparenz der

---

28 Vgl. Arbeit und Leben Deutscher Gewerkschaftsbund (DGB)/Landesverband der Volkshochschulen von Nordrhein-Westfalen (VHS NRW) (2018), S.7; Velte (2017), S. 2814.

29 Die EU löste mit dem Inkrafttreten des Vertrags von Lissabon am 01. Dezember 2009 die Europäische Gemeinschaft (EG) ab.

30 Vgl. Erwägungsgrund (ErwG). 1, 2, 6 und 21 RL 2014/95/EU.

31 Vgl. ErwG. 3 RL 2014/95/EU.

32 Vgl. ErwG. 3 RL 2014/95/EU.

33 Vgl. ErwG. 3 und 18 RL 2014/95/EU.

34 Vgl. Schweren/Brink (2016), S. 179.

35 Vgl. EU-Kommission (2011b), S. 7. Auch in der Literatur und der Praxis ist CSR der bekannteste Begriff, wenn es um Nachhaltigkeitsaktivitäten geht (vgl. Jizba (2014; S. 30. Die Begriffe Nachhaltigkeit und CSR werden häufig synonym verwendet. In ihrem geografischen und historischen Ursprung, ihrem Charakter und der von ihnen beschriebenen Verantwortung unterscheiden sie sich jedoch. CSR grenzt sich dabei insbesondere durch den starken Fokus auf die primären Stakeholder eines Unternehmens und die Freiwilligkeit der CSR-Aktivitäten von dem Begriff der Nachhaltigkeit ab. In den letzten Jahren ist eine zunehmende Annäherung der beiden Konzepte zu beobachten. Seitens der EU ist diese Annäherung z.B. an der

Sozial- und Umweltbelange soll laut CSR-RL durch die Verpflichtung bestimmter Unternehmen zur Erstellung einer nichtfinanziellen Erklärung und die erweiterte Offenlegung der Diversitätspolitik gewährleistet werden.[36] Zu den zu machenden Angaben zählen hierbei mindestens Angaben zu Umwelt-, Sozial- und Arbeitnehmerbelangen sowie zu Menschenrechten und Bestechung und Korruption.[37] Zusammengefasst werden diese Belange von der EU-Kommission unter Sozial- und Umweltbelangen.[38]

Die Umsetzung der Richtlinie 2014/95/EU in deutsches Recht erfolgte durch das Gesetz zur Stärkung der nichtfinanziellen Berichterstattung der Unternehmen in ihren Lage- und Konzernlageberichten (CSR-Richtlinie-Umsetzungsgesetz – CSR-RL-UmsG). Schätzungsweise 548 Unternehmen bzw. Konzerne müssen demnach für ab dem 01. Januar 2017 beginnende Geschäftsjahre eine nichtfinanzielle Erklärung im Lagebericht gem. §§ 289b - 289e Handelsgesetzbuch (HGB) bzw. eine nichtfinanzielle Konzernerklärung im Konzernlagebericht gem. §§ 315b - 315c HGB erstellen und veröffentlichen.[39] Zudem sind schätzungsweise 326 große börsennotierte AGs, KGaAs bzw. SEs dazu verpflichtet, die Offenlegung der Diversitätspolitik durch eine Beschreibung des Diversitätskonzepts zu erweitern.[40]

Die CSR-RL und das CSR-RL-UmsG haben zu einer neuen Dynamik in der Thematik der Nachhaltigkeitsberichterstattung geführt.[41] Dabei fokussiert sich die Forschung bisher auf die ökonomischen Auswirkungen der Nachhaltigkeitsberichterstattung.[42] Kaum erforscht ist hingegen die nichtfinanzielle Berichterstattung und deren Auswirkung im Kontext anderer Stakeholder als den Kapitalmarktteilnehmern wie z.B. Arbeitnehmern, Kunden und Lieferanten.[43] Dabei nimmt der Stakeholder-Ansatz, der für eine grundsätzliche Berücksichtigung

---

	Streichung des Elements der Freiwilligkeit von CSR festzustellen. (vgl. Fifka (2018), S. 140; Jizba (2014), S. 30-33.).
36	Vgl. ErwG. 6 und 18 RL 2014/95/EU.
37	Vgl. ErwG. 6 RL 2014/95/EU.
38	Dem folgend werden in der vorliegenden Arbeit unter Sozial- und Umweltbelangen Umwelt-, Sozial- und Arbeitnehmerbelange sowie die Belange Menschenrechte und Bestechung und Korruption summiert.
39	Begründung zum HGB-Gesetzentwurf (GesE) des CSR-RL-UmsG (2016), S. 34. Vgl. für eine Übersicht der berichtspflichtigen Unternehmen bzw. Konzerne Deutsches Global Compact Netzwerk (DGCN)/econsense – Forum Nachhaltige Entwicklung der Deutschen Wirtschaft (econsense) (2018), S. 31-40.
40	Vgl. § 289f Abs. 2 Nr. 6 HGB bzw. § 315d HGB i.V.m. § 289f Abs. 2 Nr. 6 HGB. Vgl. Begründung zum HGB-GesE des CSR-RL-UmsG (2016), S. 35.
41	Vgl. Baumüller/Nguyen (2017), S. 413; Fifka (2018), S. 140.
42	Vgl. Arbeitskreis Externe Unternehmensrechnung der Schmalenbach-Gesellschaft für Betriebswirtschaft (2015), S. 242.
43	Vgl. Arbeitskreis Externe Unternehmensrechnung der Schmalenbach-Gesellschaft für Betriebswirtschaft (2015), S. 244.

aller Anspruchsgruppen an einem Unternehmen plädiert, gerade im Kontext der nichtfinanziellen Berichterstattung eine besondere Rolle ein. Die Forderungen nach bewusstem Wirtschaften, einer größeren Verantwortungsübernahme der Unternehmen und der Berichterstattung hierüber werden von den verschiedensten Stakeholdern gestellt.[44] Zudem geht es bei der Nachhaltigkeitsberichterstattung eben insbesondere um eine ganzheitliche Betrachtung von Unternehmen und der Auswirkungen ihrer Tätigkeiten.[45] Dem folgend ist auch in den Zielsetzungen der CSR-RL und in der Umsetzung durch das CSR-RL-UmsG eine klare Stakeholder-Orientierung zu erkennen.[46]

Innerhalb der verschiedenen Stakeholdergruppen stellen die Arbeitnehmer eine besondere Interessengruppe dar: Mitarbeiterbelange sind fester Bestandteil der Nachhaltigkeitsberichterstattung[47], sie werden explizit als Interessenträger hervorgehoben[48] und die für Arbeitnehmer wichtigsten Informationen über Unternehmen werden innerhalb der Nachhaltigkeitsberichterstattung kommuniziert. Aktivitäten des Arbeitgebers im Bereich der Nachhaltigkeit betreffen die Mitarbeiter direkt bzw. werden von ihnen selbst ausgeführt. Auf der Grundlage von Arbeitnehmerschutzgesetzen haben Arbeitnehmer einen Einfluss auf die Konzepte der sozialen Verantwortungsübernahme der Unternehmen.[49] Betrieblichen Interessenvertretern und Gewerkschaften bietet die nichtfinanzielle Berichterstattung eine Grundlage, von Unternehmen ausgeübtes Engagement mit der Kommunikation hierüber abzugleichen, auf Diskrepanzen hinzuweisen und Verbesserungen zu fordern.[50] Von den Unternehmen werden Arbeitnehmer als eine der wichtigsten Stakeholdergruppen im Rahmen der sozialen Verantwortungsübernahme[51] und der nichtfinanziellen Berichterstattung[52] klassifiziert.

In der vorliegenden Arbeit soll die Perspektive der Arbeitnehmer in der gesetzlich verpflichtenden nichtfinanziellen Berichterstattung herausgestellt werden. Es soll gezeigt werden, welche Interessen die Arbeitnehmer bzgl. der Sozi-

---

44 Vgl. Arbeitskreis Externe Unternehmensrechnung der Schmalenbach-Gesellschaft für Betriebswirtschaft (2015), S. 236; Behncke/Hoffmann (2012), S. 411; Böcking/Althoff (2017), S. 246; Daub (2008), S. 84; Durchschein/Haller (2018), S. 199; Miolo/Veser (2012), S. 479; Rehbinder (2017), S. 17.

45 Vgl. Blöink/Halbleib (2017), S. 183; Zülch/Kretzmann (2016), S. 2617.

46 Vgl. ErwG. 3 RL 2014/95/EU.

47 So werden Arbeitnehmerbelange als Beispiel für nichtfinanzielle Leistungsindikatoren (vgl. §§ 289 Abs. 3 bzw. 315 Abs. 3 HGB) und als Mindestaspekt der nichtfinanziellen Berichterstattung (§§ 289c Abs. 3 bzw. 315 Abs. 3 HGB) genannt.

48 Vgl. DRS 20.265 und B82.

49 Vgl. Thannisch (2009), S. 334.

50 Vgl. DGB (2009a), S. 4; DGB (2009b), S. 5; Hauser-Dietz/Wilke (2005), S. 10; Hinz (1994), S. 52; Hinz (2002), S. 52; Seyboth (2005), S. 5; Thannisch (2017), S. 46.

51 Vgl. Schweren/Brink (2016), S. 186.

52 Vgl. Günther/Muschallik (2017), S. 424.

al- und Umweltberichterstattung von Unternehmen haben und wie diese Berichterstattung in Form und Inhalt so gestaltet werden kann, dass sie für Arbeitnehmer an Relevanz gewinnt. Im Kontext des CSR-RL-UmsG soll gezeigt werden, inwieweit das Ziel der Transparenzsteigerung der Sozial- und Umweltbelange von Unternehmen aus Arbeitnehmerperspektive durch die CSR-RL in der Umsetzung in deutsches Recht erreicht werden kann. Die hierdurch gewonnenen Erkenntnisse geben dem Regulierer Aufschluss über die Erwartungshaltungen der Interessengruppe der Arbeitnehmer. Im Sinne des Stakeholder-Ansatzes können die Erwartungshaltungen der Arbeitnehmer vom Regulierer mit den Erwartungshaltungen anderer Stakeholder gemeinsam betrachtet und zusammengeführt werden, um so eine für alle verschiedenen Stakeholder maximal nutzenstiftende nichtfinanzielle Berichterstattung zu fördern. Seitens der Unternehmen können die Erkenntnisse ebenfalls für eine Optimierung der Berichterstattung aus Arbeitnehmerperspektive genutzt werden.

1.2 Gang der Untersuchung

Die vorliegende Arbeit gliedert sich in sechs Kapitel. Nach der Einführung in **Kapitel 1** werden in **Kapitel 2** die gesetzlich geregelten Unternehmensberichterstattungspflichten in Deutschland und ihre jeweiligen Aufgaben aufgeführt. Zudem werden die grundsätzlichen Rechnungslegungsinstrumente zur gesetzlichen bzw. freiwilligen Nachhaltigkeitsberichterstattung vorgestellt. Das Kapitel schließt mit der Darstellung der Arbeitnehmer als Gruppe der Rechnungslegungsadressaten, der für diese Gruppe relevanten finanziellen und nichtfinanziellen Themen sowie der besonderen Rolle, die den Arbeitnehmern innerhalb der nichtfinanziellen Berichterstattung zukommt.

Kapitel 3 stellt die Entwicklung der gesetzlich verpflichtenden nichtfinanziellen Berichterstattung dar. Ausgangspunkt ist die Richtlinie 2003/51/EG (Modernisierungsrichtlinie) sowie deren Umsetzung in deutsches Recht durch das Bilanzrechtsreformgesetz (BilReG). Nichtfinanzielle Leistungsindikatoren fanden hier erstmalig Berücksichtigung im (Konzern-)Lagebericht. Nach der Betrachtung der Richtlinie 2013/34/EU (EU-Bilanzrichtlinie) und deren Umsetzung in deutsches Recht durch das Bilanzrichtlinie-Umsetzungsgesetz (BilRUG) erfolgt die detaillierte Darstellung der Richtlinie 2014/95/EU (Corporate Social Responsibility-Richtlinie). Die Umsetzung durch das CSR-RL-UmsG stellt den aktuellen Höhepunkt der Entwicklung der gesetzlich verpflichtenden nichtfinanziellen Berichterstattung in Deutschland dar. Das Kapitel schließt mit einem zusammenfassenden Überblick der Inhalte gesetzlicher nichtfinanzieller Berichterstattung in Deutschland sowie einer kritischen Beurteilung aus allgemeiner

Sicht sowie aus Arbeitnehmerperspektive. In **Kapitel 4** wird ein Überblick über den Forschungsstand zum Thema Nachhaltigkeitsberichterstattung gegeben.

Den Hauptteil der vorliegenden Arbeit stellt **Kapitel 5** dar. Im Rahmen der hier dargestellten empirischen Untersuchung soll herausgestellt werden, inwieweit die Erhöhung der Transparenz der Informationen zu Sozial- und Umweltbelangen von Unternehmen durch das CSR-RL-UmsG erfüllt werden kann und ob die formalen und inhaltlichen Vorgaben des CSR-RL-UmsG zur Relevanz der Informationen für Arbeitnehmer beitragen. Hierzu werden zunächst aus den zentralen Forschungsfragen untergeordnete Fragestellungen abgeleitet. Zudem werden die Auswahl der Forschungsmethode, sowie die Planung und Durchführung der Untersuchung vorgestellt. Im Anschluss erfolgt die Präsentation der Ergebnisse der empirischen Untersuchung. Diese stellt zunächst heraus, ob die vom Gesetzgeber verfolgten Ziele der CSR-RL durch das CSR-RL-UmsG erfüllt werden können. Darüber hinaus wird untersucht, inwieweit die vom Gesetzgeber formalen und inhaltlichen Vorgaben des CSR-RL-UmsG zur Relevanz der Informationen der Sozial- und Umweltbelange beitragen. Abschließend werden Handlungsempfehlungen abgeleitet, die dem Gesetzgeber und den berichtenden Unternehmen helfen können, die Transparenz der Sozial- und Umweltbelange von Unternehmen zu steigern. Es folgt eine zusammenfassende Darstellung der Ergebnisse sowie die Beantwortung der untergeordneten Fragestellungen der Arbeit. Das Kapitel schließt mit den Hinweisen auf Limitationen der Untersuchung und auf weiteren Forschungsbedarf.

Kapitel 6 schließt die Arbeit mit einer Zusammenfassung der wichtigsten Ergebnisse, der Beantwortung der zentralen Fragestellung und einem kurzen Ausblick auf mögliche zukünftige Entwicklungen ab.

2 Pflichten, Aufgaben und Adressaten der nichtfinanziellen Unternehmens-berichterstattung in Deutschland

2.1 Berichterstattungspflichten in Deutschland

Gemäß § 238 Abs. 1 HGB ist jeder Kaufmann[53] zur Buchführung nach den Grundsätzen ordnungsgemäßer Buchführung (GoB) verpflichtet[54]. Die Buchführung soll die Handelsgeschäfte und die Lage des Vermögens des Kaufmanns ersichtlich machen.[55] Gemäß § 140 Abgabenordnung (AO) ist zudem jeder, der nach anderen Gesetzen als den Steuergesetzen Bücher und Aufzeichnungen zu führen hat, die für die Besteuerung von Bedeutung sind, dazu verpflichtet, die ihm nach den anderen Gesetzen obliegenden Pflichten auch für die Besteuerung zu erfüllen. Darüber hinaus sind von Unternehmern oder Unternehmen i.S.d. § 2 Abs. 1 Umsatzsteuergesetzes (UstG) Aufzeichnungen zu machen, aus denen ersichtlich ist, welche nach § 1 UstG der Umsatzsteuer unterliegenden Entgelte erzielt wurden. Hierdurch wird die Steuerbemessungsgrundlage nach den Vorschriften des UstG festgehalten.[56]

Neben der Buchführung nach den GoB ist jeder Kaufmann gem. § 242 HGB dazu verpflichtet, eine Bilanz und eine Gewinn- und Verlustrechnung (GuV) aufzustellen, die zusammen den Jahresabschluss bilden.[57] Der Jahresabschluss ist gem. § 243 HGB ebenfalls nach den GoB aufzustellen und muss klar und übersichtlich sein. Die nach den GoB aufgestellte, formal und materiell rechtsgültige Handelsbilanz dient als Grundlage für die steuerliche Gewinner-

---

53   Kaufmann i.S.d. HGB ist gem. § 1 Abs. 1 HGB, wer ein Handelsgewerbe betreibt. Ein Handelsgewerbe i.S.d. HGB ist gem. § 1 Abs. 2 HGB jeder Gewerbebetrieb, es sei denn, dass das Unternehmen nach Art oder Umfang einen in kaufmännischer Weise eingerichteten Geschäftsbetrieb nicht erfordert.

54   Trotz mehrfacher Bezugnahme auf die GoB im HGB ist keine Legaldefinition der GoB kodifiziert. Es handelt sich somit bei ihnen um einen Normbefehl in Gestalt eines unbestimmten Rechtsbegriffs (vgl. Becker (2018), S. 37. Vgl. ursprünglich Jacobs (1972), S. 174; Moxter (1980), S. 254; Wöhe/Mock (2010), S. 81.). Zu den Rahmengrundsätzen zählen u.a. die Grundsätze der Klarheit und Übersichtlichkeit, Richtigkeit, Vergleichbarkeit, Vollständigkeit, Stichtagsprinzip und Periodisierungsprinzip, Wirtschaftlichkeit und Wesentlichkeit. Vgl. ausführlich z.B. Becker (2018), S. 47-56.

55   Vgl. § 238 Abs. 1 HGB.

56   Vgl. detailliert zu den gesetzlichen Buchführungsvorschriften z.B. Wöhe (1997), S. 151-160.

57   Vgl. ausführlich zum Jahresabschluss z.B. Coenenberg/Haller/Schultze (2018), S. 3-1035.

© Springer Fachmedien Wiesbaden GmbH, ein Teil von Springer Nature 2020
N. I. Schröder, *CSR-Richtlinie-Umsetzungsgesetz*,
https://doi.org/10.1007/978-3-658-29198-3_2

mittlung (Grundsatz der Maßgeblichkeit der Handelsbilanz für die Steuerbilanz).[58]

Kapitalgesellschaften sowie bestimmte haftungsbeschränkte Personenhandelsgesellschaften i.S.d. § 264a Abs. 1 HGB haben den Jahresabschluss gem. § 264 Abs. 1 HGB sowie Genossenschaften gem. § 336 Abs. 1 HGB um einen Anhang als Erläuterungsbericht zu erweitern und um einen Lagebericht zu ergänzen. Kleine Kapitalgesellschaften i.S.d. § 267 Abs. 1 HGB sind von der Erstellung eines Lageberichts befreit.

Konzerne sind gem. § 290 Abs. 1 HGB zur Aufstellung eines Konzernabschlusses und eines Konzernlageberichts verpflichtet. Der Konzernabschluss besteht dabei aus der Konzernbilanz, der Konzern-Gewinn- und Verlustrechnung, dem Konzernanhang, der Kapitalflussrechnung und dem Eigenkapitalspiegel.[59] Zudem ist eine Erweiterung um eine Segmentberichterstattung möglich.[60] Kapitalmarktorientierte[61] Kapitalgesellschaften, die nicht zur Aufstellung eines Konzernabschlusses verpflichtet sind, haben den Jahresabschluss gem. § 264 Abs. 1 S. 1 HGB um eine Kapitalflussrechnung und einen Eigenkapitalspiegel zu erweitern.

Die Vorgaben zum Inhalt des (Konzern-)Lageberichts gem. §§ 289 bzw. 315 HGB sind durch zahlreiche unbestimmte Rechtsbegriffe geprägt.[62] Um Umfang, Zeitbezug und Form des (Konzern-)Lageberichts zu konkretisieren, wurden im Schrifttum sog. Grundsätze ordnungsmäßiger Lageberichterstattung (GoL) aufgestellt.[63] Im Gesetzestext sind diese nicht kodifiziert, für den Konzernlagebericht wurden sie jedoch im DRS 20 festgeschrieben. Demnach handelt es sich bei den zentralen Grundsätzen um den Grundsatz der Vollständigkeit, der Verlässlichkeit und Ausgewogenheit, der Klarheit und Übersichtlichkeit, der Vermittlung der Sicht der Konzernleitung, der Wesentlichkeit[64] und der Informati-

---

58   Vgl. § 5 Abs. 1 Einkommensteuergesetz (EStG). Vgl. detailliert zu den gesetzlichen Vorschriften zur steuerlichen Gewinnermittlung z.B. Becker (2018).

59   Vgl. § 297 Abs. 1 HGB.

60   Vgl. § 297 Abs. 1 HGB. Vgl. ausführlich zum Konzernabschluss z.B. Schildbach/Feldhoff (2018).

61   Eine Kapitalgesellschaft ist gem. § 264d HGB kapitalmarktorientiert, wenn sie einen organisierten Markt i.S.d. § 2 Abs. 11 Gesetz über den Wertpapierhandel (Wertpapierhandelsgesetz – WpHG) durch von ihr ausgegebene Wertpapiere i.S.d. § 2 Abs. 1 WpHG in Anspruch nimmt oder die Zulassung solcher Wertpapiere zum Handel an einem organisierten Markt beantragt hat.

62   Vgl. Müller/Stawinoga (2013b), Rn. 61.

63   Vgl. Baetge/Fischer/Paskert (1989), S. 6; Müller/Stawinoga (2013b), Rn. 61.

64   Das EU-Parlament und der Rat der europäischen Union definieren Informationen als wesentlich, wenn vernünftigerweise zu erwarten ist, dass ihre Auslassung oder fehlerhafte Angabe Entscheidungen beeinflusst, die Nutzer auf der Grundlage des Abschlusses des Unternehmens treffen (vgl. Art. 2 Abs. 16 RL 2013/34/EU.).

2.1 Berichterstattungspflichten in Deutschland

onsabstufung.[65] Im Vergleich zum Jahresabschluss kann der (Konzern-)Lagebericht vermehrt zukunftsorientierte Sachverhalte und subjektive Einschätzungen beinhalten.[66] Eine Anwendung der GoL gem. DRS 20 auf den Lagebericht zum Jahresabschluss gem. § 289 HGB wird empfohlen und aufgrund der Entsprechung der gesetzlichen Normen zum Lage- und zum Konzernlagebericht auch vermutet.[67]

Für Unternehmen, die keine Kapitalgesellschaften sind und bestimmte Größenmerkmale erfüllen, gilt in Deutschland die Berichterstattungspflicht nach dem Gesetz über die Rechnungslegung von bestimmten Unternehmen und Konzernen (Publizitätsgesetz – PublG).[68] Hiervon betroffen sind insbesondere Personengesellschaften und Einzelunternehmen.[69] Bestimmte Aktiengesellschaften (AG) und Kommanditgesellschaften auf Aktien (KGaA) haben zusätzlich eine Erklärung zur Unternehmensführung abzugeben.[70] Kapitalmarktorientierte Unternehmen sind neben dem Jahresabschluss zur Finanzberichterstattung verpflichtet. Die Finanzberichterstattung umfasst den Jahresfinanzbericht gem. § 37v WpHG, den Halbjahresfinanzbericht[71] gem. § 37w WpHG und den Zahlungsbericht gem. § 37x WpHG.[72] Darüber hinaus bestehen für diese Unternehmen folgende Berichterstattungspflichten:

▪ Pflicht zur Berichterstattung über Insiderinformationen gem. § 15 WpHG – sog. Ad hoc-Publizität[73];

▪ Mitteilungspflicht über Transaktionen von Mitgliedern des Leitungs-, Verwaltungs- oder Aufsichtsorgans eines Unternehmens und diesem Personenkreis nahestehenden Personen mit Wertpapieren des entsprechenden Unternehmens gem. § 15a WpHG – sog. Directors Dealings;

---

65 Vgl. DRS 20.12-35. Vgl. ausführlich zu den Grundsätzen der Lageberichterstattung z.B. Fink/Kajüter/Winkeljohann (2013), S. 57-73.

66 Vgl. Kajüter (2004), S. 197.

67 Vgl. DRS 20.2; Kajüter (2004), S. 199.

68 Vgl. §§ 1 bzw. 11 PublG.

69 Vgl. detailliert zur Berichterstattungspflicht von Personengesellschaften z.B. Duif/Martin/Wiegmann (2010).

70 Dies gilt gem. § 289a Abs. 1 S. 1 HGB für AGs und KGaAs, die einen organisierten Markt im Sinne des § 2 Abs. 7 Wertpapiererwerbs- und Übernahmegesetz (WpÜG) durch von ihnen ausgegebene stimmberechtigte Aktien in Anspruch nehmen.

71 Vgl. ausführlich zur Zwischenberichtspublizität z.B. Alvarez/Wotschofsky (2000); Coenenberg/Haller/Schultze (2018), S. 979-994.

72 Vgl. detailliert Coenenberg/Haller/Schultze (2018), S. 978.

73 Vgl. ausführlich zur Ad hoc-Publizität z.B. Coenenberg/Haller/Schultze (2018), S. 994-996; Fülbier (1998); Nowak/Feinendegen (2001).

12   2 Pflichten, Aufgaben und Adressaten der nichtfinanziellen Berichterstattung

▓   Meldepflicht der jeweiligen Anteilseigner von Stimmrechtsanteilsänderungen bei Über- bzw. Unterschreitung bestimmter Schwellen gem. § 21 WpHG.[74]

2.2   Aufgaben der Berichterstattung

Der Jahresabschluss als zentrales Instrument der Unternehmensberichterstattungspflichten in Deutschland hat ein den tatsächlichen Verhältnissen entsprechendes Bild der Vermögens-, Finanz- und Ertragslage des berichtenden Unternehmens zu vermitteln.[75] Seine primären Funktionen sind die Information, die Zahlungsbemessung und die Dokumentation.[76] Letztere wird dabei in der Literatur teilweise als Basisaufgabe verstanden, die sich aus der Erfüllung der beiden anderen Aufgaben ergibt.[77] Die Informationsfunktion des Jahresabschlusses lässt sich weiter unterteilen in die Entscheidungsunterstützungsfunktion und die Rechenschafts- und Kontrollfunktion.[78] Mit dem Abschluss sollen verschiedenen Adressatengruppen bestimmte Informationen des berichtenden Unternehmens in standardisierter Form zur Verfügung gestellt werden.[79] Auf diese Weise sollen einerseits die Konsequenzen eigener Entscheidungen bewertet werden können[80], und andererseits die Informationsasymmetrien zwischen Management und Kapitalgebern gesenkt werden[81]. Im Rahmen der Zahlungsbemessungsfunktion konkretisiert der Abschluss insbesondere die quantitativen Rechte und Pflichten bestimmter Personengruppen.[82] Die Dokumentationsfunktion dient dazu, z.B. im Insolvenzfall oder bei Rechtsstreitigkeiten ein Beweisinstrument vorliegen zu haben.[83] Die Aufgaben des Konzernabschlusses sind die Informationsfunktion und die Dokumentationsfunktion.[84] Rechtswirkungen lassen sich aus ihm nicht ableiten.[85]

---

74   Vgl. Coenenberg/Haller/Schultze (2018), S. 978-979.
75   Vgl. § 264 Abs. 2 S. 1 HGB.
76   Vgl. Bonse/Linnhoff/Pellens (2011), S. 498-499.
77   Vgl. Becker (2014), S. 7. Vgl. ursprünglich Baetge/Kirsch/Solmecke (2009), S. 1212; Leffson (1987), S. 45-47.
78   Vgl. Ballwieser (1985), S. 38; Becker (2014), S. 8; Busse von Colbe (1993), S. 13-14; Gerum/Mölls/Shen (2011), S. 537; Wassermann (2011), S. 117.
79   Vgl. Bitz/Schneeloch/Wittstock/Patek (2014), S. 41; Schildbach/Feldhoff (2018), S. 13; Schmidt (2007), S. 19.
80   Vgl. Schildbach/Feldhoff (2018), S. 13; Schmidt (2007), S. 19.
81   Vgl. Busse von Colbe (1993), S. 14.
82   Vgl. Bitz/Schneeloch/Wittstock/Patek (2014), S. 41.
83   Vgl. Bonse/Linnhoff/Pellens (2011), S. 498-499.
84   Vgl. Cremer (2002), S. 98.
85   Vgl. Cremer (2002), S. 98.

Der Lagebericht übernimmt lediglich die Aufgabe der Informationsfunktion, wobei die Sicht der Unternehmensleitung vermittelt werden soll.[86] Der (Konzern-)Lagebericht ergänzt den Jahresabschluss primär durch qualitative und prognostische Informationen und soll so ein den tatsächlichen Verhältnissen entsprechendes Bild des berichtenden Unternehmens bzw. des Konzerns vermitteln.[87]

2.3 Rechnungslegungsinstrumente zur nichtfinanziellen Berichterstattung

Um ein den tatsächlichen Verhältnissen entsprechendes Bild des berichtenden Unternehmens bzw. des Konzerns durch den (Konzern-)Lagebericht vermitteln zu können, ist auch über nichtfinanzielle Informationen zu berichten. Hierzu zählen zum einem Angaben zu nichtfinanziellen Leistungsindikatoren wie Informationen über Umwelt- oder Arbeitnehmerbelange, soweit sie für das Verständnis des Geschäftsverlaufs oder der Lage des Unternehmens bzw. des Konzerns von Bedeutung sind.[88] Zum anderen sind teilweise vorgegebene Angaben zu nichtfinanziellen Aspekten zu machen, soweit sie zum Verständnis des Geschäftsverlaufs, des Geschäftsergebnisses, der Lage des Unternehmens bzw. des Konzerns sowie der Auswirkung seiner Tätigkeit auf Aspekte der Sozial- und Umweltbelange beitragen.[89]

Zur externen Kommunikation von nichtfinanziellen Themen nutzen Unternehmen neben der gesetzlichen Verpflichtung zur Berichterstattung im (Konzern-)Lagebericht auch freiwillige Rechnungslegungsinstrumente. Hierbei sind insbesondere das Integrated Reporting und der von der übrigen Berichterstattung separate Nachhaltigkeitsbericht zu nennen.[90]

Die Zielsetzung des Integrated Reporting ist es, finanzielle und nichtfinanzielle Informationen in einem einzigen Bericht zu verknüpfen.[91] Aus einem solchen integrierten Bericht soll für die Adressaten lesbar sein, wie das berichterstattende Unternehmen unter Verwendung verschiedener Ressourcen im Kontext seines natürlichen und sozialen Umfelds in der Lage ist, Wert zu schaffen.[92] Einen Rahmen für den integrierten Bericht veröffentlichte der IIRC 2013. Im Rahmenkonzept werden die sechs Kapitalarten Finanzkapital, produzierendes

---

86   Vgl. DRS 20.31; Fink/Schmidt (2015), S. 2163; Kajüter (2004), S. 197; Stobbe (1988), S. 303.

87   Vgl. §§ 289 Abs. 1 S. 1 bzw. 315 Abs. 1 S. 1 HGB; Fink/Kajüter/Winkelhohann (2013), S. 3.

88   Vgl. §§ 289 Abs. 3 bzw. 315 Abs. 3 HGB.

89   Vgl. §§ 289c Abs. 3 S. 1 bzw. 315c Abs. 2 HGB.

90   Vgl. Arbeitskreis Externe Unternehmensrechnung der Schmalenbach-Gesellschaft für Betriebswirtschaft (2015), S. 236; Müller/Stawinoga (2014), S. 59.

91   Vgl. Pellens (2012), S. 365.

92   Vgl. Haller/Zellner (2014), S. 253.

Kapital, intellektuelles Kapital, Humankapital, soziales Kapital und natürliches Kapital vorgestellt.[93] Ziel des Rahmenkonzepts ist es, diese Kapitale in die Unternehmensführung und in die integrierte Berichterstattung einzubinden.[94]

Der Nachhaltigkeitsbericht stellt das primäre Berichtsformat der separaten Nachhaltigkeitsberichterstattung dar.[95] Als zentrales Instrument der Nachhaltigkeitskommunikation werden in ihm Aussagen zur Nachhaltigkeitsstrategie eines Unternehmens getroffen.[96] Den Adressaten des Nachhaltigkeitsberichts soll ein ausgewogenes Bild der Leistungserbringung hinsichtlich ökonomischer, ökologischer und sozialer Aspekte des berichterstattenden Unternehmens vermittelt werden.[97] Das international anerkannte und weltweit meist angewandte freiwillige Rahmenwerk für die Erstellung von Nachhaltigkeitsberichten stellt die Global Reporting Initiative (GRI).[98] Die aktuelle Version des Standards GRI-Standards[99], bestehend aus drei universellen Standards (GRI 101: Grundlagen 2016, GRI 102: Allgemeine Angaben 2016, GRI 103: Managementansatz 2016) und drei themenspezifischen Standards (GRI 200: Ökonomie, GRI 300: Ökologie, GRI 400: Soziales), wird als De-facto-Standard für die Nachhaltigkeitsberichterstattung bezeichnet.[100] Die separate Berichterstattung in Form eines Nachhaltigkeitsberichts wird jedoch trotz der zunehmenden Orientierung an international anerkannten Standards oftmals als Marketingmaßnahme des berichtenden Unternehmens deklassiert.[101]

2.4 Arbeitnehmer als Berichterstattungsadressaten

Grundsätzlich kann jede Person oder Institution, die mit einem berichtenden Unternehmen in Geschäftsbeziehung steht, Adressat der Berichterstattung

---

93   Vgl. IIRC (2013), S. 11-12.
94   Vgl. IIRC (2013), S. 12. Vgl. ausführlich zum Integrated Reporting z.B. Freidank/Velte (2015); Günther/Bassen (2016); Haller/Fuhrmann (2012); Haller/Zellner (2014); Nagel-Jungo/Affolter (2016); Schmidt (2012).
95   Vgl. Fischer/Auer (2017), S. 26.
96   Vgl. Gabler Wirtschaftslexikon (2014), S. 2249.
97   Vgl. Müller/Stawinoga (2014), S. 62.
98   Vgl. Heinrich (2018), S. 95; KPMG (2015), S. 42. Dies trifft in Deutschland insbesondere auf die DAX30-Unternehmen zu (vgl. Sikora/Downar (2014), S. 489).
99   Online abrufbar unter: https://www.globalreporting.org/standards/gri-standards-translations/gri-standards-german-translations-download-center, abgerufen am 10. November 2018.
100   Vgl. Fischer/Auer (2017), S. 26; Hilpert (2014), S. 18; Hofmann (2007), S. 135. Vgl. ausführlich zur Berichterstattung nach den GRI z.B. Gabriel (2015); Haller/Durchschein (2016); Hoffmann (2011); Kajüter (2014); Roloff (2014).
101   Vgl. Haller/Ernstberger (2006), S. 2517; Hofmann (2007), S. 133-135; Schrader (2013); S. 452. Vgl. ausführlich zur separaten Nachhaltigkeitsberichterstattung z.B. Hoffmann (2011); Lackmann (2010).

2.4 Arbeitnehmer als Berichterstattungsadressaten

sein.[102] Lange Zeit standen jedoch Aktionäre, Investoren und Gläubiger im Fokus der Berichterstattung.[103] Im Rahmen des Shareholder-Value-Ansatzes sollen die Eigenkapitalgeber anhand der Berichterstattung über die Entscheidungen des Managements und der damit verbundenen Entwicklung des Unternehmenswertes für sie informiert werden.[104]

Im Gegensatz hierzu plädiert der Stakeholder-Ansatz für eine grundsätzliche Berücksichtigung aller Anspruchsgruppen an einem Unternehmen.[105] Stakeholder eines Unternehmens sind sämtliche Personen oder Gruppen, die von der Erreichung der Unternehmensziele beeinflusst werden oder diese beeinflussen können.[106] Hierzu zählen neben den Shareholdern insbesondere Arbeitnehmer, Kunden, Lieferanten und die Gemeinde.[107] Darüber hinaus sind die Regierung, die Konkurrenz, Verbraucherschutzgruppen, spezielle Interessengruppen wie z.B. Nichtregierungsorganisationen, Medien und die allgemeine Öffentlichkeit Stakeholder eines Unternehmens.[108]

Im Kontext der nichtfinanziellen Berichterstattung nimmt der Stakeholder-Ansatz eine besondere Rolle ein, da die Forderung nach bewusstem Wirtschaften, einer größeren Verantwortungsübernahme der Unternehmen und der Berichterstattung hierüber von den verschiedensten Stakeholdern gestellt wird.[109] Die Grundlage für die nichtfinanzielle Berichterstattung im (Konzern-)Lagebericht stellen Richtlinien der EU dar[110], die die Transparenz der nichtfinanziellen Informationen erhöhen[111] und hierdurch indirekt zu einer Steigerung der sozialen Verantwortung von Unternehmen bzw. deren Management beitragen[112] sollen. In diesem Kontext sollen Unternehmen in enger Zusammenarbeit mit allen Stakeholdern soziale, ökologische, ethische, Menschenrechts- und Verbraucherbelange in die Betriebsführung und in ihre Kernstrategien integrieren.[113] Der Dialog mit den Stakeholdern und die Herausstellung ihrer Erwartungen stellt

---

102   Vgl. Becker (2014), S. 10-11.
103   Vgl. Bitz/Schneeloch/Wittstock/Patek (2014), S. 47; Daub (2008), S. 83-84; Lackmann (2010), S. 17; Lehmann (2014), S. 28; Kajüter/Bachert/Blaesing/Kleinmanns (2010), S. 459-460; Kropff (1980), S 519; Oberdörster (2009), S. 26; Spießhofer (2014), S. 1282.
104   Vgl. ausführlich zum Shareholder-Value-Ansatz Rappaport (1986).
105   Vgl. ausführlich zum Stakeholder-Konzept Freeman/Harrison/Wicks/Parmar/de Colle (2010).
106   Vgl. Freeman (1984), S. 46.
107   Vgl. Freeman/Harrison/Wicks/Parmar/de Colle (2010), S. 24.
108   Vgl. Freeman/Harrison/Wicks/Parmar/de Colle (2010), S. 24.
109   Vgl. Arbeitskreis Externe Unternehmensrechnung der Schmalenbach-Gesellschaft für Betriebswirtschaft (2015), S. 236; Behncke/Hoffmann (2012), S. 411; Böcking/Althoff (2017), S. 246; Daub (2008), S. 84; Durchschein/Haller (2018), S. 199; Miolo/Veser (2012), S. 479; Rehbinder (2017), S. 17.
110   Vgl. ausführlich Kapitel 3.1.1.
111   Vgl. EU-Kommission (2011b), S. 14.
112   Vgl. EG-Kommission (2001a), S. 26-27.
113   Vgl. EU-Kommission (2011b), S. 7.

16   2 Pflichten, Aufgaben und Adressaten der nichtfinanziellen Berichterstattung

dabei einen zentralen Punkt dar.[114] Dem folgend ist die nichtfinanzielle Berichterstattung an alle von den Unternehmenstätigkeiten betroffenen Personen und Institutionen gerichtet.[115] Hierdurch sollen gemeinsame Werte für Shareholder und die übrigen Stakeholder sowie die gesamte Gesellschaft optimiert werden.[116] Die Offenlegung von sozialen und ökologischen Informationen soll die Kontakte zu Stakeholdern erleichtern und dazu beitragen, dass die Öffentlichkeit den Unternehmen Vertrauen entgegenbringt.[117] Unternehmen sollen Rechenschaft über die Auswirkungen ihrer Tätigkeit auf die Gesellschaft ablegen, Stakeholder zu den Informationen einen leichteren Zugang haben und ihr Vertrauen in die Unternehmen so gestärkt werden.[118] Auch in den Leitlinien der EU-Kommission wird der Stakeholder-Ansatz herausgestellt. Demnach ist bei der Berichterstattung nicht nur der Informationsbedarf eines Interessenträgers, sondern aller relevanten Interessenträger zu berücksichtigen.[119]

Da mit der Berichterstattung bestimmte Zwecke verfolgt werden[120], müssen zur bestmöglichen Realisierung derselben die Adressaten identifiziert und deren Präferenzen und Erwartungen an die Berichterstattung ermittelt werden[121]. Im Stakeholder-Ansatz sind die identifizierten Präferenzen und Erwartungen der Adressaten im nächsten Schritt zusammenzuführen.[122] Beispielsweise lautet die Frage hier nicht, ob die Investition in ein neues Produkt verzögert werden sollte, um zunächst höhere Gewinne zu erzielen, sondern wie in ein neues Produkt investiert werden kann, um dadurch höhere Gewinne zu erzielen.[123] Beim Auftreten von Interessenkonflikten müssen alternative Wege eruiert werden, so dass letztlich für alle identifizierten Adressaten der maximale Mehrwert durch die Berichterstattung geschaffen wird.[124]

---

114   Vgl. Hofmann (2007), S. 135; Jizba (2014), S. 36.
115   Vgl. Hentze/Thies (2014), S. 18; Rehbinder (2017), S. 17.
116   Vgl. EU-Kommission (2011b), S. 7.
117   Vgl. EU-Kommission (2011b), S. 14.
118   Vgl. ErwG. 3 RL 2014/95/EU.
119   Vgl. EU-Kommission (2017), S. 9.
120   Vgl. Küting/Kaiser (2010), S. 375; Küpper (2006), S. 5834.
121   Vgl. Becker (2014), S. 11; Haaker (2008), S. 163; vgl. ursprünglich Ballwieser (1985), S. 39; Moxter (1976), S. 94-95.
122   Vgl. Freeman/Harrison/Wicks/Parmar/de Colle (2010), S. 27-28. Vgl. auch Jizba (2014), S. 37.
123   Vgl. Jizba (2014), S. 37.
124   Vgl. Freeman/Harrison/Wicks/Parmar/de Colle (2010), S. 27-28. Vgl. auch Jizba (2014), S. 37. Vgl. anders Lackmann (2010), S. 15. Eine Berichterstattung, die alle Stakeholder gleichermaßen und gänzlich befriedigt, ist laut Lackmann aufgrund eventuell konträrer Interessen der verschiedenen Stakeholder nicht möglich. Dies gälte ebenso für die Festlegung einer Unternehmensstrategie.

2.4 Arbeitnehmer als Berichterstattungsadressaten

Unternehmen greifen bei der Festlegung der durch die Berichterstattung adressierten Stakeholder z.b. auf interne Analysen zurück.[125] Diese können im Rahmen einer Relevanz-Analyse erfolgen, in der die Relevanz der einzelnen Stakeholder für das Unternehmen anhand ihrer Ziele, Machtposition und Risiken bestimmt wird.[126] Alternativ kann ein Stakeholdermapping durchgeführt werden. Hier identifiziert ein CSR-Team aus Arbeitnehmern aus verschiedenen Abteilungen, dass somit in Kontakt mit möglichst vielen unterschiedlichen Stakeholdern steht, die relevanten Anspruchsgruppen der Berichterstattung.[127] Bei der Festlegung der für die identifizierten Stakeholder relevanten Themen werden von Unternehmensseite her ebenfalls interne Analysen wie z.b. Workshops oder interne Expertenbefragungen durchgeführt.[128] Externe Analysen wie Branchen- oder Medienanalysen und externe Studien und Expertenbefragungen werden deutlich seltener genutzt.[129]

Wird unter den Stakeholdern die Gruppe der Arbeitnehmer betrachtet, liegen die relevanten Themen der Berichterstattung laut Literatur bei der Langfristigkeit des Arbeitsverhältnisses, der Einkommenssicherung und der angemessenen Entlohnung sowie der Gestaltung der Arbeitsinhalte und Arbeitsbedingungen.[130] Aus diesen Themen ergibt sich indirekt ein Interesse der Arbeitnehmer am Jahresüberschuss, der Wertschöpfungsquote und an Aussagen über die künftige Unternehmensentwicklung.[131] Informationen der wirtschaftlichen Entwicklung des Unternehmens können auf die Sicherheit bzw. den Erhalt des Arbeitsplatzes und Karrieremöglichkeiten schließen lassen und Grundlage für Gehaltsforderungen darstellen.[132] Daten zur Produktions- und Absatzplanung, Investitions- und Desinvestitionsplanung sowie zu Personalplanungen lassen auf den Bedarf der eigenen Tätigkeit im Unternehmen schließen.[133] Zudem besteht seitens der Arbeitnehmer ein Interesse daran, ob Zahlungen zugesagter Pensionen oder freiwilliger Sozialleistungen und ergebnisabhängige Vergütungen gesichert

---

125 Vgl. Günther/Muschallik (2017), S. 424.
126 Vgl. Lackmann (2010), S. 15-17. Vgl. ursprünglich Welge/Al-Laham (1992), S. 51-56.
127 Vgl. detailliert Walker (2018), S. 78-84.
128 Vgl. Günther/Muschallik (2017), S. 424. Günther/Muschallik beziehen sich hierbei auf die Festlegung der relevanten nichtfinanziellen Themen.
129 Vgl. Günther/Muschallik (2017), S. 424.
130 Vgl. Coenenberg/Haller/Schultze (2018), S. 1043; Lackmann (2010), S. 14; Moxter (1962), S. 136-137; Scheibe-Lange (1979), S. 641-643; Scheibe-Lange (1983), S. 49; Pfeiffer (1974), S. 164; Wöhe (1997), S. 46. Vgl. detailliert zu den Informationsinteressen der anderen Adressaten der Berichterstattung z.B. Hinz (2002), S. 50-53; Müller (1992), S. 9-11.
131 Vgl. Hinz (2002), S. 52.
132 Vgl. Bonse/Linnhoff/Pellens (2011), S. 498; Coenenberg/Haller/Schultze (2018), S. 1302; Lange (1989), S. 187-188; Moxter (1962), S. 136-137; Müller (1992), S. 9.; Pfeiffer (1974), S. 164; Stobbe (1988), S. 304; Wöhe (1997), S. 46.
133 Vgl. Lange (1989), S. 188.

18 2 Pflichten, Aufgaben und Adressaten der nichtfinanziellen Berichterstattung

sind.[134] Allgemein ermöglicht die Berichterstattung Arbeitnehmern und Gewerkschaften einen Meinungsaustausch, schafft Ansatzpunkte für die gesamtwirtschaftliche Mitbestimmung und verbessert die Informationsmöglichkeiten der Arbeitnehmer und ihrer Interessenvertreter in Unternehmen.[135] Darüber hinaus enthalten Jahres- bzw. Konzernabschluss und (Konzern-)Lagebericht kaum arbeitnehmerspezifische Informationen.[136]

Arbeitnehmer verfügen zudem über gesetzliche Informationsrechte in Bezug auf die wirtschaftliche Situation des Unternehmens, in dem sie angestellt sind. Grundlage hierfür bildet das Betriebsverfassungsgesetz (BetrVG) und dabei in Unternehmen mit mehr als 100 ständig beschäftigen Arbeitnehmern insbesondere der Wirtschaftsausschuss[137] sowie in Aktiengesellschaften mit in der Regel über 2000 Mitarbeitern das Mitbestimmungsgesetz (MitbestG)[138]. Die Arbeitnehmer und deren Vertreter erhalten Informationen aufgrund von Informations- und Mitwirkungsmöglichkeiten in detaillierter und aussagekräftiger Form von Seiten der Arbeitgeber.[139] Arbeitnehmervertreter präsentieren diese z.B. auf Betriebsversammlungen, die gem. BetrVG quartalsweise einzuberufen sind und auf denen neben tarifpolitischen und wirtschaftlichen Fragen u.a. auch sozial- und umweltpolitische Angelegenheiten behandelt werden.[140]

Für interessierte und potenzielle Arbeitnehmer, die keine Informationsrechte resultierend aus den genannten Arbeitnehmerschutzgesetzen haben, stellt die gesetzliche Berichterstattungspflicht über Jahres- bzw. Konzernabschluss und (Konzern-)Lagebericht jedoch eine wichtige und zuverlässige Informationsquelle dar.[141] Für Arbeitnehmervertreter generiert sich ein Interesse der Daten des Jahres- bzw. Konzernabschlusses und des (Konzern-)Lageberichts z.B. über die Nutzung derselben, um im Rahmen von Tarifverhandlungen Strategien zu begründen.[142]

Im Kontext der nichtfinanziellen Berichterstattung nehmen unter den Stakeholdern die Arbeitnehmer eine besondere Rolle ein. Zunächst liegt das darin begründet, dass Mitarbeiterbelange einen festen Bestandteil in der nichtfinanziel-

---

134 Vgl. Becker (2014), S. 14; Coenenberg/Haller/Schultze (2018), S. 1302; Moxter (1962), S. 136; Wöhe (1997), S. 46.

135 Vgl. Spieker (1986), S. 26 und 36. Vgl. für einen Überblick zu Rechnungslegung im Kontext von Gewerkschaften Osma/Mora/Sabater (2015), S. 249-250.

136 Vgl. Hinz (2002), S. 53.

137 Vgl. §§ 110 Abs. 1 i.V.m. 106 BetrVG.

138 Vgl. § 1 Nr. 2 MitbestG.

139 Vgl. Lange (1989), S. 190-193; Volk (1987), S. 724-725; Steinmann (1974), Sp. 2681-2695; Wöhe (1997), S. 46-47.

140 Vgl. §§ 43 und 45 BetrVG; Pfeiffer (1974), S. 164.

141 Vgl. Stobbe (1988), S. 304-305.

142 Vgl. Hinz (1994), S. 52; Hinz (2002), S. 52.

2.4 Arbeitnehmer als Berichterstattungsadressaten

len Berichterstattung darstellen.[143] Die Informationen über die Gestaltung der Arbeitsinhalte und der Arbeitsbedingungen als eines der wichtigsten Interessenfelder der Arbeitnehmer werden über qualitative, verbale Aussagen vermitteln.[144] Zudem sind Arbeitnehmer eines Unternehmens von den nichtfinanziellen Themen direkt betroffen und hiermit verbundene Aktivitäten werden ggf. durch sie selbst ausgeführt.[145] Hierdurch können sie auch als Gradmesser für die Glaubwürdigkeit der sozialen Verantwortungsübernahme von Unternehmen fungieren.[146] Laut Literatur sind dabei die für Arbeitnehmer wichtigsten nichtfinanziellen Themen im Bereich des Sozialen zu verorten.[147] Konkret zählen hierzu die Themen Zukunftsfähigkeit und Stabilität des Unternehmens und des Standortes, Langfristigkeit des Arbeitsverhältnisses und Sozialleistungen, Bereitstellung von Ausbildungsplätzen, Arbeitsklima, Work-Life-Balance und Familienfreudlichkeit sowie die Gleichbehandlung bei Bezahlung und Arbeitsbedingungen.[148]

Durch die Aufgaben der Betriebsräte gem. § 80 BetrVG und die Tätigkeitsfelder der gem. MitbestG im mitbestimmenden Aufsichtsrat sitzenden Arbeitnehmervertreter haben die Arbeitnehmer einen Einfluss auf die Konzepte der sozialen Verantwortungsübernahme der Unternehmen.[149] So hat der Betriebsrat bspw. die Vereinbarkeit von Familie und Erwerbstätigkeit zu fördern[150], Maßnahmen zur Bekämpfung von Rassismus und Fremdenfeindlichkeit im Betrieb zu beantragen[151] und Handlungsweisen des Arbeitsschutzes und des betrieblichen Umweltschutzes[152] zu unterstützen. Im Fokus von Nachhaltigkeit liegen für Betriebsräte dem folgend klassische Mitbestimmungsthemen wie Beschäftigungs- und Standortsicherung und Bereitstellung von Ausbildungsplätzen.[153]

Insbesondere betriebliche Interessenvertreter und Arbeitnehmervertreter in Aufsichtsräten können das sozial und ökologisch verantwortungsbewusste Handeln eines Unternehmens durch dessen Management kontrollieren und auf mögliche Diskrepanzen zwischen der der Öffentlichkeit präsentierten Verantwor-

---

143   So werden Arbeitnehmerbelange als Beispiel für nichtfinanzielle Leistungsindikatoren (vgl. §§ 289 Abs. 3 bzw. 315 Abs. 3 HGB) und als Mindestaspekt der nichtfinanziellen Berichterstattung (§§ 289c Abs. 3 bzw. 315 Abs. 3 HGB) genannt. Vgl. hierzu ausführlich Kapitel 3 zur Entwicklung der gesetzlich verpflichtenden nichtfinanziellen Berichterstattung.
144   Vgl. Volk (1987), S. 724.
145   Vgl. Collier/Esteban (2007), S. 19-20; Krasodomska (2013), S. 22.
146   Vgl. Thannisch (2009), S. 338; Yoon/Lee (2016), S. S. 116-117.
147   Vgl. z.B. Bustamante/Pelzeter/Ehlscheidt (2018), S. 24.
148   Vgl. z.B. Bustamante/Pelzeter/Ehlscheidt (2018), S. 25; Hauser-Ditz/Wilke (2005), S. 6-7.
149   Vgl. Thannisch (2009), S. 334. Vgl. detailliert zu CSR im Kontext von Betriebsräten Vitols (2011), S. 89-97; vgl. detailliert zu CSR im Kontext von Aufsichtsräten Vitols (2011), S. 101-102.
150   Vgl. § 80 Abs. 1 Nr. 2b BetrVG.
151   Vgl. § 80 Abs. 1 Nr. 7 BetrVG.
152   Vgl. § 80 Abs. 1 Nr. 9 BetrVG i.V.m. § 89 BetrVG.
153   Vgl. Hauser-Ditz/Wilke (2004), S. 18.

tungsübernahme und der praktischen Umsetzung hinweisen sowie auf Veränderungen hinwirken.[154] Aus gewerkschaftlicher Sicht bietet die nichtfinanzielle Berichterstattung eine Grundlage, von Unternehmen ausgeübtes Engagement mit der Kommunikation hierüber abzugleichen und Forderungen zu stellen.[155] Zwar widmen sich Gewerkschaften auch ökonomischen und ökologischen Themen der Nachhaltigkeit, der Fokus liegt jedoch auf der sozialen Dimension und hierbei in der Vergangenheit auch lange Zeit auf unternehmensinternenen Maßnahmen, die primär die Themen der klassischen Mitbestimmung betreffen.[156] Insbesondere Themen der Langfristigkeit des Arbeitsverhältnisses und damit verbunden der sozialen Sicherheit, der Verteilungsgerechtigkeit und der Entlohnung, des Arbeitsschutzes, der Arbeitsbedingungen, der Aus- und Weiterbildung und der Versammlungsfreiheit[157] sowie das Fortbestehen von gesetzlicher, tariflicher und betrieblicher Mitbestimmung in Unternehmen neben unternehmerischen CSR-Konzepten sind von gewerkschaftlichem Interesse[158].

Seitens der Unternehmen stellen die Mitarbeiter mit die wichtigsten Stakeholder bzgl. der sozialen Verantwortungsübernahme von Unternehmen[159] und der nichtfinanziellen Berichterstattung[160] dar. In Deutschland werden im CSR-RL-UmsG und in der Konkretisierung durch den DRS 20 Arbeitnehmer explizit als Interessenträger des berichtenden Unternehmens hervorgehoben und deren Einbindung in die vom Unternehmen verfolgten Konzepte gefordert.[161] Ihre Erwartungen sollten den Unternehmen durch ständige Dialoge z.B. im Rahmen von Mitarbeitergesprächen bekannt sein.[162]

---

154 Vgl. DGB (2009a), S. 4; DGB (2009b), S. 5 und 7; Hauser-Ditz/Wilke (2005), S. 10; Thannisch (2017), S. 46. In Bezug auf die Nachhaltigkeitsberichterstattung zeigt sich, dass Betriebsräte diese oftmals nicht gemeinsam mit der Unternehmensleitung erarbeiten, sondern lediglich einen eigenständigen Abschnitt hinzufügen (vgl. Vitols (2011), S. 96).
155 Vgl. Hinz (1994), S. 52; Hinz (2002), S. 52; Seyboth (2005), S. 5.
156 Vgl. Salzmann/Prinzhorn (2006), S. 286; Vitols (2011), S. 75 und 103-104.
157 Vgl. Arlt/Gebauer/Petschow/Hildebrandt/Schmidt/Zieschank (2007), S. 8; Salzmann/Prinzhorn (2006), S. 286; Vitols (2011), S. 103-104.
158 Vgl. DGB (2009a), S. 3 und 6; DGB (2009b), S. 5; Seyboth (2005), S. 4-5; Thannisch (2009), S. 335-336. Vgl. detailliert zu CSR im Kontext von Gewerkschaften Vitols (2011), S. 69-79.
159 Vgl. Bertelsmann Stiftung (2014), S. 25-26; Scholl/Waidelich (2018), S. 20.
160 Günther/Muschallik (2017), S. 424; Schenkel-Nofz (2015), S. 289; Spence (2009), S. 261.
161 Vgl. DRS 20.265 und B82.
162 Vgl. DRS 20.B82.

3 Entwicklung der gesetzlich verpflichtenden nichtfinanziellen Berichterstattung im Europarecht und die Umsetzung in deutsches Recht

3.1 Richtlinie 2003/51/EG (Modernisierungsrichtlinie)

3.1.1 Europäischer Rechtsrahmen

Grundlage für die nichtfinanzielle Berichterstattung im (Konzern-)Lagebericht stellen Richtlinien der EU dar. Basis für die Einflussnahme der EU auf das deutsche Gesellschafts- und Unternehmensrecht und somit auch auf die (Konzern-)Berichterstattung ist Art. 114 Abs. 1 des Vertrages über die Arbeitsweise der Europäischen Union (AEUV)[163]. Dieser ermächtigt das Europäische Parlament (EU-Parlament) und den Rat der europäischen Union (Rat)[164] als Hauptbeschlussorgane der EU zur Angleichung von Rechts- und Verwaltungsvorschriften der Mitgliedstaaten der EU.[165] Ziel ist es, den EU-Bürgern einen Raum der Freiheit, Sicherheit und des Rechts ohne Binnengrenzen zu bieten, in dem der freie Verkehr von Waren, Personen, Dienstleistungen und Kapital zu gewährleisten ist.[166]

Die Angleichung des nationalen Gesellschafts- und Unternehmensrechts erfolgt primär durch Richtlinien.[167] Diese sind für die Mitgliedstaaten, an die sie gerichtet sind, hinsichtlich des vorgegebenen Ziels verbindlich.[168] Die Wahl der Form und der Mittel, mit denen die von der EU getroffenen Regelungen im Rahmen der innerstaatlichen Rechtsordnung verwirklicht werden, ist jedoch den Mitgliedstaaten selbst überlassen. Auf diese Weise können gemeinschaftlich festgesetzte Ziele und Regelungen der EU flexibel in die Rechtsordnung der jeweiligen Mitgliedstaaten überführt werden, ohne die Kompetenz der nationalen

---

163 Gemeinsam mit dem Vertrag über die Europäische Union (EU-Vertrag, EUV) stellt dieser die Grundlage der Union dar (vgl. Art. 1 Abs. 3 EUV).
164 Im AEUV wird der Rat der europäischen Union (auch EU-Ministerrat oder Ministerrat) als „Rat" bezeichnet. Im Folgenden wird diese Bezeichnung ebenfalls verwendet.
165 Vgl. ausführlich zu den Hauptorganen der EU z.B. Bieber/Epiney/Haag (2019), § 4 B.
166 Vgl. Art. 3 EUV und Art. 26 Abs. 2 AEUV.
167 Vgl. Art. 50 Abs. 2 lit g) i.V.m. Art. 50 Abs. 1, 114 und 115 AEUV. Vgl. ausführlich zu den Rechtshandlungen der Organe der EU z.B. Bieber/Epiney/Haag (2019), § 6 B. IV.
168 Vgl. Art. 288 AEUV.

© Springer Fachmedien Wiesbaden GmbH, ein Teil von Springer Nature 2020
N. I. Schröder, *CSR-Richtlinie-Umsetzungsgesetz*,
https://doi.org/10.1007/978-3-658-29198-3_3

Rechtsetzungsorgane in Frage zu stellen. Die Anpassung des nationalen Rechts an die Bestimmungen der jeweiligen Richtlinie ist von den Mitgliedstaaten innerhalb der in der Richtlinie gesetzten Frist durchzuführen.[169] Das EU-Parlament und der Rat haben bereits eine Vielzahl von Richtlinien betreffend das Gesellschafts- und Unternehmensrecht verabschiedet, die teilweise auch schon mehrfach geändert wurden.[170]

Die Offenlegung nichtfinanzieller Leistungsindikatoren im (Konzern-)Lagebericht wurde vom EU-Parlament und vom Rat erstmals in der Richtlinie 2003/51/EG vom 18. Juni 2003 über den Jahresabschluss und den konsolidierten Abschluss von Gesellschaften bestimmter Rechtsformen, von Banken und anderen Finanzinstituten sowie von Versicherungsunternehmen explizit berücksichtigt.[171] Die Richtlinie wurde zur Änderung der Vierten Richtlinie des Rats vom 25. Juli 1978 über den Jahresabschluss von Gesellschaften bestimmter Rechtsformen (RL 78/660/EWG, Bilanzrichtlinie) und der Siebenten Richtlinie des Rats vom 13. Juni 1983 über den konsolidierten Abschluss (RL 83/349/EWG, Konzernbilanzrichtlinie) erlassen.[172] Dem folgend wird bei der Richtlinie 2003/51/EG auch von der sog. Modernisierungsrichtlinie gesprochen.

Die Notwendigkeit der Modernisierung der europäischen Bilanzrichtlinien ergab sich aus der zunehmenden Internationalisierung der Rechnungslegung.[173] So führte der Trend zur Globalisierung und die damit verbundene verstärkte

---

169   Vgl. Bieber/Epiney/Haag (2019), § 6 B. IV. 3., Rn. 31.

170   Vgl. für einen Überblick über die auf der Grundlage von Art. 50 Abs. 2 AEUV bereits verabschiedeten Richtlinien Bieber/Epiney/Haag (2019), § 21 B., Rn. 5-7.

171   Im Bereich Ökologie ist bereits im EUV festgehalten, dass die Union auf ein hohes Maß an Umweltschutz und Verbesserung der Umweltqualität hinwirkt (vgl. Art. 3 Abs. 3 EUV). Um dies sicher zu stellen, müssen Quantität und Qualität der relevanten Informationen gegeben sein (vgl. EG (1993), Teil I, Tz. 7.1). Auf der Grundlage dieser, im Rahmen des Fünften Umwelt-Aktionsprogramms „Für eine dauerhafte und umweltgerechte Entwicklung – Ein Programm der Europäischen Gemeinschaft für Umweltpolitik und Maßnahmen in Hinblick auf eine dauerhafte und umweltgerechte Entwicklung" formulierten Ansprüche, wurden konkrete Ausführungen des Beratenden Forums für Rechnungslegung bzgl. der Berücksichtigung von Umweltfragen in der Rechnungslegung formuliert (vgl. Beratendes Forum für Rechnungslegung (1995), Tz. 29). Diese lassen sich wiederum fast wortwörtlich in der Mitteilung der EG-Kommission zu Auslegungsfragen im Hinblick auf bestimmte Artikel der Vierten und der Siebenten Richtlinie des Rates finden (vgl. EG-Kommission (1998), Tz. 49; vgl. ausführlich zu den Ansätzen der EG bzw. der EU zur Berücksichtigung von Umweltragen in der Rechnungslegung Berndt (2001).).

172   Die RL 78/660/EWG und RL 83/349/EWG sowie die Richtlinien ändernde Rechtsakte sind online abrufbar unter: http://eur-lex.europa.eu/legal-content/DE/TXT/?uri=URISERV%3AI26009#amendingact bzw. http://eur-lex.europa.eu/legal-content/DE/TXT/?uri=URISER V%3AI26010#amendingact, abgerufen am 14. November 2016.

173   Vgl. ausführlich zur Internationalisierung der Rechnungslegung sowie der entsprechenden Rechtsgrundlagen z.B. Keun/Zillich (2000); Pellens/Fülbier/Gassen/Sellhorn (2017), S. 37-50.

3.1 Richtlinie 2003/51/EG (Modernisierungsrichtlinie)

Kapitalmarktorientierung[174] von Unternehmen zu einer steigenden Relevanz internationaler Rechnungslegungsvorschriften (insbesondere International Accounting Standards (IAS)[175] und United States Generally Accepted Accounting Principles (US-GAAP)).[176] Als ein Höhepunkt dieser Entwicklung ist die Verordnung[177] (EG) Nr. 1606/2002 des EU-Parlaments und des Rates vom 19. Juli 2002 betreffend die Anwendung internationaler Rechnungslegungsstandards (sog. IAS-Verordnung) zu nennen. Gemäß Art. 4 der IAS-Verordnung sind kapitalmarktorientierte Mutterunternehmen[178] der EU für Geschäftsjahre, die am oder nach dem 01. Januar 2005 beginnen, dazu verpflichtet, die Konzernrechnungslegung nach den IAS bzw. den IFRS vorzunehmen.[179] Da die internationalen Rechnungslegungsstandards jedoch nicht voll mit den europäischen Bilanzrichtlinien kompatibel waren, war eine Anpassung des gesetzlichen Rahmens der Rechnungslegung und somit eine Öffnung hin zum Trend der Internationalisierung, von europäischer Seite unumgänglich.

Dem folgend dient der Vorschlag der EG-Kommission zur Modernisierungsrichtlinie vom 09. Juli 2002 primär Zielen, die im Zusammenhang mit den internationalen Rechnungslegungsvorschriften stehen. Als erstes Ziel wird die Beseitigung aller bestehenden Konflikte zwischen den Rechnungslegungs-Richtlinien und den IAS genannt. Darüber hinaus soll für EU-Unternehmen, die ihren Jahresabschluss oder ihren konsolidierten Abschluss nicht nach den internationalen Rechnungslegungsstandards erstellen, eine Öffnung der nach den IAS beste-

---

174 Der Kapitalmarkt wird als Markt für mittel- und langfristige Kapitalanlage und -aufnahme (Laufzeit von mehr als einem Jahr) definiert. Die ausgeprägteste Form des organisierten Kapitalmarktes ist die Börse (vgl. Gabler Wirtschaftslexikon (2014), S. 1752).

175 IAS sind die vor 2002 entwickelten und noch gültigen Rechnungslegungsstandards des International Accounting Standards Boards (IASB). Die ab 2002 entwickelten Rechnungslegungsstandards des IASB sind die International Financial Reporting Standards (IFRS), die das Kernstück des IFRS-Regelwerkes und die IFRS im weiteren Sinne darstellen. Zusammen mit den IAS sind sie die IFRS im engeren Sinne. Vgl. Pellens/Fülbier/Gassen/Sellhorn (2017), S. 62.

176 Vgl. Kirsch/Scheele (2004), S. 2.

177 Verordnungen haben im Gegensatz zu Richtlinien allgemeine Geltung, sind in allen ihren Teilen verbindlich und gelten unmittelbar in jedem Mitgliedstaat (vgl. Art. 288 AEUV).

178 Gemäß Art. 4 Verordnung (EG) Nr. 1606/2002 gilt ein Mutterunternehmen als kapitalmarktorientiert, wenn am jeweiligen Bilanzstichtag seine Wertpapiere in einem beliebigen Mitgliedstaat der EU zum Handel in einem geregelten Markt i.S.d. Art. 1 Abs. 13 RL 93/22/EWG zugelassen sind.

179 Den Mitgliedstaaten wird das Wahlrecht eröffnet, Gesellschaften, die bereits international anerkannt Standards anwenden, die IAS bzw. IFRS erst für Geschäftsjahre, die am oder nach dem 01. Januar 2007 beginnen, anzuwenden (vgl. Art. 9 Verordnung (EG) Nr. 1606/2002). Der deutsche Gesetzgeber nutzt das Wahlrecht (Art. 57 Einführungsgesetz zum HGB (EG-HGB)), wobei diese Übergangsvorschriften insbesondere für Unternehmen gelten, die wegen eines US-Börsenlistings nach US-GAAP bilanzieren (vgl. Pellens/Fülbier/Gassen/Sellhorn (2017), S. 42).

24 3 Entwicklung der gesetzlich verpflichtenden nichtfinanziellen Berichterstattung

henden Rechnungslegungsoptionen erfolgen. Als drittes Ziel wird eine grundlegende strukturelle Reform der europäischen Bilanzrichtlinien genannt. So soll eine Flexibilität geschaffen werden, welche auch für künftige Entwicklungen der internationalen Rechnungslegungsvorschriften offen ist.[180]

Insgesamt sollten durch die Modernisierungsrichtlinie alle Unstimmigkeiten zwischen der Vierten Richtlinie und der Siebenten Richtlinie auf der einen Seite und des IAS zum Stand 01. Mai 2002 auf der anderen Seite beseitigt werden.[181] Dies sollte eine Vergleichbarkeit der Abschlüsse von Unternehmen schaffen.[182] Zwischen Unternehmen, die die internationalen Rechnungslegungsstandards anwenden, und Unternehmen, die nach nationalen Normen bilanzieren, sollten hierdurch die gleichen Wettbewerbsbedingungen herrschen.[183] Darüber hinaus wird in der Begründung zur Modernisierungsrichtlinie die Bedeutung eines einheitlichen Binnenmarktes für Finanzdienstleistungen mit einer vergleichbaren Rechnungslegung betont.[184]

Die Modernisierungsrichtlinie enthält aber auch Regelungen, die sich nicht mit dem Abbau des Konfliktpotenzials zwischen den europäischen Bilanzrichtlinien und den internationalen Rechnungslegungsvorschriften erklären lassen. Hiervon betroffen sind sämtliche Erweiterungen des (Konzern-)Lageberichts durch die Modernisierungsrichtlinie. So wurden die zum (Konzern-)Lagebericht bestehenden Regelungen der Vierten und Siebenten Richtlinie durch die Modernisierungsrichtlinie deutlich ausgebaut, obgleich die internationalen Rechnungslegungsvorschriften zum Zeitpunkt der Modernisierung der europäischen Bilanzrichtlinien über kein mit dem (Konzern-)Lagebericht vergleichbares Instrument der Berichterstattung verfügten.[185] Dies zeigte zum einem die hohe Bedeutung,

---

180 Vgl. EG-Kommission (2002), S. 4.
181 Vgl. Begründung Tz. 15 RL 2003/51/EG.
182 Vgl. Begründung Tz. 1 RL 2003/51/EG.
183 Vgl. Begründung Tz. 5 RL 2003/51/EG.
184 Vgl. Begründung Tz. 1 und 5 RL 2003/51/EG.
185 Die weltweite Nachfrage nach einer (Konzern-)Lageberichterstattung nach international einheitlichen Vorschriften führte seitens des IASB 2002 zur Initiierung des Projekts Management Commentary (vgl. Beiersdorf/Buchheim (2006), S. 97). Im Rahmen dieses Projekts veröffentlichte das IASB jedoch erst am 08. Dezember 2010 das IFRS Practice Statement Management Commentary (PS MC), dessen Anwendung ab demselben Datum empfohlen wird (vgl. PS MC.41). Die Veröffentlichung des MC in Form eines Practice Statements anstelle eines Standards wurde bewusst vom IASB gewählt, um den nicht-bindenden Charakter des Leitliniendokuments zu unterstreichen (vgl. PS MC.IN1 und IN2). Dementsprechend obliegt es auf nationaler Ebene den jeweiligen Gesetzgebern, Standardsettern oder Börsenaufsichtsbehörden, das Rahmenkonzept für einzelne IFRS-Anwendergruppen verbindlich zu machen (vgl. Fink/Kajüter (2011), S. 177). Das PS MC stellt eine Ergänzung der Rechnungslegungsvorschriften des IASB durch ein Rahmenkonzept zur Erstellung von Managementberichten dar (vgl. PS MC.IN1). Ein nach dem PS MC erstellter Managementbericht wird als narrativer Bericht definiert, der in IFRS-Abschlüssen zur Ergänzung und Erläuterung der

3.1 Richtlinie 2003/51/EG (Modernisierungsrichtlinie) 25

welche die EU dem (Konzern-)Lagebericht beimaß. Zum anderen wurde hierdurch auch deutlich, dass die EU trotz der Harmonisierungsbestrebungen eigene Akzente in der Rechnungslegung setzte und somit eine Trendsetter-Funktion einnehmen wollte.[186]

Der Ausbau der Regelungen zum (Konzern-)Lagebericht durch die Modernisierungsrichtlinie wurde mit der bis dato bestehenden Qualität der Berichterstattung begründet. So heißt es im Vorschlag zur Richtlinie, dass die unterschiedliche Auslegung der bisherigen Vorschriften zur (Konzern-)Lageberichterstattung in der Praxis dazu führe, dass die Berichte qualitativ nicht vergleichbar seien.[187] Auch in der wissenschaftlichen Literatur werden Qualität, Aussagekraft und Informationsgehalt des (Konzern-)Lageberichts oftmals kritisiert.[188] Folgerichtig ist es ein weiteres Ziel, im Zuge der Änderungen durch die Modernisierungsrichtlinie eine EU-weite qualitative Vergleichbarkeit der (Konzern-)Lageberichterstattung zu fördern und eine größere Orientierung bezüglich der zu berichtenden Informationen zu schaffen, um so der Aufgabe des (Konzern-)-Lageberichts besser nachkommen zu können.[189]

Gemäß den europäischen Bilanzrichtlinien ist es die Aufgabe des (Konzern-)Lageberichts, ein den tatsächlichen Verhältnissen entsprechendes Bild der Gesellschaft bzw. der Gesamtheit der in die Konsolidierung einbezogenen Unternehmen zu vermitteln. Dies geschieht durch die Darstellung des Geschäftsverlaufs und der Lage der Gesellschaft bzw. bei Konzernlageberichten der Lage der Gesamtheit der in die Konsolidierung einbezogenen Unternehmen.[190] Dabei wird den Mitgliedstaaten freigestellt, kleine Unternehmen von der Erstellung eines Lageberichts zu befreien.[191] Zudem wird es den Mitgliedstaaten überlassen, kleine und mittelgroße Mutterunternehmen von der Erstellung eines Konzernlageberichts zu befreien.[192]

Vermögens-, Finanz- und Ertragslage und der Cashflows eines Unternehmens dienen soll, um so die Einzelinformationen des Abschlusses zu verdichten (vgl. PS MC.IN1 und IN3). Durch die verbale Ergänzung der Abschlussinformationen kommt dem Managementbericht so die gleiche Rolle wie z.B. dem Operating and Financial Review in Großbritannien oder dem Lagebericht in Deutschland zu (Kajüter/Guttmeier (2009), S. 2333). Vgl. ausführlich zum PS MC vgl. Fink/Kajüter (2011).

186   Vgl. Kirsch/Scheele (2004), S. 3.
187   Vgl. EG-Kommission (2002), S. 6-7.
188   Vgl. Kirsch/Scheele (2004), S. 4. Vgl. ursprünglich Krumbholz (1994), S. 267; Paschen (1992), S. 52; Schildbach/Beermann/Feldhoff (1990), S. 2301.
189   Vgl. EG-Kommission (2002), S. 6-7.
190   Vgl. Art. 46 Abs. 1 RL 78/660/EWG und Art. 36 Abs. 1 RL 83/349/EWG.
191   Vgl. Art. 46 Abs. 3 RL 78/660/EWG. Vgl. auch Art. 6 RL 90/604/EWG.
192   Vgl. Art. 6 Abs. 1 RL 83/349/EWG.

26   3 Entwicklung der gesetzlich verpflichtenden nichtfinanziellen Berichterstattung

Durch den Ausbau der Regelungen im Zuge der Modernisierung der Bilanz-richtlinien ist im (Konzern-)Lagebericht das Geschäftsergebnis darzustellen.[193] Die wesentlichen Risiken und Ungewissheiten, denen die Gesellschaft bzw. beim Konzernlagebericht die Gesamtheit der in die Konsolidierung einbezogenen Unternehmen ausgesetzt sind, sind zu benennen. Die Darstellung des Geschäfts-verlaufs, des Geschäftsergebnisses und der Lage der Gesellschaft bzw. bei Kon-zernlageberichten der Lage der Gesamtheit der in die Konsolidierung einbezoge-nen Unternehmen hat in einer dem Umfang und der Komplexität der Geschäftstätigkeit angemessenen Analyse zu erfolgen. Soweit es für das Ver-ständnis dieser Darstellung erforderlich ist, sollen hierbei die wichtigsten, für die betreffende Geschäftstätigkeit relevanten, finanziellen Leistungsindikatoren einbezogen werden.

Neben diesen Konkretisierungen der zu berichtenden Informationen des (Konzern-)Lageberichts wird durch die Modernisierungsrichtlinie die finanzielle Betrachtungsweise des (Konzern-)Lageberichts erstmals um nichtfinanzielle Aspekte erweitert. Bei der Analyse des Geschäftsverlaufs, des Geschäftsergeb-nisses und der Lage der Gesellschaft bzw. bei Konzernlageberichten der Lage der Gesamtheit der in die Konsolidierung einbezogenen Unternehmen sind nicht-finanzielle Leistungsindikatoren einzubeziehen, soweit dies angebracht erscheint und sofern diese für die betreffende Geschäftstätigkeit von Bedeutung sind.[194] Wie auch bei den finanziellen Aspekten gilt dieser Einbezug jedoch nur, sofern die nichtfinanziellen Aspekte für das Verständnis erforderlich sind. Als Beispiele für die nichtfinanziellen Leistungsindikatoren werden Umwelt- und Arbeitneh-merbelange angeführt. Den Mitgliedstaaten wird freigestellt, Gesellschaften gem. Richtlinie 78/660/EWG Art. 27 (kleine und mittelgroße Gesellschaften) von der Verpflichtung der nichtfinanziellen Berichterstattung auszunehmen.[195]

Im Kontext der Unternehmensberichterstattung existiert keine Legaldefini-tion des Begriffs der nichtfinanziellen Leistungsindikatoren.[196] Ansatzpunkt für eine Begriffsbestimmung kann seit der Bekanntmachung des DRS 20[197] die hier vorgenommene Definition des Leistungsindikators sein.[198] Ein Leistungsindika-tor ist demnach eine qualitative oder quantitative Größe, die der Beurteilung eines Aspekts der Leistung eines Unternehmens dient.[199] Die Beispielnennung der Umwelt- und Arbeitnehmerbelange in der Modernisierungsrichtlinie legt

---

193   Vgl. hier und im Folgenden Art. 1 Tz. 14 Abs. a) und Art. 2 Tz. 10 Abs. a) RL 2003/51/EG.
194   Vgl. hier und im Folgenden Begründung Abs. 9 RL 2003/51/EG; Art. 1 Tz. 14 Abs. a) und Art. 2 Tz. 10 Abs. a) RL 2003/51/EG.
195   Vgl. Art. 1 Tz. 14 Abs. b) RL 2003/51/EG.
196   Vgl. Hinze (2016), S. 1171.
197   Vgl. ausführlich zum DRS 20 3.1.2.3.
198   Vgl. Hinze (2016), S. 1171.
199   Vgl. DRS 20.11.

3.1 Richtlinie 2003/51/EG (Modernisierungsrichtlinie) 27

eine Ausrichtung der nichtfinanziellen Leistungsindikatoren am Konzept der Nachhaltigkeit nahe.[200] Zusammengenommen können nichtfinanzielle Leistungsindikatoren somit als qualitative oder quantitative Größen definiert werden, die der ganzheitlichen Beurteilung der Wirkung und Zukunftsfähigkeit eines Unternehmens in seinem ökonomischen, ökologischen und sozialen Umfeld dienen und nicht unmittelbarer Ausdruck seiner finanziellen Leistungsfähigkeit sind.[201]

Die Erweiterung der (Konzern-)Lageberichterstattung um nichtfinanzielle Leistungsindikatoren folgt der Empfehlung der EG-Kommission vom 30. Mai 2001 zur Berücksichtigung von Umweltaspekten in Jahresabschluss und Lagebericht von Unternehmen: Ausweis, Bewertung und Offenlegung (2001/453/EG), welche als Konsequenz aus dem Fünften Umweltaktionsprogramm der EG hervorgeht.[202] In der Begründung dieser Empfehlung heißt es, dass Adressaten auch in Bezug auf Umweltfragen aussagekräftige und vergleichbare Informationen benötigen. Hierzu müssten bestehende Regeln geklärt und genauere Leitlinien über Ausweis, Bewertung und Offenlegung von Umweltaspekten im Abschluss und auch im (Konzern-)Lagebericht der Unternehmen herausgegeben werden.[203] Die Empfehlung enthält konkrete Angaben, welche Umweltaspekte im (Konzern-)Lagebericht offengelegt werden sollten, sofern sie für das finanzielle Ergebnis und den finanziellen Status des Unternehmens oder seine Entwicklung von Bedeutung sind:[204]

▓ Allgemeine Umweltstrategien und Umweltschutzprogramme des Unternehmens;

▓ erzielte Fortschritte auf wesentlichen Gebieten des Umweltschutzes;

▓ im Kontext geltender Rechtsvorschriften durchgeführte Umweltschutzmaßnahmen;

▓ umweltbezogene Unternehmensdaten (z.B. Energie-, Material-, Wasserverbrauch, Emissionen, Abfallentsorgung);

▓ sofern vorhanden, Hinweis auf einen separaten Umweltbericht.

In der Modernisierungsrichtlinie werden explizit als nichtfinanzielle Leistungsindikatoren lediglich Umwelt- und Arbeitnehmerbelange genannt. Hierbei verdeutlicht der Zusatz „einschließlich", dass sich die nichtfinanzielle Berichterstat-

---

200   Vgl. Hinze (2016), S. 1171.
201   Vgl. Hinze (2016), S. 1172. Vgl. ähnlich auch Arbeitskreis Externe Unternehmensrechnung der Schmalenbach-Gesellschaft für Betriebswirtschaft (2015), S. 236.
202   Vgl. EG-Kommission (2001a), Begründung Abs. 1.
203   Vgl. EG-Kommission (2001a), Begründung Abs. 10.
204   Vgl. EG-Kommission (2001a), Anhang 4. Offenlegung.

tung nicht auf die Bereiche Ökologie und Soziales beschränken soll.[205] Auch die im Richtlinienvorschlag der EG-Kommission geäußerte Erwartung, dass die Unternehmen umwelttechnische, soziale und sonstige Aspekte analysieren werden, unterstützt den Anspruch, dass innerhalb der (Konzern-)Lageberichte über Umwelt- und Arbeitnehmerbelange hinaus berichtet werden soll.[206]

In der Begründung zur Modernisierungsrichtlinie wird darauf hingewiesen, dass bewusst auf detailliertere Bestimmungen zu den nichtfinanziellen Angaben im (Konzern-)Lagebericht verzichtet wird. Ebenso wie bei der bisher unterschiedlichen Auslegung der Rechnungslegungsvorschriften könne auch ein ausführlicher Anforderungskatalog der nichtfinanziellen Aspekte zu einer stereotypen (Konzern-)Lageberichterstattung führen. Darüber hinaus ermöglichten die relativ offen gehaltenen Vorgaben Spielraum für künftige Entwicklungen in der Rechnungslegung.[207]

In der Literatur wird der Verzicht auf detaillierte Bestimmungen zu den Angaben nichtfinanzieller Leistungsindikatoren im (Konzern-)Lagebericht in der Modernisierungsrichtlinie unterschiedlich bewertet. Einerseits wird in der wenig konkreten, abstrakt formulierten Berichterstattungspflicht ein zu großer Ermessensspielraum für die Unternehmen gesehen.[208] Auf der anderen Seite birgt ein detaillierter Anforderungskatalog die Gefahr, die Flexibilität eines Unternehmens einzuschränken und somit das Risiko, nicht über unternehmensindividuelle und/oder branchenspezifische Besonderheiten berichten zu können.[209]

Die Richtlinie 2003/51/EG trat gem. Art. 6 am Tag ihrer Veröffentlichung im Amtsblatt der EU am 17. Juli 2003 in Kraft. Die Umsetzung durch die nationalen Gesetzgeber der EU-Mitgliedstaaten in nationales Recht hatte bis zum 01. Januar 2005 zu erfolgen.[210]

3.1.2 Umsetzung in deutsches Recht

3.1.2.1 Bilanzrechtsreformgesetz (BilReG)

Die Umsetzung der Richtlinie 2003/51/EG in deutsches Recht erfolgte durch das Gesetz zur Einführung internationaler Rechnungslegungsstandards und zur Sicherung der Qualität der Abschlussprüfung (Bilanzrechtsreformgesetz – Bil-

---

205 Vgl. Art. 1 Tz. 14 Abs. a) und Art. 2 Tz. 10 Abs. a) RL 2003/51/EG.
206 Vgl. EG-Kommission (2002), S. 7.
207 Vgl. EG-Kommission (2002), S. 7.
208 Vgl. Bieker/Schmidt (2002), S. 212; Maniora (2015), S. 154; Niehus (2002), 1389.
209 Vgl. Kirsch/Scheele (2004), S. 10.
210 Vgl. Art. 5 RL 2003/51/EG.

3.1 Richtlinie 2003/51/EG (Modernisierungsrichtlinie) 29

ReG[211]). Initiiert wurde der GesE vom 30. April 2004 von Seiten der Bundesregierung.[212]

Neben der Umsetzung der Richtlinie 2003/51/EG wurde durch das BilReG primär die Anpassung des nationalen Bilanzrechts an die IAS-Verordnung, die Richtlinie 2003/38/EG (sog. Schwellenrichtlinie) und die Richtlinie 2001/65/EG (sog. Fair-Value Richtlinie) vorgenommen. Darüber hinaus sollte durch das BilReG die Rolle des Abschlussprüfers gestärkt werden.[213]

Um die Zielsetzung der Richtlinie 2003/51/EG – Beseitigung aller Unstimmigkeiten zwischen der Vierten Richtlinie und der Siebenten Richtlinien auf der einen Seite und den IAS zum Stand 01. Mai 2002 auf der anderen Seite, sowie Qualitätssteigerung der (Konzern-)Lageberichterstattung[214] – im nationalen Recht umsetzen zu können, wurden durch das BilReG einige Änderungen und Neuerungen des HGB vorgenommen. Eine der wesentlichen Neuerungen stellt die Konkretisierung der zu berichtenden Informationen und die Abkehr von der ausschließlich finanziellen Betrachtungsweise im (Konzern-)Lagebericht dar.[215]

Vor dem BilReG war im (Konzern-)Lagebericht gem. § 289 Abs 1 bzw. § 315 Abs. 1 HGB der Geschäftsverlauf und die Lage der Kapitalgesellschaft bzw. des Konzerns so darzustellen, dass ein den tatsächlichen Verhältnissen entsprechendes Bild vermittelt wurde. Gemäß Art. 1 S. 9 a) bzw. S. 19 a) BilReG ist hier nun auch das Geschäftsergebnis miteinzubeziehen. Es wird konkretisiert, dass die Darstellung eine ausgewogene und umfassende, dem Umfang und der Komplexität der Geschäftstätigkeit angemessene Analyse des Geschäftsverlaufs und der Lage der Gesellschaft bzw. des Konzerns zu enthalten hat. Neben den

---

211 Vgl. ausführlich zum BilReG z.B. Pfitzer/Oser/Orth (2004); Pfitzer/Oser/Orth (2008), S. 43-72; Steiner/Grass (2004), S. 551-558.

212 Vgl. HGB-GesE des BilReG (2004). Vgl. ausführlich zum Gesetzgebungsverfahren auf Bundesebene in Deutschland http://www.bpb.de/nachschlagen/lexika/recht-a-z/22287/gesetzgebungsverfahren, abgerufen am 20. Juni 2018.

213 Vgl. Begründung zum HGB-GesE des BilReG (2004), S. 21.

214 Vgl. hierzu auch schon Kapitel 3.1.1.

215 Bereits im Großkommentar zum Aktiengesetz von 1961 werden Angaben genannt, die innerhalb eines Sozialberichtes als Teil des Lageberichts ein zusammenhängendes Bild über die sozialen Verhältnisse und Leistungen des Betriebes geben sollen (vgl. Gadow/Heinichen/Schmidt/Schmidt/Weipert (1961), § 128 Anm. 4). Der erste Beck'sche Bilanz-Kommentar von 1986 beschreibt den Sozialbericht und dessen Inhalte ähnlich (vgl. Budde/Clemm/Pankow/Sarx (1986), § 289, Tz. 18) und schlägt darüber hinaus vor, im Rahmen der freiwilligen Berichterstattung gesellschafsbezogene Umstände und Sachverhalte, Wertschöpfungsrechnungen und/oder Sozialbilanzen im Lagebericht darzustellen (vgl. Budde/Clemm/Pankow/Sarx (1986), § 289, Tz. 33). In der Kommentierung von 1999 wird dann auch erstmals ein Umweltbericht als innerhalb des Lageberichts zulässig genannt (vgl. Pankow, Sarx (1999), § 289, Tz. 22). Im Aktiengesetz (AktG) bzw. HGB selbst finden nichtfinanzielle Informationen bis zum BilReG jedoch keine explizite Erwähnung (vgl. zur Entwicklung der nichtfinanziellen Berichterstattung bis zum BilReG z.B. Fifka (2018), S. 142-143).

Risiken der künftigen Entwicklung sollen nun im (Konzern-)Lagebericht auch die wesentlichen Chancen der voraussichtlichen Entwicklung beurteilt und erläutert werden. Die für die Geschäftstätigkeit bedeutsamsten finanziellen Leistungsindikatoren sind in die Analyse einzubeziehen und unter Bezugnahme auf die im Jahres- bzw. Konzernabschluss ausgewiesenen Beträge und Angaben zu erläutern.[216] Zudem werden die Vorschriften, auf welche Sachverhalte der (Konzern-)Lagebericht eingehen soll, ergänzt.[217]

Die Erweiterung um nichtfinanzielle Leistungsindikatoren im (Konzern-)Lagebericht erfolgt durch den neu angefügten § 289 Abs. 3 HGB bzw. durch den geänderten § 315 Abs. 1 HGB. Der Einbezug von Leistungsindikatoren gilt demnach für große Kapitalgesellschaften i.S.d. § 267 Abs. 3 HGB nun ebenso für nichtfinanzielle Aspekte, soweit diese für das Verständnis des Geschäftsverlaufs oder die Lage des Unternehmens von Bedeutung sind.[218] Der deutsche Gesetzgeber nutzt hier das Wahlrecht der Modernisierungsrichtlinie, kleine und mittelgroße Unternehmen von der Verpflichtung zur nichtfinanziellen Berichterstattung auszunehmen. Kleine Unternehmen sind gem. § 264 Abs. 1 S. 4 jedoch ohnehin schon vor dem BilReG von der Aufstellungspflicht eines Lageberichts befreit.

Konzerne werden durch das BilReG unabhängig von der Größe zum Einbezug nichtfinanzieller Leistungsindikatoren verpflichtet, soweit sie für das Verständnis des Geschäftsverlaufs oder der Lage des Konzerns von Bedeutung sind.[219] Allerdings nutzt der deutsche Gesetzgeber hier das Wahlrecht der EU, kleine und mittelgroße Mutterunternehmen grundsätzlich von der Aufstellungspflicht eines Konzernlageberichts zu befreien, so dass diese Unternehmen nicht von der Erweiterung um nichtfinanzielle Leistungsindikatoren betroffen sind.[220]

Beispielhaft werden im BilReG für nichtfinanzielle Leistungsindikatoren sowohl für große Kapitalgesellschaften als auch für Konzerne der Modernisierungsrichtlinie folgend Umwelt- und Arbeitnehmerbelange genannt, wobei der Zusatz „wie" verdeutlicht, dass sich die nichtfinanzielle Berichterstattung nicht auf diese Bereiche beschränken soll.[221] Der GesE verdeutlicht hierzu, dass die Umwelt- und Arbeitnehmerbelange keinesfalls eine abschließende Aufzählung bilden und auch nicht zur entsprechenden Schwerpunktsetzung zwingen. Sofern sie zur Einschätzung des Geschäftsverlaufs oder der Lage von Bedeutung sind oder die voraussichtliche Unternehmensentwicklung wesentlich beeinflussen können, muss das Unternehmen auch über sonstige nichtfinanzielle Leistungsin-

---

216 Vgl. Art. 1 Tz. 9 Abs. a) und Tz. 19 Abs. a) BilReG.
217 Vgl. Art. 1 Tz. 9 Abs. b) und Tz. 19 Abs. b) BilReG.
218 Vgl. Art. 1 Tz. 9 Abs. c) BilReG.
219 Vgl. Art. 1 Tz. 19 Abs. a) BilReG.
220 Vgl. § 293 Abs. 1 S. 1 Nr. 2 HGB.
221 Vgl. Art. 1 Tz. 9 Abs. c) und Tz. 19 Abs. a) BilReG.

3.1 Richtlinie 2003/51/EG (Modernisierungsrichtlinie)   31

dikatoren Bericht erstatten. Beispielhaft nennt der Gesetzgeber hier die Entwicklung des Kundenstamms, das Humankapital, den Bereich Forschung und Entwicklung und die durch Sponsoring oder karitative Zuwendungen geförderte gesellschaftliche Reputation des Unternehmens.[222]

Die Konkretisierung der zu berichtenden Informationen und die Erweiterung um nichtfinanzielle Leistungsindikatoren stellt die umfassendste Änderung der Vorschriften zum (Konzern-)Lagebericht seit dessen Einführung in das deutsche Bilanzrecht dar.[223] Dabei wird der Verzicht auf detaillierte Bestimmungen zu den Angaben nichtfinanzieller Leistungsindikatoren in der Literatur unterschiedlich bewertet. Einerseits wird im verbleibenden Ermessensspielraum eine Erschwerung der regelkonformen Umsetzung und Prüfung gesehen.[224] Die subjektiven Gestaltungsmöglichkeiten und uneinheitlichen Definitionen der Leistungsparameter würden außerdem die Vergleichbarkeit und Verlässlichkeit der Informationen erschweren.[225] Dabei ist es erklärtes Ziel, durch die Modernisierungsrichtlinie eine EU-weite qualitative Vergleichbarkeit der (Konzern-)Lageberichterstattung zu fördern.[226] Andererseits eigneten sich offene und abstrakt gehaltene Regeln dazu, flexibel die relevanten, unternehmensindividuellen oder branchenspezifischen nichtfinanziellen Informationen zu vermitteln.[227]

Der Bundestag nahm das BilReG am 29. Oktober 2004 nach der dritten Lesung einstimmig an. Ferner billigte der Bundesrat das Gesetz am 26. November 2004 und mit Datum vom 04. Dezember 2004 wurde es im Bundesgesetzblatt vom 09. Dezember 2004 verkündet.[228] Gemäß Art. 10 trat das BilReG am Tag nach seiner Verkündung am 10. Dezember 2004 in Kraft. Anzuwenden war die Erweiterung um nichtfinanzielle Leistungsindikatoren im (Konzern-)Lagebericht auf ab dem 01. Januar 2005 beginnende Geschäftsjahre.[229]

3.1.2.2 Deutscher Rechnungslegungs Standard Nr. 15 (DRS 15)

In Deutschland entwickelt auf Konzernebene der HGB-Fachausschuss des Deutschen Rechnungslegungs Standards Committee e.V. (DRSC[230]) gem. § 342 Abs. 1 Nr. 1 HGB Empfehlungen zur Anwendung der Grundsätze über die

---

222   Vgl. Begründung zum HGB-GesE des BilReG (2004), S. 31.
223   Vgl. Kajüter (2004), S. 203.
224   Vgl. Pfitzer/Oser/Orth (2004), S. 2597.
225   Vgl. Haller/Ernstberger (2006), S. 2517.
226   Vgl. hierzu auch schon Kapitel 3.1.1.
227   Vgl. Lackmann (2010), S. 34; vgl. Kirsch/Scheele (2004), S. 12.
228   Ein Überblick des Ablaufs des Vorgangs ist online abrufbar unter: http://www. gesmat.bundesgerichtshof.de/gesetzesmaterialien/15_wp/Bilanzrechtsreform G/bilregindex.htm, abgerufen am 14. November 2016.
229   Vgl. Art. 2 Nr. 5 BilReG.
230   Vgl. ausführlich zum DRSC Hoffmann (2003).

32   3 Entwicklung der gesetzlich verpflichtenden nichtfinanziellen Berichterstattung

Rechnungslegung. Grundlage hierfür stellt der Standardisierungsvertrag zwischen dem Bundesministerium der Justiz und für Verbraucherschutz (BMJV[231]) und dem DRSC dar. In diesem erkennt das damalige BMJ das im März 1998 gegründete DRSC als privates Rechnungslegungsgremium gem. § 342 HGB an[232], wodurch Aufgaben der Entwicklung und Empfehlung von Rechnungslegungsregeln vom damaligen BMJ an das DRSC übertragen werden können[233]. Gemäß seiner Satzung verfolgt das DRSC u.a. den Zweck, die Qualität der Rechnungslegung zu erhöhen.[234] Im Rahmen der Entwicklung von Empfehlungen zur Anwendung der Grundsätze über die Konzernrechnungslegung ist der HGB-Fachausschuss[235] des Rechnungslegungsgremiums des DRSC zuständig für die Erstellung sog. Deutscher Rechnungslegungs Standards (DRS).[236]

Bezüglich der Verbindlichkeit zur Anwendung der DRS für die Unternehmen ist zu beachten, dass Rechnungslegungsstandards einer privatrechtlich organisierten Einheit keine Normen im Sinne eines Gesetzes oder einer Verordnung sein können.[237] Mit dem § 342 Abs. 2 HGB hat der Gesetzgeber das private Rechnungslegungsgremium jedoch mit einem hohen Maß an Autorität ausgestattet.[238] Demnach wird die Beachtung der die Konzernrechnungslegung betreffenden Grundsätze ordnungsgemäßer Buchführung vermutet, wenn die vom DRSC erstellten und vom BMJV bekannt gemachten Rechnungslegungsstandards vom Bilanzierenden beachtet werden. Für Konzerne erlangen die DRS somit die Qualität der GoB.[239] So haben sie eine starke, auslegende Wirkung in der Öffentlichkeit, verfügen jedoch über keine Gesetzeskraft.[240]

Gemäß des gesetzlichen Auftrags des DRSC, Empfehlungen zur Anwendung der Grundsätze über die Konzernrechnungslegung zu entwickeln, wurde vom damaligen DSR parallel zum Gesetzgebungsverfahren des BilReG der DRS 15 zur Lageberichterstattung entwickelt. Der Erstentwurf des DRS 15, der E-DRS 20, wurde bereits am 13. November 2003 vom damaligen DSR veröf-

---

231   Bis zum 16. Dezember 2013 Bundesministerium der Justiz (BMJ).

232   Vgl. § 1 Abs. 1 BMJ (1998); Handelsblatt o.V. (1998), S. 14.

233   Alternativ kann das BMJV die Aufgaben an einen Rechnungslegungsbeirat übertragen (vgl. §§ 342 und 342a HGB).

234   Vgl. § 2 Abs. 1 lit. a) und e DRSC (2015).

235   Neben dem HGB-Fachausschuss stellt der DRSC den IFRS-Fachausschuss als Rechnungslegungsgremium (vgl. § 6 Abs. 2 lit. a) DRSC (2015). Dieses Organisationsmodell ist u.a. Ergebnis der Verhandlungen über einen neuen Standardisierungsvertrag zwischen dem BMJ und dem DRSC in 2011 (vgl. DRSC (2011), S. 12-13). In der Vereinssatzung DRSC vom 26. März 2009 ist der Deutsche Standardisierungsrat (DSR) noch für die heutigen Aufgaben der Fachausschüsse zuständig (vgl. § § 6 Abs. 1 und 8 DRSC (2009)).

236   Vgl. § 20 Abs. 1 DRSC (2015).

237   Vgl. Beisse (1999), S. 2185; Ernst (1998), S. 1030.

238   Vgl. Hoffmann (2003), S. 62.

239   Vgl. Spanheimer (2000), S. 1005.

240   Vgl. Hoffmann (2003), S. 62.

3.1 Richtlinie 2003/51/EG (Modernisierungsrichtlinie) 33

fentlicht. Die überarbeitete Version des E-DRS 20 wurde am 20. Juli 2004 publiziert und die Verabschiedung des DRS 15 erfolgte am 07. Dezember 2004 durch das DRSC. Zur Bekanntmachung gem. § 342 Abs. 2 HGB durch das damalige BMJ im Bundesanzeiger kam es am 26. Februar 2005.[241] Erstmals anzuwenden war der Standard für Konzernlageberichte, die sich auf nach dem 31. Dezember 2004 beginnende Geschäftsjahre bezogen.[242] Aufgrund der zeitlichen Abfolge der Standardentwicklung kann eine Einflussnahme des DRS 15 auf den Referentenentwurf (RefE) des BilReG vermutet werden.[243]

Entsprechend der Aufgabe des DRSC soll der DRS 15 die eher abstrakten Anforderungen an die Konzernlageberichterstattung gem. § 315 HGB konkretisieren.[244] Hierdurch sollen die erheblichen Unterschiede in Umfang, Inhalt und Struktur der deutschen Konzernlageberichterstattungspraxis reduziert werden.[245] Wie auch die Modernisierungsrichtlinie hat der DRS 15 das Ziel, Qualität und Informationsgehalt sowie die Vergleichbarkeit und Aussagekraft des Lageberichts zu verbessern.[246] Verpflichtend ist er ausschließlich auf Konzernebene anzuwenden. Eine Anwendung auf den Lagebericht zum Jahresabschluss gem. § 289 HGB wird empfohlen[247] und aufgrund der Entsprechung der gesetzlichen Normen zum (Konzern-)Lagebericht auch vermutet[248].

Die Ausstrahlungswirkung des DRS 15 zeigt sich nicht nur auf die Regelungen zum Lagebericht gem. § 289 HGB. So beschloss der Hauptfachausschuss des Instituts für Wirtschaftsprüfer (IDW) am 07. Juli 2005 die IDW Stellungnahme zur Rechnungslegung: Aufstellung des Lageberichts (IDW RS HFA 1[249]) mit Verweis auf den DRS 15 zur Lageberichterstattung und den DRS 5 zur Risikoberichterstattung aufzuheben.[250] Der IDW RS HFA 1 war die erste Stellungnahme, die umfassende Vorgaben betreffend des Inhalts und der Gestaltung des (Konzern-)Lageberichts enthielt, und somit die Anforderungen der §§ 289 und 315 HGB konkretisierte.[251] Die Stellungnahme orientierte sich an der bisherigen Kommentarliteratur und wies bzgl. nichtfinanzieller Leistungsindikatoren bereits 1998 darauf hin, dass der Personal- und Sozialbericht sowie der Umweltschutz

---

241 Vgl. BAnz AT Nr. 40a vom 26. Februar 2005.
242 Vgl. DRS 15.92.
243 Vgl. Buchheim/Knorr (2006), S. 416.
244 Vgl. DRS 15.1.
245 Vgl. Buchheim/Knorr (2006), S. 416; E-DRS 20.C1 Tz. 1-2.
246 Vgl. hierzu auch schon Kapitel 3.1.1. Vgl. Buchheim/Knorr (2006), S. 416; E-DRS 20.C1 Tz. 1-2.
247 Vgl. DRS 15.4 und 5.
248 Vgl. Kajüter (2004), S. 199.
249 Die Stellungnahme ist veröffentlicht in der Die Wirtschaftsprüfung (1998), Heft 15, S. 653-662.
250 Vgl. IDW (2005a), S. 902
251 Vgl. IDW RS HFA 1.1 Abs. 1; Selch (2003), S. 187.

34 3 Entwicklung der gesetzlich verpflichtenden nichtfinanziellen Berichterstattung

Gegenstände der Berichtspflicht sind, sofern sie zur Darstellung des Geschäftsverlaufs als wesentlich betrachtet werden.[252] Die Anlage der Stellungnahme enthielt eine Sammlung möglicher Berichtsgegenstände im (Konzern-)Lagebericht, die neben anderen Angaben auch den Personal- und Sozialbereich sowie den Umweltschutz betrafen.[253]

Die fachlichen Regelungen des IDW haben keine Gesetzeskraft für Unternehmen, sie sind vom Abschlussprüfer jedoch im Rahmen seiner beruflichen Eigenverantwortlichkeit zu beachten.[254] Somit ist davon auszugehen, dass die Stellungnahmen des IDW von prüfungspflichtigen Unternehmen grundsätzlich berücksichtigt werden.[255] Bei der Aufhebung des IDW RS HFA 1 kann daher als kritisch betrachtet werden, dass hierdurch keine Standards zur Konkretisierung der Lageberichterstattung gem. § 289 HGB mehr bestanden, da der DRS 15 für den Konzernlagebericht gilt und eine Anwendung auf die Lageberichterstattung gem. § 289 HGB lediglich empfohlen wird.[256]

Sämtliche Angabepflichten zu nichtfinanziellen Leistungsindikatoren sind im DRS 15 unter dem Grundsatz zur Lageberichterstattung „Konzentration auf die nachhaltige Wertschaffung" verortet.[257] Die Anforderungen der Konzernlageberichterstattung konkretisierend sind gem. DRS 15.30 Ereignisse, Entscheidungen und Faktoren im Konzernlagebericht anzugeben und zu erläutern, die aus der Sicht der Unternehmensleitung einen wesentlichen Einfluss auf die weitere Entwicklung des Unternehmens haben können. Um Prognosen treffen zu können, sollen vergangenheitsorientierte und gegenwartsbezogene Informationen angemessen aufbereitet werden.[258] Neben finanziellen Leistungsindikatoren sollen diese Informationen auch nichtfinanzielle Leistungsindikatoren beinhalten. Dies gilt jedoch nur für nichtfinanzielle Leistungsindikatoren, die einen wesentlichen Einfluss auf den Geschäftsverlauf oder die wirtschaftliche Lage des Konzerns genommen haben oder für nichtfinanzielle Leistungsindikatoren, von denen die Unternehmensleitung einen wesentlichen Einfluss auf die voraussichtliche Entwicklung des Konzerns erwartet.[259] Beispielhaft nennt DRS 15.32 die

---

252 Vgl. IDW RS HFA 1.3.1.1. Abs. 24; Selch (2000), S. 363.
253 Vgl. IDW RS HFA 1.A.7. und 8.3.1.1. Abs. 24.
254 Vgl. § 4 Abs. 9 IDW (2005b).
255 Vgl. Selch (2003), S. 196 i.V.m. IDW Fachgutachten 1/1988 (IDW FG 1/1988) Abschnitt C.IV. Anm. Nr. 1. Die Änderungen bzgl. nichtfinanzieller Informationen durch die RL 2003/51/EG bzw. das BilReG sind daher auch für Deutschland grundsätzlich nicht als neu zu betrachten, jedoch aber die explizite Forderung nach einer Berichterstattung im Lagebericht (vgl. Kirsch/Scheele (2004), S. 9).
256 Vgl. Pfitzer/Oser/Orth (2004), S. 2598.
257 Vgl. DRS 15.30-32. Vgl. ausführlich auch zu übrigen Regelungen zur Lageberichterstattung durch den DRS 15 z.B. Fink/Keck (2005).
258 Vgl. DRS 15.30.
259 Vgl. DRS 15.31.

3.1 Richtlinie 2003/51/EG (Modernisierungsrichtlinie)   35

Entwicklung des Kundenstamms und Informationen über Umwelt- und Arbeitnehmerbelange als nichtfinanzielle Leistungsindikatoren.

Der DRS 15 wurde 2010 letztmalig geändert.260 Die durch das am 29. Mai 2009 in Kraft getretene Gesetz zur Modernisierung des Bilanzrechts (Bilanzrechtsmodernisierungsgesetz – BilMoG) neu eingeführten Berichterstattungspflichten[261] sowie die Ergebnisse einer vom DRSC in Auftrag gegebenen empirischen Studie[262] zeigten die Notwendigkeit einer grundlegenden Überarbeitung des Standards.[263] Als Ergebnis der ersten Phase dieser Überarbeitung wurde am 05. Januar 2010 vom damaligen DSR der Deutsche Rechnungslegungs Änderungsstandard Nr. 5 (DRÄS 5) verabschiedet und am 18. Februar 2010 vom damaligen BMJ im Bundesanzeiger bekannt gegeben.[264] Erstmals anzuwenden war der Änderungsstandard auf Konzernlageberichte für ab den 01. Januar 2010 beginnende Geschäftsjahre.[265]

Als konkreter Gegenstand der Überarbeitung des DRS 15 wird vom DRSC die Berichterstattung über nichtfinanzielle Leistungsindikatoren genannt.[266] Dem folgend wird DRS 15.31 insofern konkretisiert, als dass über nichtfinanzielle Leistungsindikatoren nur zu berichten ist, wenn sie von der Unternehmensleitung regelmäßig beurteilt werden und als Grundlage ihrer Entscheidungen dienen. Als weitere Einschränkung gilt, dass nichtfinanzielle Leistungsindikatoren nur in die Aufbereitung der vergangenheitsorientierten und gegenwartsbezogenen Informationen einzubeziehen sind, wenn diese für die Geschäftstätigkeit und für die Einschätzung des Geschäftsverlaufs oder die Lage des Konzerns von Bedeutung sind.[267] Diese Änderung soll den sog. Management Approach bei der Frage der Berichterstattung über nichtfinanzielle Leistungsindikatoren hervorheben, der bei der Bedeutung der nichtfinanziellen Berichterstattung auf die Sicht der Unternehmensleitung abstellt.[268] Informationen, die für bestimmte Stakeholder interessant sind, sind demnach trotzdem nicht im Lagebericht aufzuführen, wenn diese nicht erforderlich sind, um vergangene oder künftige Geschäftsentwicklungen zu

---

260 Vgl. Kolb/Neubeck (2013), Rn. 95
261 Im Zuge des BilMoG werden zwar die Regelungen zur (Konzern-)Lageberichterstattung gem. §§ 289 und 315 HGB geändert, die Berichterstattung nichtfinanzieller Leistungsindikatoren ist hiervon aber nicht betroffen.
262 Vgl. Kajüter/Bachert/Blaesing/Kleinmanns (2010).
263 Vgl. Kolb/Neubeck (2013), Rn. 110 und 117.
264 Vgl. BAnz AT Nr. 27a vom 18. Februar 2010. Vgl. ausführlich zu den Änderungen des DRS 15 durch den DRÄS 5 Withus (2010).
265 Vgl. DRÄS 5.30.
266 Vgl. Präambel S. 17 DRÄS 5.
267 Vgl. DRÄS 5.6.
268 Vgl. Withus (2010), S. 69.

verstehen.[269] Wird über nichtfinanzielle Leistungsindikatoren berichtet, hat dies gem. DRÄS 5.7 grundsätzlich qualitativ zu erfolgen. Nur, wenn diese qualitativen Aussagen nicht ausreichen, um ein Verständnis über die Lage und den Geschäftsverlauf zu schaffen, sind zusätzliche quantitative Angaben zu machen.

Die Beispiele für nichtfinanzielle Leistungsindikatoren werden durch DRÄS 5 in den Anhang des DRS 15 verlagert, ausgeweitet und konkretisiert. So werden neben dem Kundenstamm (Kundenkreis, dessen Zusammensetzung, Entwicklung des Kundenstamms, Kundenzufriedenheit), der Umweltbelange (Emissionswerte, Energieverbrauch, Beachtung der geltenden Umweltschutzvorschriften, Durchführung eines Umweltaudit) und der Arbeitnehmerbelange (Fluktuation, Betriebszugehörigkeit, Vergütungsstrukturen, Ausbildungsstrukturen, Fortbildungsmaßnahmen, interne Förderungsmaßnahmen) der Bereich Forschung und Entwicklung und die gesellschaftliche Reputation des Konzerns (Wahrnehmung gesellschaftlicher Verantwortung, soziales und kulturelles Engagement, Unternehmenskultur) als beispielhafte nichtfinanzielle Leistungsindikatoren aufgeführt. Darüber hinaus kann auch über Lieferantenbeziehungen, Patentanmeldungen und Produktqualität berichtet werden.[270] Die Entscheidung, über welche nichtfinanzielle Leistungsindikatoren letztendlich berichtet wird, hängt von der individuellen Situation des berichtenden Unternehmens sowie der Regelungen der Textziffer 31 des Standards ab. Die Beispiele sind somit nicht als Mindestkatalog zu verstehen, sondern ihre Eignung und Angabepflicht ist unternehmensabhängig zu beurteilen.[271] Sofern eine Darstellung der nichtfinanziellen Leistungsindikatoren als Maßgröße möglich und sinnvoll ist, hat dies zu erfolgen.[272]

3.1.2.3 Deutscher Rechnungslegungs Standard Nr. 20 (DRS 20)

Nach der Bekanntgabe des DRÄS 5 wurde in der zweiten Phase der grundlegenden Überarbeitung des DRS 15 von einer vom damaligen DSR hierfür eigens eingesetzten Arbeitsgruppe der Standardentwurf E-DRS 27 Konzernlagebericht entwickelt und am 14. Dezember 2011 vom DRSC veröffentlicht. Die überarbeitete Version DRS 20 Konzernlagebericht wurde am 14. September 2012 vom DRSC verabschiedet, am 28. September 2012 vom damaligen DSR veröffent-

---

269   Vgl. Wagner/Mayer/Kubessa (2018), S. 937. Auf den Management Approach wird auch schon bei der Segmentberichterstattung gem. DRS 3 abgestellt. Demnach sind die operativen Segmente nach denselben Kriterien zu bilden, nach denen die Geschäftsleitung Unternehmenseinheiten als Basis für ihre wirtschaftlichen Beurteilungen und operativen Entscheidungen bestimmt (vgl. DRS 3.0).

270   Vgl. DRÄS 5.31-32.

271   Vgl. DRÄS 5.32.

272   Vgl. DRÄS 5.34.

3.1 Richtlinie 2003/51/EG (Modernisierungsrichtlinie) 37

licht und am 04. Dezember 2012 durch das damalige BMJ im Bundesanzeiger bekannt gemacht.[273] Erstmals anzuwenden war der Standard auf Konzernlageberichte für ab dem 01. Januar 2013 beginnende Geschäftsjahre.[274] Er ersetzt den bisherigen DRS 5, DRS 5-10 und DRS 5-20 zur Risikoberichterstattung sowie DRS 15 Lageberichterstattung[275] und realisiert somit die bis dahin aufgrund der Übersichtlichkeit und Konsistenz geforderte Implementierung des Standards zum Risikobericht (DRS 5) innerhalb des Standards zum Lagebericht (DRS 15).[276] DRS 20 ist wie bereits DRS 15 verpflichtend für die Aufstellung von Konzernlageberichten gem. § 315 HGB anzuwenden.[277] Die freiwillige Anwendung für Lageberichte gem. § 289 HGB wird weiterhin empfohlen.[278]

Neben der Berücksichtigung der praktischen Erfahrung mit den bis dato bestehenden Normen zur Lageberichterstattung möchte das DRSC mit dem DRS 20 auch der international kontinuierlich steigenden Bedeutung der nichtfinanziellen Berichterstattung Rechnung tragen.[279] Dies wird u.a. durch einen deutlichen Zuwachs an Textziffern und somit Regeln im DRS 20 zu nichtfinanziellen Leistungsindikatoren im Lagebericht deutlich.[280] Auch die Umgliederung der Angabepflichten zu den Grundsätzen zur Lageberichterstattung im DRS 15 in den Abschnitt Wirtschaftsbericht im DRS 20 ist auf die steigende Bedeutung der nichtfinanziellen Leistungsindikatoren zurückzuführen. So soll die parallele Gestaltung der Berichtsanforderungen an finanzielle und nichtfinanzielle Leistungsindikatoren die Wertigkeit der letzteren betonen.[281] Neu ist zudem eine Definition des Begriffs der Nachhaltigkeit, wobei es sich hier laut DRSC um ein Konzept handelt, das eine ganzheitliche und dauerhaft zukunftsfähige Entwicklung der ökonomischen, ökologischen und sozialen Leistung eines Unternehmens oder Konzerns anstrebt.[282]

Gemäß DRS 20.53 sind im Konzernlagebericht der Geschäftsverlauf, das Geschäftsergebnis und die Lage des Konzerns darzustellen, zu analysieren und zu beurteilen. Hierzu sind gem. DRS 20.54 die bedeutsamsten finanziellen Leistungsindikatoren einzubeziehen. Gemäß DRS 20.105 und 106 sind zusätzlich nichtfinanzielle Leistungsindikatoren aufzuzeigen, sofern diese für das Verständnis des Geschäftsverlaufs und der Lage des Konzerns von Bedeutung sind

---

273 Vgl. BAnz AT B1 vom 04. Dezember 2012.
274 Vgl. DRS 20.236.
275 Vgl. DRS 20.238-241.
276 Vgl. Fink/Keck (2004), S. 1089.
277 Vgl. DRS 20.5.
278 Vgl. DRS 20.5.
279 Vgl. DRS 20.B26; Lackmann/Stich (2013), S. 236. Vgl. ausführlich auch zu den übrigen Regelungen zur Lageberichterstattung durch den DRS 20 z.B. Zülch/Höltken (2013).
280 Vgl. DRS 20.105-113; Lackmann/Stick (2013), S. 237.
281 Vgl. DRS 20.B26.
282 Vgl. DRS 20.11.

und zur internen Steuerung und Kontrolle genutzt werden. Hierdurch wird der schon im DRS 15 angewandte Management Approach stärker akzentuiert, nach dem für die Abbildung von Sachverhalten im Konzernlagebericht auf die zur Unternehmensführung verwendeten Informationen zurückgegriffen wird.[283] Die Beispiele nichtfinanzieller Leistungsindikatoren werden vom Anhang wieder in den Standard umgegliedert.[284]

Gibt es bei nichtfinanziellen Leistungsindikatoren, die in die Konzernlageberichterstattung einbezogen sind, wesentliche Veränderungen im Vergleich zum Vorjahr, so sind diese darzustellen und zu erläutern.[285] Über die nichtfinanziellen Indikatoren, die zur internen Steuerung des Konzerns genutzt werden, ist innerhalb des Prognoseberichts eine Einschätzung für den Zeitraum von mindestens einem Jahr abzugeben.[286] Diese Prognosen müssen so ermittelt werden, dass ein Vergleich der Prognose- und Ist-Werte für denselben Berichtszeitraum möglich ist.[287]

Werden die nichtfinanziellen Leistungsindikatoren gem. DRS 20.106 intern unter dem Aspekt der Nachhaltigkeit verwendet, ist dieser Zusammenhang im Konzernlagebericht darzustellen. Wenn das Unternehmen für die Berichterstattung ein allgemein anerkanntes Rahmenkonzept nutzt, ist zudem die verwendete Leitlinie anzugeben.[288] Waren gem. DRS 15 nur quantitative Angaben zu den nichtfinanziellen Leistungsindikatoren zu machen, wenn die qualitativen Angaben für das Verständnis nicht ausreichend waren, so sind gem. DRS 20.108 grundsätzlich quantitative Angaben zu tätigen, wenn diese Angaben auch zur internen Steuerung herangezogen werden und für den verständigen Adressaten wesentlich sind. Diese quantitativen Angaben können dann aber aggregiert werden und müssen nicht in der Ausführlichkeit gegeben werden, wie sie zur internen Steuerung genutzt werden.[289]

In 2016 wurde der DRS 20 geändert. Der Bedarf zur Änderung mehrerer Standards ergab sich zum einem durch das am 23. Juli 2015 in Kraft getretene Bilanzrichtlinie-Umsetzungsgesetz (BilRUG[290]) und die damit verbundenen Änderungen des deutschen Bilanzrechts.[291] Aber auch an andere Gesetzesänderungen, wie z.B. die Capital Requirements Regulation und das neue Gesetz für

---

283 Vgl. hierzu auch schon Kapitel 3.1.2.2. Vgl. DRS 20.31 und B13. Vgl. ausführlich zum Management Approach z.B. Fink/Schmidt (2015), S. 2163.
284 Vgl. DRS 20.107.
285 Vgl. DRS 20.113.
286 Vgl. DRS 20.126-127.
287 Vgl. DRS 20.126.
288 Vgl. DRS 20.111.
289 Vgl. DRS 20.109.
290 Vgl. ausführlich zum BilRUG Kapitel 3.2.2.
291 Vgl. hier und im Folgenden Präambel S. 2 DRÄS 6.

die gleichberichtigte Teilhabe von Frauen und Männern an Führungspositionen in der Privatwirtschaft und im öffentlichen Dienst, sollten die DRS angepasst werden. Zudem nahm der DRSC redaktionelle oder klarstellende Änderungen vor, die der Angleichung innerhalb der DRS dienen und formale Unstimmigkeiten beseitigen sollen.

Der Deutsche Rechnungslegungs Änderungsstandard Nr. 6 (DRÄS 6) wurde am 21. April 2016 durch das DRSC verabschiedet und am 21. Juni 2016 vom BMJV im Bundesanzeiger bekannt gemacht.[292] Erstmals anzuwenden war der Änderungsstandard auf Konzernlageberichte für ab dem 01. Januar 2016 beginnende Geschäftsjahre.[293] Die Regelungen zu finanziellen und nichtfinanziellen Leistungsindikatoren im DRS 20 ändern sich durch den DRÄS 6 nicht.[294]

3.2 Richtlinie 2013/34/EU (EU-Bilanzrichtlinie)

3.2.1 Europäischer Rechtsrahmen

Die Regelungen zur (Konzern-)Lageberichterstattung der Vierten Richtlinie und Siebenten Richtlinie des Rates wurden nach der Modernisierungsrichtlinie erst wieder durch die Richtlinie 2006/46/EG vom 14. Juni 2006 zur Änderung der Richtlinie des Rates 78/660/EWG über den Jahresabschluss von Gesellschaften bestimmter Rechtsformen, 83/349/EWG über den konsolidierten Abschluss, 86/635/EWG über den Jahresabschluss und den konsolidierten Abschluss von Banken und anderen Finanzinstituten und 91/674/EWG über den Jahresabschluss und den konsolidierten Abschluss von Versicherungsunternehmen geändert bzw. ergänzt. Diese Änderungen bzw. Ergänzungen betreffen die Erklärung zur Unternehmensführung, wesentliche Merkmale des internen Kontroll- und Risikomanagementsystems sowie die Pflicht und Haftung hinsichtlich der Aufstellung und Veröffentlichung des konsolidierten Lageberichts.[295] Die Regelungen zu nichtfinanziellen Leistungsindikatoren innerhalb des (Konzern-)Lageberichts werden von der Richtlinie 2006/46/EG nicht berührt.

Die nächste formale Änderung der Regelungen zur (Konzern-)Lageberichterstattung erfolgte durch die Richtlinie 2013/34/EU vom 26. Juni 2013 über den Jahresabschluss, den konsolidierten Abschluss und damit verbundene Berichte von Unternehmen bestimmter Rechtsformen. Die Richtlinie diente der Änderung der Richtlinie 2006/43/EG des EU-Parlaments und des Rates und der Zusam-

---

292 Vgl. BAnz AT B1 vom 21. Juni 2016.
293 Vgl. DRÄS 6 Art. 12.
294 Vgl. DRÄS 6 Art. 10.
295 Vgl. RL 2006/46/EG.

40 3 Entwicklung der gesetzlich verpflichtenden nichtfinanziellen Berichterstattung

menfassung der bis dato getrennten Regelungsrahmen für den Einzel- (Vierte Richtlinie, RL 78/660/EWG) und Konzernabschluss (Siebente Richtlinie, RL 83/349/EWG), womit sie das neue supranationale Grundgesetz der Rechnungslegung darstellt. Aufgrund der Aufhebung der Richtlinien 78/660/EWG und 83/349/EWG durch die Richtlinie 2013/34/EU wird diese synonym auch als neue EU-Bilanzrichtlinie bezeichnet.[296]

Die Zielsetzung der EU-Bilanzrichtlinie besteht zum einem in der Reduzierung der Verwaltungslasten von Unternehmen. Der Fokus liegt hierbei auf kleinen und mittleren Unternehmen.[297] In der Begründung der Richtlinie wird auf die Mitteilung der Kommission – Vorfahrt für KMU in Europa – Der „Small Business Act" für Europa[298] vom 25. Juni 2008 verwiesen.[299] Der Small Business Act hebt den Einfluss von kleinen und mittleren Unternehmen auf den Wohlstand der EU hervor, indem er deren Wachstums- und Innovationspotenzial sowie die wichtige Rolle bei der Schaffung von Arbeitsplätzen herausstellt.[300] Er enthält konkrete kurz- und mittelfristige Maßnahmen, mit denen die Voraussetzungen für mittelstandsfreundliche Rahmenbedingungen in Europa gelegt und somit deren Wettbewerbsfähigkeit gestärkt werden soll. Hierbei geht es neben der Schaffung eines besseren Zugangs zu Finanzierungsmöglichkeiten und der Erleichterung des Marktzugangs für kleine und mittlere Unternehmen auch darum, das Regulierungsumfeld dieser Unternehmen zu vereinfachen.[301]

Zum anderen verfolgt die EU-Bilanzrichtlinie das Ziel, grenzüberschreitende Investitionen zu erleichtern und die Vergleichbarkeit sowie die Verständlichkeit der nach nationalen Regelungen erstellten Einzel- und Konzernabschlüsse auf EU-Ebene zu erhöhen. Auf diese Weise soll mehr Klarheit und Transparenz bei der Berichterstattung größerer, z.B. grenzüberschreitender Unternehmen, geschaffen und der Schutz der Bilanzadressaten erhöht bzw. gesichert werden.[302]

Die bisherigen Regelungen zur (Konzern-)Lageberichterstattung wurden durch die EU-Bilanzrichtlinie nicht wesentlich geändert. In Bezug auf nichtfinanzielle Informationen wird insbesondere die Pflicht zur Erstellung einer Erklärung zur Unternehmensführung als gesonderter Abschnitt im (Konzern-)Lagebericht für bestimmte Unternehmen eingeführt.[303] Die bis dato bestehenden Regelungen zu nichtfinanziellen Leistungsindikatoren innerhalb des (Konzern-)Lageberichts wurden lediglich in die EU-Bilanzrichtlinie übertragen. Gemäß

---

296 Vgl. Zwirner (2014), S. 445.
297 Vgl. Begründung Abs. 1 RL 2013/34/EU.
298 Vgl. EG-Kommission (2008).
299 Vgl. Begründung Abs. 1 RL 2013/34/EU.
300 Vgl. EG-Kommission (2008), S. 2.
301 Vgl. EG-Kommission (2008), S. 6-12.
302 Vgl. Begründung Abs. 55 RL 2013/34/EU; Blöink (2012), S. 299.
303 Vgl. Art. 20 RL 2013/34/EU.

3.2 Richtlinie 2013/34/EU (EU-Bilanzrichtlinie)

Art. 19 Abs. 1 der neuen EU-Bilanzrichtlinie sind so weiterhin nichtfinanzielle Leistungsindikatoren wie ökologische und soziale Aspekte bei der Vermittlung eines den tatsächlichen Verhältnissen entsprechenden Bildes des Unternehmens bzw. der Gesamtheit der in die Konsolidierung einbezogenen Unternehmen mit in den Lagebericht einzubeziehen. Auch gilt dieser Einbezug weiterhin nur, soweit angebracht und soweit die nichtfinanziellen Leistungsindikatoren für die betreffende Geschäftstätigkeit von Bedeutung sind.[304] Der Zusatz, dass die nichtfinanziellen Aspekte für das Verständnis des Geschäftsverlaufs, des Geschäftsergebnisses oder der Lage des Unternehmens erforderlich sein müssen, wurde ebenfalls in die EU-Bilanzrichtlinie übernommen.[305]

Den Mitgliedstaaten wird gem. Art. 19 Abs. 3 weiterhin freigestellt, kleine Unternehmen von der Erstellung eines Lageberichts komplett zu befreien. Kleine und mittelgroße Unternehmen können von den Mitgliedstaaten auch weiterhin von der Verpflichtung der nichtfinanziellen Berichterstattung ausgenommen werden.[306]

Art. 29 der EU-Bilanzrichtlinie verpflichtet die in Art. 19 geforderten Angaben ebenfalls für den konsolidierten Lagebericht zu machen, wobei hier das den tatsächlichen Verhältnissen entsprechende Bild der insgesamt in die Konsolidierung einbezogenen Unternehmen abgebildet werden soll.[307] Kleine Unternehmen sind von der Erstellung eines Konzernlageberichts befreit, sofern keines der verbundenen Unternehmen ein Unternehmen von öffentlichem Interesse[308] ist.[309] Bei mittelgroßen Unternehmen ist es den Mitgliedstaaten freigestellt, Un-

---

304   Vgl. Art. 19 Abs. 1 S. 3 RL 2013/34/EU.
305   Vgl. Art. 19 Abs. 1 S. 1 RL 2013/34/EU.
306   Vgl. Art. 19 Abs. 4 RL 2013/34/EU. Vgl. auch Begründung Abs. 26 RL 2013/34/EU. Im Vergleich zur RL 2003/51/EG haben sich jedoch die Schwellenwerte der Definitionen von kleinen, mittelgroßen und großen Unternehmen geändert (vgl. Art. 3 Abs. 1-4 RL 2013/34/EU).
307   Vgl. Art. 29 Abs. 1 RL 2013/34/EU.
308   Unternehmen von öffentlichem Interesse sind gem. Art. 2 Nr. 1 RL 2013/34/EU Unternehmen im Anwendungsbereich des Art. 1 der RL 2013/34/EU, die unter das Recht eines Mitgliedstaats fallen und deren übertragbare Wertpapiere zum Handel an einem geregelten Markt eines Mitgliedstaats i.S.d. Art. 4 Abs. 1 Nr. 14 der RL 2004/39/EG zugelassen sind, sowie Kreditinstitute und Versicherungsunternehmen. Darüber hinaus zählen hierzu Unternehmen, die von den Mitgliedstaaten z.B. aufgrund der Art ihrer Tätigkeit, ihrer Größe oder der Zahl der Beschäftigten als Unternehmen von öffentlichem Interesse bestimmt werden (vgl. Art. 2 Nr. 1 lit. d) RL 2013/34/EU). In Deutschland zählen zu den Unternehmen von öffentlichem Interesse Unternehmen, die kapitalmarktorientiert i.S.d. § 264d HGB sind, Capital Requirements Regulation-Kreditinstitute i.S.d. § 1 Abs. 3d S. 1 des Kreditwesengesetzes (KWG) mit Ausnahme der in § 2 Abs. 1 Nr. 1 und 2 des Kreditwesengesetzes genannten Institute sowie Versicherungsunternehmen i.sS.d. Art. 2 Abs. 1 der Richtlinie 91/674/EWG (vgl.   https://www.pwc.de/de/abschlusspruefungsreform/unternehmen-von-offentlichem-interesse.html, abgerufen am 09. November 2018).
309   Vgl. Art. 23 Abs. 1 RL 2013/34/EU.

42   3 Entwicklung der gesetzlich verpflichtenden nichtfinanziellen Berichterstattung

ternehmen, bei denen keines der verbundenen Unternehmen von öffentlichem Interesse ist, von der Erstellung eines Konzernlageberichts zu befreien.[310]

Zudem führt die EU-Bilanzrichtlinie für bestimmte Unternehmen, die im Rohstoffsektor und im Bereich der Primärwaldforstwirtschaft tätig sind, die Pflicht zur Berichterstattung über Zahlungen an staatliche Stellen ein. Demnach müssen kapitalmarktorientierte und große Unternehmen dieser Branchen länder- und projektspezifisch jährlich über Zahlungen an staatliche Stellen, die 100.000 Euro überschreiten, berichten.[311]

In der Literatur wird die EU-Bilanzrichtlinie als Umbruch in den Rechnungslegungsvorschriften betrachtet.[312] Zwar sind die Änderungen und Anpassungen insbesondere im Vergleich zu früheren Reformen als eher gering zu betrachten.[313] Jedoch ändert sich durch die Aufhebung der Vierten und Siebenten Richtlinie des Rats durch die EU-Bilanzrichtlinie die seit ca. 30 Jahren bestehende Grundlage der Regelungsrahmen für den Einzel- und Konzernabschluss[314]. In Hinblick auf Änderungen in den Rechnungslegungsvorschriften zeige dies, dass die Richtungsvorgabe zukünftige auf EU-Ebene erfolge.[315] Auf nationaler Ebene sei eine gute Zusammenarbeit der Berufsverbände, sowie die Überwachung der Wirksamkeit und Sinnhaftigkeit der EU-Bilanzrichtlinie notwendig, um so bei Gesetzgebungsverfahren rechtzeitig politischen Einfluss auf die EU ausüben zu können.[316]

Die Richtlinie 2013/34/EU trat gem. Art. 54 am zwanzigsten Tag nach ihrer Veröffentlichung im Amtsblatt der EU, und somit am 19. Juli 2013 in Kraft. Die Umsetzung durch die Gesetzgeber der EU-Mitgliedstaaten in nationales Recht hatte bis zum 20. Juli 2015 zu erfolgen.[317]

3.2.2 Umsetzung in deutsches Recht: Bilanzrichtlinie-Umsetzungsgesetz (BilRUG)

Die Umsetzung der Richtlinie 2013/34/EU in deutsches Recht erfolgte durch das Gesetz zur Umsetzung der Richtlinie 2013/34/EU des EU-Parlaments und des Rates vom 26. Juni 2013 über den Jahresabschluss, den konsolidierten Abschluss und damit verbundene Berichte von Unternehmen bestimmter Rechtsformen und zur Änderung der Richtlinie 2006/43/EG des EU-Parlaments und des Rates und

---

310   Vgl. Art. 23 Abs. 2 RL 2013/34/EU.
311   Vgl. Art. 44-48 RL 2013/34/EU.
312   Vgl. z.B. Blöink (2012), S. 299; Zwirner (2014), S. 439.
313   Vgl. Hoffmann (2013), S. 557; Wieczorek (2015), S. M1; Zwirner (2014), S. 439.
314   Vgl. Zwirner (2014), S. 439.
315   Vgl. Richardt (2015), S. M1; Zwirner (2014), S. 445.
316   Vgl. Richardt (2015), S. M1; Zwirner (2014), S. 445.
317   Vgl. Art. 53 Abs. 1 RL 2013/34/EU.

zur Aufhebung der Richtlinie 78/660/EWG und 83/349/EWG des Rates (Bilanzrichtlinie-Umsetzungsgesetz – BilRUG[318]). Initiiert wurde der GesE vom 23. Januar 2015 von Seiten der Bundesregierung.[319]

Durch das BilRUG wurden einige Änderungen und Neuerungen des HGB vorgenommen, um die Zielsetzungen der EU-Bilanzrichtlinie (Reduzierung der Verwaltungslasten vor allem von kleinen und mittleren Unternehmen, Erhöhung der Vergleichbarkeit und der Transparenz von europäischen Abschlüssen und Berichten)[320] in nationales Recht umzusetzen. Da die bisherigen Regelungen zur (Konzern-)Lageberichterstattung durch die EU-Bilanzrichtlinie nicht wesentlich geändert wurden, fallen auch die Änderungen und Neuerungen der (Konzern-)Lageberichterstattung durch das BilRUG eher gering aus.[321] Die Pflicht zur Erstellung einer Erklärung zur Unternehmensführung wurde für bestimmte Einzelunternehmen bereits durch das BilMoG vom 25. Mai 2009 eingeführt.[322] Durch das BilRUG wird diese Pflicht zu Angaben wie Unternehmensführungspraktiken und eine Beschreibung dieser Praktiken des Vorstands und des Aufsichtsrats auf Konzerne ausgeweitet.[323]

Auf die Berichterstattung nichtfinanzieller Leistungsindikatoren innerhalb des (Konzern-)Lageberichts hat das BilRUG lediglich eine indirekte Auswirkung durch die Änderungen in der Umschreibung der Größenklassen von Unternehmen. So wurden durch das BilRUG die monetären Merkmale Bilanzsumme und Umsatzerlöse für die größenabhängige Klassifizierung gem. § 267 HGB angehoben. Die Anhebung der Schwellenwerte für kleine Kapitalgesellschaften um ca. 24% führte dazu, dass nun deutlich mehr Unternehmen als klein eingestuft werden. Die Anhebung der Schwellenwerte für mittelgroße Kapitalgesellschaften um ca. 4% hatte zur Auswirkung, dass bisher große Kapitalgesellschaften nun als mittelgroß eingestuft werden.[324] Als Konsequenz können von der Änderung betroffene Unternehmen größenabhängige Befreiungen in Anspruch nehmen, die bisher nicht für sie galten. Auf die Berichterstattung nichtfinanzieller Leistungsindikatoren wirken sich dabei die beiden folgenden Fälle aus.

Zum einem gilt die Berichterstattungspflicht nichtfinanzieller Leistungsindikatoren im Lagebericht gem. § 289 Abs. 3 HGB ausschließlich für große

---

318 Vgl. ausführlich zum BilRUG z.B. Blöink/Knoll-Biermann (2015); Der Betrieb o.V. (2015); Russ/Janßen/Götze (2015); Zwirner (2015); Zwirner (2016).

319 Vgl. HGB-GesE des BilRUG (2015).

320 Vgl. hierzu auch schon Kapitel 3.2.1.

321 Vgl. zu den Änderungen im (Konzern-)Lagebericht inkl. der Erklärung zur Unternehmensführung durch das BilRUG Schäfer/Rimmelspacher (2015), S. 57-60.

322 Vgl. Art. 1 Nr. 34 BilMoG.

323 Vgl. Art. 1 Nr. 40 lit. d) BilRUG i.V.m. § 289f HGB. Vgl. ausführlich zur Erklärung zur Unternehmensführung gem. HGB z.B. Eibelshäuser (2011), S. 117-122.

324 Vgl. zu den Änderungen in der Bestimmung der Größenklassen durch das BilRUG Röser/Roland/Rimmelspacher (2015), S. 4-7.

44 3 Entwicklung der gesetzlich verpflichtenden nichtfinanziellen Berichterstattung

Kapitalgesellschaften i.S.d. § 267 Abs. 3 HGB. Unternehmen, die durch das BilRUG nun nicht mehr als groß, sondern als mittelgroß gem. § 267 Abs. 2 HGB zu klassifizieren sind, sind von der Berichterstattungspflicht über nichtfinanzielle Leistungsindikatoren somit durch das BilRUG befreit.[325]

Zum anderen sind kleine und mittelgroße Mutterunternehmen gem. § 293 Abs. 1 S. 1 Nr. 2 HGB von der Pflicht zur Erstellung eines Konzernabschlusses und eines Konzernlageberichts befreit. Mutterunternehmen, die nun nicht mehr als groß, sondern als mittelgroß gem. § 267 Abs. 2 HGB zu klassifizieren sind, sind somit durch das BilRUG von der Aufstellungspflicht eines Konzernlageberichts befreit. Durch das Wegfallen eines Konzernlageberichts entfällt gleichzeitig die Berichterstattung über nichtfinanzielle Leistungsindikatoren, zu dessen Einbezug alle Unternehmen unabhängig von der Größe gem. § 315 Abs. 1 HGB innerhalb eines Konzernlageberichts verpflichtet sind.

Die zusätzliche Berichtspflicht über Zahlungen an staatliche Stellen, die 100.000 Euro überschreiten, wurde für bestimmte Unternehmen des Rohstoffsektors und im Bereich der Primärwaldforstwirtschaft aus der EU-Bilanzrichtlinie durch das BilRUG in das HGB übernommen.[326]

Insgesamt blieben die konkreten Änderungen und Anpassungen des deutschen Bilanzrechts durch das BilRUG, wie bereits in der Diskussion um die EU-Bilanzrichtlinie erwartet, hinter früheren Reformen und dabei insbesondere hinter dem BilMoG zurück.[327] Nichtsdestotrotz erfolgte durch das BilRUG mit zahlreichen Gesetzes- und Detailänderungen eine umfangreiche Anpassung des HGB.[328] Die neue EU-Bilanzrichtlinie lässt jedoch bei der Umsetzung so viel Spielraum, dass die grundlegende Reform durch das BilMoG bei der Umsetzung des BilRUG aufrechterhalten werden konnte.[329]

Der Bundestag nahm das BilRUG nach der dritten Lesung am 18. Juni 2015 mit den Stimmen der Koalitionsfraktionen (CDU/CSU und SPD) und Enthaltung der Oppositionsfraktionen (Bündnis 90/Die Grünen und Die Linke) an. Am 10. Juli 2015 billigte der Bundesrat das Gesetz und mit Datum vom 17. Juli 2015 wurde es im Bundesgesetzblatt vom 22. Juli 2015 verkündet.[330] Gemäß Art. 9

---

325   Die Klassifizierungsänderung eines Unternehmens von mittelgroß auf klein hat zwar den Effekt, dass gem. § 264 Abs. 1 die Aufstellungspflicht eines Lageberichts entfällt. Gemäß § 289 Abs. 3 HGB sind aber ohnehin nur große Kapitalgesellschaften i. S. d. 267 Abs. 3 zur Berichterstattung nichtfinanzieller Leistungsindikatoren verpflichtet.

326   Vgl. §§ 341q-341y HGB.

327   Vgl. Blöink/Knoll-Biermann (2015), S. 79; Reitmeier/Rimmelspacher (2015), S. 1.

328   Vgl. Zwirner (2015), S. 1.

329   Vgl. Blöink/Knoll-Biermann (2015), S. 66.

330   Ein Überblick des Ablaufs des Vorgangs ist online abrufbar unter: http://dipbt.bundestag.de/extrakt/ba/WP18/647/64798.html, abgerufen am 22. September 2016.

trat das BilRUG am Tag nach seiner Verkündung am 23. Juli 2015 in Kraft. Anzuwenden ist es auf ab dem 01. Januar 2016 beginnende Geschäftsjahre.[331]

3.3 Richtlinie 2014/95/EU (Corporate Social Responsibility-Richtlinie)

3.3.1 Europäischer Rechtsrahmen

3.3.1.1 Zielsetzung und Umsetzungsprozess

Am 16. April 2013, also bereits vor der Veröffentlichung der Richtlinie 2013/34/EU am 26. Juni 2013, legte die EU-Kommission den Vorschlag für eine Richtlinie des Europäischen Parlaments und des Rates zur Änderung der Richtlinien 78/660/EWG und 83/349/EWG des Rates im Hinblick auf die Offenlegung nichtfinanzieller und die Diversität betreffender Informationen durch bestimmte große Gesellschaften und Konzerne[332] vor. Mit dem Vorschlag erfüllt die EU-Kommission eine der Hauptverpflichtungen des Aktionsplans der Mitteilung der Kommission – Eine neue EU-Strategie (2011-14) für die soziale Verantwortung der Unternehmen (CSR)[333] vom 25. Oktober 2011. Der CSR-Strategie der EU folgend soll die Offenlegung von sozialen und ökologischen Informationen durch die Unternehmen mit Hilfe neuer Rechtsvorschriften verbessert werden.[334] Aufgrund der Bestrebungen, die Transparenz nichtfinanzieller Informationen erhöhen zu wollen, wird die Richtlinie 2014/95/EU zur Änderung der Richtlinie 2013/34/EU im Hinblick auf die Angabe nichtfinanzieller und die Diversität betreffender Informationen durch bestimmte große Unternehmen und Gruppen synonym auch als Corporate Social Responsibility-Richtlinie (CSR-RL) bezeichnet.

Die Notwendigkeit zur Verbesserung sozialer und ökologischer Informationen durch Unternehmen ergab sich aus den Kritikpunkten an den bis dato bestehenden Regelungen zur nichtfinanziellen Berichterstattung. In Zusammenarbeit mit von der EU-Kommission konsultierten Stakeholdern wurden folgende Aspekte bemängelt: Unklarheit der Verpflichtungen zur Offenlegung nichtfinanzieller Informationen, eine zu geringe Konzentration der offenzulegenden nichtfinanziellen Informationen auf aktuelle, den Unternehmenserfolg langfristig beeinflussende Themen sowie signifikante Unterschiede der Rechtsvorschriften

---

331 Vgl. Art. 75 Abs. 1 BilRUG.
332 Vgl. EU-Kommission (2013).
333 Vgl. EU-Kommission (2011b).
334 Vgl. EU-Kommission (2013), Begründung S. 2; vgl. EU-Kommission (2011b), S. 14.

zur Offenlegung nichtfinanzieller Informationen zwischen den Mitgliedsstaaten.[335] Zudem wurde kritisiert, dass nur eine begrenzte Zahl großer Gesellschaften regelmäßig nichtfinanzielle Informationen offenlegten und diese in der Qualität so stark voneinander variierten, dass ihr Verständnis und ein Vergleich nur schwer möglich ist.[336] Insgesamt wurden die nichtfinanziellen Informationen von der EU-Kommission und den konsultierten Stakeholdern als unzureichend transparent und die bestehenden Regelungen zur Offenlegung somit als nicht wirksam genug befunden.[337]

Das Thema CSR kam erstmals im Abschlussdokument des Gipfeltreffens von Lissabon im Jahr 2000 auf die offizielle Agenda der EU. Das Dokument appellierte an Unternehmen bzw. dessen Management, sich ihrer Verantwortung gegenüber der Gesellschaft bewusst zu werden.[338] Im darauffolgenden Jahr wurde das Grünbuch – Europäische Rahmenbedingungen für die soziale Verantwortung der Unternehmen[339] veröffentlicht. Dieses stellt den Startpunkt der Diskussion über CSR auf europäischer Ebene dar.[340] Die Transparenz nichtfinanzieller Informationen zu erhöhen steht seitdem im Fokus sämtlicher Bestrebungen der EU-Kommission, CSR-Strategien auf europäischer Ebene weiterzuentwickeln und zu erneuern.[341]

CSR wird im Grünbuch als die Wahrnehmung der sozialen Verantwortung von Unternehmen definiert.[342] Soziale Verantwortung wiederum wurde bis 2011 als ein Konzept betrachtet, auf dessen Grundlage Unternehmen auf freiwilliger Basis soziale Belange und Umweltbelange in ihre Unternehmenstätigkeit und in

---

335 Vgl. EU-Kommission (2013), Begründung S. 3.

336 Vgl. EU-Kommission (2013), Begründung S. 5.

337 Vgl. EU-Kommission (2013), Begründung S. 3 und 5. Vgl. zur Qualität der nichtfinanziellen Berichterstattung z.B. auch Haller/Ernstberger (2006), S. 2517. Vgl. zur Qualität der Lageberichterstattung z.B. Dietsche/Fink (2008); Kajüter (2001); Kajüter/Winkler (2003); Kuhn (1992); Krumbholz (1994); Paschen (1992); Rang (2004), S. 41-60; Rang (2007), S. 57-81; Sorg (1994). Vgl. für einen Überblick Ballwieser (1997), S. 155-156; Streim (1995), S. 713-715.

338 Vgl. Europäischer Rat (2000), online abrufbar unter: http://www.europarl.europa.eu/summits/lis1_de.htm, abgerufen am 09. November 2018.

339 Vgl. EG-Kommission (2001a).

340 Vgl. ausführlich zur CSR-Politik der EU-Kommission von 2000 bis 2006 Muchitsch (2012).

341 Als weitere Gesetzesänderungen in Hinblick auf die stärkere Regulierung nichtfinanzieller Informationen ist die „RL 2004/109/EG vom 15. Dezember 2004 zur Harmonisierung der Transparenzanforderungen in Bezug auf Informationen über Emittenten, deren Wertpapiere zum Handel auf einem geregelten Markt zugelassen sind, und zur Änderung der RL 2001/34/EG" (sog. Transparenzrichtlinie) und der „Vorschlag für eine Richtlinie des Europäischen Parlaments und des Rates zur Gewährleistung einer ausgewogeneren Vertretung von Frauen und Männern unter den nicht geschäftsführenden Direktoren/Aufsichtsratsmitgliedern börsennotierter Gesellschaften und über damit zusammenhängende Maßnahmen" (vgl. EU-Kommission (2012)) vom 14. November 2012 zu nennen.

342 Vgl. EG-Kommission (2001a), S. 4.

3.3 Richtlinie 2014/95/EU (Corporate Social Responsibility-Richtlinie)   47

die Wechselbeziehungen mit den Stakeholdern integrieren können.[343] In dem Aktionsplan zur neuen EU-Strategie für die soziale Verantwortung der Unternehmen legt die EU-Kommission eine modifizierte Definition vor, nach der CSR die Verantwortung von Unternehmen für die Auswirkungen ihrer Tätigkeit auf die Gesellschaft ist.[344] Das Element der Freiwilligkeit ist somit gestrichen, soziale und ökologische Belange werden zudem deutlich mit der unternehmerischen Tätigkeit verbunden.[345] Außerdem werden in dem Aktionsplan zur neuen EU-Strategie für die soziale Verantwortung der Unternehmen erstmals Regulierung und Offenlegungspflichten als mögliche Mittel zur Steigerung der CSR-Aktivitäten von Unternehmen aufgeführt.[346]

In ihrem Änderungsvorschlag zur nichtfinanziellen Berichterstattung und die Diversität betreffenden Informationen verweist die EU-Kommission neben dem Aktionsplan zur neuen EU-Strategie für die soziale Verantwortung der Unternehmen auf die Mitteilung der Kommission – Binnenmarktakte – Zwölf Hebel zur Förderung von Wachstum und Vertrauen – ‚Gemeinsam für neues Wachstum'[347] vom 13. April 2011, die nach der Finanz- und Wirtschaftskrise 2008/2009 entwickelt wurde und den europäischen Binnenmarkt bis 2020 weiter vorantreiben soll.[348] In der Binnenmarktakte kündigt die EU-Kommission einen Gesetzgebungsvorschlag zur Transparenz der Sozial- und Umweltberichterstattung an, der gewährleisten soll, dass für alle Unternehmen aller Branchen die gleichen Regeln und somit die gleichen Wettbewerbsbedingungen gelten.[349] Des Weiteren wird auf zwei Entschließungen des EU-Parlaments vom 06. Februar 2013 verwiesen[350], die ebenfalls mehr Transparenz bei der nichtfinanziellen Berichterstattung und klarere Gesetze fordern.[351]

---

343   Vgl. EG-Kommission (2001a), S. 7.

344   Vgl. EU-Kommission (2011b), S. 7.

345   Vgl. ausführlich zur Entwicklung der CSR-Definition der EU-Kommission vgl. Loew (2016), S. 192.

346   Vgl. Schweren/Brink (2016), S. 179.

347   Vgl. EU-Kommission (2011a).

348   Vgl. EU-Kommission (2013), Begründung S. 2.

349   Vgl. EU-Kommission (2011a), S. 17.

350   Hierbei handelt es sich um den „Bericht zur sozialen Verantwortung der Unternehmen: Rechenschaftspflichtiges, transparentes und verantwortungsvolles Geschäftsgebaren und nachhaltiges Wachstum (2012/2098(INI))" (vgl. EU-Parlament (2013a) und den „Bericht über soziale Verantwortung der Unternehmen: Förderung der Interessen der Gesellschaft und ein Weg zu einem nachhaltigen und integrativen Wiederaufschwung (2012/2097(INI))" (vgl. EU-Parlament (2013b)).

351   Vgl. EU-Kommission (2013), Begründung S. 3.

48   3 Entwicklung der gesetzlich verpflichtenden nichtfinanziellen Berichterstattung

Aus dem Fokus, die Transparenz nichtfinanzieller Informationen erhöhen zu wollen, leitet die EU-Kommission die folgenden zentralen Ziele des Änderungsvorschlags zur nichtfinanziellen Berichterstattung ab:[352]

▦ Verbesserung der Transparenz von Gesellschaften bestimmter Rechtsformen und Verbesserung der Relevanz, Konsistenz und Vergleichbarkeit der gegenwärtig offengelegten nichtfinanziellen Informationen durch Ausbau und Präzisierung der bestehenden Anforderungen;

▦ Erhöhung der Vielfalt in den Verwaltungs-, Leitungs- und Aufsichtsorganen der Gesellschaften durch mehr Transparenz, um eine wirksame Kontrolle der Geschäftsleitung und eine robuste Unternehmensführung sicherzustellen;

▦ Verbesserung der Rechenschaftslegung und der Geschäftsergebnisse der Gesellschaften und somit auch der Effizienz des Binnenmarkts.

Durch die Änderung der Regelungen zur nichtfinanziellen Berichterstattung sollen Unternehmen mit nichtfinanziellen Risiken und Chancen besser umgehen können. Zudem sollen europaweit gleiche Wettbewerbsbedingungen und langfristige Rahmenbedingungen für nachhaltiges Wachstum geschaffen werden. Die Kontakte zu Stakeholdern würden durch die Änderungen erleichtert, konkrete Gefahren für die Nachhaltigkeit aufgezeigt, und das Vertrauen der Öffentlichkeit gegenüber den Unternehmen gestärkt werden.[353] Auf Investorenseite biete eine erhöhte Transparenz durch die Regelungsänderung einen breiteren Zugang zu zentralen zweckdienlichen Informationen und die Möglichkeit, Nachhaltigkeitsaspekte und langfristigen Erfolg bei Entscheidungen besser zu berücksichtigen.[354] Organisationen der Zivilgesellschaft und lokale Gebietskörperschaften könnten die zusätzlichen Informationen nutzen, um die Auswirkungen und Risiken der Tätigkeit eines Unternehmens zu bewerten.[355]

Die Forderung nach der Offenlegung von Informationen, welche die Diversität betreffen, kann zudem als Ergänzung des Vorschlag für eine Richtlinie des Europäischen Parlaments und des Rates zur Gewährleistung einer ausgewogeneren Vertretung von Frauen und Männern unter den nicht geschäftsführenden Direktoren/Aufsichtsratsmitgliedern börsennotierter Gesellschaften und über damit zusammenhängende Maßnahmen[356] vom 14. November 2012 betrachtet werden.[357] Dieser verpflichtet große kapitalmarktorientierte Unternehmen, Di-

---

352 Vgl. EU-Kommission (2013), Begründung S. 3.
353 Vgl. EU-Kommission (2013), Begründung S. 2 und 4; EU-Kommission (2011b), S. 4 und 14.
354 Vgl. EU-Kommission (2013), Begründung S. 4.
355 Vgl. EU-Kommission (2013), Begründung S. 2.
356 Vgl. EU-Kommission (2012).
357 Vgl. EU-Kommission (2013), Begründung S. 6.

3.3 Richtlinie 2014/95/EU (Corporate Social Responsibility-Richtlinie) 49

rektions- und Aufsichtsratpositionen bis zum Jahr 2020 mit einem Anteil von mindestens 40% des jeweils unterpräsentierten Geschlechts zu besetzen.[358] In Kombination mit der Offenlegung der Diversitätspolitik erhofft sich die EU-Kommission eine größere Vielfalt an Meinungen, Werten und Kompetenzen auf den Führungsebenen von Unternehmen, was wiederum zu mehr Diskussionen, Offenheit gegenüber neuen Ideen und weniger Widerspruch führen soll.[359] Eine erhöhte Transparenz in der Diversitätspolitik könne zudem die Gleichstellung und die Bekämpfung der Diskriminierung in Unternehmen fördern.[360]

Wie auch schon im Änderungsvorschlag bezieht sich die EU-Kommission in der Begründung zur Richtlinie auf den Aktionsplan zur neuen EU-Strategie für die soziale Verantwortung der Unternehmen, die Binnenmarktakte und die Entschließungen des EU-Parlaments.[361] Zudem wird das Abschlussdokument der Konferenz der Vereinten Nationen über nachhaltige Entwicklung „Rio+20" (The future we want[362]), angeführt.[363]

Der Erlass der Richtlinie beabsichtigt die Anhebung der Transparenz der Sozial- und Umweltberichterstattung in allen Mitgliedstaaten auf ein vergleichbar hohes Niveau, um so Relevanz, Konsistenz und Vergleichbarkeit zu verbessern.[364] Diese Erhöhung der Transparenz soll laut CSR-RL durch die Verpflichtung zur Erstellung einer nichtfinanziellen Erklärung bzw. eines gesonderten nichtfinanziellen Berichts und die erweiterte Offenlegung der Diversitätspolitik gewährleistet werden.[365] Die Unternehmen sollen hier die Auswirkungen ihrer Tätigkeit auf die Gesellschaft und Gefahren für die Nachhaltigkeit aufzeigen sowie den Verbrauchern den Zugang zu diesen Informationen erleichtern.[366] Insgesamt soll das Vertrauen von Investoren und Verbrauchern so gestärkt werden.[367] Der erleichterte Zugang der Investoren zu nichtfinanziellen Informationen unterstütze das Ziel, Marktanreize und politische Anreize einzuführen, welche die Investitionen von Unternehmen in Effizienz belohnen.[368] Mehr Transparenz bei der vom Unternehmen verfolgten Diversitätspolitik soll zu Vielfalt in den Verwaltungs-, Leitungs- und Aufsichtsorganen und somit zu einer

---

358 Vgl. Art. 4 EU-Kommission (2012).
359 Vgl. EU-Kommission (2013), Begründung S. 4 und 5.
360 Vgl. EU-Kommission (2013), Begründung S. 4.
361 Vgl. ErwG. 1, 2 und 3 RL 2014/95/EU.
362 Vgl. UN (2012).
363 Vgl. ErwG. 11 RL 2014/95/EU.
364 Vgl. ErwG. 1, 2, 6 und 21 RL 2014/95/EU.
365 Vgl. ErwG. 6 und 18 RL 2014/95/EU.
366 Vgl. ErwG. 3 RL 2014/95/EU.
367 Vgl. ErwG. 3 RL 2014/95/EU.
368 Vgl. ErwG. 12 RL 2014/95/EU.

50 3 Entwicklung der gesetzlich verpflichtenden nichtfinanziellen Berichterstattung

wirksamen Kontrolle der Geschäftsleitung und einer erfolgreichen Unternehmensführung beitragen.[369]

Die EU-Kommission sieht zudem in der Regelungsänderung zur nichtfinanziellen Berichterstattung und der die Diversität betreffenden Informationen die Chance zu einer nachhaltigen globalen Wirtschaft, indem langfristige Rentabilität mit sozialer Gerechtigkeit und Umweltschutz verbunden wird.[370] Die neuen Offenlegungspflichten gäben den Unternehmen Anreize zu einer nachhaltigeren Unternehmenssteuerung und die Angabe zu nichtfinanziellen Informationen helfe dabei, das Geschäftsergebnis von Unternehmen und die Auswirkungen ihrer Tätigkeit auf die Gesellschaft zu messen, zu überwachen und zu handhaben.[371]

Der Vorschlag zur Änderung der Regelungen zur nichtfinanziellen Berichterstattung wurde am 15. April 2014 von der Plenartagung des EU-Parlaments[372] und am 29. September 2014 vom Rat[373] angenommen. Die CSR-RL wurde am 22. Oktober 2014 durch das EU-Parlament und den Rat verabschiedet und am 15. November 2014 im EU-Amtsblatt veröffentlicht.

Im Vergleich zum ursprünglichen Änderungsvorschlag der Regelungen zur nichtfinanziellen Berichterstattung und die Diversität betreffenden Informationen weicht die CSR-RL vor allem in folgenden Punkten ab: einen kleineren Anwenderbereich[374], eine weniger umfangreiche Berichtspflicht aufgrund von Ausnahmeregelungen und die Möglichkeit zur Befreiung von der Pflicht zur zusätzlichen Berichterstattung.[375]

Die Richtlinie 2014/95/EU trat gem. Art. 5 zwanzig Tage nach ihrer Veröffentlichung im Amtsblatt der EU am 05. Dezember 2014 in Kraft. Die Umsetzung durch die Gesetzgeber der EU-Mitgliedstaaten in nationales Recht hatte bis zum 06. Dezember 2016 zu erfolgen.[376] Die Erstellung einer nichtfinanziellen Erklärung und des Diversitätskonzepts gem. der Richtlinie ist für die Unternehmen des Geltungsbereichs des Art. 1 der Richtlinie für ab dem 01. Januar 2017 beginnende Geschäftsjahre verpflichtend. Die Regelungen zu nichtfinanziellen Leistungsindikatoren gem. Art. 19 Abs. 1 Unterabs. 3 bzw. 29 Abs. 1 Richtlinie

---

369 Vgl. ErwG. 18 RL 2014/95/EU.
370 Vgl. ErwG. 3 RL 2014/95/EU.
371 Vgl. ErwG. 3 RL 2014/95/EU.
372 Vgl. EU-Kommission (2014).
373 Vgl. Rat (2014), S. 17.
374 Der Anwenderkreis des Änderungsvorschlags umfasst Gesellschaften, die im Durchschnitt des Geschäftsjahres mehr als 500 Mitarbeiter beschäftigten und am Bilanzstichtag entweder eine Bilanzsumme vom mehr als 20 Mio. Euro oder einen Nettoumsatz von mehr als 40 Mio. Euro aufweisen (vgl. Art. 1 Nr. 1 EU-Kommission (2013)).
375 Vgl. Voland (2014), S. 2816-2817. Vgl. ausführlich zum Richtlinienvorschlag z.B. Lanfermann (2013).
376 Vgl. Art. 4 Abs. 1 RL 2014/95/EU.

3.3 Richtlinie 2014/95/EU (Corporate Social Responsibility-Richtlinie) 51

2013/34/EU i.V.m. Art. 19 Richtlinie 2013/34/EU bleiben hiervon unberührt. Sachgerechte und wirksame Mechanismen einzurichten, die seitens der Unternehmen die Erfüllung der Berichterstattungspflichten der CSR-RL gewährleisten, obliegt dem Verantwortungsbereich der Mitgliedstaaten.[377]

3.3.1.2 Nichtfinanzielle Erklärung gem. Corporate Social Responsibility-Richtlinie

3.3.1.2.1 Anwendungsbereich und Befreiungsmöglichkeiten

Die nichtfinanzielle Erklärung gem. CSR-RL ist von Unternehmen zu erstellen, die kumulativ folgende Kriterien erfüllen:[378]

▪ Große Unternehmen i.S.d. des Art. 3 Abs. 4 der Richtlinie 2013/34/EU;

▪ Unternehmen von öffentlichem Interesse i.S.d. Art. 2 Nr. 1 der Richtlinie 2013/34/EU;

▪ am Bilanzstichtag im Durchschnitt des Geschäftsjahres Beschäftigung von mehr als 500 Mitarbeiter.

Große Unternehmen i.S.d. Art. 3 Abs. 4 der Richtlinie 2013/34/EU sind Unternehmen, die am Bilanzstichtag zwei der folgenden drei Grenzwerte im Geschäftsjahr durchschnittlich überschreiten: Bilanzsumme von 20 Mio. Euro, Nettoumsatzerlöse von 40 Mio. Euro, 250 Beschäftigte. Unternehmen vom öffentlichem Interesse i.S.d. Art. 2 Nr. 1 der Richtlinie 2013/34/EU sind Unternehmen, die unter das Recht eines EU-Mitgliedstaates fallen und deren übertragbare Wertpapiere zum Handel an einem geregelten Markt zugelassen sind, sowie Kreditinstitute und Versicherungsunternehmen. Darüber hinaus zählen hierzu Unternehmen, die von den Mitgliedstaaten z.B. aufgrund der Art ihrer Tätigkeit, ihrer Größe oder der Zahl der Beschäftigten als Unternehmen von öffentlichem Interesse bestimmt werden.[379]

Kleine und mittlere Unternehmen werden von der EU-Kommission explizit von der Pflicht zur Erstellung einer nichtfinanziellen Erklärung ausgeschlossen.[380] Als Begründung wird angeführt, dass diese Unternehmen nicht zusätzlich

---

377 Vgl. ErwG. 10 RL 2014/95/EU.
378 Vgl. Art. 19a Abs. 1 RL 2013/34/EU.
379 Vgl. Art. 2 Nr. 1 lit. d) RL 2013/34/EU.
380 Anzumerken ist, dass die EU-Kommission hier von ihrer eigenen Definition Kleinst-, sowie kleiner und mittlerer Unternehmen abweicht, nach der gem. Art. 1 der Empfehlung „betreffend die Definition der Kleinstunternehmen sowie der kleinen und mittleren Unternehmen (2003/361/EG)" beim Kriterium der Mitarbeiteranzahl Unternehmen mit bis zu 249 Mitarbeitern als Kleinst-, kleines oder mittleres Unternehmen gelten. Vgl. auch Schweren/Brink (2016), S. 181.

52 3 Entwicklung der gesetzlich verpflichtenden nichtfinanziellen Berichterstattung

durch gesetzliche Vorgaben belastet und ihre unternehmerischen Rahmenbedingungen verbessert werden sollen.[381] Hierdurch wird eine Steigerung der Produktivität sowie eine zunehmende Internationalisierung von kleinen und mittleren Unternehmen erhofft.[382] Den Mitgliedstaaten wird jedoch freigestellt, den Anwendungsbereich der nichtfinanziellen Erklärung zu erweitern und somit auch kleine und/oder mittlere Unternehmen zur Erstellung einer nichtfinanziellen Erklärung zu verpflichten.[383]

Mutterunternehmen sind zur Erstellung einer nichtfinanziellen Erklärung gem. CSR-RL verpflichtet, sofern sie folgende Kriterien kumulativ erfüllen:[384]

▓ Mutterunternehmen einer großen Gruppe i.S.d. Art. 3 Abs. 7 der Richtlinie 2013/34/EU;

▓ Unternehmen von öffentlichem Interesse i.S.d. Art. 2 Nr. 1 der Richtlinie 2013/34/EU;

▓ am Bilanzstichtag im Durchschnitt des Geschäftsjahres auf konsolidierter Basis Beschäftigung von mehr als 500 Mitarbeiter.

Große Gruppen i.S.d. Art. 3 Abs. 7 der Richtlinie 2013/34/EU sind Gruppen, die aus Mutter- und Tochterunternehmen bestehen, welche am Bilanzstichtag des Mutterunternehmens auf konsolidierter Basis zwei der drei Kriterien Bilanzsumme größer als 20 Mio. Euro, Nettoumsatzerlöse größer als 40 Mio. Euro und durchschnittlich mehr als 250 Beschäftigte im Geschäftsjahr erfüllen. Auch hier ist es den Mitgliedstaaten freigestellt, den Anwendungsbereich der nichtfinanziellen Erklärung zu erweitern und somit auch Mutterunternehmen kleiner und/oder mittlerer Gruppen zur Erstellung zu verpflichten.[385]

Tochterunternehmen, die in den Anwendungsbereich fallen, sowie Mutterunternehmen, die zugleich Tochterunternehmen sind und in den Anwendungsbereich fallen, sind von der Pflicht zur Erstellung einer nichtfinanziellen Erklärung gem. CSR-RL befreit, sofern sie und eigene Tochterunternehmen in den Konzernlagebericht gem. Art. 29 Richtlinie 2013/34/EU eines anderen Unternehmens einbezogen werden, der gem. der CSR-RL erstellt ist.[386] Von den Mitgliedstaaten können außerdem (Mutter-)Unternehmen, die für dasselbe Geschäftsjahr einen gesonderten nichtfinanziellen Bericht mit dem gleichen Inhalt wie der nichtfinanziellen Erklärung gem. CSR-RL erstellt haben, unter bestimmten Voraussetzungen von der Pflicht zur Erstellung einer nichtfinanziellen Erklärung

---

381 Vgl. ErwG. 8 und 13 RL 2014/95/EU.
382 Vgl. ErwG. 13 RL 2014/95/EU.
383 Vgl. ErwG. 14 RL 2014/95/EU.
384 Vgl. Art. 29a Abs. 1 RL 2013/34/EU.
385 Vgl. ErwG. 14 RL 2014/95/EU.
386 Vgl. Art. 19a Abs. 3 bzw. 29a Abs. 3 RL 2013/34/EU.

3.3 Richtlinie 2014/95/EU (Corporate Social Responsibility-Richtlinie) 53

befreit werden.[387] Gleiches gilt für Tochterunternehmen, die in den Anwendungsbereich fallen, sowie Mutterunternehmen, die zugleich Tochterunternehmen sind und in den Anwendungsbereich fallen, sofern sie und eigene Tochterunternehmen in den gesonderten nichtfinanziellen Bericht gem. der CSR-RL einbezogen sind.[388]

3.3.1.2.2 Risiken aus Geschäftsbeziehungen

Die nichtfinanzielle Erklärung soll mindestens Angaben zu Umwelt-, Sozial- und Arbeitnehmerbelangen, zur Achtung der Menschenrechte und zur Bekämpfung von Korruption und Bestechung enthalten.[389] Zu diesen Belangen sind auch die wesentlichen Risiken, die mit den Geschäftsbeziehungen des Unternehmens bzw. der Unternehmensgruppe verbunden sind und die wahrscheinlich eine negative Auswirkung auf einen oder mehrere der Belange haben, zu nennen.[390] Hiermit möchte die EU-Kommission bestehende und potenziell nachteilige Auswirkungen z.B. aus der Lieferkette und der Kette von Subunternehmen abbilden, um diese erkennbar zu machen, abzuschwächen oder sogar zu verhindern.[391]

Um der Gefahr entgegen zu wirken, dass große Unternehmen und Unternehmensgruppen diese Berichtspflicht zu den Geschäftspartnern an z.B. ihre kleineren Lieferanten und Auftragnehmer weiterreichen, wird festgehalten, dass die Verpflichtung nicht zu einem übermäßigen Verwaltungsaufwand für kleine und mittlere Unternehmen führen darf.[392] Eine Einschränkung des Berichtsrahmens erfolgt durch die Zusätze, dass nur berichtet werden soll, wenn es sich um wesentliche Risiken handelt, diese relevant und verhältnismäßig sind und wahrscheinlich negative Auswirkungen haben werden.[393]

---

387 Vgl. Art. 19a Abs. 4 bzw. 29a Abs. 4 RL 2013/34/EU und ErwG. 6 RL 2014/95/EU. Vgl. hierzu ausführlich Kapitel 3.3.1.2.3.
388 Vgl. Art. 19a Abs. 3 bzw. 29a Abs. 3 RL 2013/34/EU und ErwG. 6 RL 2014/95/EU. Vgl. hierzu ausführlich Kapitel 3.3.1.2.3.
389 Vgl. Art. 19a Abs. 1 bzw. 29a Abs. 1 RL 2013/34/EU. Vgl. hierzu ausführlich Kapitel 3.3.1.2.5.
390 Vgl. Art. 19a Abs. 1 lit. d) bzw. 29a Abs. 1 lit. d) RL 2013/34/EU.
391 Vgl. ErwG. 6 und 8 RL 2014/95/EU.
392 Vgl. ErwG. 8 RL 2014/95/EU. Die Gefahr, dass große Unternehmen und Unternehmensgruppen die Berichtspflichten zu den Geschäftspartnern an diese weiterreichen, wird trotz des expliziten Ausschlusses von der Pflicht zur Erstellung einer nichtfinanziellen Erklärung kleiner und mittlerer Unternehmen gesehen. Vgl. kritisch hierzu 3.4.2.
393 Vgl. Art. 19a Abs. 1 lit. d) bzw. 29a Abs. 1 lit. d) RL 2013/34/EU.

3.3.1.2.3 Berichtsformat

Gemäß CSR-RL ist eine Aufnahme der nichtfinanziellen Erklärung in den (Konzern-)Lagebericht vorgesehen.[394] Alternativ eröffnet die EU-Kommission den Mitgliedstaaten das Wahlrecht, Unternehmen von der Pflicht zur Erstellung einer nichtfinanziellen Erklärung gem. CSR-RL zu befreien, wenn sie an anderer Stelle für dasselbe Geschäftsjahr einen gesonderten nichtfinanziellen Bericht mit dem gleichen Inhalt wie der nichtfinanziellen Erklärung veröffentlichen.[395] Dieses Wahlrecht gilt auch für Mutterunternehmen, sofern sich der gesonderte nichtfinanzielle Bericht auf die Gruppe in ihrer Gesamtheit bezieht.[396]

Die Befreiung hat unabhängig davon zu erfolgen, ob sich der gesonderte nichtfinanzielle Bericht auf nationale, unionsbasierte oder internationale Rahmenwerke stützt.[397] Ebenfalls irrelevant ist bei der Befreiung, ob der gesonderte nichtfinanzielle Bericht die in Abs. 1 des Art. 19a bzw. 29a der Richtlinie 2013/34/EU vorgeschriebenen Informationen der nichtfinanziellen Erklärung umfasst.[398] Bezüglich der Offenlegung muss jedoch eines der folgenden Kriterien erfüllt sein:

- Der gesonderte nichtfinanzielle Bericht muss zusammen mit dem (Konzern-)Lagebericht gem. der allgemeinen Offenlegungspflicht des Art. 30 der Richtlinie 2013/34/EU veröffentlicht werden;[399]

- der gesonderte nichtfinanzielle Bericht ist spätestens innerhalb von sechs Monaten nach dem Bilanzstichtag auf der Website des (Mutter-)Unternehmens öffentlich zugänglich zu machen, wobei der (Konzern-)Lagebericht hierauf Bezug zu nehmen hat.[400]

Zudem darf die Vermittlung eines den tatsächlichen Verhältnissen entsprechenden Bildes durch das Weglassen der nichtfinanziellen Erklärung nicht beeinträchtigt werden (true and fair view-Grundsatz).[401] Tochterunternehmen, die in den Anwendungsbereich fallen, sowie Mutterunternehmen, die zugleich Tochterunternehmen sind und in den Anwendungsbereich fallen, können von den Mitgliedstaaten von der Pflicht zur Erstellung einer nichtfinanziellen Erklärung gem. CSR-RL befreit werden. Dies gilt, sofern sie und eigene Tochterunterneh-

---

394 Vgl. Art. 19a Abs. 1 bzw. 29a Abs. 1 RL 2013/34/EU.
395 Vgl. Art. 19a Abs. 4 RL 2013/34/EU und ErwG. 6 RL 2014/95/EU. Vgl. hierzu auch schon Kapitel 3.3.1.2.1.
396 Vgl. Art. 29a Abs. 4 RL 2013/34/EU.
397 Vgl. Art. 19a Abs. 4 bzw. 29a Abs. 4 RL 2013/34/EU.
398 Vgl. Art. 19a Abs. 4 bzw. 29a Abs. 4 RL 2013/34/EU.
399 Vgl. Art. 19a Abs. 4 lit. a) bzw. 29a Abs. 4 lit. a) RL 2013/34/EU.
400 Vgl. Art. 19a Abs. 4 lit. b) bzw. 29a Abs. 4 lit. b) RL 2013/34/EU.
401 Vgl. Velte (2014), S. 1048.

3.3 Richtlinie 2014/95/EU (Corporate Social Responsibility-Richtlinie) 55

men in den gesonderten nichtfinanziellen Bericht eines anderen Unternehmens einbezogen werden, der gem. der CSR-RL erstellt ist.[402] Das Wahlrecht zur Befreiung der Pflicht zur Erstellung einer nichtfinanziellen Erklärung ist insbesondere für Unternehmen und Unternehmensgruppen vorgesehen, die bereits einen gesonderten Nachhaltigkeitsbericht erstellen und veröffentlichen.[403]

3.3.1.2.4 Anwendung von Rahmenwerken

Bei der Erstellung der nichtfinanziellen Erklärung wird den Unternehmen und Unternehmensgruppen gem. CSR-RL die Möglichkeit gegeben, sich auf nationale, unionsbasierte oder internationale Rahmenwerke zu stützen.[404] Beispielhaft nennt die EU-Kommission hier folgende Rahmenwerke:[405]

▪ Eco-Management and Audit Scheme – EMAS;

▪ Global Compact der Vereinten Nationen;

▪ Leitprinzipien für Unternehmen und Menschenrechte: Umsetzung des Rahmenprogramms „Protect, Respect and Remedy" der Vereinten Nationen;

▪ Leitlinien der Organisation für wirtschaftliche Zusammenarbeit und Entwicklung (OECD) für multinationale Unternehmen;

▪ Norm der Internationalen Organisation für Normung ISO 26000;

▪ Trilaterale Grundsatzerklärung der Internationalen Arbeitsorganisation zu multinationalen Unternehmen und zur Sozialpolitik;

▪ Global Reporting Initiative (GRI).

Wird bei der Erstellung der nichtfinanziellen Erklärung von der Möglichkeit zur Verwendung eines Rahmenwerks Gebrauch gemacht, so ist dieses von dem Unternehmen bzw. der Unternehmensgruppe anzugeben.[406]

3.3.1.2.5 Inhaltliche Ausgestaltung

Die nichtfinanzielle Erklärung gem. CSR-RL hat diejenigen Angaben zu enthalten, die für das Verständnis des Geschäftsverlaufs, des Geschäftsergebnisses, der Lage des Unternehmens bzw. der Unternehmensgruppe sowie der Auswirkung

---

402 Vgl. Art. 19a Abs. 3 bzw. 29a Abs. 3 RL 2013/34/EU.
403 Vgl. Eufinger (2015), S. 427; Voland (2014), S. 2818.
404 Vgl. Art. 19a Abs. 1 Unterabs. 5 bzw. 29a Abs. 1 Unterabs. 5 RL 2013/34/EU.
405 Vgl. ErwG. 9 RL 2014/95/EU.
406 Vgl. Art. 19a Abs. 1 Unterabs. 5 bzw. 29a Abs. 1 Unterabs. 5 RL 2013/34/EU.

seiner/ihrer Tätigkeit erforderlich sind.[407] Hierzu zählen neben einer kurzen Beschreibung des Geschäftsmodells[408] mindestens Angaben zu folgenden Belangen:

- Umweltbelange (z.b. aktuelle und vorhersehbare Auswirkungen der Geschäftstätigkeit auf die Umwelt, Gesundheit und Sicherheit; Nutzung erneuerbarer und/oder nicht erneuerbarer Energien; Treibhausgasemission; Wasserverbrauch; Luftverschmutzung);

- Sozial- und Arbeitnehmerbelange (z.b. Maßnahmen zur Geschlechtergleichstellung; Maßnahmen zur Umsetzung der grundlegenden Übereinkommen der Internationalen Arbeitsorganisation; Arbeitsbedingungen; sozialer Dialog; Achtung der Arbeitnehmerrechte Information und Konsultation; Gewerkschaftsrecht; Gesundheitsschutz und Sicherheit am Arbeitsplatz; Dialog mit lokalen Gemeinschaften; Mechanismen zur Sicherstellung des Schutzes und der Entwicklung der lokalen Gemeinschaften);

- Achtung der Menschenrechte (z.b. Mechanismen zur Verhinderung von Menschenrechtsverletzungen);

- Bekämpfung von Korruption und Bestechung (z.B. bestehende Instrumente zur Bekämpfung von Korruption und Bestechung).[409]

Zu den Belangen sind eine Beschreibung der vom Unternehmen bzw. der Unternehmensgruppe verfolgten Konzepte einschließlich der angewandten Due-Diligence-Prozesse sowie eine Übersicht über die Ergebnisse dieser Konzepte zu geben.[410] Wird bei einem oder mehreren der Belange kein Konzept verfolgt, ist dies zu begründen (comply-or-explain-Grundsatz).[411] Darüber hinaus sind die wesentlichen Risiken aufzuführen, die mit der Geschäftstätigkeit des Unternehmens bzw. der Unternehmensgruppe verbunden sind, und die wahrscheinlich eine negative Auswirkung auf einen oder mehrere der Belange haben.[412] Die EU-Kommission empfiehlt, ausschließlich über sehr wahrscheinlich eintretende Risiken mit schwerwiegenden Auswirkungen zu berichten.[413] Die Schwere der Auswirkungen ist dabei nach Ausmaß und Intensität vom Unternehmen bzw. der Unternehmensgruppe selbst zu beurteilen.[414]

---

407   Vgl. Art. 19a Abs. 1 bzw. 29a Abs. 1 RL 2013/34/EU.
408   Vgl. Art. 19a Abs. 1 lit. a) bzw. 29a Abs. 1 lit. a) RL 2013/34/EU.
409   Vgl. Art. 19a Abs. 1 bzw. 29a Abs. 1 RL 2013/34/EU und ErwG. 7 RL 2014/95/EU.
410   Vgl. Art. 19a Abs. 1 lit. b) und c) bzw. 29a Abs. 1 lit. b) und c) RL 2013/34/EU.
411   Vgl. Art. 19a Abs. 1 Unterabs. 2 bzw. 29a Abs. 1 Unterabs. 2 RL 2013/34/EU.
412   Vgl. Art. 19a Abs. 1 lit. d) bzw. 29a Abs. 1 lit. d) RL 2013/34/EU.
413   Vgl. ErwG. 8 RL 2014/95/EU.
414   Vgl. ErwG. 8 RL 2014/95/EU.

3.3 Richtlinie 2014/95/EU (Corporate Social Responsibility-Richtlinie)   57

Über die Risiken hinaus, die mit der Geschäftstätigkeit des Unternehmens bzw. der Unternehmensgruppe verbunden sind, können auch die Erzeugnisse, Dienstleistungen und Geschäftsbeziehungen des Unternehmens bzw. der Unternehmensgruppe nachteilige Auswirkungen auf die Umwelt-, Sozial- und Arbeitnehmerbelange sowie auf die Menschenrechte und auf Bestechung und Korruption haben.[415] Sofern diese Risiken wesentlich sind und eine negative Auswirkung auf einen oder mehrere der Bereiche wahrscheinlich ist, sind sie ebenfalls berichterstattungspflichtig.[416] Als Einschränkung gilt, dass die Berichterstattung relevant und verhältnismäßig bleiben muss.[417] Auch hier empfiehlt die EU-Kommission, lediglich über solche Risiken zu berichten, die sehr wahrscheinlich eintreten und schwerwiegende Auswirkungen haben werden.[418]

Neben dem Aufzeigen der wesentlichen Risiken durch die Geschäftstätigkeit, die Erzeugnisse, Dienstleistungen und Geschäftsbeziehungen sind in der nichtfinanziellen Erklärung auch deren Handhabung durch das Unternehmen bzw. der Unternehmensgruppe419 und die wichtigsten nichtfinanziellen Leistungsindikatoren, die für die betreffende Geschäftstätigkeit von Bedeutung sind420, darzustellen. Soweit angebracht, kann in der nichtfinanziellen Erklärung auch auf im (konsolidierten) Jahresabschluss ausgewiesene Beträge hingewiesen, und diese zusätzlich erläutert werden.[421]

3.3.1.2.6   Weglassen nachteiliger Angaben

Für die Mitgliedstaaten besteht das Wahlrecht, den Unternehmen und Unternehmensgruppen bei der Erstellung der nichtfinanziellen Erklärung gem. CSR-RL die Möglichkeit zu geben, Informationen über künftige Entwicklungen oder Belange, über die Verhandlungen geführt werden, in Ausnahmefällen wegzulassen.[422] Dies gilt für solche Informationen, deren Angabe nach der ordnungsgemäß begründeten Einschätzung der Mitglieder der Verwaltungs-, Leitungs- und Aufsichtsorgane, die im Rahmen der ihnen durch einzelstaatliche Rechtsvorschriften übertragenen Zuständigkeiten handeln und gemeinsam für diese Einschätzung zuständig sind, der Geschäftslage des Unternehmens bzw. der Unternehmensgruppe ernsthaft schaden können (safe harbour-Regel).[423]

---

415   Vgl. ErwG. 8 RL 2014/95/EU. Vgl. hierzu auch schon Kapitel 3.3.1.2.2.
416   Vgl. Art. 19a Abs. 1 lit. d) bzw. 29a Abs. 1 lit. d) RL 2013/34/EU.
417   Vgl. Art. 19a Abs. 1 lit. d) bzw. 29a Abs. 1 lit. d) RL 2013/34/EU.
418   Vgl. ErwG. 8 RL 2014/95/EU.
419   Vgl. Art. 19a Abs. 1 lit. d) bzw. 29a Abs. 1 lit. d) RL 2013/34/EU.
420   Vgl. Art. 19a Abs. 1 lit. e) bzw. 29a Abs. 1 lit. e) RL 2013/34/EU.
421   Vgl. Art. 19a Abs. 1 Unterabs. 3 bzw. 29a Abs. 1 Unterabs. 3 RL 2013/34/EU.
422   Vgl. Art. 19a Abs. 1 Unterabs. 4 bzw. 29a Abs. 1 Unterabs. 4 RL 2013/34/EU.
423   Vgl. Art. 19a Abs. 1 Unterabs. 4 bzw. 29a Abs. 1 Unterabs. 4 RL 2013/34/EU.

Die Ausnahmeregelung könnte z.B. sich in der Planungsphase befindende Projekte betreffen, deren Veröffentlichung in der nichtfinanziellen Erklärung bzw. im gesonderten nichtfinanziellen Bericht einen Wettbewerbsnachteil für das berichtende Unternehmen bzw. die Unternehmensgruppe bedeuten würde.[424] Die Nichtaufnahme solcher nachteiliger Angaben ist jedoch nur möglich, sofern das Weglassen ein den tatsächlichen Verhältnissen entsprechendes und ausgewogenes Verständnis des Geschäftsverlaufs, des Geschäftsergebnisses, der Lage des Unternehmens bzw. der Unternehmensgruppe sowie der Auswirkungen seiner bzw. ihrer Tätigkeit nicht verhindert.[425]

3.3.1.2.7 Prüfung

Gemäß CSR-RL ist eine formale Prüfung durch den Abschlussprüfer oder die Prüfungsgesellschaft über das Vorliegen der nichtfinanziellen Erklärung bzw. des gesonderten nichtfinanziellen Berichts vorgesehen.[426] Den Mitgliedstaaten wird ein Wahlrecht darüber eingeräumt, die nichtfinanzielle Erklärung bzw. den gesonderten nichtfinanziellen Bericht zusätzlich einer materiellen Prüfung der Inhalte zu unterziehen.[427]

3.3.1.3 Diversitätskonzept gem. Corporate Social Responsibility-Richtlinie

Neben den Angaben zur nichtfinanziellen Erklärung enthält die CSR-RL auch eine Pflicht zur erweiterten Offenlegung der Diversitätspolitik für bestimmte große Unternehmen.[428] Demnach ist im Lagebericht im gesonderten Abschnitt zur Erklärung zur Unternehmensführung[429] das Diversitätskonzept zu beschreiben, das im Zusammenhang mit den Verwaltungs-, Leitungs- und Aufsichtsorganen des Unternehmens verfolgt wird.[430] Der gesonderte Bericht ist gem. Art. 30 Richtlinie 2013/34/EU zusammen mit dem Lagebericht oder in einem Dokument, das auf der Internetseite des Unternehmens öffentlich zugänglich ist und auf das im Lagebericht Bezug genommen wird, zu veröffentlichen.[431]

---

424   Vgl. Voland (2014), S. 2818.
425   Vgl. Art. 19a Abs. 1 Unterabs. 4 bzw. 29a Abs. 1 Unterabs. 4 RL 2013/34/EU.
426   Vgl. Art. 19a Abs. 5 bzw. 29a Abs. 5 RL 2013/34/EU.
427   Vgl. Art. 19a Abs. 6 bzw. 29a Abs. 6 RL 2013/34/EU.
428   Die erweiterte Offenlegung der Diversitätspolitik gilt gem. Art. 20 Abs. 1 i.V.m. Art. 2 Abs. 1 lit. a) RL 2013/34/EU für Unternehmen, die unter das Recht eines Mitgliedstaats fallen und deren übertragbare Wertpapiere zum Handel an einem geregelten Markt eines Mitgliedstaats i.S.d. Art. 4 Abs. 1 Nr. 14 der RL 2004/39/EG zugelassen sind.
429   Vgl. Art. 20 RL 2013/34/EU.
430   Vgl. Art. 20 Abs. 1 lit. g) RL 2013/34/EU.
431   Vgl. Art. 20 Abs. 2 RL 2013/34/EU.

3.3 Richtlinie 2014/95/EU (Corporate Social Responsibility-Richtlinie)　　59

Als beispielhafte Aspekte des zu beschreibenden Diversitätskonzepts nennt die EU-Kommission Alter, Geschlecht, Bildungs- und Berufshintergrund.[432] Die Beschreibung des Konzepts soll zudem aufzeigen, welche Ziele verfolgt werden, wie deren Umsetzung erfolgt und welche Ergebnisse im Berichtszeitraum erreicht werden konnten.[433] Auf Inhalte des Lageberichts kann verwiesen werden, sofern die erforderlichen Angaben hier enthalten sind.[434] Wendet das zur Berichterstattung verpflichtete Unternehmen kein Diversitätskonzept an, so ist dies in der Erklärung zur Unternehmensführung zu begründen (comply-or-explain-Grundsatz).[435] Die erweiterte Offenlegung der Diversitätspolitik unterliegt lediglich einer formalen Prüfung durch den Abschlussprüfer oder die Prüfungsgesellschaft über das Vorliegen der Inhalte.[436]

3.3.1.4 Leitlinien der EU-Kommission

In Art. 2 der CSR-RL verpflichtet sich die EU-Kommission, als Orientierungshilfe Leitlinien zur Methode der Berichterstattung über nichtfinanzielle Informationen zu verfassen. Hierdurch soll die Relevanz, Zweckdienlichkeit und Vergleichbarkeit der anzugebenen Informationen erleichtert werden.[437] Die Leitlinien wurden am 26. Juni 2017 verabschiedet und im Amtsblatt der EU vom 05. Juli 2017 unter dem Titel Mitteilung der Kommission – Leitlinien für die Berichterstattung über nichtfinanziellen Informationen (Methoden zur Berichterstattung über nichtfinanzielle Informationen) (2017/C 215/01)[438] veröffentlicht.

Die EU-Leitlinien richten sich unmittelbar an die zur Berichterstattung verpflichteten Unternehmen.[439] Als Mitteilung der EU-Kommission sind sie in ihrer Rechtsnatur unverbindlich, so wie es bereits in der CSR-RL angekündigt wurde.[440] Somit sind die Behörden der Mitgliedstaaten, die berichtspflichtigen Unternehmen und die zuständigen Organmitglieder nicht dazu verpflichtet, diese zu berücksichtigen und sie stellen keine Auslegungshilfe für die CSR-RL dar.[441] Insbesondere handelt es sich bei den unverbindlichen EU-Leitlinien nicht um ein Rahmenwerk i.S.d. Art. 19a Abs. 1 Unterabs. 5 bzw. 29a Abs. 1 Unterabs. 5 der RL 2013/34/EU.[442] Von Seiten der EU-Kommission wird diese Auffassung

---

432　Vgl. Art. 20 Abs. 1 lit. g) RL 2013/34/EU.
433　Vgl. Art. 20 Abs. 1 lit. g) RL 2013/34/EU.
434　Vgl. Art. 20 Abs. 2 S. 2 RL 2013/34/EU.
435　Vgl. Art. 20 Abs. 1 lit. g) RL 2013/34/EU.
436　Vgl. Art. 20 Abs. 3 RL 2013/34/EU.
437　Vgl. Art. 2 RL 2014/95/EU.
438　Vgl. EU-Kommission (2017).
439　Vgl. EU-Kommission (2017), S. 4.
440　Vgl. Art. 2 RL 2014/95/EU.
441　Vgl. Mock (2017), S. 2144-2147.
442　Vgl. Mock (2017), S. 2146.

60 3 Entwicklung der gesetzlich verpflichtenden nichtfinanziellen Berichterstattung

durch die Aufnahme der Verwendung von Rahmenwerken als ein Punkt in den Leitlinien bestärkt.[443] Hieraus kann geschlossen werden, dass die EU-Kommission nicht davon ausgeht, dass die EU-Leitlinien selbst ein solches Rahmenwerk darstellen. Nichtsdestotrotz können sich die berichtspflichtigen Unternehmen bei ihrer Berichterstattung auf die EU-Leitlinien stützen.[444]

Die EU-Leitlinien orientieren sich an der Berichterstattung der nichtfinanziellen Informationen innerhalb des (Konzern-)Lageberichts und nicht an der Berichterstattung in einem gesonderten nichtfinanziellen Bericht.[445] Zunächst werden die allgemeinen Grundsätze an die Berichterstattung (Wesentlichkeit, den tatsächlichen Verhältnissen entsprechend, ausgewogen und verständlich, umfassend aber prägnant, strategisch und zukunftsorientiert, Ausrichtung auf die Interessenträger, Konsistenz und Kohärenz) formuliert.[446]

Bezüglich des Grundsatzes der Wesentlichkeit knüpfen die EU-Leitlinien grundsätzlich am Wesentlichkeitsbegriff für die Lageberichterstattung nach Art. 2 Abs. 16 der Richtlinie 2013/34/EU an, demzufolge Informationen wesentlich sind, wenn vernünftigerweise zu erwarten ist, dass ihre Auslassung oder fehlerhafte Angabe Entscheidungen beeinflusst, die Nutzer auf der Grundlage des Abschlusses des Unternehmens treffen.[447] Zusätzlich wird der Faktor „Erforderlichkeit" angeführt.[448] Demnach sollen nur solche nichtfinanziellen Informationen in die Berichterstattung einfließen, die für das Verständnis des Geschäftsverlaufs, des Geschäftsergebnisses, der Lage des Unternehmens und der Auswirkungen der Tätigkeiten des Unternehmens erforderlich sind. Dies wiederum hängt von den spezifischen Umständen eines Unternehmens ab. Bei der Wesentlichkeitsprüfung sollten die Unternehmen interne und auch externe Faktoren berücksichtigen. Als externer Faktor werden z.B. die Interessen und Erwartungen relevanter Interessenträger genannt.

Dieses breite, auch an den externen Stakeholdern orientierte Verständnis zeigt sich ebenso im Grundsatz der Ausrichtung der nichtfinanziellen Informationen auf die Interessenträger.[449] Hier formuliert die EU-Kommission die Erwartung an die Unternehmen, bei der Berichterstattung den Informationsbedarf aller relevanter Interessenträger zu berücksichtigen und sich nicht auf die Bedürfnisse oder Präferenzen einzelner bzw. untypischer Interessenträger zu fokussieren. Je nach Sachverhalt können so Arbeitnehmer ebenso relevant sein wie z.B. Investo-

---

443 Vgl. EU-Kommission (2017), S. 19.
444 Vgl. EU-Kommission (2017), S. 4.
445 Vgl. EU-Kommission (2017), S. 5.
446 Vgl. EU-Kommission (2017), S. 5-9.
447 Vgl. Art. 2 Abs. RL 2013/34/EU
448 Vgl. hier und im Folgenden EU-Kommission (2017), S. 5-6.
449 Vgl. hier und im Folgenden EU-Kommission (2017), S. 9.

3.3 Richtlinie 2014/95/EU (Corporate Social Responsibility-Richtlinie) 61

ren, Verbraucher, Lieferanten, Kunden, die lokale Gemeinschaft oder die Zivilgesellschaft.

Neben den allgemeinen Grundsätzen an die Berichterstattung formulieren die EU-Leitlinien weiterführende Empfehlungen zu den einzelnen Berichtsinhalten der nichtfinanziellen Erklärung. Folgende Angaben werden diskutiert, erläutert und mit Beispielen versehen:

- Angaben zur Beschreibung des Geschäftsmodells;

- Beschreibung der vom Unternehmen verwendeten Konzepte bzgl. der nichtfinanziellen Belange einschließlich der angewandten Due-Diligence-Prozesse;

- Ergebnisse dieser Prozesse;

- wesentliche Risiken der nichtfinanziellen Belange und deren Handhabung;

- wichtigste nichtfinanzielle Leistungsindikatoren.[450]

Zu den Angaben, zu denen die Unternehmen gem. CSR-RL bzgl. der Umwelt-, Sozial- und Arbeitnehmerbelange, der Achtung der Menschenrechte und der Bekämpfung von Korruption und Bestechung verpflichtet sind, liefern die EU-Leitlinien Erläuterungen, beispielhafte Leistungsindikatoren und nennen Rahmenwerke, auf die sich die Unternehmen innerhalb der Berichterstattung des jeweiligen Belanges beziehen können.[451] Darüber hinaus gehen die EU-Leitlinien auf die Berichterstattung zu den wesentlichen Risiken aus der Lieferkette des berichtenden Unternehmens und den wesentlichen Risiken aus dem Bezug von Mineralien aus Konfliktgebieten ein.[452] Auch hier werden Erläuterungen, Beispiele und wichtige Leistungsindikatoren aufgeführt.[453]

Bezüglich des Diversitätskonzepts, über das gem. CSR-RL berichtet werden muss, führen die EU-Leitlinien Überlegungen zur Festlegung von Diversitätskriterien auf und nennen weitere Beispiele. Zudem werden Empfehlungen für die Zielformulierung des Diversitätskonzepts, deren Umsetzung und deren Erreichung gegeben.[454]

---

450   Vgl. EU-Kommission (2017), S. 10-14.
451   Vgl. EU-Kommission (2017), S. 14-17.
452   Vgl. EU-Kommission (2017), S. 17-18.
453   Vgl. EU-Kommission (2017), S. 17-18.
454   Vgl. EU-Kommission (2017), S. 19-20.

62 3 Entwicklung der gesetzlich verpflichtenden nichtfinanziellen Berichterstattung

3.3.2 Umsetzung in deutsches Recht: Gesetz zur Stärkung der nichtfinanziellen Berichterstattung der Unternehmen in ihren Lage- und Konzernlageberichten (CSR-Richtlinie-Umsetzungsgesetz)

3.3.2.1 Zielsetzung und Umsetzungsprozess

Die Umsetzung der Richtlinie 2014/95/EU in deutsches Recht erfolgte durch das Gesetz zur Stärkung der nichtfinanziellen Berichterstattung der Unternehmen in ihren Lage- und Konzernlageberichten (CSR-Richtlinie-Umsetzungsgesetz – CSR-RL-UmsG).[455] Initiiert wurde der GesE von Seiten der Bundesregierung.[456] Dem HGB-GesE vom 21. September 2016 gingen das Konzeptpapier[457] vom 27. April 2015 und der HGB-RefE[458] vom 11. März 2016 zur Umsetzung der CSR-RL voraus. Zum Konzeptpapier konnte bis zum 10. Juli 2015, zum HGB-RefE bis zum 15. April 2016 Stellung genommen werden.[459] Neben der Umsetzung der CSR-RL wurden durch das CSR-RL-UmsG vor allem auch punktuelle Modernisierungen der HGB-Regelungen über den (Konzern-)Lagebericht vorgenommen.[460]

---

455 Vgl. zur Umsetzung in anderen EU-Mitgliedsstaaten z.B. Arbeit und Leben DGB/VHS NRW (2018); Baumüller/Nguyen (2017) (Österreich); Böcking/Althoff (2017), S. 252-253 (Dänemark und Frankreich).

456 Vgl. HGB-GesE des CSR-RL-UmsG (2016). Der HGB-GesE ist online abrufbar unter: http://dipbt.bundestag.de/doc/btd/18/099/1809982.pdf, abgerufen am 22. Oktober 2017. Eine bundesgesetzliche Regelung ist erforderlich, da es im Entwurf um die Fortentwicklung und Modernisierung des Bilanzrechts geht, das bereits bundesrechtlich geregelt ist (vgl. Begründung zum HGB-GesE des CSR-RL-UmsG (2016), S. 31).

457 Vgl. BMJV (2015). Vgl. zum Konzeptpapier z.B. Haaker/Gahlen (2015); Müller/Stawinoga/Velte (2015).

458 Vgl. HGB-RefE des CSR-RL-UmsG (2016). Der HGB-RefE ist online abrufbar unter: https://www.bmjv.de/SharedDocs/Gesetzgebungsverfahren/Dokumente/RefE_CSR-Richtlinie-Umsetzungsgesetz.pdf?__blob=publicationFile&v=1, abgerufen am 22. Oktober 2018.

459 Die Stellungnahmen zum Konzeptpapier sind teilweise online abrufbar auf der jeweiligen Internetseite der Stellungnehmer. Die Stellungnahmen zum HGB-RefE sind online abrufbar unter: https://www.bmjv.de/SharedDocs/Gesetzgebungsverfahren/DE/CSR-Richtlinie-Umsetzungsgesetz.html, abgerufen am 29. April 2017. Der HGB-RefE folgt im Wesentlichen dem Konzeptpapier. Der HGB-GesE verzichtet im Vergleich zum HGB-RefE insbesondere auf die über die im Aufruf zur Stellungnahme vorgeschlagenen, über die CSR-RL hinausgehenden Berichterstattungspflichten zu den Belangen der Verbraucherinnen und Verbraucher (vgl. BMJV (2016), S. 5-6), sowie auf den Vergleich mit dem Vorjahr und einer Auswertung der Vorjahresprognosen im (Konzern-)Lagebericht (vgl. §§ 289 Abs. 1 S. 5 bzw. 315 Abs. 1 S. 5 HGB-RefE des CSR-RL- UmsG (2016)). In der Begründung zum HGB-GesE erfolgt eine detaillierte Aufstellung der durch die zusätzlichen Berichterstattungspflichten zu erwartenden Kosten (vgl. Begründung zum HGB-GesE des CSR-RL-UmsG (2016), S. 37-41).

460 Vgl. Begründung zum HGB-GesE des CSR-RL- UmsG (2016), S. S. 26 und 31. Vgl. ausführlich zu den strukturellen Änderungen des Gesetzesaufbaus durch den HGB-RefE z.B. Kajüter (2016a), S. 230-231.

3.3 Richtlinie 2014/95/EU (Corporate Social Responsibility-Richtlinie)

Um die CSR-RL und deren Zielsetzung (Steigerung der Transparenz der Sozial- und Umweltbelange in allen Mitgliedstaaten durch Verbesserung der Relevanz, Konsistenz und Vergleichbarkeit der Berichterstattung)[461] möglichst unverändert in nationales Recht umzusetzen, führt der deutsche Gesetzgeber durch das CSR-RL-UmsG ebenfalls die Verpflichtung zur Erstellung einer nichtfinanziellen Erklärung bzw. eines gesonderten nichtfinanziellen Berichts und die erweiterte Offenlegung der Diversitätspolitik durch die Beschreibung des Diversitätskonzepts ein.[462] Hierdurch wird neben der Stärkung der nichtfinanziellen Berichterstattung eine Sensibilisierung der berichtenden Unternehmen und Unternehmensgruppen gegenüber Themen der Nachhaltigkeit beabsichtigt.[463] Es soll eine Motivation geschaffen werden, nichtfinanziellen Aspekten in der Unternehmensführung einen höheren Stellenwert beizumessen. Zudem soll eine gewisse Erwartungshaltung des Gesetzgebers bzgl. einer verantwortungsbewussten Unternehmensführung signalisiert werden. Die Umsetzung der Offenlegung die Diversität betreffender Informationen des CSR-RL-UmsG wird zudem als Ergänzung zur Umsetzung des Richtlinienvorschlags zur ausgewogenen Vertretung von Frauen und Männern in Führungspositionen der EU-Kommission betrachtet.[464]

Der Bundestag nahm das CSR-RL-UmsG am 09. März 2017 nach der dritten Lesung mit den Stimmen von der CDU/CSU und SPD und den Gegenstimmen von dem Bündnis 90/Die Grünen und Die Linke an. Am 31. März 2017 billigte der Bundesrat das Gesetz und mit Datum vom 11. April 2017 wurde es im Bundesgesetzblatt vom 18. April 2017 verkündet.[465] Gemäß Art. 12 Abs. 1 trat das CSR-RL-UmsG am Tag nach seiner Verkündung am 19. April 2017 in Kraft. Lediglich Art. 2 und Art. 4 des CSR-RL-UmsG zur Veröffentlichung des Prüfungsurteils der nichtfinanziellen Erklärung bzw. des gesonderten nichtfinanziellen Berichts bei einer inhaltlichen Prüfung treten erst am 01. Januar 2019 in

---

461 Vgl. hierzu auch schon Kapitel 3.3.1.1.

462 Vgl. Begründung zum HGB-GesE des CSR-RL-UmsG (2016), S. 30-31.

463 Vgl. hier und im Folgenden Begründung zum HGB-GesE des CSR-RL-UmsG (2016), S. 26 i.V.m. ErwG. 3 RL 2014/95/EU.

464 Die Umsetzung des Richtlinienvorschlags in deutsches Recht erfolgte durch das „Gesetz für die gleichberechtigte Teilhabe von Frauen und Männern an Führungspositionen in der Privatwirtschaft und im öffentlichen Dienst vom 24. April 2015" (sog. Gesetz zur Frauenquote) und die damit verbundene Erweiterung der Erklärung zur Unternehmensführung in § 289f Abs. 2 Nr. 4-5 und Abs. 3-4 HGB. Vgl. ausführlich zum Gesetz zur Frauenquote Fink/Schmidt (2015), S. 2157-2158; Herb (2015); Winter/Marx/De Decker (2015). Vgl. ausführlich zum Richtlinienvorschlag Kapitel 3.3.1.1.

465 Ein Überblick des Ablaufs des Vorgangs ist online abrufbar unter: http://dipbt. bundestag.de/extrakt/ba/WP18/769/76955.html, abgerufen am 10. November 2018.

64 3 Entwicklung der gesetzlich verpflichtenden nichtfinanziellen Berichterstattung

Kraft.[466] Mit dieser Übergangsregelung soll den Unternehmen Zeit zur Einholung eines umfangreichen externen Rats gegeben werden.[467]

Die Erstellung einer nichtfinanziellen Erklärung bzw. eines gesonderten nichtfinanziellen Berichts und die Darstellung des Diversitätskonzepts gem. des CSR-RL-UmsG ist für die zur Berichterstattung verpflichteten Unternehmen und Unternehmensgruppen für ab dem 01. Januar 2017 beginnende Geschäftsjahre verpflichtend.[468] Die Regelungen zu nichtfinanziellen Leistungsindikatoren gem. §§ 289 Abs. 3 bzw. 315 Abs. 3 HGB bleiben hiervon unberührt. Um die Erfüllung der neuen Berichterstattungspflichten zu gewährleisten hat der deutsche Gesetzgeber die bestehenden Straf- und Bußgeldvorschriften auf Verstöße gegen die Berichtspflichten bzgl. der nichtfinanziellen Erklärung bzw. des gesonderten nichtfinanziellen Berichts und des Diversitätskonzepts erweitert und deutlich angehoben.[469]

3.3.2.2 Nichtfinanzielle Erklärung gem. CSR-Richtlinie-Umsetzungsgesetz

3.3.2.2.1 Anwendungsbereich und Befreiungsmöglichkeiten

Die nichtfinanzielle Erklärung gem. CSR-RL-UmsG ist von Kapitalgesellschaften[470], haftungsgeschränkten Personengesellschaften[471] und Genossenschaften[472] zu erstellen, die kumulativ folgende Kriterien erfüllen:

- Große Unternehmen i.S.d. § 267 Abs. 3 S. 1 HGB;

- kapitalmarktorientiert i.S.d. § 264d HGB;

- Beschäftigung von im Durchschnitt des Geschäftsjahres mehr als 500 Arbeitnehmern.

Kreditinstitute[473] und Versicherungsunternehmen[474] fallen unabhängig von einer eventuellen Kapitalmarktorientierung in den Anwendungsbereich, wenn sie die

---

466   Vgl. Art. 12 Abs. 2 CSR-RL-UmsG.
467   Vgl. Ausschuss für Recht und Verbraucherschutz (2017), S. 44.
468   Vgl. Art. 80 EGHGB.
469   Vgl. §§ 331 und 334 bzw. §§ 340n (Kreditinstitute) und 341n (Versicherungsunternehmen) HGB. Vgl. ausführlich Blöink/Halbleib (2017), S. 193.
470   Vgl. § 289b Abs. 1 HGB.
471   Vgl. § 264a HGB. Gemäß § 264a Abs. 1 HGB ist die nichtfinanzielle Erklärung von offenen Handelsgesellschaften und Kommanditgesellschaften zu erstellen, bei denen nicht mindestens ein persönlich haftender Gesellschafter entweder eine natürliche Person oder eine Offene Handelsgesellschaft (OHG), Kommanditgesellschaft (KG) oder andere Personengesellschaft mit einer natürlichen Person als persönlich haftendem Gesellschafter ist oder sich die Verbindung der Gesellschaften in dieser Art fortsetzt.
472   Vgl. § 336 HGB.
473   Vgl. § 340a Abs. 1a HGB.

3.3 Richtlinie 2014/95/EU (Corporate Social Responsibility-Richtlinie)   65

beiden anderen Kriterien erfüllen. Groß i.S.d. § 267 Abs. 3 S. 1 HGB sind Unternehmen, die in zwei aufeinanderfolgenden Geschäftsjahren am Bilanzstichtag zwei der folgenden drei Grenzwerte im Geschäftsjahr durchschnittlich überschreiten: Bilanzsumme von 20 Mio. Euro, Umsatzerlöse von 40 Mio. Euro, 250 Beschäftigte.[475] Die Regelung, dass gem. § 267 Abs. 3 S. 2 HGB kapitalmarktorientierte Kapitalgesellschaften i.S.d. § 264d HGB stets als groß gelten, greift beim Anwendungsbereich des CSR-RL-UmsG nicht. Kapitalmarktorientiert i.S.d. § 264d HGB sind Unternehmen, die einen organisierten Markt i.S.d. § 2 Abs. 11 WpHG durch von ihm ausgegebene Wertpapiere i.S.d. § 2 Abs. 1 WpHG in Anspruch nehmen oder aber die Zulassung hierzu beantragt haben.

Von der Möglichkeit der CSR-RL, den Anwendungsbereich der nichtfinanziellen Erklärung auf kleine und/oder mittelgroße Unternehmen zu erweitern, macht der deutsche Gesetzgeber explizit keinen Gebrauch.[476] Wie in den Erwägungsgründen der EU-Kommission wird auch von deutscher Seite darauf hingewiesen, dass diese Unternehmen nicht durch zusätzlichen bürokratischen Aufwand belastet werden sollen.[477] Da kleine Unternehmen grundsätzlich von der Aufstellungspflicht eines Lageberichts befreit sind, sind sie von den Regelungen, die den Lagebericht betreffen, ohnehin ausgenommen.[478]

Mutterunternehmen sind zur Erstellung einer nichtfinanziellen Erklärung gem. CSR-RL-UmsG verpflichtet, wenn sie Kapitalgesellschaften[479] oder haftungsbeschränkte Personenhandelsgesellschaften[480] sind und kumulativ folgende Kriterien erfüllen:

▓ Kapitalmarktorientiert i.S.d. § 264d HGB;

▓ die in den Konzernabschluss einzubeziehenden Unternehmen erfüllen die Voraussetzungen für eine größenabhängige Befreiung gem. § 293 Abs. 1 S. 1 Nr. 1 oder 2 HGB nicht und bei ihnen sind im Jahresdurchschnitt auf konsolidierter Basis mehr als 500 Arbeitnehmer beschäftigt.

---

474   Vgl. § 341a Abs. 1a HGB.
475   Vgl. § 267 Abs. 3 S. 1 HGB i.V.m. § 267 Abs. 2 und Abs. 4 S. 1 HGB.
476   Vgl. Begründung zum HGB-GesE des CSR-RL-UmsG (2016), S. 40. Vgl. auch Kapitel 3.3.1.2.1.
477   Vgl. Begründung zum HGB-GesE des CSR-RL-UmsG (2016), S. 40. Vgl. auch Kapitel 3.3.1.2.1.
478   Vgl. hierzu auch schon Kapitel 3.1.1.
479   Vgl. § 315b Abs. 1 HGB.
480   Vgl. Fußnote 471.

Kreditinstitute[481] und Versicherungsunternehmen[482], die ein Mutterunternehmen sind, fallen unabhängig von einer eventuellen Kapitalmarktorientierung in den Anwendungsbereich, wenn die in den Konzernabschluss einzubeziehenden Unternehmen die Voraussetzungen für eine größenabhängige Befreiung nicht erfüllen und bei ihnen im Jahresdurchschnitt auf konsolidierter Basis mehr als 500 Arbeitnehmer beschäftigt sind. Zur größenabhängigen Befreiung gem. § 293 Abs. 1 S. 1 Nr. 1 HGB darf ein Mutterunternehmen an zwei aufeinanderfolgenden Geschäftsjahren am Abschlussstichtag zwei von drei Grenzwerten (Bilanzsumme, Umsatzerlöse, im Jahresdurchschnitt beschäftigte Arbeitnehmer) nicht überschreiten. Bei Addition der Werte der Einzelabschlüsse der Mutter- und Tochterunternehmen liegen die Grenzen für die Bilanzsumme bei 24 Mio. Euro und für die Umsatzerlöse bei 48 Mio. Euro (Bruttomethode). Für konsolidierte Abschlüsse liegen die Grenzen für die Bilanzsumme bei 20 Mio. Euro und für die Umsatzerlöse bei 40 Mio. Euro (Nettomethode). Der Grenzwert für die Arbeitnehmer des Mutterunternehmens plus des in den Konzernabschluss einbezogenen Tochterunternehmens liegt sowohl bei der Brutto- als auch bei der Nettomethode bei im Jahresdurchschnitt 250.

Um Doppelangaben, Verweise und Wiederholungen zu reduzieren, können Mutterunternehmen ihre eigene nichtfinanzielle Erklärung mit der nichtfinanziellen Konzernerklärung zusammenfassen.[483] Aus der zusammengefassten Erklärung muss hervorgehen, welche Angaben sich auf den Konzern und welche sich auf das Mutterunternehmen beziehen.[484] Die Regelung, dass kleine und mittelgroße Mutterunternehmen grundsätzlich von der Pflicht eines Konzernlageberichts befreit sind, bleibt vom CSR-RL-UmsG unberührt.[485] Somit sind diese Unternehmen nicht von der Pflicht zur Erstellung einer nichtfinanziellen Erklärung betroffen und werden – wie vom Gesetzgeber beabsichtigt – nicht durch zusätzlichen bürokratischen Aufwand belastet.[486]

Tochterunternehmen[487] und Mutterunternehmen, die zugleich Tochterunternehmen sind[488], sowie Kreditinstitute[489] und Versicherungsunternehmen[490], die

---

481 Vgl. § 340i Abs. 5 HGB.
482 Vgl. § 341j Abs. 4 HGB.
483 Vgl. § 315b Abs. 5 HGB i.V.m. § 298 Abs. 2 HGB; Begründung zum HGB-GesE des CSR-RL-UmsG (2016), S. 56-57.
484 Vgl. § 315 Abs. 5 HGB i.V.m. § 298 Abs. 2 S. 3 HGB.
485 Vgl. § 293 Abs. 1 S. 1 Nr. 2 HGB.
486 Vgl. Begründung zum HGB-GesE des CSR-RL-UmsG (2016), S. 40. Vgl. hierzu auch schon Kapitel 3.3.1.2.1.
487 Vgl. § 289b Abs. 2 S. 1 HGB.
488 Vgl. § 315b Abs. 2 S. 1 HGB.
489 Für Kreditinstitute (§§ 340a bzw. 340i HGB) verweist der Gesetzgeber bzgl. weiterer Regelungen des Anwendungsbereichs auf die §§ 289b Abs. 2 bzw. 315b Abs. 2 HGB, weshalb diese im Folgenden primär genannt werden.

3.3 Richtlinie 2014/95/EU (Corporate Social Responsibility-Richtlinie) 67

Tochterunternehmen sind, sind von der Pflicht zur Erstellung einer nichtfinanziellen Erklärung gem. CSR-RL-UmsG befreit, wenn sie in den Konzernlagebericht eines Mutterunternehmens einbezogen sind. Zur Befreiung muss dieser Konzernlagebericht nach Maßgaben des nationalen Rechts eines Mitgliedstaats der EU oder eines anderen Vertragsstaates des Abkommens über den Europäischen Wirtschaftsraum im Einklang mit der Richtlinie 2013/34/EU aufgestellt werden und eine nichtfinanzielle Erklärung enthalten.[491] Der Sitz des Mutterunternehmens in einem EU-Staat ist demnach nicht zwingend erforderlich. Über die CSR-RL hinausgehend haben die Unternehmen nach deutschem Recht hier insbesondere im Hinblick auf mehrstufige Konzerne in ihrem Lagebericht anzugeben, von welchem Unternehmen sie in die nichtfinanzielle Erklärung mit einbezogen wurden, in welcher Sprache diese verfasst, und wo sie zu finden ist.[492]

Der deutsche Gesetzgeber macht von dem Wahlrecht Gebrauch, (Mutter-)Unternehmen, die für dasselbe Geschäftsjahr einen gesonderten nichtfinanziellen Bericht mit dem gleichen Inhalt wie der nichtfinanziellen Erklärung gem. des CSR-RL-UmsG erstellt haben, unter bestimmten Voraussetzungen von der Pflicht zur Erstellung einer nichtfinanziellen Erklärung zu befreien.[493]

3.3.2.2.2 Risiken aus Geschäftsbeziehungen

Die nichtfinanzielle Erklärung soll mindestens Angaben zu den Aspekten Umwelt-, Arbeitnehmer- und Sozialbelange, Achtung der Menschenrechte und Bekämpfung von Korruption und Bestechung enthalten.[494] Zu diesen Aspekten sind auch die wesentlichen Risiken, die mit den Geschäftsbeziehungen des Unternehmens bzw. der Unternehmensgruppe verbunden sind und die wahrscheinlich schwerwiegende negative Auswirkungen auf einen oder mehrere der Aspekte haben oder haben werden, zu nennen.[495] Im Vergleich zur CSR-RL sind gem. CSR-RL-UmsG hier explizit nicht nur zukünftige Risiken, sondern auch bereits eingetretene Auswirkungen zu nennen.[496]

---

490 Für Versicherungsunternehmen (§§ 341a bzw. 341j HGB) verweist der Gesetzgeber bzgl. weiterer Regelungen des Anwendungsbereichs auf die §§ 289b Abs. 2 bzw. 315b Abs. 2 HGB, weshalb diese im Folgenden primär genannt werden.
491 Vgl. §§ 289b Abs. 2 S. 1 Nr. 2 bzw. 315b Abs. 2 S. 1 Nr. 2 HGB.
492 Vgl. §§ 289b Abs. 2 S. 3 bzw. 315b Abs. 2 S. 3 HGB; Begründung zum HGB-GesE des CSR-RL- UmsG (2016), S. 44-45.
493 Vgl. §§ 289b Abs. 3 und 315b Abs. 3 HGB. Vgl. hierzu ausführlich Kapitel 3.3.2.2.3.
494 Vgl. § 289c Abs. 2 HGB. Für Mutterunternehmen (§ 315c), Kreditinstitute (§§ 340a bzw. 340i HGB) und Versicherungsunternehmen (§§ 341a bzw. 341j HGB) verweist der Gesetzgeber bzgl. der Regelungen des Inhalts der nichtfinanziellen Erklärung auf § 289c, weshalb dieser im Folgenden primär genannt wird.
495 Vgl. § 289c Abs. 3 Nr. 4 HGB. Vgl. ausführlich zu den Risiken der Geschäftsbeziehungen Kapitel 3.3.2.2.5.
496 Vgl. § 289c Abs. 3 Nr. 4 HGB. Vgl. auch Kapitel 3.3.1.2.2.

68   3 Entwicklung der gesetzlich verpflichtenden nichtfinanziellen Berichterstattung

Der deutsche Gesetzgeber betont, dass die Berichtspflicht über die Risiken der Geschäftsbeziehungen nicht zu einem übermäßigen Verwaltungsaufwand für kleine und mittlere Unternehmen in der Lieferkette des berichtspflichtigen Unternehmens bzw. der berichtspflichtigen Unternehmensgruppe führen darf. In diesem Zusammenhang wird auf ErwG 8 der CSR-RL verwiesen.[497] Einschränkungen des Berichtsrahmens aus der CSR-RL („wesentliche Risiken", „relevant" bzw. „von Bedeutung", „wenn verhältnismäßig") sowie die Empfehlung der EU-Kommission, ausschließlich über sehr wahrscheinlich eintretende Risiken mit schwerwiegenden Auswirkungen zu berichten, werden direkt in den Gesetzestext übernommen.[498] Zudem wird in der Begründung zum GesE empfohlen, anhand von Risiko- und Wahrscheinlichkeitseinschätzungen zu entscheiden, welche Informationen von anderen Unternehmen bzgl. der Risiken der Geschäftsbeziehungen eingeholt werden sollten.[499] Eine pauschale Festlegung, bis in welche Tiefe der Lieferkette die Berichterstattung zu erfolgen hat, ist hingegen nicht mit der CSR-RL und der Fokussierung auf die Wesentlichkeit der zu machenden Angaben vereinbar.[500]

Die Berichterstattung über Risiken, die mit den Geschäftsbeziehungen des Unternehmens bzw. der Unternehmensgruppe verbunden sind, darf laut Gesetzgeber nicht an kleinere Geschäftspartner wie z.B. Lieferanten oder Auftragnehmer weitergereicht werden.[501] Nichtsdestotrotz werden zur Berichterstattung Informationen benötigt, die auch bei kleineren Geschäftspartnern angefragt werden.[502] Letztlich lässt sich eine Weiterreichung der Berichtspflicht an kleinere Geschäftspartner nicht verhindern, so dass auch Unternehmen, die nicht in den Anwendungsbereich des CSR-RL-UmsG fallen, indirekt zur Berichterstattung verpflichtet werden.[503]

3.3.2.2.3   Berichtsformat

Grundsätzlich sieht der deutsche Gesetzgeber die Aufnahme der nichtfinanziellen Erklärung an verschiedenen Stellen oder in einem besonderen Abschnitt des (Konzern-)Lageberichts vor.[504] Als Bestandteil des (Konzern-)Lageberichts un-

---

497   Vgl. Begründung zum HGB-GesE des CSR-RL-UmsG (2016), S. 40.
498   Vgl. § 289c Abs. 2 Nr. 4 HGB; ErwG. 8 RL 2014/95/EU.
499   Vgl. Begründung zum HGB-GesE des CSR-RL-UmsG (2016), S. 51.
500   Vgl. Blöink/Halbleib (2017), S. 188.
501   Vgl. Begründung zum HGB-GesE des CSR-RL-UmsG (2016), S. 51; ErwG 8 RL 2014/95/EU.
502   Vgl. Blöink/Halbleib (2017), S. 188.
503   Vgl. Schaefer/Schröder (2017), S. 1326. Vgl. kritisch hierzu Kapitel 3.4.2.
504   Vgl. §§ 289b Abs. 1 S. 1 bzw. 315b Abs. 1 S. 1 HGB. Vgl. für Kreditinstitute §§ 340a Abs. 1a S. 1 bzw. 340i Abs. 5 S. 1 HGB. Vgl. für Versicherungsunternehmen §§ 341a Abs. 1a S. 1 bzw. 341j Abs. 4 S. 1 HGB.

3.3 Richtlinie 2014/95/EU (Corporate Social Responsibility-Richtlinie) 69

terliegt die nichtfinanzielle Erklärung somit den GoL der Vollständigkeit, der Verlässlichkeit und der Ausgewogenheit, der Klarheit und der Übersichtlichkeit, der Vermittlung der Sicht der Konzernleitung, der Wesentlichkeit sowie der Informationsabstufung.[505]

Alternativ eröffnet der deutsche Gesetzgeber durch die Nutzung des Wahlrechts der CSR-RL die Möglichkeit, die Unternehmen von der Pflicht zur Erstellung einer nichtfinanziellen Erklärung zu befreien, wenn sie unter bestimmten Bedingungen an anderer Stelle für dasselbe Geschäftsjahr einen gesonderten nichtfinanziellen Bericht veröffentlichen.[506] Folgende Kriterien müssen hierzu erfüllt sein:[507]

▪ Der gesonderte nichtfinanzielle Bericht muss inhaltlich mindestens die Vorgaben der nichtfinanziellen Erklärung nach §§ 289c bzw. 315c HGB i.V.m. § 289c HGB erfüllen;

▪ der gesonderte nichtfinanzielle Bericht muss zusammen mit dem (Konzern-)Lagebericht gem. der Offenlegungspflicht des § 325 HGB im Bundesanzeiger offengelegt werden oder aber spätestens vier Monate nach dem Abschlussstichtag für mindestens zehn Jahre auf der Internetseite des Unternehmens bzw. der Unternehmensgruppe veröffentlicht werden, wobei im (Konzern-)Lagebericht hierauf unter Angabe der Internetseite Bezug zu nehmen ist.

Im Vergleich hierzu sehen die CSR-RL und der HGB-RefE eine Veröffentlichungsfrist von maximal sechs Monaten nach dem Abschlussstichtag für den gesonderten nichtfinanziellen Bericht auf der Internetseite des Unternehmens bzw. des Konzerns vor.[508] Durch die Verkürzung der Frist seitens des deutschen Gesetzgebers auf vier Monate nach dem Abschlussstichtag weist der gesonderte nichtfinanzielle Bericht dieselbe Offenlegungsfrist wie die für kapitalmarktorientierte Unternehmen geltende Offenlegungsfrist für den (Konzern-)Lagebericht gem. § 325 Abs. 4 S. 1 HGB auf. Hierdurch soll die Vergleichbarkeit trotz unterschiedlicher Berichtsformate verbessert werden.[509]

---

505 Vgl. DRS 20.12-35; Kajüter (2016a), S. 232; Kajüter (2017), S. 618.
506 Vgl. §§ 289b Abs. 3 und 315b Abs. 3 HGB. Für Kreditinstitute (§§ 340a bzw. 340i HGB) und Versicherungsunternehmen (§§ 341a bzw. 341j HGB) verweist der Gesetzgeber bzgl. weiterer Regelungen des Orts auf die §§ 289b Abs. 3 bzw. 315b Abs. 3 HGB, weshalb diese im Folgenden primär genannt werden.
507 Vgl. §§ 289b Abs. 3 S. 1 Nr. 1 und 2 und 315b Abs. 3 S. 1 Nr. 1 und 2 HGB.
508 Vgl. Art. 19a Abs. 4 bzw. 29a Abs. 4 RL 2014/95/EU und §§ 289b Abs. 3 S. 1 Nr. 2 lit. b) und 315b Abs. 3 S. 1 Nr. 2 lit. b) HGB-RefE.
509 Vgl. Ausschuss für Recht und Verbraucherschutz (2017), S. 45.

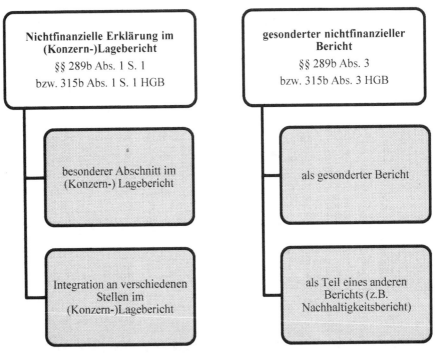

Abbildung 1: Möglichkeiten des Berichtsformats[510]

Insgesamt eröffnen sich somit für die Unternehmen bzw. die Unternehmensgruppen die in Abbildung 1 dargestellten Möglichkeiten des Berichtsformats der nichtfinanziellen Erklärung bzw. des gesonderten nichtfinanziellen Berichts.

Die Veröffentlichungsmöglichkeiten der nichtfinanziellen Erklärung bzw. des gesonderten nichtfinanziellen Berichts stellen sich für die Unternehmen bzw. die Unternehmensgruppen zusammenfassend wie in Abbildung 2 veranschaulicht dar.

Auch bei der Erstellung eines gesonderten nichtfinanziellen Berichts gelten die GoL.[511] Rahmenwerke können hier ebenfalls verwendet und nachteilige Angaben in Ausnahmefällen weggelassen werden.[512] Um Doppelangaben, Verweise

---

510 Eigene Darstellung.
511 Vgl. DRS 20.251.
512 Vgl. § 289b Abs. 3 S. 2 HGB i.V.m. §§ 289d und 289e bzw. 315b Abs. 3 S. 2 HGB i.V.m. §§ 289d und 289e HGB. Vgl. hierzu ausführlich Kapitel 3.3.2.2.5.

3.3 Richtlinie 2014/95/EU (Corporate Social Responsibility-Richtlinie)   71

Nichtfinanzielle Erklärung
Veröffentlichung als Teil des (Konzern-)Lageberichts
§§ 289b Abs. 1 S. 1 bzw. 315b Abs. 1 S. 1 HGB

Gesonderter nichtfinazieller Bericht
Offenlegung zusammen mit dem (Konzern-)Lagebericht im Bundesanzeiger
§§ 289b Abs. 3 S. 1 Nr. 2 lit. a) und 315b Abs. 3 S. 1 Nr. 2 lit. a) HGB

Gesonderter nichtfinanzieller Bericht
Veröffentlichung auf der Internetseite des Unternehmens/der Unternehmensgruppe
und Hinweis hierauf im (Konzern-)Lagebericht
§§ 289b Abs. 3 S. 1 Nr. 2 lit. b) und 315b Abs. 3 S. 1 Nr. 2 lit. b) HGB

Abbildung 2:   Möglichkeiten der Veröffentlichung[513]

und Wiederholungen zu reduzieren, können Mutterunternehmen ihren eigenen
gesonderten nichtfinanziellen Bericht mit dem gesonderten Konzernbericht zusammenfassen.[514] Aus der zusammengefassten Erklärung muss hervorgehen,
welche Angaben sich auf den Konzern und welche sich auf das Mutterunternehmen beziehen.[515] Für folgende Unternehmen gilt die Befreiung von der Pflicht
zur Erstellung einer nichtfinanziellen Erklärung auch bei Einbezug in den gesonderten nichtfinanziellen Bericht eines anderen Unternehmens:[516]

---

513   Eigene Darstellung.
514   Vgl. § 315b Abs. 5 HGB i.V.m. § 298 Abs. 2 HGB; Begründung zum HGB-GesE des CSR-
      RL-UmsG (2016), S. 56-57.
515   Vgl. § 315 Abs. 5 HGB i.V.m. § 298 Abs. 2 S. 3 HGB; Begründung zum HGB-GesE des
      CSR-RL-UmsG (2016), S. 56-57.
516   Vgl. §§ 289b Abs. 2 S. 2 bzw. 315b Abs. 3 HGB. Vgl. hierzu auch schon Kapitel 3.3.2.2.1.

72 3 Entwicklung der gesetzlich verpflichtenden nichtfinanziellen Berichterstattung

▨ Tochterunternehmen, die in den Anwendungsbereich fallen;

▨ Mutterunternehmen, die zugleich Tochterunternehmen sind und in den Anwendungsbereich fallen;

▨ Kreditinstitute und Versicherungsunternehmen, die Tochterunternehmen sind und in den Anwendungsbereich fallen.

Sowohl in der nichtfinanziellen Erklärung in einem besonderen Abschnitt des (Konzern-)Lageberichts als auch im gesonderten nichtfinanziellen Bericht kann auf nichtfinanzielle Angaben, die im (Konzern-)Lagebericht enthalten sind, verwiesen werden.[517] Hiermit sollen insbesondere Wiederholungen vermieden werden.[518]

Mit der Nutzung des Wahlrechts, die Unternehmen und Unternehmensgruppen von der Pflicht zur Erstellung einer nichtfinanziellen Erklärung bei der Veröffentlichung eines gesonderten nichtfinanziellen Berichts unter bestimmten Bedingungen zu befreien, beabsichtigt der deutsche Gesetzgeber wie auch die EU-Kommission vor allem eine Entlastung der Unternehmen und Unternehmensgruppen, die bereits einen gesonderten Nachhaltigkeitsbericht veröffentlichen.[519] Den Zielvorgaben der CSR-RL widerspreche dies nicht, da die neuen Offenlegungspflichten ohnehin in erster Linie auf Unternehmen und Unternehmensgruppen abzielten, die sich bisher kaum oder gar nicht mit nichtfinanziellen Aspekten auseinandergesetzt haben.[520]

3.3.2.2.4 Anwendung von Rahmenwerken

Bei der Erstellung der nichtfinanziellen Erklärung wird den Unternehmen und Unternehmensgruppen die Möglichkeit gegeben, sich auf nationale, unionsbasierte oder internationale Rahmenwerke zu stützen.[521] Von der Vorgabe eines bestimmten Rahmenwerks wurde seitens des Gesetzgebers abgesehen. Zwar würde dies zu einer besseren Vergleichbarkeit führen, gleichzeitig widerspräche ein solches Vorgehen jedoch der CSR-RL, die den Unternehmen die Wahlfreiheit eines Rahmenwerks überlässt.[522] Zudem existierten nur wenige Rahmenwerke, die die Inhalte der nichtfinanziellen Erklärung komplett abbilden könnten.[523] Letzterer Begründung folgend werden vom deutschen Gesetzgeber in

---

517 Vgl. §§ 289b Abs. 1 S. 3 bzw. 315b Abs. 1 S. 3 HGB.
518 Vgl. Begründung zum HGB-GesE des CSR-RL-UmsG (2016), S. 44.
519 Vgl. Begründung zum HGB-GesE des CSR-RL-UmsG (2016), S. 30-31, 33-34 und 40.
520 Vgl. Begründung zum HGB-GesE des CSR-RL-UmsG (2016), S. 31.
521 Vgl. § 289d HGB. Vgl. für die Regelungen für Mutterunternehmen, Kreditinstitute und Versicherungsunternehmen Fußnote 494.
522 Vgl. Begründung zum HGB-GesE des CSR-RL-UmsG (2016), S. 52.
523 Vgl. Begründung zum HGB-GesE des CSR-RL-UmsG (2016), S. 52-53.

3.3 Richtlinie 2014/95/EU (Corporate Social Responsibility-Richtlinie) 73

Abweichung zur CSR-RL auch keine beispielhaft anzuwendenden Rahmenwerke genannt.

Wird vom Unternehmen bzw. der Unternehmensgruppe bei der Erstellung der nichtfinanziellen Erklärung ein Rahmenwerk verwendet, so ist dieses namentlich zu nennen.[524] Aspekte, die das gewählte Rahmenwerk ggf. nicht abdeckt, sind zu ergänzen.[525] Es wird den Unternehmen und Unternehmensgruppen empfohlen, sich langfristig für die Nutzung eines oder mehrerer bestimmter Rahmenwerke bei der Berichterstattung zu entscheiden.[526] Im Unterschied zur CSR-RL haben die Unternehmen bzw. die Unternehmensgruppen bei Nichtverwendung eines Rahmenwerks diesen Verzicht in der nichtfinanziellen Erklärung zu begründen (apply-or-explain-Grundsatz).[527]

3.3.2.2.5 Inhaltliche Ausgestaltung

Wie in der CSR-RL vorgesehen, fordert der deutsche Gesetzgeber in der nichtfinanziellen Erklärung gem. CSR-RL-UmsG zunächst eine kurze Beschreibung des Geschäftsmodells des berichtenden Unternehmens bzw. der berichtenden Unternehmensgruppe.[528] Diese soll auf die ggf. an anderer Stelle bereits vorgenommene Beschreibung des Geschäftsmodells hinausgehende, nichtfinanzielle Themen eingehen.[529] Dadurch, dass die Beschreibung des Geschäftsmodells zwingender Bestandteil der nichtfinanziellen Erklärung ist, unterliegt sie nicht dem GoL der Wesentlichkeit.[530] Ebenfalls unabhängig von der Wesentlichkeit soll sich die nichtfinanzielle Erklärung zudem mindestens auf folgende Aspekte beziehen:

▦ Umweltbelange (z.B. Treibhausgasemissionen, Wasserverbrauch, Luftverschmutzung, Nutzung erneuerbarer und/oder nicht erneuerbarer Energien, Schutz der biologischen Vielfalt, aktuelle und vorhersehbare Auswirkungen der Geschäftstätigkeit auf die Gesundheit, Umweltsicherheit und Bodenbelastung; globale Umwelt- und Klimaziele);

▦ Arbeitnehmerbelange (Einhaltung von Rechtsvorschriften und anerkannten Standards und getroffene Maßnahmen betreffend der Arbeitnehmerrechte

---

524 Vgl. § 289d HGB.
525 Vgl. Begründung zum HGB-GesE des CSR-RL-UmsG (2016), S. 46 und 52.
526 Vgl. Begründung zum HGB-GesE des CSR-RL-UmsG (2016), S. 49.
527 Vgl. § 289d HGB.
528 Vgl. § 289c Abs. 1 HGB. Vgl. für die Regelungen für Mutterunternehmen, Kreditinstitute und Versicherungsunternehmen Fußnote 494.
529 Vgl. Begründung zum HGB-GesE des CSR-RL-UmsG (2016), S. 47. Insbesondere Konzernlageberichte enthalten auf Grundlage des DRS 20.36-38 „Geschäftsmodell des Konzerns" bereits vor dem Inkrafttreten des CSR-RL-UmsG eine Beschreibung des Geschäftsmodells.
530 Vgl. Schmotz/Schmidt (2017), S. 2878.

74   3 Entwicklung der gesetzlich verpflichtenden nichtfinanziellen Berichterstattung

und Arbeitnehmerinteressen, z.B. Maßnahmen zur Geschlechtergleichstellung, Arbeitsbedingungen, Maßnahmen zur Umsetzung der grundlegenden Übereinkommen der Internationalen Arbeitsorganisation, Achtung der Arbeitnehmerechte informiert und konsultiert zu werden sowie ggf. mitzubestimmen, sozialer Dialog, Gewerkschaftsrecht, Gesundheitsschutz und Sicherheit am Arbeitsplatz, Angaben zur Personalplanung wie benötigte Fachkräfte, Krankheitsquote, Unfall- und Fluktuationsrate);

- Sozialbelange (z.B. Dialog auf kommunaler oder regionaler Ebene, Maßnahmen zur Sicherstellung des Schutzes und der Entwicklung der lokalen Gemeinschaften);

- Achtung der Menschenrechte (z.B. Maßnahmen zur Vermeidung von Menschenrechtsverletzungen);

- Bekämpfung von Korruption und Bestechung (z.B. bestehende Instrumente zur Bekämpfung von Korruption und Bestechung).[531]

Die Aspekte stellen keine abschließende Checkliste, sondern eine Orientierung dar.[532] Ihre Reihenfolge soll nicht als Festlegung von Prioritäten verstanden werden.[533] Anders als die CSR-RL führt das CSR-RL-UmsG für die einzelnen Aspekte eine Vielzahl an Beispielen direkt im Gesetzestext auf, die ebenfalls nicht als Mindestinhalte zu verstehen sind.[534] Dies soll nach Auffassung des deutschen Gesetzgebers dazu dienen, die Vergleichbarkeit der Berichterstattung bei gleichzeitiger Flexibilität im Hinblick auf unterschiedliche Geschäftsmodelle, Märkte und Länder und genutzte Rahmenwerke zu verbessern.[535] Informationen, die mehrere der Aspekte gleichzeitig betreffen, können unter der Bedingung, dass alle Aspekte vollständig abgedeckt und in einer übersichtlich strukturierten Weise dargestellt sind, mit Verweis bei nur einem Aspekt aufgeführt werden.[536]

Wie in der CSR-RL vorgesehen, hat die nichtfinanzielle Erklärung gem. CSR-RL-UmsG zu den einzelnen Aspekten diejenigen Angaben zu enthalten, die für das Verständnis des Geschäftsverlaufs, des Geschäftsergebnisses, der Lage des Unternehmens bzw. der Unternehmensgruppe sowie der Auswirkung der Tätigkeit des Unternehmens auf diese Aspekte erforderlich sind.[537] „Sowie" ist

---

531 Vgl. § 289c Abs. 2 HGB; Begründung zum HGB-GesE des CSR-RL-UmsG (2016), S. 47-48.
532 Vgl. Begründung zum HGB-GesE des CSR-RL-UmsG (2016), S. 47.
533 Vgl. Begründung zum HGB-GesE des CSR-RL-UmsG (2016), S. 47.
534 Vgl. § 289c Abs. 2 HGB; Begründung zum HGB-GesE des CSR-RL-UmsG (2016), S. 47.
535 Vgl. Begründung zum HGB-GesE des CSR-RL-UmsG (2016), S. 46.
536 Vgl. Begründung zum HGB-GesE des CSR-RL-UmsG (2016), S. 47.
537 Vgl. § 289c Abs. 3 S. 1 HGB.

3.3 Richtlinie 2014/95/EU (Corporate Social Responsibility-Richtlinie) 75

dabei explizit als „zugleich" zu verstehen.[538] Die Bedingung, dass nur Angaben zu machen sind, die eine Auswirkung der Tätigkeit auf die aufzuführenden Aspekte haben, erweitert den Bezugsrahmen des GoL der Wesentlichkeit im Vergleich zu den anderen zu machenden Angaben im Lagebericht. Bei diesen sind gem. DRS 20 Angaben zu machen, die zum Verständnis des Geschäftsverlaufs, der Lage und der voraussichtlichen Entwicklung des Konzerns erforderlich sind.[539] Das Wesentlichkeitskriterium wird bei den Angaben zu den nichtfinanziellen Aspekten somit durch den Gesetzgeber verschärft.[540]

Zu den erforderlichen Angaben hinsichtlich der Mindestaspekte zählt eine Beschreibung der vom Unternehmen bzw. der Unternehmensgruppe verfolgten Konzepte einschließlich der angewandten Due-Diligence-Prozesse[541] sowie eine Übersicht über die Ergebnisse dieser Konzepte.[542] Die Beschreibung der verfolgten Konzepte sollte die Ziele des Unternehmens bzw. der Unternehmensgruppe bzgl. der nichtfinanziellen Aspekte aufführen.[543] Zudem sollte darauf eingegangen werden, mit welchen Maßnahmen und in welchem Zeitraum deren Umsetzung geplant ist, wie die Unternehmensführung hier eingebunden wird und wie im Hinblick auf nichtfinanzielle Belange die Identifizierung und Einbindung anderer Interessengruppen wie z.B. der Arbeitnehmer in Zukunft erfolgen soll.[544] Wird bei einem oder mehreren der Aspekte kein Konzept verfolgt, ist dies zu begründen (comply-or-explain-Grundsatz).[545]

Zu den berichterstattungspflichtigen Angaben der in der nichtfinanziellen Erklärung aufzuführenden Aspekte zählen außerdem die wesentlichen Risiken, die mit der Geschäftstätigkeit des Unternehmens bzw. der Unternehmensgruppe verbunden sind, und die sehr wahrscheinlich eine schwerwiegende negative

---

538   Vgl. Begründung zum HGB-GesE des CSR-RL-UmsG (2016), S. 48.

539   Vgl. DRS 20.33.

540   Vgl. Schmotz/Schmidt (2017), S. 2878. Teilweise wird in der Literatur die Meinung vertreten, dass aufgrund dieser Einschränkung Unternehmen, die sich bisher konsequent an die Berichterstattung gem. DRS 20 gehalten haben, der ebenfalls die Berichterstattung entscheidungsrelevanter nichtfinanzieller Themen fordert, keine materiellen neuen Berichtspflichten entstehen (vgl. z.B. Schmotz/Schmidt (2017), S. 2878; Wagner/Mayer/Kubessa (2018), S. 939).

541   Hierbei handelt es sich um Verfahren zur Identifizierung und Erfüllung von Sorgfaltspflichten und -obliegenheiten wie z.B. die Ermittlung von Risiken für einzelne nichtfinanzielle Aspekte sowie deren Eindämmung oder Beseitigung (vgl. Begründung zum HGB-GesE des CSR-RL-UmsG (2016), S. 49-50).

542   Vgl. § 289c Abs. 3 S. 1 Nr. 1 und 2 HGB.

543   Vgl. Begründung zum HGB-GesE des CSR-RL-UmsG (2016), S. 49.

544   Vgl. Begründung zum HGB-GesE des CSR-RL-UmsG (2016), S. 49.

545   Vgl. § 289c Abs. 4 HGB.

76 3 Entwicklung der gesetzlich verpflichtenden nichtfinanziellen Berichterstattung

Auswirkung auf einen oder mehrere der Aspekte haben oder haben werden.[546] Es geht demnach primär nicht um die Risiken für das Unternehmen bzw. die Unternehmensgruppe selbst, sondern um die aus der Geschäftstätigkeit resultierenden Risiken für die nichtfinanziellen Aspekte.[547]

Die zusätzliche Einschränkung aus der CSR-RL, ausschließlich über wesentliche Risiken, sowie die Empfehlung der EU-Kommission, ausschließlich über sehr wahrscheinlich eintretende Risiken mit schwerwiegenden Auswirkungen zu berichten, wird durch das CSR-RL-UmsG direkt in den Gesetzestext übernommen.[548] Die Schwere der Auswirkung der Risiken soll dabei – wie von der CSR-RL vorgeschlagen – vom Unternehmen bzw. der Unternehmensgruppe anhand ihres Ausmaßes und ihrer Intensität beurteilt werden.[549] Es sind explizit nicht nur zukünftige Risiken, sondern auch Risiken, die bereits zum Berichtszeitpunkt schwerwiegende negative Auswirkungen haben, zu nennen.[550]

Der CSR-RL folgend, haben die Unternehmen und Unternehmensgruppen in der nichtfinanziellen Erklärung gem. CSR-RL-UmsG auch die wesentlichen Risiken, die mit den Geschäftsbeziehungen, Produkten und Dienstleistungen verbunden sind, aufzuzeigen.[551] Beispielsweise werden hier die Risiken der nachteiligen Auswirkungen, die mit der Lieferantenkette oder der Kette von Subunternehmen verknüpft sein können, genannt.[552] Es wird den berichtenden Unternehmen und Unternehmensgruppen empfohlen, darzustellen, bis in welche Tiefe die Angaben zur Lieferkette gehen.[553] Eine Berichterstattung über die Risiken der Geschäftsbeziehungen hat zu erfolgen, sofern die Risiken sehr wahrscheinlich schwerwiegende negative Auswirkungen auf die Aspekte Umwelt-, Arbeitnehmer- und Sozialbelange sowie Achtung der Menschenrechte und Bekämpfung von Korruption und Bestechung haben oder haben werden.[554] Wie auch bei den mit der eigenen Geschäftstätigkeit verbundenen Risiken gilt die Einschränkung, dass nur über wesentliche Risiken zu berichten ist. Als weitere Einschränkung übernimmt der Gesetzgeber aus der CSR-RL, dass über die mit den Geschäftsbeziehungen, Produkten und Dienstleistungen verbundenen Risiken lediglich zu berichten ist, wenn diese relevant („wenn von Bedeutung") und

---

546 Vgl. § 289c Abs. 3 S. 1 Nr. 3 HGB. Auch hier sind gem. CSR-RL-UmsG explizit nicht nur zukünftige Risiken, sondern auch bereits eingetretene Auswirkungen zu nennen (vgl. hierzu auch schon Kapitel 3.3.2.2.2).
547 Vgl. Begründung zum HGB-GesE des CSR-RL-UmsG (2016), S. 50.
548 Vgl. § 289c Abs. 3 S. 1 Nr. 3; ErwG. 8 RL 2014/95/EU. Vgl. hierzu auch schon Kapitel 3.3.2.2.2.
549 Vgl. Begründung zum HGB-GesE des CSR-RL-UmsG (2016), S. 50.
550 Vgl. § 289c Abs. 3 S. 1 Nr. 3 HGB.
551 Vgl. § 289c Abs. 3 Nr. 4 HGB. Vgl. hierzu auch schon Kapitel 3.3.2.2.2.
552 Vgl. Begründung zum HGB-GesE des CSR-RL-UmsG (2016), S. 51.
553 Vgl. Begründung zum HGB-GesE des CSR-RL-UmsG (2016), S. 51.
554 Vgl. § 289c Abs. 3 Nr. 4 HGB.

3.3 Richtlinie 2014/95/EU (Corporate Social Responsibility-Richtlinie)   77

verhältnismäßig sind.[555] Neben dem Aufzeigen der wesentlichen Risiken durch die Geschäftstätigkeit, die Geschäftsbeziehungen, die Produkte und Dienstleistungen ist in der nichtfinanziellen Erklärung auch deren Handhabung durch das Unternehmen bzw. die Unternehmensgruppe darzustellen.[556]

Des Weiteren fordert der deutsche Gesetzgeber entsprechend der CSR-RL das Aufzeigen der bedeutsamsten nichtfinanziellen Leistungsindikatoren in der nichtfinanziellen Erklärung.[557] Aus dem Gesetzestext ergibt sich, dass hier diejenigen nichtfinanziellen Leistungsindikatoren anzugeben sind, die auch zur internen Steuerung des Unternehmens herangezogen werden („bedeutsamsten", „für die Geschäftstätigkeit von Bedeutung", „vom Geschäftsmodell abhängig"[558]).[559]

Hinweise auf im Jahresabschluss ausgewiesene Beträge inkl. Erläuterung sind zu geben, soweit sie für das Verständnis erforderlich sind.[560] Beispielsweise könnte dies bei den Aspekten Umwelt- oder Arbeitnehmerbelange Verweise auf für Umwelt- oder Arbeitnehmerbelange gebildete Rückstellungen betreffen.[561]

Zusammenfassend lassen sich die Angaben des CSR-RL-UmsG zur inhaltlichen Ausgestaltung der nichtfinanziellen Erklärung bzw. des gesonderten nichtfinanziellen Berichts wie in den Abbildungen 3 und 4 auf den nächsten Seiten gezeigt darstellen.

3.3.2.2.6 Weglassen nachteiliger Angaben

Der deutsche Gesetzgeber macht vom Wahlrecht der CSR-RL Gebrauch, nachteilige Angaben in Ausnahmefällen wegzulassen. Demnach können zur Erstellung einer nichtfinanziellen Erklärung verpflichtete Unternehmen und Unternehmensgruppen auf die Angabe zu künftigen Entwicklungen oder Belange, über die Verhandlungen geführt werden, verzichten.[562] Hintergrund ist, dass die Berichtspflicht auch Betriebs- und Geschäftsgeheimnisse berühren kann und hier eine Interessenabwägung erforderlich ist.[563]

---

555   Vgl. § 289c Abs. 3 Nr. 4 HGB.
556   Vgl. § 289c Abs. 3 Nr. 3 HGB.
557   Vgl. § 289c Abs. 3 Nr. 5 HGB.
558   Vgl. Begründung zum HGB-GesE des CSR-RL-UmsG (2016), S. 51.
559   Vgl. Kajüter (2017), S. 622.
560   Vgl. § 289c Abs. 3 S. 1 Nr. 6 HGB.
561   Vgl. Kajüter (2017), S. 623.
562   Vgl. § 289e HGB. Vgl. für die Regelungen für Mutterunternehmen, Kreditinstitute und Versicherungsunternehmen Fußnote 494. Vgl. ausführlich zum Weglassen nachteiliger Angaben Kirsch (2018).
563   Vgl. Begründung zum HGB-GesE des CSR-RL-UmsG (2016), S. 30.

3 Entwicklung der gesetzlich verpflichtenden nichtfinanziellen Berichterstattung

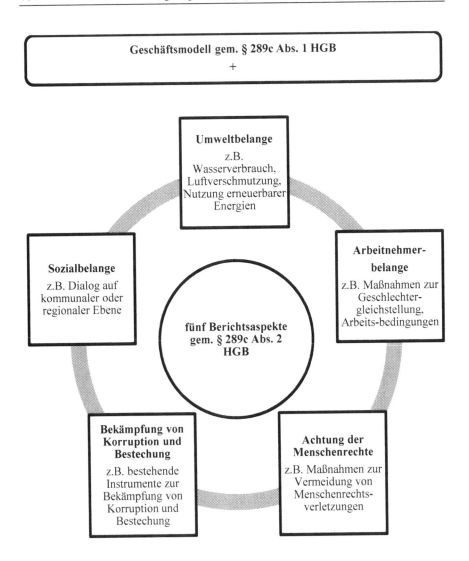

Abbildung 3: Inhaltliche Ausgestaltung der nichtfinanziellen Erklärung bzw. des gesonderten nichtfinanziellen Berichts[564]

---

564 Eigene Darstellung.

3.3 Richtlinie 2014/95/EU (Corporate Social Responsibility-Richtlinie)   79

Beschreibung der vom Unternehmen/der Unternehmensgruppe verfolgten Konzepte einschließlich der angewandten Due-Diligence-Prozesse
§ 289c Abs. 3 S. 1 Nr. 1 HGB

Übersicht über die Ergebnisse der Konzepte
§ 289c Abs. 3 S. 1 Nr. 2 HGB

Wesentliche Risiken, die mit der Geschäftstätigkeit des Unternehmens/der Unternehmensgruppe verbunden sind
§ 289c Abs. 3 S. 1 Nr. 3 HGB

Wesentliche Risiken, die mit den Geschäftsbeziehungen, Produkten und Dienstleistungen verbunden sind
§ 289c Abs. 3 S. 1 Nr. 4 HGB

Bedeutsamste nichtfinanzielle Leistungsindikatoren
§ 289c Abs. 3 S. 1 Nr. 5 HGB

Hinweise auf im Jahresabschluss ausgewiesene Beträge inkl. Erläuterung
§ 289c Abs. 3 S. 1 Nr. 6 HGB

Abbildung 4: Zu den Berichtsaspekten der nichtfinanziellen Erklärung bzw. des gesonderten nichtfinanziellen Berichts zu machende Angaben[565]

Neben der Bedingung der zukünftigen Ereignisse und der Verhandlungsführung kommen für das Weglassen nur solche Angaben in Betracht, die nach vernünftiger kaufmännischer Beurteilung dazu geeignet sind, dem Unternehmen

---

565   Eigene Darstellung.

80 3 Entwicklung der gesetzlich verpflichtenden nichtfinanziellen Berichterstattung

bzw. der Unternehmensgruppe einen erheblichen Nachteil zuzufügen.[566] Zudem darf die Nichtaufnahme der nachteiligen Angaben der CSR-RL folgend ein den tatsächlichen Verhältnissen entsprechendes und ausgewogenes Verständnis des Geschäftsverlaufs, des Geschäftsergebnisses, der Lage des Unternehmens bzw. der Unternehmensgruppe und der Auswirkungen seiner Tätigkeit nicht verhindern.[567] Insgesamt werden diese Voraussetzungen nur in sehr begrenzten Ausnahmefällen erfüllt sein.[568]

Über die Forderungen der CSR-RL hinaus verlangt der deutsche Gesetzgeber das Nachholen der nachteiligen Angaben in der darauffolgenden nichtfinanziellen Erklärung, sobald die Gründe für die Nichtaufnahme entfallen sollten.[569] Hierdurch soll der willkürliche Gebrauch der Ausnahmeregelung verhindert und das Nachvollziehen der Angaben durch die Nutzer der Informationen im Nachhinein gewährleistet werden.[570]

3.3.2.2.7 Prüfung

Das CSR-RL-UmsG sieht eine formale Prüfung über das Vorliegen der nichtfinanziellen Erklärung bzw. des gesonderten nichtfinanziellen Berichts durch den Abschlussprüfer vor.[571] Eine zusätzliche Regelung besteht für Unternehmen und Unternehmensgruppen, die aufgrund eines gesonderten nichtfinanziellen Berichts von der Erstellung einer nichtfinanziellen Erklärung befreit sind. Derselbe Abschlussprüfer, der auch den (Konzern-)Lagebericht geprüft hat, hat vier Monate nach dem Abschlussstichtag zu prüfen, ob der gesonderte nichtfinanzielle Bericht wie vorgegeben auf der Internetseite des Unternehmens bzw. der Unternehmensgruppe veröffentlicht wurde.[572] Ist dies nicht der Fall, ist der Bestätigungsvermerk gem. § 316 Abs. 3 S. 2 HGB, ggf. nachträglich, zu ergänzen.[573]

Von dem Wahlrecht, die nichtfinanzielle Erklärung bzw. den gesonderten nichtfinanziellen Bericht einer materiellen unabhängigen Prüfung des Inhalts zu unterziehen, wird im CSR-RL-UmsG kein Gebrauch gemacht. Begründet wird dies damit, dass eine Mehrbelastung der Wirtschaft verhindert werden soll, die mit der Erfüllung der Pflicht zur inhaltlichen Prüfung und den Schwierigkeiten der Verifizierung nichtfinanzieller Informationen verbunden wäre.[574] Jedoch schreibt der deutsche Gesetzgeber dem Aufsichtsrat eine materielle Prüfung des

---

566 Vgl. § 289e Abs. 1 S. 1 Nr. 1 HGB.
567 Vgl. § 289e Abs. 1 S. 1 Nr. 2 HGB.
568 Vgl. Begründung zum HGB-GesE des CSR-RL-UmsG (2016), S. 53.
569 Vgl. § 289e Abs. 2 HGB.
570 Vgl. Begründung zum HGB-GesE des CSR-RL-UmsG (2016), S. 53.
571 Vgl. § 317 Abs. 2 S. 4 HGB.
572 Vgl. § 317 Abs. 2 S. 5 HGB.
573 Vgl. § 317 Abs. 2 S. 6 HGB.
574 Vgl. Begründung zum HGB-GesE des CSR-RL-UmsG (2016), S. 30-31; BMJV (2015), S. 7.

3.3 Richtlinie 2014/95/EU (Corporate Social Responsibility-Richtlinie)   81

Inhalts der nichtfinanziellen Erklärung bzw. des gesonderten nichtfinanziellen Berichts im Rahmen seiner Überwachungsfunktion durch § 171 AktG zu. In diesem wird der Aufsichtsrat zur Prüfung des Jahres- bzw. Konzernabschlusses inkl. des (Konzern-)Lageberichts verpflichtet. Durch das CSR-RL-UmsG wird § 171 AktG auf die Prüfung des gesonderten nichtfinanziellen Berichts erweitert.[575] Um diese Prüfung durchzuführen, wird auch die Pflicht der Unternehmensleitung zur unverzüglichen Vorlage des Jahres- bzw. Konzernabschlusses inkl. des (Konzern-)Lageberichts gegenüber dem Aufsichtsrat um die Pflicht zur Vorlage des gesonderten nichtfinanziellen Berichts erweitert.[576] Durch die Auferlegung der inhaltlichen Prüfungspflicht verstärkt das CSR-RL-UmsG die Prüf- und Überwachungsfunktion des Aufsichtsrats.[577]

Damit der Aufsichtsrat seine Pflicht sachgerecht erfüllen kann, räumt der Gesetzgeber diesem die Möglichkeit ein, eine externe materielle Prüfung der Inhalte der nichtfinanziellen Berichterstattung zu beauftragen.[578] Hierdurch kann das Vertrauen in die nichtfinanziellen Informationen erhöht werden.[579] Es wird vermutet, dass daher ein Interesse der Adressaten an dem Prüfungsergebnis besteht.[580]

Unternehmen und Unternehmensgruppen, die ihre nichtfinanzielle Erklärung bzw. den gesonderten nichtfinanziellen Bericht einer freiwilligen materiellen Prüfung des Inhalts unterziehen, sind bei der Wahl des Prüfers nicht an den Abschlussprüfer des Jahres- bzw. Konzernabschlusses und des (Konzern-)Lageberichts gebunden.[581] Nichtsdestotrotz wird für viele Unternehmen die Wahl einer solchen externen Stelle auf den gesetzlichen Abschlussprüfer fallen, da er in vergleichbarer Funktion bereits bei der finanziellen Berichterstattung tätig ist.[582] Somit verfügt er bereits über weitreichende Kenntnisse des Unternehmens und dessen Prozesse.[583] Zudem lässt auch die Erfahrung aus der gesetzlichen Abschlussprüfung nichtfinanzieller Informationen gem. §§ 289 Abs. 3 bzw. 315 Abs. 3 HGB im (Konzern-)Lagebericht und die primär durch Wirtschaftsprüfungsgesellschaften durchgeführte Prüfung der separaten Nachhaltig-

---

575   Vgl. § 171 Abs. 1 S. 4 AktG. Vgl. ausführlich zu den Auswirkungen des CSR-RL-UmsG auf die Überwachungsfunktion des Aufsichtsrats Haller/Gruber (2018).
576   Vgl. § 170 Abs. 1 S. 3 AktG.
577   Vgl. Rehbinder (2017), S. 18.
578   Vgl. § 111 Abs. 2 AktG.
579   Vgl. Begründung zum HGB-GesE des CSR-RL-UmsG (2016), S. 46.
580   Vgl. Begründung zum HGB-GesE des CSR-RL-UmsG (2016), S. 46.
581   Vgl. IDW (2017), S. 9.
582   Vgl. Lanfermann (2017), S. 749.
583   Vgl. IDW (2017), S. 8-9.

82 3 Entwicklung der gesetzlich verpflichtenden nichtfinanziellen Berichterstattung

keitsberichterstattung[584] auf die Wahl des gesetzlichen Abschlussprüfers als externe Prüfungsinstanz schließen.[585]

Im Rahmen der Prüfung der Finanzberichterstattung soll der gesetzliche Abschlussprüfer den Aufsichtsrat bei seiner Prüfungsaufgabe unterstützen, um so Defizite auf dem Gebiet des Bilanzrechts zu kompensieren.[586] Bei seiner Urteilsbildung kann der Aufsichtsrat sich dann auf das Prüfungsergebnis des Abschlussprüfers stützen.[587] Durch den Verzicht des deutschen Gesetzgebers auf die materielle Prüfungspflicht der Inhalte der nichtfinanziellen Erklärung bzw. des gesonderten nichtfinanziellen Berichts fehlt dem Aufsichtsrat diese Grundlage.[588] Lediglich bei den Inhalten, die bereits im (Konzern-)Lagebericht enthalten sind, kann der Aufsichtsrat auf das vorhandene Prüfungsergebnis des Abschlussprüfers zurückgreifen.[589] Eine Vorbereitung und Unterstützung der Prüfung kann durch den Prüfungsausschuss des Aufsichtsrats erfolgen.[590] Letztlich hat die Prüfung jedoch durch den Gesamtaufsichtsrat zu erfolgen, weshalb sich dieser insgesamt mit der nichtfinanziellen Berichterstattung durch kritisches Lesen, Plausibilitätsprüfungen und ggf. aktives Nachfragen auseinandersetzen sollte.[591]

Ebenso wie die Wahl des Prüfers ist bei einer freiwilligen materiellen Prüfung auch die Prüfungsintensität nicht im CSR-RL-UmsG gesetzlich geregelt.[592] Die Prüfungspflicht der nichtfinanziellen Berichterstattung durch den Aufsichtsrat scheint sich, der Regierungsbegründung zu § 171 AktG folgend, inhaltlich an die Prüfung der Finanzberichterstattung anzulehnen.[593] Gemäß Positionspapier des IDW zur nichtfinanziellen Erklärung ist diese mit derselben Intensität wie der Abschluss und der Lagebericht zu prüfen.[594] Dabei umfasst die Prüfung zum einen die Ordnungsmäßigkeit der Berichterstattung, also die Einhaltung der einschlägigen Anforderungen des HGB. Zum anderen wird deren Zweckmäßigkeit geprüft, also die Entsprechung der Inhalte der nichtfinanziellen Erklärung mit den Unternehmenszielen.

Ist die nichtfinanzielle Erklärung an verschiedenen Stellen oder in einem besonderen Abschnitt des (Konzern-)Lageberichts verankert, ist grundsätzlich der IDW Prüfungsstandard: Prüfung des Lageberichts im Rahmen der Ab-

---

584 Dies erfolgt gem. IDW PS 821 Grundsätze ordnungsmäßiger Prüfung oder prüferischer Durchsicht von Berichten im Bereich der Nachhaltigkeit.
585 Vgl. Fischer/Auer (2017), S. 27; Marten/Weigt (2018), S. 455.
586 Vgl. Hüffer/Koch (2018), § 171 AktG, Rn. 5.
587 Vgl. Böcking/Althoff (2017), S. 251.
588 Vgl. IDW (2017), S. 8; Kajüter (2016b), S. 512; Sack/Siegel (2017), S. 1176.
589 Vgl. Pellens (2017), S. 31.
590 Vgl. IDW (2017), S. 8; Kusterer (2017), S. 45.
591 Vgl. Speich (2017), S. 41; Pellens (2017), S. 31.
592 Vgl. IDW (2017), S. 9.
593 Vgl. Lanfermann (2017), S. 749.
594 Vgl. hier und im Folgenden IDW (2017), S. 7-8.

3.3 Richtlinie 2014/95/EU (Corporate Social Responsibility-Richtlinie) 83

schlussprüfung (IDW PS 350 n.F.) anzuwenden.[595] Hierbei ist zu unterscheiden zwischen lageberichtstypischen nichtfinanziellen Informationen (§§ 315-315d HGB bzw. DRS 20), die einer inhaltlichen Prüfungspflicht unterliegen, und lageberichtsfremden Informationen, die auf freiwilliger Basis in die inhaltliche Prüfung einbezogen werden können.[596] Den Umgang mit Informationen, die keiner inhaltlichen Prüfungspflicht unterliegen, regelt der International Standard on Auditing 720 (Revised) (E-DE): Verantwortlichkeit des Abschlussprüfers im Zusammenhang mit sonstigen Informationen (ISA 720 (Revised) (E-DE)). Ziel des Lesens und der Würdigung von nichtfinanziellen Informationen in diesem Zusammenhang ist die Feststellung von Unstimmigkeiten zu den geprüften Angaben im Abschluss.[597]

Wird anstelle der nichtfinanziellen Erklärung an anderer Stelle als im (Konzern-)Lagebericht ein gesonderter nichtfinanzieller Bericht veröffentlicht, findet der IDW Prüfungsstandard: Grundsätze ordnungsmäßiger Prüfung oder prüferischer Durchsicht von Berichten im Bereich der Nachhaltigkeit (IDW PS 821) Anwendung.[598] Auf nationaler Ebene wurde zudem der International Standard on Assurance Engagements 3000 (Revised): Assurance engagements other than audits or reviews of historical financial information (ISAE 3000 (Revised)) entwickelt.[599] Dieser Standard ist grundsätzlich im Zusammenhang mit der Prüfung von nichtfinanziellen Informationen zu sehen und beschränkt sich nicht auf die Prüfung von Nachhaltigkeitsberichten.[600] Der ISAE 3000 (Revised) unterscheidet zwischen einer begrenzten und hinreichenden Sicherheit der Prüfungsgrade.[601]

Das Prüfungsurteil einer freiwilligen materiellen Prüfung des Inhalts ist in gleicher Weise wie die geprüfte nichtfinanzielle Erklärung bzw. der geprüfte gesonderte nichtfinanzielle Bericht zugänglich zu machen, wobei diese Regelung erst ab dem 01. Januar 2019 in Kraft tritt.[602] Dass die nichtfinanzielle Berichterstattung explizit nicht Bestandteil der in §§ 316 - 324a HGB geregelten Abschlussprüfung ist, bleibt vom CSR-RL-UmsG unberührt.

---

595 Das IDW Positionspapier: Pflichten und Zweifelsfragen zur nichtfinanziellen Erklärung als Bestandteil der Unternehmensführung (vgl. IDW (2017)) ist die Grundlage für einen in Arbeit befindlichen IDW PS 351 für die Prüfung der nichtfinanziellen Berichterstattung über die allgemeinen Grundsätze des IDW PS 350 n.F. hinaus (vgl. Rabenhorst (2017), S. 13).

596 Vgl. Marten/Weigt (2018), S. 455-457. Vgl. ausführlich zur Prüfung nichtfinanzieller Informationen durch den Abschlussprüfer Marten/Weigt (2018).

597 Vgl. Marten/Weigt (2018), S. 457.

598 Vgl. Marten/Weigt (2018), S. 458.

599 Vgl. Fink (2018b), S. 472.

600 Vgl. Marten/Weigt (2018), S. 458.

601 Vgl. detailliert Fink (2018b), S. 472.

602 Vgl. hierzu auch schon Kapitel 3.3.2.1.

84 3 Entwicklung der gesetzlich verpflichtenden nichtfinanziellen Berichterstattung

Da die nichtfinanzielle Erklärung bzw. der gesonderte nichtfinanzielle Bericht keiner gesetzlich verpflichtenden materiellen Prüfung des Inhalts zu unterziehen sind, ist davon auszugehen, dass auch eine eventuelle Prüfung durch die Deutsche Prüfstelle für Rechnungslegung e.V. (DPR) nicht über das Vorliegen der Berichterstattung hinausgehen wird.[603]

3.3.2.3 Diversitätskonzept gem. CSR-Richtlinie-Umsetzungsgesetz

Wie die CSR-RL bezieht sich das CSR-RL-UmsG neben der Verpflichtung zur Erstellung einer nichtfinanziellen Erklärung auch auf die erweiterte Offenlegung der Diversitätspolitik. Demnach ist von großen börsennotierten Unternehmen in der Rechtsform einer AG, KGaA oder Europäische Gesellschaft (SE) im (Konzern-)Lagebericht im gesonderten Abschnitt zur Erklärung zur Unternehmensführung[604] eine Beschreibung des Diversitätskonzepts aufzunehmen.[605] Alternativ kann die Erklärung zur Unternehmensführung inkl. der Beschreibung des Diversitätskonzepts auch öffentlich zugänglich auf der Internetseite des Unternehmens bzw. der Unternehmensgruppe publiziert werden, wenn der (Konzern-)Lagebericht auf diese Angaben verweist.[606]

In der Beschreibung des Diversitätskonzepts sollen die Maßnahmen bzgl. der Zusammensetzung des vertretungsberechtigten Organs und des Aufsichtsrats, die damit verfolgten Ziele, die Art und Weise der Umsetzung dieser Ziele sowie die im Berichtsjahr diesbezüglich erreichten Ergebnisse dargestellt werden.[607] Als beispielhafte Aspekte des Diversitätskonzepts werden in Anlehnung an die CSR-RL Alter, Geschlecht, Bildungs- und Berufshintergrund genannt.[608] Wendet das zur Berichterstattung verpflichtete Unternehmen oder die Unternehmensgruppe kein Diversitätskonzept an, so ist dies in der Erklärung zur Unternehmensführung zu begründen (comply-or-explain Grundsatz).[609] Die erweiterte Offenlegung der Diversitätspolitik unterliegt lediglich einer formalen Prüfung darüber, ob die entsprechenden Angaben gemacht wurden.[610]

---

603 Vgl. ausführlich Kumm/Woodtli (2016), S. 231-232.
604 Vgl. § 289f HGB.
605 Vgl. § 289f Abs. 2 Nr. 6 HGB i.V.m. § 289f Abs. 1 HGB; Begründung zum HGB-GesE des CSR-RL-UmsG (2016), S. 35. Für Kreditinstitute vgl. § 340a Abs. 1b HGB i.V.m. § 340a Abs. 1 HGB und § 289f Abs. 1 und Abs. 2 Nr. 6 HGB. Für Versicherungsunternehmen vgl. § 341a Abs. 1b HGB i.V.m. § 341a Abs. 1 HGB und § 289f Abs. 1 und Abs. 2 Nr. 6 HGB. Für Mutterunternehmen gilt die Erweiterung für die entsprechenden Unternehmen unabhängig von der Größe (vgl. § 315d HGB i.V.m. § 289f HGB).
606 Vgl. § 289f Abs. 1 HGB.
607 Vgl. § 289f Abs. 2 Nr. 6 HGB.
608 Vgl. § 289f Abs. 2 Nr. 6 HGB.
609 Vgl. § 289f Abs. 5 HGB.
610 Vgl. § 317 Abs. 2 S. 7 HGB.

3.3 Richtlinie 2014/95/EU (Corporate Social Responsibility-Richtlinie) 85

3.3.2.4 Deutscher Rechnungslegungs Änderungsstandard Nr. 8 (DRÄS 8)

Um den DRS 20 Konzernlagebericht an die aus dem CSR-RL-UmsG resultierenden geänderten gesetzlichen Anforderungen anzupassen, veröffentlichte der DRSC am 20. Juni 2017 den E-DRÄS 8 Änderungen des DRS 20 Konzernlagebericht. Die überarbeitete Version wurde am 22. September 2017 vom DRSC verabschiedet und veröffentlicht sowie am 04. Dezember 2017 gem. § 342 Abs. 2 HGB durch das BMJV im Bundesanzeiger bekannt gemacht.[611] Erstmals anzuwenden ist der Standard auf Konzernlageberichte für nach dem 31. Dezember 2016 beginnende Geschäftsjahre.[612] DRÄS 8 ist ebenso wie DRS 20 verpflichtend für die Aufstellung von Konzernlageberichten gem. § 315 HGB anzuwenden.[613] Die freiwillige Anwendung für Lageberichte gem. § 289 HGB wird weiterhin empfohlen.[614]

Neben der Anpassung des DRS 20 an die sich aus dem CSR-RL-UmsG geänderten gesetzlichen Anforderungen wird durch den DRÄS 8 eine redaktionelle Anpassung sämtlicher Standards z.B. hinsichtlich der Verschiebung von Paragraphen im Gesetz vorgenommen. Ziel war es, den Anwendern des DRÄS 8 eine möglichst klare und hilfreiche Konkretisierung der geänderten Normen mit hinreichenden Freiheitsgraden zur Verfügung zu stellen, ohne dabei den DRS 20 einer generellen Revision zu unterziehen.[615]

Durch DRÄS 8 erhält der DRS 20 zwei neue Abschnitte, die sich zum einem den Angaben der nichtfinanziellen Konzernerklärung (DRS 20.232-305) und zum anderen den Angaben zum Diversitätskonzept für die Leitungsorgane (DRS 20.K231d-K2311) widmen. In den Definitionskatalog des DRS 20.11 wird der Begriff Due-Dilligence-Prozesse aufgenommen. Hierbei handelt es sich um Verfahren zur Erkennung, Verhinderung und Abschwächung negativer Auswirkungen der Geschäftstätigkeit eines Unternehmens. Zudem wird durch DRÄS 8 die Konkretisierung der Darstellung des Geschäftsmodells gem. DRS 20.37 ausgeweitet. Bisher war, soweit für das Verständnis erforderlich, auf folgende Punkte einzugehen:

▪ Organisatorische Strukturen des Konzerns;

▪ Segmente;

▪ Standorte;

▪ Produkte und Dienstleistungen;

---

611 Vgl. BAnz AT B1 vom 04. Dezember 2017.
612 Vgl. DRÄS 8.310.
613 Vgl. DRS 20.5.
614 Vgl. DRS 20.5.
615 Vgl. https://www.drsc.de/news/drsc-verabschiedet-draes-8/, abgerufen am 22. Juni 2018.

86 3 Entwicklung der gesetzlich verpflichtenden nichtfinanziellen Berichterstattung

- Geschäftsprozesse (z.b. Beschaffung, Produktion und Vertrieb);

- Absatzmärkte;

- externe Einflussfaktoren für das Geschäft.[616]

In Bezug auf externe Einflussfaktoren werden rechtliche, politische, wirtschaftliche, ökologische und soziale Rahmenbedingungen beispielhaft genannt. Durch DRÄS 8 ist darüber hinaus, sofern dies für das Verständnis erforderlich ist, auf die folgenden Punkte einzugehen:

- Geschäftszweck;

- notwendige Einsatzfaktoren für die Durchführung der Geschäftstätigkeit (z.B. Personal, Material, Fremdleistungen, immaterielle Werte);

- Beschaffungsmärkte des Konzerns.

DRS 20.232-240 führt den Anwendungsbereich und die Befreiungsmöglichkeiten der nichtfinanziellen Erklärung auf. Das Berichtsformat wird in DRS 20.241-256 konkretisiert. Über das CSR-RL-UmsG hinausgehend empfiehlt der geänderte DRS 20 bei Aufnahme der nichtfinanziellen Erklärung an verschiedenen Stellen des Konzernlageberichts zur besseren Vergleichbarkeit Hinweise darüber, an welchen Stellen sich die Angaben zur nichtfinanziellen Konzernerklärung finden.[617] Erfolgen kann dies z.B. durch eine Übersicht.[618] DRS 20.251 weist darauf hin, dass die GoL gem. DRS 20.12-35 auch für einen gesonderten nichtfinanziellen Konzernbericht gelten.

Die inhaltliche Ausgestaltung der nichtfinanziellen Erklärung regelt DRS 20.257-295. Bezüglich der zu berichtenden Risiken, die mit der Geschäftstätigkeit, den Geschäftsbeziehungen und den Produkten und Dienstleistungen der Unternehmensgruppe verbunden sind, wird in DRS 20.B82 darauf hingewiesen, dass verstärkt zu berichten ist, wenn diese zu negativen Abweichungen von den Erwartungen der wesentlichen Stakeholder führen können. Dies wiederum setzt einen ständigen Dialog mit den wesentlichen Stakeholdern voraus, um deren Erwartungen zu identifizieren.[619] Über das CSR-RL-UmsG hinaus legt der DRÄS 8 einen Fokus auf die Angaben zur Lieferantenkette und der Kette von Subunternehmen der Unternehmensgruppe. Demnach ist auch auf die Due-Diligence-Prozesse bzgl. der Lieferkette und der Kette der Subunternehmer einzugehen, sofern dies bedeutsam und verhältnismäßig ist.[620] Die Einschätzung der

---

616 Vgl. DRS 20.37.
617 Vgl. DRS 20.242.
618 Vgl. DRS 20.242.
619 Vgl. DRS 20.B82.
620 Vgl. DRS 20.270.

3.3 Richtlinie 2014/95/EU (Corporate Social Responsibility-Richtlinie) 87

Verhältnismäßigkeit kann sich hierbei auch nach der Ausgewogenheit der Kosten der Informationsbeschaffung für das Mutterunternehmen und des Informationsnutzens der Adressaten richten.[621] Aufgrund des verfolgten Stakeholder-Ansatzes der nichtfinanziellen Berichterstattung sollten neben Kosten-Nutzen-Überlegungen jedoch Kriterien wie die Schwere und Eintrittswahrscheinlichkeit eines drohenden Schadens gleichrangig beachtet werden.[622]

Bezüglich der Angaben zu wesentlichen Risiken, die mit der Geschäftstätigkeit der Unternehmensgruppe verbunden sind, weist DRS 20.279 darauf hin, dass hier insbesondere Geschäftsbeziehungen mit Lieferanten und Subunternehmen zu subsumieren sind. Die Einschätzung der Verhältnismäßigkeit richtet sich neben der Ausgewogenheit der Kosten der Informationsbeschaffung und des Informationsnutzens der Adressaten auch nach den Kosten der Lieferanten bzw. der Subunternehmer.[623]

Ergänzend zum CSR-RL-UmsG legt DRS 20.276 fest, dass bei Nichterreichung von jeglichen Zielen der verfolgten Konzepte der Umwelt-, Arbeitnehmer- und Sozialbelange sowie der Achtung der Menschenrechte und der Bekämpfung von Korruption und Bestechung hierauf hinzuweisen ist. Ebenfalls über das CSR-RL-UmsG hinaus werden bzgl. der inhaltlichen Ausgestaltung der nichtfinanziellen Erklärung Beispiele für nichtfinanzielle Leistungsindikatoren aufgeführt.[624] Für einen gesonderten nichtfinanziellen Bericht legt DRS 20.283 fest, dass bei Änderung der Bedeutung oder des Bestehens der berichterstattungspflichtigen Risiken im Zeitraum zwischen dem Abschlussstichtag und der Beendigung der Prüfung des gesonderten nichtfinanziellen Berichts durch das Aufsichtsorgan diese Änderung zusätzlich darzustellen ist.

Die Anwendung von Rahmenwerken konkretisiert DRS 20.296-301. Gemäß DRS 20.289 ist bei der teilweisen Nutzung von einem oder mehreren Rahmenwerken für jeden Bestandteil der nichtfinanziellen Erklärung namentlich anzugeben, welches Rahmenwerk jeweils genutzt wurde. DRS 20.304 weist darauf hin, dass das Weglassen nachteiliger Angaben nur in eng begrenzten Ausnahmefällen möglich ist, sofern die Angaben einen hinreichend konkretisierbaren geschäftlichen Schaden von beachtlichem Ausmaß erwarten lassen würden.[625] Beispielsweise wird hier die signifikante Schwächung der Marktposition oder ein hoher Reputationsverlust genannt.[626]

Die Beschreibung des Diversitätskonzepts wird durch den DRÄS 8 in die Auflistung der Inhalte der Konzernerklärung zur Unternehmensführung des

---

621 Vgl. DRS 20.271.
622 Vgl. DRS 20.B76; Schmotz/Schmidt (2017), S. 2879.
623 Vgl. DRS 20.280.
624 Vgl. DRS 20.286.
625 Vgl. DRS 20.305.
626 Vgl. DRS 20.305. Vgl. detailliert zum Weglassen nachteiliger Angaben DRS 20.302-305.

88 3 Entwicklung der gesetzlich verpflichtenden nichtfinanziellen Berichterstattung

DRS 20 aufgenommen.[627] Der Anwendungsbereich der Erklärung zur Unternehmensführung und das Berichtsformat werden weiterhin in DRS 20.K224 geregelt. DRS 20.K231f gibt einen Überblick über die Angaben zum Diversitätskonzept. Ergänzend zum CSR-RL-UmsG weißt DRS 20.K231k darauf hin, dass bei Nichterreichung von etwaigen Zielen des verfolgten Diversitätskonzepts hierauf hinzuweisen ist.

3.4 Zusammenfassender Überblick und Beurteilung

3.4.1 Zusammenfassender Überblick der gesetzlich verpflichtenden nichtfinanziellen Berichterstattung von der Modernisierungsrichtlinie bis zum CSR-Richtlinie-Umsetzungsgesetz

Abbildung 5 auf der nächsten Seite gibt einen Überblick über die Entwicklung der gesetzlich verpflichtenden nichtfinanziellen Berichterstattung von der Modernisierungsrichtlinie bis zur CSR-RL sowie deren Umsetzung in deutsches Recht.[628]

3.4.2 Beurteilung des Status quo der gesetzlich verpflichtenden nichtfinanziellen Berichterstattung aus deutscher Perspektive

In der CSR-RL und dem CSR-RL-UmsG wird kein abschließender Charakter der gesetzlich verpflichtenden nichtfinanziellen Berichterstattung, sondern lediglich ein weiterer Schritt hin zur Erhöhung der Transparenz nichtfinanzieller Informationen gesehen.[629] Dabei wird aus deutscher Perspektive vor allem die weitestgehende eins-zu-eins-Umsetzung der CSR-RL durch das CSR-RL-UmsG insgesamt als positiv bewertet.[630] Nichtsdestotrotz besteht massive Kritik an einigen

---

627 Vgl. DRS 20.K227f.
628 Vgl. für einen zusammenfassenden Überblick der gesetzlich verpflichtenden nichtfinanziellen Berichterstattung von der Modernisierungsrichtlinie bis zum CSR-RL-UmsG mit den wesentlichen Inhalten der Richtlinien, Gesetze und DRS sowie den jeweiligen Artikeln, Paragraphen bzw. Textziffern Tabellen 16, 17 und 18 im Anhang.
629 Vgl. z.B. Maniora (2015), S. 165-166; Schrader (2013), S. 455.
630 Vgl. Bundessteuerberaterkammer (BStBK) (2016), S. 1; Der Mittelstandsverbund – ZGV (ZGV) (2016), S. 1; DRSC (2016), S. 1; econsense (2016), S. 1; Handelsverband Deutschland (HDE) (2016), S. 5; Kumm/Woodtli (2016), S. 221; Arbeitskreis Integrated Reporting der Schmalenbach-Gesellschaft für Betriebswirtschaft (2016), S. 2; Seibt (2016), S. 2715; Verband Deutscher Maschinen- und Anlagenbauer (VDMA) (2016), S. 2; Wirtschaftsprüferkammer (WPK) (2016), S. 3.

3.4 Zusammenfassender Überblick und Beurteilung

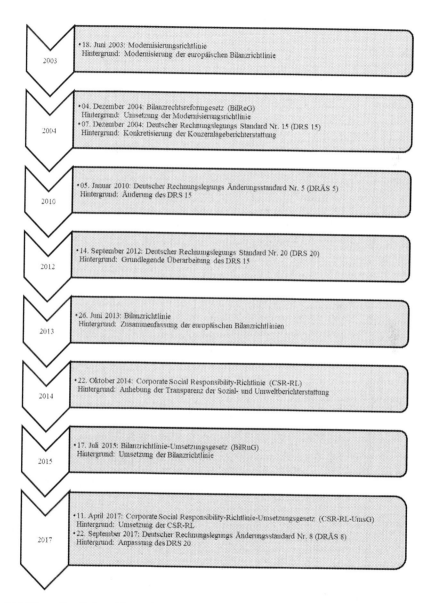

Abbildung 5: Zeitstrahl von der Modernisierungsrichtlinie bis zum CSR-RL-UmsG[631]

---
631 Eigene Darstellung.

90 3 Entwicklung der gesetzlich verpflichtenden nichtfinanziellen Berichterstattung

einzelnen Punkten des Status quo der gesetzlich verpflichtenden nichtfinanziellen Berichterstattung, die nachfolgend dargestellt werden.

Kritik an einer gesetzlich verpflichtenden Berichterstattung

Insbesondere die deutsche Politik sieht die Ausweitung einer Berichtspflicht über nichtfinanzielle Themen eher negativ. So betont die Bundesregierung schon im nationalen CSR-Forum, im Aktionsplan CSR und im Aktionsplan zur neuen EU-Strategie für die soziale Verantwortung der Unternehmen, dass im Rahmen von CSR-Aktivitäten der Unternehmen und Unternehmensgruppen der Grundsatz der Freiwilligkeit erhalten bleiben sollte.[632] Auch andere Kritiker konstatieren, dass strikte Vorgaben durch unnötige oder sogar kontraproduktive bürokratische Maßnahmen die Motivation für freiwillige Selbstregulierung unterlaufen können, die in Deutschland stark verbreitet ist.[633] So könnten z.B. für die Erfüllung der neuen Berichtspflicht Mitarbeiter eingesetzt und Zeiten verwendet werden, die zuvor für das freiwillige Engagement des Unternehmens genutzt wurden.[634] Zudem bieten auf freiwilliger Basis erstellte Nachhaltigkeitsberichte als Berichterstattungsinstrument bisher eine Möglichkeit der Differenzierung und somit für die einen Nachhaltigkeitsbericht erstellenden Unternehmen und Unternehmensgruppen einen Wettbewerbsvorteil. Dieses Alleinstellungsmerkmal ist durch die Ausweitung einer Berichtspflicht nicht mehr gegeben.[635] Letztlich schränkt eine gesetzlich geregelte nichtfinanzielle Berichterstattung die Flexibilität der berichtenden Unternehmen ein und reduziert durch reine Erfüllung der Vorschriften den Informationsgehalt.[636]

Tatsächlich belegen deutsche Unternehmen vordere Plätze in verschiedenen internationalen Rankings zu Aktiviäten im Bereich unternehmerischer Verantwortung, die nicht auf den Druck von Regierung oder Politik zurückzuführen sind.[637] Dies stützt die These der Motivation der CSR-Aktivitäten deutscher Unternehmen und Unternehmensgruppen unabhängig von gesetzlichen Vorschriften.[638] Ob diese Unternehmen ihr sich ggf. ökonomisch rentierendes, freiwilliges Engagement im Zuge einer Ausweitung der Berichtspflicht über nichtfi-

---

632 Vgl. Bundesregierung (2010), S. 2-3; Bundesregierung (2011), S. 2.
633 Vgl. Bundesvereinigung der Deutschen Arbeitgeberverbände (BDA)/Bundesverband der Deutschen Industrie (BDI)/Deutscher Industrie- und Handelskammertag (DIHK)/ Zentralverband des Deutschen Handwerks (ZDH) (2016), S. 2 und 4; Bundesregierung (2010), S. 8. Vgl. auch Schweren/Brink (2016), S. 181.
634 Vgl. Loew (2016), S. 193.
635 Vgl. Kreipl/Müller (2016), S. 2428; Müller/Stawinoga (2014), S. 69.
636 Vgl. Müller/Stawinoga (2014), S. 66.
637 Vgl. Schweren/Brink (2016), S. 182-183 und 187; Bertelsmann Stiftung (2014), S. 28.
638 Vgl. Schweren/Brink (2016), S. 182-183 und 187; Bertelsmann Stiftung (2014), S. 28.

3.4 Zusammenfassender Überblick und Beurteilung 91

nanzielle Themen tatsächlich einschränken oder gar einstellen, hängt jedoch auch von der Ausgestaltung der neuen Berichtspflicht ab.[639]

Kritik bzgl. des Integrated Reporting

Bedenken an der gesetzlich verpflichtenden nichtfinanziellen Berichterstattung werden auch aufgrund von Unstimmigkeiten zur parallelen Entwicklung des Integrated Reporting geäußert.[640] Als kritisch im Hinblick auf die integrierte Berichterstattung werden insbesondere die Möglichkeiten der CSR-RL und des CSR-RL-UmsG gesehen, die nichtfinanzielle Erklärung in einem besonderen Abschnitt des (Konzern-)Lageberichts aufzunehmen.[641] Im selben Kontext wird es auch als kritisch erachtet, den Unternehmen und Unternehmensgruppen durch die Nutzung des Wahlrechts des deutschen Gesetzgebers zu ermöglichen, anstelle der nichtfinanziellen Erklärung einen gesonderten nichtfinanziellen Bericht außerhalb des (Konzern-)Lageberichts zu veröffentlichen.[642] Beides widerspricht den Bestrebungen, verschiedenste Berichtsinhalte zu einem umfassenden Gesamtbild des Unternehmens bzw. der Unternehmensgruppe zusammenzufassen.[643] Zudem kann die parallele Entwicklung des Integrated Reporting in der nichtfinanziellen Berichterstattung dazu führen, dass die Regelungen der CSR-RL und des CSR-RL-UmsG bereits in kurzer Zeit überholt sind.[644] Das IIRC konstatiert in diesem Zusammenhang allerdings im internationalen Integrated Reporting Framework, dass ein integrierter Bericht kein Ersatz der bisherigen Finanz- und Nachhaltigkeitsberichterstattung, sondern eine Ergänzung derselben darstellt.[645] Im CSR-RL-UmsG wird zudem eine Übernahme und Präzisierung der Ideen und Prinzipien des IIRC-Rahmenwerks gesehen, so dass hier auch von einer Weiterentwicklung die Rede sein kann.[646]

---

639   Vgl. Loew (2016), S. 193-194.
640   Vgl. Deutsches Aktieninstitut (DAI) (2016), S. 5 und 6; econsense (2016), S. 2; Energie Baden-Württemberg AG (EnBW) (2016), S. 2-4; Lanfermann (2013), S. 1325; Velte (2016), S. I; Verband der Chemischen Industrie (VCI) (2016), S. 2; Wulf/Niemöller (2016), S. 247.
641   Vgl. DRSC (2016), S. 3-4; econsense (2016), S. 2; IIRC (2016), S. 1; VCI (2016), S. 2.
642   Vgl. Fink/Schmidt (2015), S. 2164; IIRC (2016), S. 1; Kreipl/Müller (2016), S. 2428; Arbeitskreis Integrated Reporting der Schmalenbach-Gesellschaft für Betriebswirtschaft (2016), S. 2-4.
643   Vgl. Wagner/Mayer/Kubessa (2018), S. 939.
644   Vgl. Seibt (2016), S. 2715-2716; Velte (2016), S. I.
645   Vgl. IIRC (2013), S. 8.
646   Vgl. Arbeitskreis Integrated Reporting der Schmalenbach-Gesellschaft für Betriebswirtschaft (2018), S. 2260; Graßmann/Krannich/Günther/Günther (2018), S. 434; Kusterer (2017), S. 44-45.

92 3 Entwicklung der gesetzlich verpflichtenden nichtfinanziellen Berichterstattung

Kritik bzgl. eines Information/Disclosure overloads

Zudem besteht Kritik an den Bestrebungen der EU-Kommission aufgrund der Gefahr eines sog. information bzw. disclosure overloads.[647] So wird befürchtet, dass der (Konzern-)Lagebericht, in dem ohnehin schon Informationen verschiedenster Art zu verorten sind, durch die Ausweitung der nichtfinanziellen Berichterstattung für die Adressaten noch schwieriger zu lesen ist und die Informationen durch die Menge an Relevanz verlieren.[648] Verschärft wird dieses Risiko durch die teilweise unkonkrete Erweiterung der Berichterstattung und den Unternehmen und Unternehmensgruppen eingeräumte Spielräume.[649] Zudem werden in den berichterstattungspflichtigen nichtfinanziellen Themen teilweise Sachverhalte gesehen, die thematisch nicht in den (Konzern-)Lagebericht, sondern zur Corporate-Governance-Berichterstattung[650] von Unternehmen zählen.[651]

Kritik am Anwendungsbereich

Im Kontext des Anwendungsbereichs wird das Wahlrecht der CSR-RL, diesen bei der nationalen Umsetzung zu erweitern, kritisiert. Zwar macht der deutsche Gesetzgeber von der Möglichkeit der CSR-RL, den Anwendungsbereich der nichtfinanziellen Erklärung auf kleine und/oder mittelgroße Unternehmen zu erweitern, explizit keinen Gebrauch.[652] Es wird jedoch das Risiko gesehen, dass andere Mitgliedstaaten bei der Umsetzung weit über die Vorgaben der EU-Kommission hinausgehen (sog. Gold-plating).[653] Hiermit könnten kleine und

---

647 Im Zusammenhang mit der Kritik eines information- bzw. disclosure-overloads wird ebenfalls das Integrated Reporting aufgeführt, da die Vernetzung der Finanzberichterstattung mit der Nachhaltigkeitsberichterstattung die Aussagekraft der nichtfinanziellen Informationen steigern könne, so Greenwashing verhindere und die Risiken eines information-overloads einschränke (vgl. Velte (2017), S. 2813 und 2815).

648 Vgl. Arbeitskreis Externe Unternehmensrechnung der Schmalenbach-Gesellschaft für Betriebswirtschaft (2015), S. 242; BDA/BDI/IHK/ZDH (2016), S. 2 und 8; Centrale für GmbH (2016), S. 3; DAI (2016), S. 5; Schmidt (2016), S. 392; Wagner/Mayer/Kubessa (2018), S. 938; Wulf/Niemöller (2016), S. 247.

649 Vgl. Lanfermann (2013), S. 1325.

650 Corporate Governance bezeichnet die Gestaltung der Gesamtheit der Beziehungen zwischen dem Management, dem Aufsichtsrat, den Anteilseignern und den anderen Stakeholdern eines Unternehmens (vgl. EG-Kommission (2001a), S. 28). Corporate Governance gibt einen rechtlichen und faktischen Ordnungsrahmen für die Unternehmensziele, die Leitung und Überwachung eines Unternehmens (vgl. EG-Kommission (2001a), S. 28; v. Werder (2014), S. 655). Den Ordnungsrahmen können rechtsverbindliche Regelungen wie Gesetze, Richtlinien, Weisungen und Verträge darstellen, den faktischen Ordnungsrahmen können unverbindliche Regelungen wie Unternehmensleitbilder und Code of Conducts darstellen (vgl. Hardtke (2010), S. 20).

651 Vgl. Fink/Schmidt (2015), S. 2165.

652 Vgl. Kapitel 3.3.2.2.1.

653 Vgl. Maniora (2015), S. 156; Voland (2014), S. 2817.

3.4 Zusammenfassender Überblick und Beurteilung 93

mittlere Unternehmen dieser Mitgliedstaaten zusätzlich belastet[654], und ein europaweiter Vergleich erschwert werden.[655]

Zudem wird kritisiert, dass der Anwendungsbereich von der sonst verwendeten Definition der Größenklassen der Bilanzrichtlinien abweicht.[656] So stellt das Kriterium, dass zur Berichterstattung nur verpflichtet ist, wer im Durchschnitt des Geschäftsjahres mehr als 500 Arbeitnehmer beschäftigt, eine weitere Differenzierung in der Regulierung der Rechnungslegung dar.[657] Wünschenswert ist jedoch, dass für die nichtfinanzielle Berichterstattung die gleichen Kriterien wie für die finanzielle Berichterstattung gelten.[658] Zudem unterscheiden sich durch unterschiedliche Wahlrechtsausübungen innerhalb der Mitgliedstaaten die Grenzwerte der Mitarbeiteranzahl zur Festlegung des Anwendungsbereichs.[659]

Deutsche Kritiker des Anwendungsbereichs fordern neben einer Absenkung des Kriteriums der Mitarbeiter auf 250 Beschäftigte zudem eine Erweiterung auf Personengesellschaften und nicht kapitalmarktorientierte Unternehmen.[660] Das Absenken der Mitarbeiterzahl zwingt kleine und mittlere Unternehmen dazu, sich mit der Thematik CSR auseinanderzusetzen.[661] Durch die Erweiterung um nicht kapitalmarktorientierte Unternehmen sind zudem viele große deutsche Familienbetriebe wie z.B. Aldi, Dr. Oetker, Lidl und Würth von der neuen Berichterstattungspflicht betroffen.[662] Gewünscht ist dies, da Themen der Verantwortung und der Einfluss von Unternehmen und Unternehmensgruppen auf die Gesellschaft nicht alleine von der Größe und/oder der Rechtsform eines Unternehmens abhängig sind.[663]

Die Beschränkung der Berichterstattungspflicht auf große kapitalmarktorientierte Unternehmen mit mindestens 500 Mitarbeitern wird jedoch auch positiv

---

654 Vgl. Eufinger (2015), S. 426; Voland (2014), S. 2817.
655 Vgl. Eufinger (2015), S. 426; Maniora (2015), S. 156.
656 Vgl. Maniora (2015), S. 155.
657 Vgl. Corporate Accountability – Netzwerk für Unternehmensverantwortung (CorA) (2016), S. 2; Germanwatch (2016), S. 2; Seibt (2016), S. 2716; Velte (2016), S. 1; Wulf (2017), S. 103.
658 Vgl. Carbon Disclosure Project (CDP) (2016), S. 2; WWF (2016), S. 2-3.
659 Vgl. Böcking/Althoff (2017), 254.
660 Vgl. Amnesty International (2016), S. 3; Bund für Umwelt- und Naturschutz Deutschland (BUND) (2016), S. 2; CDP (2016), S. 2.
661 Vgl. Schrader (2013), S. 455.
662 Vgl. Germanwatch (2016), S. 2-3; CDP (2016), S. 3; GUT Certifizierungsgesellschaft für Managementsysteme (GUTcert) (2016), S. 1; Verbraucherzentrale Bundesverband (VZBV) (2016), S. 5; WWF (2016), S. 2-3.
663 Vgl. DAV (2016), S. 18; Deutsches Netzwerk Wirtschaftsethik – EBEN Deutschland (DNWE) (2016), S. 4-5; DGB (2016), S. 7; Rat für nachhaltige Entwicklung (RNE) (2016), S. 4.

94 3 Entwicklung der gesetzlich verpflichtenden nichtfinanziellen Berichterstattung

beurteilt. Beispielsweise wird in den Stellungnahmen zum HGB-RefE[664] hervorgehoben, dass kleine und mittlere Unternehmen und Unternehmensgruppen somit keinem unverhältnismäßig hohen Bürokratieaufwand ausgesetzt sind.[665] In diesem Zusammenhang wird konstatiert, dass diese Unternehmen und Unternehmensgruppen oft ohnehin freiwillig ein hohes soziales Engagement ausüben. Eine Verpflichtung zur Berichterstattung über nichtfinanzielle Themen kann z.B. aufgrund von Zeit- und Ressourcenmangel zur Verringerung der bereits ausgeübten CSR-Aktivitäten führen.[666] Zudem kann die Berichtspflicht nur besonders herausragender Unternehmen und Unternehmensgruppen eine Vorbildfunktion erfüllen und Ausstrahlungswirkung auf kleinere, nicht gesetzlich zur zusätzlichen Berichterstattung verpflichtete Unternehmen und Unternehmensgruppen haben, so dass diese ggf. ihre Berichterstattung in dem ihnen möglichen Rahmen freiwillig erhöhen.[667] In einer Anpassung des Anwendungsbereichs auf Unternehmen und Unternehmensgruppen mit mindestens 250 Mitarbeitern lediglich auf deutscher Ebene wird darüber hinaus das Problem gesehen, dass die Vergleichbarkeit der nichtfinanziellen Berichterstattung auf europäischer Ebene erneut eingeschränkt und so die Wettbewerbsbedingungen deutscher Unternehmen und Unternehmensgruppen verschlechtert werden.[668]

Kritik am indirekten Anwendungsbereich

Kritik besteht auch bzgl. der Regelungen der CSR-RL bzw. des CSR-RL-UmsG, die zu einer indirekten Verpflichtung der nichtfinanziellen Berichterstattung führen können. So wird für klarere Regelungen plädiert, die verhindern, dass große Unternehmen und Unternehmensgruppen die Berichterstattungspflicht bzgl. der Risiken der Geschäftsbeziehungen bspw. an ihre kleinen und mittleren Lieferanten und Auftragnehmer weiterreichen.[669] Bei der momentanen Gesetzeslage ist davon auszugehen, dass größere Unternehmen und Unternehmensgruppen ihre kleineren Geschäftspartner unter Druck setzen, um für ihre eigene Berichterstattung mit möglichst wenig Aufwand viele Informationen zu beschaf-

---

664 Die Stellungnahmen zum HGB-RefE des CSR-RL-UmsG sind online abrufbar unter: https://www.bmjv.de/SharedDocs/Gesetzgebungsverfahren/DE/CSR-Richtlinie-Umsetzungsgesetz.html, abgerufen am 12. Mai 2017.

665 Vgl. BStBK (2016), S. 1; UPJ (2016), S. 2; Velte (2016), S. I.

666 Vgl. Bundesvereinigung der Deutschen Ernährungsindustrie (BVE) (2016), S. 1-2; Centrale für GmbH (2016), S. 3; HDE (2016), S. 5-6; Verband kommunaler Unternehmen (VKU) (2016), S. 3-4. Diese Annahme deckt sich mit der Befürchtung der deutschen Politik, die Ausweitung der Berichtspflicht könnte freiwillige Selbstregulierung unterlaufen.

667 Vgl. Sack/Siegel (2017), S. 1174; Seibt (2016), S. 2716.

668 Vgl. BDA/BDI/IHK/ZDH (2016), S. 2-3; Bundesverband Investment und Asset Management (BVI) (2016), S. 1; Deutscher Steuerberaterverband (DStV) (2016), S. 2.

669 Vgl. Voland (2014), S. 2817.

3.4 Zusammenfassender Überblick und Beurteilung 95

fen.[670] Kleine und mittlere Unternehmen, die wesentliche Geschäftsbeziehungen zu berichtspflichtigen Unternehmen und/oder Unternehmensgruppen unterhalten, sind so indirekt von der CSR-RL bzw. dem CSR-RL-UmsG betroffen und hierdurch ebenfalls mit einem höheren Verwaltungsaufwand belastet, obwohl dies explizit nicht der Fall sein sollte.[671]

Seitens der direkt zur Berichterstattung verpflichteten Unternehmen und Unternehmensgruppen sind außerdem die Informationen bspw. bei Lieferanten und Auftragnehmern nicht immer ohne Schwierigkeiten und größeren Aufwand einholbar.[672] In letzter Konsequenz birgt die Pflicht zur Berichterstattung über die Risiken der Geschäftsbeziehungen so die Gefahr des Austausches bestimmter Lieferanten, die Verringerung der Zuliefereranzahl oder die Forderung der Sicherstellung einer CSR-konformen Lieferkette seitens der kleinen und mittleren Unternehmen.[673] Eine Beschränkung der Berichterstattung bzgl. der Risiken der Geschäftsbeziehungen z.B. auf die erste Zuliefererebene kann kleine und mittlere Unternehmen schützen und hat zudem auch für direkt zur Berichterstattung verpflichtete Unternehmen und Unternehmensgruppen Vorteile, da die Möglichkeiten der Informationseinholung auf tieferen Ebenen ohnehin abnehmen.[674]

Eine indirekte Verpflichtung kleiner und mittlerer Unternehmen, die Anforderungen des CSR-RL-UmsG zu beachten, wird von einigen Kritikern jedoch auch als Chance angesehen. So können die Auseinandersetzung mit der Thematik CSR und die für die Geschäftspartner erhobenen Daten z.B. als Wettbewerbsvorteil bei der Auswahl der Geschäftspartner größerer Unternehmen und Unternehmensgruppen oder bei öffentlichen Auftragsvergaben genutzt werden.[675] Mittelständische Unternehmen führen ohnehin umfangreiche Aktivitäten im CSR-Bereich durch, über die sie in diesem Rahmen berichten könnten.[676] Hierzu sollten ihnen jedoch grundlegende Konzepte und Leitlinien zur Verfü-

---

670 Vgl. Boochs (2016), S. M1; Centrale für GmbH (2016), S. 4; co2ncept plus – Verband der Wirtschaft für Emissionshandel und Klimaschutz (co2ncept plus) (2016), S. 2; ZGV (2016), S. 1; Deutscher Anwaltverein (DAV) (2016), S. 6-7; Kajüter (2016a), S. 238; Schmotz/Schmidt (2017), S. 2878; Seibt (2016), S. 2716; Voland (2014), S. 2817; Wulf (2017), S. 103; Wulf/Niemöller (2016), S. 245 und 247.

671 Vgl. Scheid/Kotlenga/Müller (2018), S. 511; Voland (2014), S. 2817. Vgl. ausführlich zu den Auswirkungen einer indirekten Berichterstattungspflicht auf den Mittelstand Schaefer/Schröder (2017).

672 Vgl. Maniora (2015), S. 155.

673 Vgl. Fink/Schmidt (2015), S. 2162. Vgl. ursprünglich Spießhofer (S. 2014), S. 1283.

674 Vgl. BDA/BDI/IHK/ZDH (2016), S. 11-12; BStBK (2016), S. 3; HDE (2016), S. 5.

675 Vgl. Meeh-Bunse/Hermeling/Schomaker (2016), S. 2772; Müller/Stawinoga/Velte (2015), S. 2219; Schaefer/Schröder (2017), S. 1327; Scheid/Kotlenga/Müller (2018), S. 513.

676 Vgl. Schaefer/Schröder (2013), S. 1085-1086; Scheid/Kotlenga/Müller (2018), S. 511; Schneider (2012), S. 583-584.

96   3 Entwicklung der gesetzlich verpflichtenden nichtfinanziellen Berichterstattung

gung gestellt werden, die eine auf diese Unternehmensgröße angepasste Orientierung zur freiwilligen Berichterstattung geben können.[677]

Kritik am Berichtsformat

Das vom deutschen Gesetzgeber ausgeübte Wahlrecht, unter bestimmten Voraussetzungen anstelle einer nichtfinanziellen Erklärung im (Konzern-)Lagebericht die Veröffentlichung eines gesonderten nichtfinanziellen Berichts an anderer Stelle zuzulassen, wird unter dem Gesichtspunkt der Vergleichbarkeit und der Aufwertung nichtfinanzieller Informationen sowie der Darstellung des Zusammenhangs zwischen finanziellen und nichtfinanziellen Leistungen negativ bewertet.[678] Jedoch unter dem Gesichtspunkt der den Unternehmen und Unternehmensgruppen damit gewährten Flexibilität und Beibehaltung und Nutzung von ggf. bereits separat erstellten Nachhaltigkeitsberichten betrachten Kritiker diese Möglichkeit als positiv.[679] Die Option, die in der nichtfinanziellen Erklärung geforderten Informationen an verschiedenen Stellen innerhalb des (Konzern-)Lageberichts zu platzieren, wird in Hinblick auf die Übersichtlichkeit und die Prüfung der Angaben als negativ[680], in Hinblick auf die Verknüpfung der nichtfinanziellen mit den finanziellen Informationen hingegen als positiv[681] betrachtet.

Kritik an der Anwendung von Rahmenwerken

Die Möglichkeit für Unternehmen und Unternehmensgruppen, sich bei der Erstellung der nichtfinanziellen Erklärung auf verschiede Rahmenwerke beziehen zu können, wird von Kritikern als kontraproduktiv angesehen. Weil sich die

---

677   Vgl. Scheid/Kotlenga/Müller (2018), S. 511. Vgl. für ein beispielhaftes Muster eines CSR-Mittelstandsberichts Schaefer/Schröder (2017), S. 1327-1331.

678   Vgl. Arbeitskreis Externe Unternehmensrechnung der Schmalenbach-Gesellschaft für Betriebswirtschaft (2015), S. 239; CDP (2016), S. 3-4; CorA (2016), S. 5; DGB (2016), S. 3; DRSC (2016), S. 3-4; EnBW (2016), S. 2-4; Germanwatch (2016), S. 5-6; Müller/Stawinoga/Velte (2015), S. 2218; Arbeitskreis Integrated Reporting der Schmalenbach-Gesellschaft für Betriebswirtschaft (2016), S. 2-4; Kreipl/Müller (2016), S. 2426; Stibi/Schmidt (2017), S. 1176; (VZBV) (2016), S. 8; Wulf (2017), S. 109; WWF (2016), S. 6.

679   Vgl. BStBK (2016), S. 2; BVI (2016), S. 1; Centrale für GmbH (2016), S. 4-5; econsense (2016), S. 2; HDE (2016), S. 6 und 8; Kajüter (2016a), S. 238; VCI (2016), S. 3; Velte/Stawinoga (2016), S. 14; Wulf (2017), S. 109.

680   Vgl. Haaker (2017), S. 922; Kajüter (2017), S. 619 und 624; Richter/Johne/König (2017), S. 567.

681   Vgl. Kajüter (2017), S. 619. Um die Übersichtlichkeit auch in diesem Fall zu gewährleisten, schlägt Kajüter eine Übersicht der nichtfinanziellen Angaben inkl. Verweis auf die entsprechenden Stellen im (Konzern-)Lagebericht vor. Um die geprüften von den ungeprüften Angaben trennen zu können, schlägt er eine entsprechende Kennzeichnung vor.

3.4 Zusammenfassender Überblick und Beurteilung 97

empfohlenen Rahmenwerke der EU-Kommission in Aufbau und Anforderungen teilweise stark voneinander unterscheiden, schaden sie der angestrebten nationalen und/oder europäischen Vergleichbarkeit der nichtfinanziellen Berichterstattung.[682] Die eigens von der EU-Kommission entwickelten Leitlinien verschärfen das Problem zusätzlich, auch wenn diese explizit kein Rahmenwerk i.S. der CSR-RL darstellen.[683] Zudem fehlt den meisten der Rahmenwerke eine Quantifizierung der berichteten Informationen, was sie für die Berichterstattung innerhalb des Einzel- bzw. Konzernabschlusses und des (Konzern-)Lageberichtes ungeeignet macht.[684]

Andererseits werden die Spielräume und Wahlrechte im Rahmen der nichtfinanziellen Berichterstattung aber auch als notwendig betrachtet. Nur so wird ein hohes Maß an Handlungsflexibilität den verschiedenen Belangen der unternehmerischen Verantwortung und der Vielfalt der umgesetzten Konzepte gerecht.[685]

Kritik an der inhaltlichen Ausgestaltung

Darüber hinaus werden die CSR-RL sowie das CSR-RL-UmsG für stellenweise Ungenauigkeiten kritisiert. Zwar wird der prinzipienorientierte Ansatz mit der Ergänzung um Beispiele begrüßt, da er der Vielfältigkeit des Themas CSR unter Berücksichtigung verschiedener Unternehmensformen und -branchen Rechnung trägt und somit eine aussagekräftige Berichterstattung unterstützt.[686] Allerdings wird hierdurch gleichzeitig die von der EU-Kommission wie auch vom deutschen Gesetzgeber angestrebte Vergleichbarkeit der Angaben nichtfinanzieller Aspekte konterkariert.[687] Dies gilt für die Vergleichbarkeit innerhalb Deutschlands sowie durch die detaillierteren Vorgaben anderer Mitgliedstaaten auch für die Vergleichbarkeit zwischen verschiedenen EU-Ländern.[688] Andere Kritiker

---

682   Vgl. Arbeitskreis Externe Unternehmensrechnung der Schmalenbach-Gesellschaft für Betriebswirtschaft (2015), S. 239; BUND (2016), S. 3; CDP (2016), S. 4; CorA (2016), S. 4; Eufinger (2015), S. 426; Germanwatch (2016), S. 5; Kaltenborn/Norpoth (2014), S. 409; Kreipl/Müller (2016), S. 2427; Lanfermann (2013), S. 1325; Maniora (2015), S. 156; Pellens/Lleshaj/Stappert (2018), S. 2287; Schrader (2013), S. 455; Spießhofer (2014), S. 1287; VZBV (2016), S. 5.
683   Vgl. Maniora (2015), S. 156.
684   Vgl. Wagner/Mayer/Kubessa (2018), S. 939.
685   Vgl. Begründung zum HGB-GesE des CSR-RL-UmsG (2016), S. 27; BStBK (2016), S. 4; BVE (2016), S. 2; BVI (2016), S. 1-2; DAI (2016), S. 6; Fink/Schmidt (2015), S. 2164; HDE (2016), S. 8; Pellens/Lleshaj/Stappert (2018), S. 2287; VDMA (2016), S. 2.
686   Vgl. BDA/BDI/IHK/ZDH (2016), S. 10; Böcking/Althoff (2017), S. 255; Fink/Schmidt (2015), S. 2162-2163; Kajüter (2016a), S. 235; Verein für Umweltmanagement und Nachhaltigkeit in Finanzinstituten (VfU) (2016), S. 1.
687   Vgl. CDP (2016), S. 4-8; Kajüter (2016a), S. 238; Seibt (2016), S. 2711.
688   Vgl. Böcking/Althoff (2017), S. 254.

98   3 Entwicklung der gesetzlich verpflichtenden nichtfinanziellen Berichterstattung

sehen wiederum in der Aufführung von Beispielen die Gefahr, den Eindruck von Mindestinhalten zu erwecken.[689] Die Verpflichtung, sich innerhalb der (Konzern-)Lageberichterstattung an die GoL zu halten, begrenzt die Auslegungsmöglichkeiten der abstrakt gehaltenen, prinzipienorientierten Vorgaben jedoch ausreichend.[690]

Ungenauigkeiten im Gesetzestext könnten zudem zu Dopplungen identischen Inhalts an unterschiedlichen Stellen der Berichterstattung führen. Hierzu zählen insbesondere Wiederholungen in der nichtfinanziellen Erklärung im (Konzern-)Lagebericht und im Rahmen der folgenden Angaben:

- Nichtfinanzielle Leistungsindikatoren gem. §§ 289 Abs. 3 bzw. 315 Abs. 1 S. 4 HGB;[691]

- Beschreibung des Geschäftsmodells gem. §§ 289 Abs. 1 S. 1 bzw. 315 Abs. 1 S. 1 HGB i.V.m. DRS 20.36-38;[692]

- Risikobericht gem. §§ 289 Abs. 1 S. 4 bzw. 315 Abs. 1 S. 4 HGB.[693]

Zudem werden Wiederholungen des Diversitätskonzepts in der Erklärung zur Unternehmensführung gem. §§ 289f bzw. 315d HGB i.V.m. § 289f HGB[694], Wiederholungen der Informationen eines gesonderten nichtfinanziellen Berichts innerhalb des (Konzern-)Lageberichts[695], sowie Dopplungen in der nichtfinanziellen Erklärung und dem (Konzern-)Anhang[696] befürchtet.

Der deutsche Gesetzgeber versucht, diese Wiederholungsmöglichkeiten zu minimieren, indem er bei der Erstellung der nichtfinanziellen Erklärung in einem besonderen Abschnitt des (Konzern-)Lageberichts und bei einem gesonderten nichtfinanziellen Bericht Verweise auf nichtfinanzielle Angaben im (Konzern-)Lagebericht zulässt.[697] Zudem sind zu den in der nichtfinanziellen Erklärung aufzuführenden Aspekten durch die Einschränkung des Wesentlichkeitskriteri-

---

689 Vgl. BDA/BDI/IHK/ZDH (2016), S. 10; DAI (2016), S. 6; DRSC (2016), S. 6-7; econsense (2016), S. 3; HDE (2016), S. 3 und 6; Linde (2016), S. 3; Siemens (2016), S. 2; VCI (2016), S. 3.

690 Vgl. Fink/Schmidt (2015), S. 2163.

691 Vgl. co2ncept plus (2016), S. 7; DRSC (2016), S. 4; Kajüter (2017), S. 620-621; Müller/Scheid (2017), S. 1838.

692 Vgl. Behncke/Wulf (2018), S. 574; BDA/BDI/IHK/ZDH (2016), S. 9-10; Blöink/Halbleib (2017), S. 185; Kajüter (2017), S. 621; Kumm/Woodtli (2016), S. 221; Seibt (2016), S. 2711.

693 Vgl. Vgl. Behncke/Wulf (2018), S. 577; BDA/BDI/IHK/ZDH (2016), S. 9-10; Blöink/Halbleib (2017), S. 183; Kajüter (2017), S. 622; Kajüter (2016a), S. 236; Wulf (2017), S. 106.

694 Vgl. BDA/BDI/IHK/ZDH (2016), S. 10; HDE (2016), S. 7; Kreipl/Müller (2016), S. 2427-2428; VCI (2016), S. 1.

695 Vgl. BDA/BDI/IHK/ZDH (2016), S. 8-10; DAI (2016), S. 5-6; Wulf (2017), S. 109.

696 Vgl. Wagner/Mayer/Kubessa (2018), S. 938.

697 Vgl. hierzu ausführlich Kapitel 3.3.2.2.3.

3.4 Zusammenfassender Überblick und Beurteilung

ums jeweils nur diejenigen Angaben zu machen, die neben dem Verständnis des Geschäftsverlaufs, des Geschäftsergebnisses und der Lage des Unternehmens bzw. der Unternehmensgruppe auch gleichzeitig für das Verständnis der Auswirkung der Tätigkeit der Gesellschaft auf die aufzuführenden Aspekte erforderlich sind.[698]

Diese Einschränkung des Wesentlichkeitskriteriums sorgt aber auch für Kritik. Die Risiken der Aspekte Umwelt-, Arbeitnehmer- und Sozialbelange, Achtung der Menschenrechte und Bekämpfung von Korruption und Bestechung auf die Gesellschaft sind oft unabhängig von der Relevanz für den Geschäftsverlauf des berichtenden Unternehmens bzw. der Unternehmensgruppe.[699] Laut anderer Stimmen ist davon auszugehen, dass in vielen Fällen das verschärfte Wesentlichkeitskriterium auch die Wesentlichkeit gem. DRS 20.33 gleichermaßen erfüllt und die Einschränkung des Wesentlichkeitskriteriums somit keinen Einfluss auf die Einschränkung von Wiederholungen hat.[700] Die unterschiedlichen Wesentlichkeitskriterien begrenzen jedoch abermals insbesondere den branchenübergreifenden Vergleich der nichtfinanziellen Berichterstattung.[701]

Kritik am Weglassen nachteiliger Angaben

Die Möglichkeit für die Unternehmen und Unternehmensgruppen, unter bestimmten Bedingungen nachteilige Angaben wegzulassen, wird ebenfalls kritisiert.[702] Dies verstärkt die Gefahr des Greenwashings durch die nichtfinanzielle Berichterstattung[703] und wirft zudem die Frage auf, warum eine solche pauschale Ausnahmeregelung nur für nichtfinanzielle Aspekte und nicht ebenso für finanzielle Aspekte gilt.[704] Die Nachholmöglichkeit der nachteiligen Angaben bei Wegfall der Gründe für das Weglassen wird kritisiert, da die nachzuholenden Sachverhalte ggf. nicht mehr relevant sind und die Nachholung so nur unnötige und veraltete Informationen liefert.[705] Die unterschiedliche Ausübung der Mitgliedstaaten des Wahlrechts, auf die Angabe nachteiliger Angaben in Ausnahme-

---

698   Vgl. hierzu ausführlich Kapitel 3.3.2.2.5.
699   Vgl. CorA (2016), S. 3-4; Germanwatch (2016), S. 3-4; WWF (2016), S. 5-6.
700   Vgl. Kumm/Woodtli (2016), S. 222.
701   Vgl. Vgl. Behncke/Wulf (2018), S. 575; Wulf (2017), S. 105.
702   Vgl. CorA (2016), S. 5; CDP (2016), S. 8; DGB (2016), S. 6; Germanwatch (2016), S. 6; IDW (2016), S. 4-5.
703   Vgl. CorA (2016), S. 5; IDW (2016), S. 4-5; Rehbinder (2017), S. 18; Schmidt (2016), S. 392.
704   Vgl. Schmidt (2016), S. 392. Gemäß § 286 HGB ließ der deutsche Gesetzgeber das Unterlassen von Angaben vor dem Inkrafttreten des CSR-RL-UmsG nur in wenigen Ausnahmefällen zu.
705   Vgl. BDA/BDI/IHK/ZDH (2016), S. 13; BStBK (2016), S. 4; DAI (2016), S. 8; DRSC (2016), S. 6; Linde (2016), S. 4; Siemens (2016), S. 3.

100 3 Entwicklung der gesetzlich verpflichtenden nichtfinanziellen Berichterstattung

fällen zu verzichten, schränkt wiederum die von der EU-Kommission beabsichtigte länderübergreifende Vergleichbarkeit nichtfinanzieller Berichterstattung ein.[706]

Kritik an der Prüfung

Ein europaweiter Vergleich wird zudem gefährdet, da die EU-Kommission den Mitgliedstaaten ein Wahlrecht bzgl. einer verpflichtenden materiellen Prüfung des Inhaltes der nichtfinanziellen Erklärung bzw. des gesonderten nichtfinanziellen Berichts überlässt.[707] Negative als auch positive Kritik ruft hervor, dass der deutsche Gesetzgeber von einer verpflichtenden materiallen Prüfung der nichtfinanziellen Erklärung bzw. des gesonderten nichtfinanziellen Berichts absieht. Als negativ wird insbesondere die hierdurch u.U. voneinander abweichende Prüfungsintensität des (Konzern-)Lageberichts einerseits und der nichtfinanziellen Erklärung innerhalb des (Konzern-)Lageberichts andererseits gesehen, die auch für den Adressaten verwirrend sein kann.[708] Auch die u.U. voneinander abweichende Prüfungsintensität zwischen den nichtfinanziellen Erklärungen der Mitgliedstaaten untereinander wird kritisch betrachtet.[709] Unternehmen, die nicht in den Anwendungsbereich des CSR-RL-UmsG fallen und nichtfinanzielle Leistungsindikatoren ausschließlich gem. §§ 289 Abs. 3 bzw. 315 Abs. 1 S. 4 HGB im prüfungspflichtigen (Konzern-)Lagebericht veröffentlichen, werden zudem in Hinblick auf die Prüfungspflicht der nichtfinanziellen Informationen schlechter gestellt als Unternehmen, die nichtfinanzielle Leistungsindikatoren in der nichtfinanziellen Erklärung bzw. dem gesonderten nichtfinanziellen Bericht veröffentlichen, die bzw. der keiner materiellen Prüfungspflicht unterliegt.[710]

In einer Verpflichtung zur materiellen Prüfung des Inhaltes der nichtfinanziellen Erklärung bzw. des gesonderten nichtfinanziellen Berichts werden neben der Steigerung der Vergleichbarkeit auch die Chancen auf eine Steigerung der Qualität und der Glaubwürdigkeit der Inhalte gesehen.[711] Andererseits kann durch eine materielle Prüfung des Inhalts auch eine falsche Erwartungshaltung

---

706 Vgl. Böcking/Althoff (2017), S. 254.

707 Vgl. Eufinger (2015), S. 427; Spießhofer (2014), S. 1286.

708 Vgl. Kajüter (2016b), S. 512; Kreipl/Müller (2016), S. 2425; Kumm/Woodtli (2016), S. 229; Marten/Weigt (2018), S. 454; Müller/Stawinoga/Velte (2015), S. 2223; Pellens (2017), S. 30; Stawinoga/Velte (2016), S. 842; Velte (2016), S. I; Seibt (2016), S. 2714.

709 Vgl. Böckiing/Althoff (2017), S. 254; Kreipl/Müller (2016), S. 2425; Müller/ Stawinoga/Velte (2015), S. 2218.

710 Vgl. Fink/Schmidt (2015), S. 2164.

711 Vgl. Amnesty International (2016), S. 4; CDP (2016), S. 8-9; IIRC (2016), S. 2; Kajüter (2016b), S. 512; Marten/Weigt (2018), S. 458; Müller/Stawinoga (2014), S. 69-70; Müller/Stawinoga/Velte (2015), S. 2223; Richter/Johne/König (2017), S. 570; RNE (2016), S. 4-5; Scheid/Kotlenga/Müller (2018), S. 512.

3.4 Zusammenfassender Überblick und Beurteilung

bei den Adressaten dahingehend entstehen, dass die inhaltliche Prüfung für die Qualität der Nachhaltigkeitsstrategie des Unternehmens bzw. der Unternehmensgruppe steht.[712] Zudem wird der ohnehin schon hohe Umsetzungsaufwand des CSR-RL-UmsG durch eine Verpflichtung zur materiellen Prüfung der Inhalte und die damit verbundenen Prüfungskosten zusätzlich erhöht.[713]

Bezüglich der Prüfungsdurchführung wird angemerkt, dass die Richtigkeit der nichtfinanziellen Berichterstattung aufgrund der zugrunde liegenden subjektiven Einschätzungen, Komplexität und der mangelnden Verifizierbarkeit bzw. Falsifizierbarkeit ggf. schwieriger zu beurteilen ist.[714] Andere Kritiker bezweifeln dies und sprechen dem Aufsichtsrat sowie auch dem Abschlussprüfer Erfahrung im Bereich der nichtfinanziellen Berichterstattung aufgrund der Prüfung von nichtfinanziellen Leistungsindikatoren gem. §§ 289 Abs 3 und 315 Abs. 3 HGB zu.[715] Aus Perspektive der Prüfungsinstanz können die bisher oft wenig ausgeprägten Berichtprozesse der nichtfinanziellen Informationen jedoch Schwierigkeiten bei deren Überprüfung hervorrufen.[716] Zudem stellt die Abgrenzung der lageberichtsfremden und inhaltlich prüfungspflichtigen lageberichtstypischen nichtfinanziellen Informationen den Abschlussprüfer ggf. vor Schwierigkeiten.[717]

Weitere Kritikpunkte

Die Anhebung der Straf- und Bußgeldvorschriften bei Verstoß gegen die Vorschriften des CSR-RL-UmsG wird bezogen auf nichtfinanzielle Informationen überwiegend als zu hoch und unverhältnismäßig betrachtet.[718] Die unverbindlichen Leitlinien der EU-Kommission werden insofern als kritisch betrachtet, als dass deren rechtliche Qualität und faktische Einflussnahme auf die CSR-Berichterstattung unklar ist.[719] Bei der Anpassung des DRS 20 durch den DRÄS 8 wird kritisiert, dass das DRSC in seiner Konkretisierung teilweise deutlich über den gesetzlichen Rahmen hinausgeht.[720]

---

712 Vgl. Centrale für GmbH (2016), S. 6; co2ncept plus (2016), S. 8; Kumm/Woodtli (2016), S. 228; Velte (2016), S. 1; Velte/Stawinoga (2016), S. 14.
713 Vgl. co2ncept plus (2016), S.8; Fifka (2018), S. 146-147; Kumm/Woodtli (2016), S. 229; Lorenz (2016), S. M5; Velte (2016), S. 1.
714 Vgl. BMJV (2015), S. 7; Böcking/Althoff (2017), S. 251; Hofmann (2007), S. 136; Marten/Weigt (2018), S. 458; Müller/Stawinoga (2014), S. 69.
715 Vgl. Böcking (2017), S. M5; Böcking/Althoff (2017), S. 251.
716 Vgl. Marten/Weigt (2018), S. 458.
717 Vgl. Marten/Weigt (2019), S. 457-459.
718 Vgl. Bundesrechtsanwaltskammer (BRAK) (2016), S. 5; DAI (2016), S. 10-11; HDE (2016), S. 9; Seibt (2016), S. 2716; VDMA (2016), S. 3.
719 Vgl. Mock (2017), S. 2144-2145.
720 So bspw. bei der Beschreibung des Geschäftsmodells gem. DRS 20.37. Vgl. Müller/Scheid (2017), S. 1836.

102 3 Entwicklung der gesetzlich verpflichtenden nichtfinanziellen Berichterstattung

Abschließend kann jedoch festgehalten werden, dass in der CSR-RL sowie der Umsetzung durch das CSR-RL-UmsG vor allem die Chance gesehen wird, dass sich Unternehmen und Unternehmensgruppen wie von der EU-Kommission beabsichtigt intensiver mit dem Thema CSR auseinandersetzen.[721] Die EU-Kommission rückt mit der CSR-RL die Themen Umwelt-, Sozial- und Arbeitnehmerbelange, Menschenrechte, Bestechung und Korruption in den Fokus der Unternehmensführung und fördert die Weiterentwicklung der Berichterstattung hierüber.[722] Grundsätzlich investieren und handeln Unternehmen stärker freiwillig in Bereichen, in denen Regelungen klare Orientierung bieten[723] Insbesondere der comply-or-explain-Grundsatz bei den von den Unternehmen und Unternehmensgruppen verfolgten Konzepten bzgl. der genannten Belange sowie dem zu beschreibenden Diversitätskonzept trägt dazu bei, Unternehmen und Unternehmensgruppen und Adressaten für diese Themen zu sensibilisieren.[724] Die Pflicht, das Fehlen eines Konzeptes klar und begründet zu erläutern, kann manches Unternehmen bzw. manche Unternehmensgruppe dazu motivieren, entsprechende CSR-Maßnahmen zu ergreifen, um eventuellen Reputationsschäden zu entgehen.[725] Darüber hinaus kann Engagement in den Bereichen von CSR durch die Berichterstattung hierüber als Imagepflege und -verbesserung z.B. gegenüber Kunden und potenziellen Arbeitnehmern genutzt werden.[726]

3.4.3 Beurteilung des Status quo der gesetzlich verpflichtenden nichtfinanziellen Berichterstattung aus gewerkschaftlicher Perspektive

Aus gewerkschaftlicher Sicht[727] bedeutet CSR und somit die gesellschaftliche Verantwortung von Unternehmen durch deren Management, dass sich die Unternehmen verbindlich verpflichten, Arbeits- und Lebensbedingungen zu verbessern.[728] Zudem müssen die Unternehmen zum dauerhaften Erhalt der Umwelt

---

721 Vgl. kritisch hierzu Wagner/Mayer/Kubessa (2018), S. 941.
722 Vgl. Böcking/Althoff (2017), S. 254; Begründung zum HGB-GesE des CSR-RL-UmsG (2016), S. 27; DGCN/econsense (2018), S. 26; Eufinger (2015), S. 428; Fischer/Auer (2017), S. 27; Loew (2016), S. 194.
723 Vgl. Barth/Wolff (2009), S. 304; Schrader (2013), S. 457.
724 Vgl. Maniora (2015), S. 165; Kajüter (2017), S. 62.
725 Vgl. Böcking/Althoff (2017), S. 253; Eufinger (2015), S. 428; Voland (2014), S. 2817-2818; Schweren/Brink (2016), S. 189.
726 Vgl. Fifka (2018), S. 148.
727 Zur Beurteilung des Status quo der nichtfinanziellen Berichterstattung gewerkschaftlicher Perspektive liegen insbesondere Stellungnahmen vom DGB vor. Als größte Dachorganisation der Einzelgewerkschaften in Deutschland wird in der vorliegenden Arbeit davon ausgegangen, dass die Stellungnahmen des DGB die Kritik der Einzelgewerkschaften repräsentieren.
728 Vgl. DGB (2009b), S. 4.

3.4 Zusammenfassender Überblick und Beurteilung

beitragen und die Verbraucher schützen.[729] Im Gegensatz zur deutschen Politik wird von deutschen Arbeitnehmerverbänden eine Pflicht der Unternehmen zur Rechenschaftslegung und Publizität zu den Themen Umwelt, Soziales und Menschenrechte befürwortet.[730] So ist der Schutz der Arbeitnehmer über den Unternehmensnachweis mit der Konformität nationalen, europäischen und internationalen Rechtsvorschriften und Tarifvereinbarungen zu gewährleisten. Freiwillige CSR-Konzepte hingegen kann diese gesetzlichen Regelungen nur ergänzen, nicht jedoch ersetzen.[731]

Bei den Bestrebungen der CSR-Politik der EU-Kommission sollen nach gewerkschaftlicher Sicht Arbeitnehmervertreter in angemessener Weise in die Planung eingebunden werden.[732] Die betrieblichen Interessenvertreter des jeweiligen Unternehmens sollen in die Ausarbeitung von CSR-Strategien und die Ausgestaltung der Berichterstattung hierüber auf Unternehmensebene einbezogen werden.[733] Hierbei muss jedoch beachtet werden, dass die Vertreter nicht in eine inhaltlich anspruchslose CSR-Strategie und eine übersteigerte Berichterstattung hierüber eingebunden werden, ohne auf die Strategie realen Einfluss ausüben zu können.[734] Vielmehr sollen die Arbeitnehmervertreter über ihre institutionellen Grenzen hinaus agieren und ihre besondere Stellung im Unternehmen nutzen, um auf eventuelle Diskrepanzen zwischen dem tatsächlich ausgeübten Engagement und der Berichterstattung hierüber hinzuweisen. Zudem bietet die Einbindung der Arbeitnehmervertreter in CSR-Strategien die Möglichkeit, klassische gewerkschaftliche Themen wie gute Arbeit und Teilhabe der Beschäftigten in den Fokus zu rücken.

Den Anwendungsbereich der CSR-RL und des CSR-RL-UmsG sehen die Arbeitnehmerverbände als zu klein an und fordern eine Ausweitung der Berichterstattungspflicht auf alle großen Unternehmen unabhängig von einer Börsennotierung.[735] Zudem wird die unter bestimmten Bedingungen geltende Befreiung der Pflicht zur Erstellung einer nichtfinanziellen Erklärung für Tochterunternehmen kritisch betrachtet.[736] Insbesondere die Berichterstattung über die Beachtung von Arbeitnehmer- und Menschenrechten lässt sich nicht in dem Maße zusammenfassen, wie es bei bilanziellen Kennziffern möglich ist.[737] Bezüglich der Berichterstattung über die Risiken der Geschäftsbeziehungen fordern die Verbände eine Be-

---

729   Vgl. DGB (2009b), S. 4.
730   Vgl. DGB (2009b), S. 7-8; DGB (2012), S. 11.
731   Vgl. DGB (2012), S. 2.
732   Vgl. DGB (2012), S. 6.
733   Vgl. DGB (2012), S. 2 und 6-7; Thannisch (2017), S. 47.
734   Vgl. hier und im Folgenden DGB (2009b), S. 4-6.
735   Vgl. DGB (2016), S. 7; Thannisch (2017), S. 47.
736   Vgl. DGB (2016), S. 6.
737   Vgl. DGB (2016), S. 6.

richtspflicht der Arbeits- und Beschäftigungsbedingungen über die gesamte Zulieferkette.[738] Hierzu seien vom Gesetzgeber Mindeststandards aufzustellen, die neben der Tiefe der Lieferkette auch die Schwere und Intensität eventueller Verstöße berücksichtigen.[739]

Die Gewerkschaften sprechen sich für eine Aufnahme der nichtfinanziellen Erklärung im (Konzern-)Lagebericht aus.[740] Bei der Veröffentlichung eines gesonderten nichtfinanziellen Berichts an anderer Stelle sehen die Verbände die Gefahr, dass den Informationen nicht die notwendige Aufmerksamkeit interner und externer Stakeholder zukommt.[741] Um das Ziel der Vergleichbarkeit der Berichterstattung umsetzen zu können, bedarf es aus gewerkschaftlicher Sicht einer vereinheitlichten, standardisierten Berichterstattung.[742] Hierbei werden insbesondere Wettbewerbsvorteile gesellschaftlich verantwortungsbewusst handelnder Unternehmen und die Bedürfnisbefriedigung der Verbraucher als Begründung genannt.[743] Bezüglich der Nutzung nationaler, unionsbasierter oder internationaler Rahmenwerke fordern die Arbeitnehmerverbände die Unternehmen auf, die jeweils relevanten International Labour Organization (ILO)-Übereinkommen einzuhalten.[744] International tätige Unternehmen sollen zudem die OECD-Leitsätze für multinationale Unternehmen beachten und umsetzen.[745]

Forderungen bzgl. des konkreten Inhaltes der nichtfinanziellen Berichterstattung sind seitens der Arbeitnehmerverbände folgende:

- Informationen zu den Arbeits- und Beschäftigungsbedingungen im gesamten Unternehmen;

- Beteiligungsmöglichkeiten der Arbeitnehmer[746];

- Zusammenarbeit mit Arbeitnehmervertretern;

- Förderung benachteiligter Personengruppen;

- Vereinbarkeit von Familie und Beruf;

- Chancengleichheit;

- Aufstiegschancen im Unternehmen.[747]

---

738 Vgl. DGB (2012), S. 8.
739 Vgl. DGB (2016), S. 6.
740 Vgl. DGB (2016), S. 3.
741 Vgl. DGB (2016), S. 3.
742 Vgl. DGB (2012), S. 2.
743 Vgl. DGB (2012), S. 2.
744 Vgl. DGB (2009b), S. 7.
745 Vgl. DGB (2009b), S. 7.
746 Vgl. detailliert zu den Forderungen der Beteiligungsmöglichkeiten der Arbeitnehmer DGB (2011), S. 11-12.

3.4 Zusammenfassender Überblick und Beurteilung 105

Nachteilige Angaben wegzulassen, sollte laut Arbeitnehmerverbänden nicht möglich gemacht werden.[748] Alternativ zur Streichung dieses Paragraphen im CSR-RL-UmsG wird eine engere Definition der Ausnahmeregelung gefordert. In der Stellungnahme des DGB zum HGB-RefE des CSR-RL-UmsG wird zudem der Verzicht der Berichterstattungspflicht über die Verbraucherbelange, den Datenschutz und die Datensicherheit bemängelt.

In der Berichterstattungspflicht über die Beschreibung des Diversitätskonzepts sehen Arbeitnehmerverbände den Vorteil, dass Leitungs- und Kontrollgremium hierdurch gezwungen sind, sich mit diesem Thema auseinanderzusetzen.[749] Um die Wirksamkeit zu erhöhen, fordern sie in der Beschreibung des Diversitätskonzepts eine Berichterstattungsausweitung bzgl. der Maßnahmen der Zusammensetzung des vertretungsberechtigten Organs und des Aufsichtsrats auf die obersten Führungsebenen der Unternehmen.[750] Hinsichtlich der beispielhaften Aspekte des Diversitätskonzepts wird darauf hingewiesen, dass wesentliche Aspekte der internationalen Vielfalt die Erfahrung durch die Mitarbeit in europäischen oder internationalen Gremien und die internationale Vernetzung sind.[751] Beispielhaft werden hier europäische Betriebsräte oder europäische Gewerkschaftsinstitutionen genannt, die eine internationale Sichtweise fördern können.[752]

Im Rahmen der materiellen Prüfung des Inhaltes der nichtfinanziellen Erklärung bzw. des gesonderten nichtfinanziellen Berichts sprechen sich Arbeitnehmerverbände für eine verpflichtende externe Prüfung durch einen Wirtschaftsprüfer aus.[753] Erst hierdurch sind die Inhalte verlässlich.[754] Die Umsetzung von berichteten CSR-Strategien sollte von Unternehmensinsidern wie Arbeitnehmervertretern im Betriebsrat, im europäischen Betriebsrat und im mitbestimmenden Aufsichtsrat sowie Gewerkschaften überprüft werden, da diese einen tiefen Einblick in die Unternehmenspraxis, die Arbeitsbedingungen, ihre Einhaltung und die Einhaltung der Menschenrechte haben.[755] Von den Gewerkschaften sollte nach Meinung der Arbeitnehmerverbände darüber hinaus überprüft werden, inwieweit die berichtenden Unternehmen mit der Unternehmenskommunikation sog. Greenwashing betreiben.[756] Hierbei können insbesondere europäische und globale Gewerkschaftsföderationen eine wichtige Rolle spielen.[757] Bei Verstößen gegen Regelungen der

---

747 Vgl. DGB (2009b), S. 8; DGB (2012), S. 8.
748 Vgl. hier und im Folgenden DGB (2016), S. 6 und 8.
749 Vgl. DGB (2011), S. 4.
750 Vgl. DGB (2016), S. 7.
751 Vgl. DGB (2011), S. 4.
752 Vgl. DGB (2011), S. 4.
753 Vgl. Thannisch (2017), S. 46.
754 Vgl. DGB (2009b), S. 7-8.
755 Vgl. DGB (2012), S. 5-6; Kocher/Wenckebach (2013), S. 27; Thannisch (2017), S. 46.
756 Vgl. DGB (2012), S. 5.
757 Vgl. DGB (2012), S. 5.

Themen Umwelt, Soziales und Menschenrechte fordern die Gewerkschaften strengere Haftungsregeln für die Unternehmen.[758] Bei einer Veröffentlichung eines gesonderten nichtfinanziellen Berichts an anderer Stelle als dem (Konzern-)Lagebericht muss gewährleistet werden, dass Arbeitnehmervertreter im mitbestimmten Aufsichtsrat in die Beschlussfassung des gesonderten Berichts einbezogen wurden[759]

Zusammenfassend lässt sich sagen, dass der Status quo der gesetzlich verpflichtenden nichtfinanziellen Berichterstattung in Form der CSR-RL und dem CSR-RL-UmsG aus gewerkschaftlicher Perspektive ebenso wie aus der allgemeinen deutschen Perspektive als Zwischenschritt zur Erhöhung der Transparenz nichtfinanzieller Informationen gesehen wird.[760]

---

758 Vgl. DGB (2009b), S. 7.
759 Vgl. DGB (2016), S. 3.
760 Vgl. Thannisch (2017), S. 46.

4 Stand der Forschung

Das Forschungsinteresse an einem sozial- und umweltverträglichen Verhalten von Unternehmen sowie der Kommunikation hierüber nimmt in den letzten Jahren immer mehr zu.[761] Vor dem Hintergrund der Zielsetzung der Analyse der vorliegenden Arbeit wird im Folgenden der Stand der Forschung zum Thema Nachhaltigkeitsberichterstattung dargestellt. Abbildung 6 zeigt die Themenfelder, in die sich bestehende Studien unterteilen lassen, und Abbildung 7 die verschiedenen Stakeholdergruppen, die im Rahmen der jeweiligen Themenfelder im Fokus stehen.

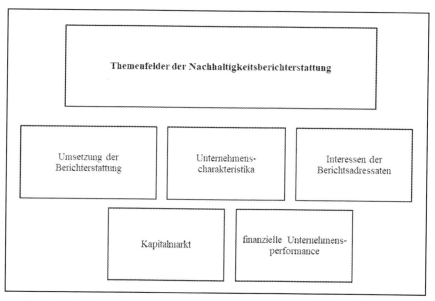

Abbildung 6: Themenfelder der Nachhaltigkeitsberichterstattung[762]

---

761 Vgl. Arbeitskreis Externe Unternehmensrechnung der Schmalenbach-Gesellschaft für Betriebswirtschaft (2015), S. 244; Kajüter/Wirth (2018), S. 1612.
762 Eigene Darstellung.

© Springer Fachmedien Wiesbaden GmbH, ein Teil von Springer Nature 2020
N. I. Schröder, *CSR-Richtlinie-Umsetzungsgesetz*,
https://doi.org/10.1007/978-3-658-29198-3_4

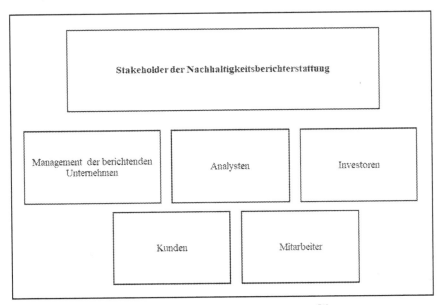

Abbildung 7: Stakeholder der Nachhaltigkeitsberichterstattung[763]

Die Verpflichtung zur Erstellung einer nichtfinanziellen (Konzern-)Erklärung bzw. eines gesonderten nichtfinanziellen (Konzern-)Bericht sowie zur Beschreibung des Diversitätskonzepts für bestimmte Unternehmen gilt für ab dem 01. Januar 2017 beginnende Geschäftsjahre. Daher steht die Umsetzung in der Berichtspraxis im Fokus empirischer Untersuchungen zur gesetzlich verpflichtenden Berichterstattung im Kontext des CSR-RL-UmsG.[764]

Erste empirische Studien konstatieren, dass die Wahl des Berichtsformats der nichtfinanziellen (Konzern-)Erklärung bzw. des gesonderten nichtfinanziellen (Konzern-)Berichts hauptsächlich auf die Berichterstattung außerhalb des (Konzern-)Lageberichts fällt.[765] Unter den DAX30-Unternehmen werden die hier möglichen Varianten des gesonderten nichtfinanziellen Konzernberichts als eigenständiger Bericht, eines separaten Abschnitts der nichtfinanziellen Erklärung in einen anderen Konzernbericht wie den Geschäftsbericht oder Nachhaltigkeitsbericht und die Integration der nichtfinanziellen Erklärung in den Nachhaltigkeitsbericht als anderen Konzernbericht in etwa gleichverteilt ange-

---

763 Eigene Darstellung.
764 Es wurden Studien berücksichtigt, die bis Januar 2019 veröffentlicht wurden.
765 Vgl. Behncke/Wulf (2018), S. 571; Fink (2018b), S. 468-470; Kajüter/Wirth (2018), S. 1606; Pellens/Lleshaj/Stappert (2018), S. 2284; Scheid/Kotlenga/Müller (2018), 512.

4 Stand der Forschung 109

wandt.[766] Die MDAX-Unternehmen wählen beim Berichtsformat außerhalb des (Konzern-)Lageberichts primär einen gesonderten nichtfinanziellen (Konzern-)-Bericht als eigenständigen Bericht und die Integration in den Nachhaltigkeitsbericht.[767]

Inhaltlich fallen die Ausführungen zum Geschäftsmodell des Unternehmens, wie vom Gesetzgeber gefordert, eher knapp aus[768] bzw. entfallen durch einen Verweis auf die Ausführungen im (Konzern-)Lagebericht komplett[769]. Bei den DAX30-Unternehmen werden zu den einzelnen vom Gesetzgeber vorgeschriebenen Aspekten verschiedene Sachverhalte berichtet.[770] Auch der Großteil der MDAX-Unternehmen berichtet zu allen fünf Mindestaspekten.[771] Über die meisten Themen wird bei den Aspekten Umwelt-, Arbeitnehmer- und Sozialbelange berichtet.[772] Innerhalb des Aspektes Arbeitnehmerbelange berichten Unternehmen insbesondere über Mitarbeiterqualifizierung bzw. Aus- und Weiterbildung, Gesundheit und Langfristigkeit des Arbeitsverhältnisses.[773] Als nichtfinanzielle Leistungsindikatoren werden bei den DAX30-Unternehmen Anzahl der Arbeitsunfälle, Anzahl von Frauen in Führungspositionen, Mitarbeiteranzahl und Mitarbeiterfluktuation aufgeführt.[774] Im Rahmen des Aspektes der Arbeitnehmerbelange werden hier zudem die meisten Ziele in qualitativer Form kommuniziert.[775]

Die Ergebnisse einer Studien, die alle vom CSR-RL-UmsG betroffenen Unternehmen bzw. Konzerne einbeziet zeigen, dass größere im Vergleich zu kleineren Unternehmen etwas häufiger zum Aspekt Achtung der Menschenrechte berichten.[776] Eine andere Auswertung der Berichterstattung speziell zum Aspekt der Umweltbelange der DAX30-Unternehmen stellt heraus, dass die Informationen innerhalb der nichtfinanziellen Erklärungen nicht direkt auffindbar sind, die Unternehmen über die vorgeschriebene Berichterstattung hinaus berichten und die Inhalte in der Quantität stark voneinander abweichen.[777] Eine Verbindung der Umweltbelange mit der Geschäftstätigkeit der berichtenden Unternehmen erfolgt nur partiell.[778]

---

766   Vgl. Kajüter/Wirth (2018), S. 1606.
767   Vgl. Scheid/Kotlenga/Müller (2018), S. 512.
768   Vgl. Kajüter/Wirth (2018), S. 1608.
769   Vgl. Behncke/Wulf (2018), S. 574; Kirsch/Wege (2018), S. 246.
770   Vgl. Kajüter/Wirth (2018), S. 1609.
771   Vgl. Fink (2018b), S. 470.
772   Vgl. Behncke/Wulf (2018), S. 575-576; Ernst & Young (2018), S. 9.
773   Vgl. Ernst & Young (2018), S. 9.
774   Vgl. Behncke/Wulf (2018), S. 575-576.
775   Vgl. Behncke/Wulf (2018), S. 576.
776   Vgl. DGCN/econsense (2018), S. 14.
777   Vgl. Graßmann/Krannich/Günther/Günther (2018), S. 437-440.
778   Vgl. Graßmann/Krannich/Günther/Günther (2018), S. 438.

110 4 Stand der Forschung

Das Nichtaufführen von einzelnen Aspekten wird i.d.R. mit deren Unwesentlichkeit begründet.[779] Sowohl bei den DAX30-Unternehmen als auch bei den MDAX-Unternehmen werden über die Mindestaspekte hinaus weitere nichtfinanzielle Aspekte genannt und es wird entsprechend berichtet.[780] Die Vergleichbarkeit der berichtspflichtigen Aspekte ist aufgrund unterschiedlicher Wesentlichkeitsdefinitionen und der unterschiedlichen Abgrenzungen der Unternehmen nur eingeschränkt vorhanden.[781] Innerhalb der Risikoberichterstattung kommt es aufgrund der Anwendung der Nettobetrachtung kaum zur Berichterstattung über konkrete Risiken.[782]

Der Großteil der untersuchten Unternehmen verwendet zur Erstellung der nichtfinanziellen Erklärung Rahmenwerke.[783] Hierbei werden unabhängig von der Unternehmensgröße primär die GRI G4-Leitlinie bzw. die GRI-Standards genutzt.[784] Ein konsistentes Bild zeigt sich ebenso bei der Prüfung. Der Großteil der untersuchten Unternehmen führt trotz der fehlenden gesetzlichen Verpflichtung eine inhaltliche Prüfung der nichtfinanziellen Erklärungen durch.[785] Es werden hauptsächlich Wirtschaftsprüfungsgesellschaften und unter diesen bei den MDAX- und DAX30-Unternehmen hauptsächlich Prüfungsgesellschaften der Big Four (Deloitte, Ernst & Young, PricewaterhouseCoopers, KPMG) beauftragt.[786] Die Prüfungen der nichtfinanziellen Erklärungen werden dabei zum Großteil zur Erlangung begrenzter Sicherheit durchgeführt.[787] Bei den DAX30-Unternehmen wurden ausschließlich nichtfinanzielle Erklärungen, die im (Konzern-)Lagebericht verankert sind, mit hinreichender Sicherheit geprüft.[788] Das Prüfungsurteil wird von der Mehrheit der untersuchten Unternehmen freiwillig

---

779 Vgl. Vgl. Behncke/Wulf (2018), S. 575; Fink (2018b), S. 470.

780 Vgl. Vgl. Behncke/Wulf (2018), S. 575; Fink (2018b), S. 470-471; Kajüter/Wirth (2018), S. 1609.

781 Vgl. DGCN/econsense (2018), S. 17; Fink (2018b), S. 470; Graßmann/Krannich/Günther/Günther (2018), S. 438; Kajüter/Wirth (2018), S. 1612.

782 Vgl. Kajüter/Wirth (2018), S. 1611.

783 Vgl. Behncke/Wulf (2018), S. 572; DGCN/econsense (2018), S. 14; Fink (2018b), S. 471; Kajüter/Wirth (2018), S. 1611; Kirsch/Wege (2018), S. 247.

784 Vgl. Behncke/Wulf (2018), S. 573; DGCN/econsense (2018), S. 14; Fink (2018b), S. 471; Kajüter/Wirth (2018), S. 1611-1612; Kirsch/Wege (2018), S. 247; Pellens/Lleshaj/Stappert (2018), S. 2285.

785 Vgl. Behncke/Wulf (2018), S. 579; Fink (2018b), S. 472; Kajüter/Wirth (2018), S. 1612; Kirchhoff Consult AG (2018); Pellens/Lleshaj/Stappert (2018), S. 2286; Scheid/Kotlenga/Müller (2018), S. 512).

786 Vgl. Behncke/Wulf (2018), S. 579; Fink (2018b), S. 472; Kajüter/Wirth (2018), S. 1612; Kirsch/Wege (2018), S. 247; Pellens/Lleshaj/Stappert (2018), S. 2285; Scheid/Kotlenga/Müller (2018), S. 512.

787 Vgl. Behncke/Wulf (2018), S. 579; DGCN/econsense (2018), S. 16; Fink (2018b), S. 473; Kirsch/Wege (2018), S. 248; Pellens/Lleshaj/Stappert (2018), S. 2285.

788 Vgl. Behncke/Wulf (2018), S. 579; Graßmann/Krannich/Günther/Günther (2018), S. 436; Pellens/Lleshaj/Stappert (2018), S. 2286.

4 Stand der Forschung

für die nichtfinanziellen Erklärungen des Geschäftsjahres 2017 und somit vor der gesetzlich gewährten Frist veröffentlicht[789].

Eine Studie explizit zur Berücksichtigung mittelständischer Partner der berichterstattungspflichtigen Unternehmen und die damit verbundene indirekte Berichterstattungspflicht kleiner und mittlerer Unternehmen stellt heraus, dass von den 42 MDAX-Unternehmen der Untersuchung 88% andere Unternehmen der Wertschöpfungskette in die Berichterstattung einbeziehen.[790] Dies erfolgt über die Aufnahme von z.b. Verhaltenskodizes sowie deren Einhaltung in Verträgen von Lieferanten und Abnehmern. In der Aufbringung des für die einzuhaltenden Kodizes erforderlichen Wissens, des Interesses, der Zeit und der Ressourcen wird ein Mehraufwand der kleinen und mittleren Unternehmen gesehen, den der Gesetzgeber explizit vermeiden wollte. Eine weitere Studie zeigt, dass der Einbezug der Lieferkette primär innerhalb des Aspekts Achtung der Menschenrechte gefolgt von dem Aspekt Umweltbelange erfolgt.[791]

Bezüglich der erweiterten Offenlegung der Diversitätspolitik durch die Beschreibung des Diversitätskonzepts wird in einer Studie zur Erklärungen zur Konzernführung der DAX30- und der MDAX-Unternehmen herausgestellt, dass die Mehrheit der Unternehmen das Diversitätskonzept lediglich allgemein beschreibt und die wenigen Zielgrößen, die offengelegt werden, aufgrund variierender Messzahlen zwischen den Unternehmen nicht vergleichbar sind.[792] Die Bezifferung von Diversitätszielen wird darüber hinaus so gewählt, dass sie in der aktuellen Zusammensetzung der Führungsorgane bereits erfüllt oder sogar übertroffen werden. Insgesamt scheinen die Informationen somit für die Adressaten nicht entscheidungsnützlich und es ist seitens der Unternehmen keine Bestrebung zu erkennen, die Diversität zu erhöhen. Die Aufmachung der Informationen lässt zudem darauf schließen, dass das Diversitätskonzept zu Selbstdarstellungszwecken des Unternehmens gesehen wird.

Insgesamt wird in den bestehenden Studien zur Umsetzung des CSR-RL-UmsG in der Berichtspraxis die vom Gesetzgeber beabsichtigte Standardisierung und Harmonisierung der nichtfinanziellen Berichterstattung bisher kritisch betrachtet.[793] Insbesondere eine Vergleichbarkeit ist momentan aufgrund der sehr unterschiedlichen Ausübung von Wahlrechten und Ermessensspielräumen nur schwer möglich.[794]

---

789 Vgl. Behncke/Wulf (2018), S. 579; Fink (2018b), S. 473; Kirsch/Wege (2018), S. 247-248.
790 Vgl. hier und im Folgenden Scheid/Kotlenga/Müller (2018), S. 513.
791 Vgl. DGCN/econsense (2018), S. 16.
792 Vgl. hier und im Folgenden Needham/Müller (2018), S. 349-350.
793 Vgl. Kirsch/Wege (2018), S. 245 und 248; Scheid/Kotlenga/Müller (2018), S. 512.
794 Vgl. Arbeitskreis Integrated Reporting der Schmalenbach-Gesellschaft für Betriebswirtschaft (2018), S. 2259-2260; Behncke/Wulf (2018), S. 572; Fink (2018b), S. 473; Graß-

Über die Umsetzung des CSR-RL-UmsG hinaus liegt der Schwerpunkt der Forschung bzgl. der Ausübung der Nachhaltigkeitsberichterstattung auf der freiwilligen Berichterstattung und hierbei insbesondere auf separaten Nachhaltigkeitsberichten.[795] Bei den angewandten Methoden handelt es sich primär um Inhaltsanalysen.[796] Zusammenfassend zeigt sich, dass die Anzahl der berichterstattenden Unternehmen sowie der Umfang der Berichterstattung kontinuierlich zunehmen.[797] Die freiwillige Nachhaltigkeitsberichterstattung erfolgt primär im Internet oder in einem separaten Nachhaltigkeitsbericht, die Aufnahme nichtfinanzieller Themen in die Finanzberichterstattung steigt jedoch.[798] Die Berichterstattungspraxis fällt im nationalen wie auch im internationalen Vergleich heterogen aus.[799] Im Kontext des CSR-RL-UmsG ist bei einzelnen Unternehmen ein Ersetzen des zuvor freiwillig erstellten Nachhaltigkeitsberichts durch eine nichtfinanzielle Erklärung bzw. einen gesonderten nichtfinanziellen Bericht zu beobachten.[800]

Neben der Umsetzung in der Berichtspraxis stellen auch Studien zu Charakteristika der freiwillig berichtenden und zur Berichterstattung verpflichteten Unternehmen ein breites Themenfeld der Forschung dar. Dabei wird ein positiver Zusammenhang insbesondere zwischen der Nachhaltigkeitsberichterstattung und der Unternehmensgröße konstatiert.[801] Auch branchen- und firmenspezifische Eigenschaften der Unternehmen haben Einfluss auf die Berichterstattung.[802] So profitieren beispielsweise Unternehmen in Branchen hoher Umweltbelastungen überproportional von einer insbesondere auf ökologische Themen ausgelegten Nachhaltigkeitsberichterstattung.[803] Daneben wirken sich länderspezifische Charakteristika wie die institutionellen Rahmenbedingungen und Länderkulturen auf den Umfang und die Qualität der Sozial- und Umweltberichterstattung aus.[804]

---

mann/Krannich/Günther/Günther (2018), S. 441; Kajüter/Wirth (2018), S. 1612; Needham/Müller (2018), S. 349; Scheid/Kotlenga/Müller (2018), 513.

795 Vgl. Arbeitskreis Externe Unternehmensrechnung der Schmalenbach-Gesellschaft für Betriebswirtschaft (2015), S. 244.

796 Vgl. Blaesing (2013), S. 62-63 und 68-69.

797 Vgl. z.B. Campbell (2004); Gibson/O'Donovan (2007).

798 Vgl. z.B. Scholl/Waidelich (2011); KPMG (2014); KPMG (2015).

799 Vgl. z.B. Adams/Hill/Roberts (1998); Beck/Campbell/Shrives (2010); Dietsche/Fink (2008). Vgl. für einen Überblick zu Studien der Praxis der Nachhaltigkeitsberichterstattung Blaesing (2013), S. 57-70.

800 Vgl. Pellens/Lleshaj/Stappert (2018), S. 2287.

801 Vgl. z.B. Hackston/Milne (1996); Schaefer/Schröder (2012); Suttipun/Stanton (2012).

802 Vgl. z.B. Clarke/Gibson-Sweet (1999); Gray/Javad/Power/Sinclair (2001); Tagesson/Blank/Broberg/Collin (2009).

803 Vgl. Reverte (2016), S. 429.

804 Vgl. z.B. Haniffa/Cooke (2005); Li/Fetscherin/Alon/Lattemann/Yeh (2010); Orij (2010). Vgl. für einen Überblick zu Studien der Determinaten der Nachhaltigkeitsberichterstattung Blaesing (2013), S. 71-83.

4 Stand der Forschung

113

Bei Studien, die andere Themen als die Umsetzung in der Berichtspraxis und die Charakteristika berichterstattender Unternehmen zum Gegenstand haben, liegt der Fokus auf der Relevanz und den Auswirkungen der Nachhaltigkeitsberichterstattung auf den Kapitalmarkt.[805] Die Ergebnisse vermitteln, dass die Nachhaltigkeitsberichterstattung von Investoren für Anlageentscheidungen herangezogen wird.[806] Investoren und Analysten erhalten durch die Nachhaltigkeitsberichterstattung zusätzliche Informationen. Diese tragen zu gesteigerter Transparenz, Prognosegenauigkeit zukünftiger ökonomischer Risiken und finanzieller Leistungsfähigkeit der Unternehmen, und somit zur Reduzierung von Informationsasymmetrien bei.[807] Informationen zu einer nachhaltigkeitsorientierten Unternehmensführung und damit verbundene positive Prognosen zur zukünftigen Leistungsfähigkeit werden von den Investoren positiv in den Aktienkurs eingepreist.[808] Bezüglich der Kapitalkosten von Unternehmen belegen zahlreiche Studien einen positiven Zusammenhang zwischen einer qualitativ hochwertigen Unternehmenskommunikation und sinkenden Kapitalkosten.[809] Dem folgend trägt auch die Berichterstattung über nichtfinanzielle Informationen zur Senkung der Eigenkapitalkosten bei und erleichtert den Zugang zu Fremdkapital.[810]

Nachhaltigkeitsberichterstattung kann aber auch zu negativen Reaktionen am Kapitalmarkt führen. Dies liegt in einer negativen Erwartungshaltung der Kapitalgeber, erwarteten steigenden Ausgaben für nachhaltiges Engagement des Unternehmens, die zu Lasten der Shareholder gehen, sowie erwarteten steigenden Kosten für die Erstellung und Prüfung der Berichte begründet.[811] Letzteres

---

805   Vgl. Arbeitskreis Externe Unternehmensrechnung der Schmalenbach-Gesellschaft für Betriebswirtschaft (2015), S. 242 und 244; Axjonow/Ernstberger/Pott (2016), S. 431; Sun/Yu (2015), S. 264. Vgl. für einen Überblick zu Studien der Relevanz von CSR und CSR-Berichterstattung für den Kapitalmarkt Haller (2017).

806   Vgl. z.B. Accounting for Sustainability/GRI/Radley Yaldar (2014); Amel-Zadeh/Serafeim (2017); Eccles/Kastrapeli (2017); Lackmann (2010).

807   Vgl. Bernardi/Stark (2018), S. 30; Chen/Srinidhi/Tsang/Yu (2016), S. 54; Dhaliwal/Li/Tsang/Yang (2011), S. 94; Dhaliwal/Radhakrishnan/Tsang/Yang (2012); Lopatta/Buchholz/Kaspereit (2016); Michaels/Grüning (2017), S. 267; Rezaee/Tuo (2017), S. 56.

808   Vgl. Nekhili (2017), S. 42; Li/Gong/Zhang/Koh (2018), S. 73; Lackmann (2010); Plumlee/Brown/Hayes/Marshall (2015), S. 359; Qiu/Shaukat/Tharyan (2016), S. 111-113; Reverte (2016), S. 428-429.

809   Vgl. zusammenfassend Kreipl (2015), S. 106.

810   Vgl. z.B. Bassen/Hölz/Schlange (2006); Déjean/Martinez (2009); Dhaliwal/Li/Tsang/Yang (2011); Feldman/Soyka/Ameer (1997); Kölbel/Busch (2017); oekom research AG (2013). Vgl. für einen Überblick zu Studien der Kapitalkostenwirkungen der Nachhaltigkeitsberichterstattung Blaesing (2013), S. 83-88.

811   Vgl. Chen/Hung/Wang (2018), S. 184-186; Gabriel (2015), S. 156; Grewal/Riedl/Serafeim (2017), S. 38.

114 4 Stand der Forschung

gilt insbesondere für Unternehmen, die bisher nicht oder nur in einem geringen Umfang über nichtfinanzielle Aspekte berichtet haben.[812]

Der Effekt von CSR-Strategien bzw. der CSR-Berichterstattung auf die finanzielle Unternehmensperformance fällt mehrheitlich positiv aus.[813] Hierzu zählen bspw. der Unternehmenserfolg[814], der Marktwert des Unternehmens[815] und die Aktienkursrendite[816]. Der festzustellende Anstieg der Gesamtkapitalrentabilität lässt sich auf Umsatzsteigerungen und produktivere Mitarbeiter zurückführen.[817] Zudem kann die Datenerfassung entlang des Prozesses der Berichterstellung Ineffizienzen aufdecken, was wiederum zu Kosteneinsparungen führt.[818] Andere Studien können keinen Zusammenhang von Nachhaltigkeitsberichterstattung und Unternehmensperformance zeigen[819] bzw. stellen einen negativen Einfluss[820] fest. So können steigende Ausgaben für nachhaltiges Engagement wie z.B. Sozialleistungen für Mitarbeiter auch zu einem Rückgang der Gesamtkapitalrentabilität im Rahmen der Nachhaltigkeitsberichterstattung führen.[821] Insgesamt sind die Ergebnisse der Untersuchungen zu CSR und zur CSR-Berichterstattung in Bezug auf die finanzielle Unternehmensperformance somit heterogen.[822]

Studien, die sich im Kontext der Sozial- und Umweltbelange von Unternehmen anderen Stakeholdern als den Kapitalmarktteilnehmern widmen, sind vergleichsweise selten.[823] Untersuchungen, die CSR in Zusammenhang mit Stakeholdern wie Arbeitnehmern, Kunden oder Lieferanten untersuchen, analysie-

---

812 Vgl. Grewal/Riedl/Serafeim (2017), S. 38.

813 Vgl. z.B. Posnikoff (1997); Waddock/Graves (1997). Vgl. für einen Überblick Clark/Feiner/Views (2015); Friede/Busch/Bassen (2015).

814 Vgl. z.B. Eccles/Ioannou/Serafeim (2014).

815 Vgl. z.B. Eccles/Ioannou/Serafeim (2014); Lackmann (2010); Khan/Serafeim/Yoon (2016); Plumlee/Brown/Hayes/Marshall (2015).

816 Vgl. z.B. Becchetti/Ciriretti/Hasan (2009); Lackmann/Ernstberger/Stich (2012); Murray/Sinclair/Power/Gray (2006).

817 Vgl. Bhattacharya/Sen/Korschun (2008), S. 41; Bode/Singh/Rogan (2015), S. 1717-1718; Cheng/Lin/Wong (2016), S. 513; Flammer/Luo (2017), S. 179; Glavas/Kelley (2014), S. 184-185; Jain/Jain/Rezaee (2016), S. 32; Lee/Park/Lee (2013), S. 1721; Li/Gong/Zhang/Koh (2018), S. 71; Sun/Yu (2015), S. 280.

818 Vgl. Grewal/Riedl/Serafeim (2017), S. 9; Fifka (2018), S. 145; Jain/Jain/Rezaee (2016), S. 32.

819 Vgl. z.B. Aupperle/Carroll/Hatfield (1985); Clarkson/Fang/Li/Richardson (2013); Teoh/Wazzan/Welch (1999).

820 Vgl. z.B. Richardson/Welker (2001); Wright/Ferris (1997).

821 Vgl. Chen/Hung/Wang (2018), S. 172-177.

822 Vgl. Arbeitskreis Externe Unternehmensrechnung der Schmalenbach-Gesellschaft für Betriebswirtschaft (2015), S. 244; Blaesing (2013), S. 87; Lackmann (2010), S. 134.

823 Vgl. Arbeitskreis Externe Unternehmensrechnung der Schmalenbach-Gesellschaft für Betriebswirtschaft (2015), S. 244; Schenkel-Nofz (2015), S. 289.

4 Stand der Forschung

ren zudem primär die Wahrnehmung und Wirkung von Nachhaltigkeit und CSR-Strategien der Unternehmen und nicht die Berichterstattung hierüber.[824]

In Studien zum sozial- und umweltverträglichen Unternehmensverhalten im Kontext von Arbeitnehmern werden vor allem positive Auswirkungen von CSR-Strategien auf die Belegschaft festgestellt: Für Unternehmen bietet nachhaltigkeitsorientiertes Verhalten eine Möglichkeit, sich im Vergleich mit anderen Unternehmen abzusetzen und hiermit die Entscheidung von Arbeitnehmern für oder gegen einen Arbeitsplatz für sich positiv zu beeinflussen.[825] Sozial- und umweltverträgliches Unternehmensverhalten kann für potenzielle und bestehende Arbeitnehmer bedeutsamer als monetäre Anreize sein[826], sofern es nicht nur symbolischen Charakter besitzt[827]. Es kann zu gesteigerter Motivation führen, die sich wiederum positiv auf die Leistung auswirkt.[828] Zudem können CSR-Strategien im Unternehmen zu einer höheren Arbeitszufriedenheit[829] und verminderten Fehlzeiten[830] beitragen sowie die Mitarbeiter an Unternehmen langfristig binden und somit die Fluktuation reduzieren.[831]

Daneben weisen Studien aber auch auf kritische Reaktionen seitens der Belegschaft auf die CSR-Strategien von Unternehmen hin. Hierbei geht es insbesondere um die für die Strategien aufgewandten finanziellen Mittel. Bei Arbeitnehmern, die ihre Tätigkeit ausschließlich als Einkommensquelle betrachten, kann es diesbezüglich zu einer Hinterfragung der Sinnhaftigkeit nachhaltigkeitsorientierten Verhaltens und der dafür investierten Mittel kommen.[832]

Im Kontext von Nachhaltigkeitsberichterstattung und Arbeitnehmern stellen zudem mehrere Studien heraus, dass Mitarbeiter einen Einfluss auf die erfolgreiche Kommunikation über sozial- und umweltverträgliches Verhalten der Unternehmen haben können. Unter den Stakeholdern eines Unternehmens üben die

---

824 Vgl. Göttsche/Steindl/Gietl (2016), S. 150.
825 Vgl. z.B. Bhattacharya/Sen/Korschun (2008); Bustamante/Pelzeter/Ehlscheidt (2018); Flammer/Luo (2017); Turban/Greening (1997); Weber/Georg/Janke/Mack (2012).
826 Vgl. z.B. Kim/Park (2011); Krasodomska (2013).
827 Vgl. z.B. Donia/Sirsly (2016); Schenkel-Nofz (2015).
828 Vgl. z.B. Bhattacharya/Sen/Korschun (2008); Flammer/Luo (2017); Spence (2009). Vgl. zur Mitarbeitermotivation und -produktkivität in Zusammenhang mit CSR auch Iqbal/Ahmad/Sheeraz/Bashir (2012); Sun/Yu (2015).
829 Vgl. z.B. Glavas/Kelley (2014); Maignan/Ferrell/Hult (1999); Sims/Keon (1997); Spence (2009). Vgl. zur Mitarbeiterzufriedenheit in Zusammenhang mit CSR auch Singhapakdi/Lee/Sirgy/Senasu (2015); Valentine/Fleischman (2008).
830 Vgl. z.B. Bhattacharya/Sen/Korschun (2008).
831 Vgl. z.B. Bhattacharya/Sen/Korschun (2008); Brunton/Eweje/Taskin (2017); Bustamante/Pelzeter/Ehlscheidt (2018); Ditlev-Simonsen (2015); Flammer/Luo (2017); Lee/Park/Lee (2013); Maignan/Ferrell/Hult (1999); Sims/Keon (1997). Vgl. zur Mitarbeiterbindung in Zusammenhang mit CSR auch Branco/Rodrigues (2006); Duthler/Dhanesh (2018); Farooq/Farooq/Jasimuddin (2014).
832 Vgl. Rodrigo/Arenas (2008).

116   4 Stand der Forschung

Arbeitnehmer neben den Shareholdern den größten Einfluss auf die Transparenz der Nachhaltigkeitsberichterstattung aus. Von Unternehmensseite wird hierauf mit höherer Quantität und Qualität der Berichterstattung reagiert.[833] Darüber hinaus fördern der Einbezug und das Engagement von Arbeitnehmern in die CSR-Strategien nicht nur deren erfolgreiche Umsetzung, sondern stärkt auch das Vertrauen anderer Adressaten in die Berichterstattung.[834] Zudem stellen Arbeitnehmer aufgrund ihrer Kommunikation mit anderen Stakeholdern einen Multiplikator für das Engagement ihres Arbeitgebers dar[835] und sollten demnach im Rahmen der Kommunikation über sozial- und umweltverträgliches Verhalten im Unternehmen deutlich adressiert werden[836].

Im Rahmen der wenigen vorhanden Studien zum Interesse der Arbeitnehmer an Informationen zu Sozial- und Umweltbelangen des Arbeitgebers wird eine grundsätzliche Beachtung dieser Themen konstatiert.[837] Das primäre Informationsinstrument ist der separate Nachhaltigkeitsbericht.[838] Es bestehen jedoch Schwierigkeiten bzgl. der Informationsbeschaffung.[839] Der Fokus des Interesses liegt für Arbeitnehmer auf dem Bereich Soziales.[840] Daneben können für Arbeitnehmer aus der Nachhaltigkeitsberichterstattung Informationen entnommen werden, die Aufschluss über Ausgaben ihres Arbeitgebers im Rahmen von CSR-Strategien geben.[841] Potenzielle Arbeitnehmer können über die Nachhaltigkeitsberichterstattung die Ansichten des Unternehmens und dessen Arbeitsweisen besser einschätzen.[842] Eine konkrete Auswirkung der Nachhaltigkeitsberichterstattung auf das Verhalten des Unternehmens im Interesse der Arbeitnehmer konnte im Zuge einer Untersuchung über die Zahl der Todesopfer am Arbeitsplatz festgestellt werden. In China zeigte sich, dass Todesfälle in gefährlichen Industriezweigen infolge einer verpflichtenden Berichterstattung hierüber rückläufig waren.[843]

Zusammenfassend zeigt sich, dass aufgrund der Aktualität im Fokus empirischer Untersuchungen zur gesetzlich verpflichtenden Berichterstattung die Umsetzung des CSR-RL-UmsG in der Berichtspraxis steht. Inwieweit das CSR-RL-

---

833   Vgl. z.B. Fernandez-Feijoo/Romero/Ruiz (2014); Huang/Kung (2010); Rudyanto/Siregar (2018).

834   Vgl. z.B. Aguilera/Rupp/Williams/Ganapathi (2007); Maclagan (1999); Morsing/Schultz/Nielsen (2008).

835   Vgl. z.B. Brunton/Eweje/Taskin (2017); Dawkins (2005); Kataria/Kataria/Garg (2013).

836   Vgl. Dawkins (2005).

837   Vgl. z.B. Dawkins (2005); Krasodomska (2013).

838   Vgl. z.B. Krasodomska (2013).

839   Vgl. z.B. Bhattacharya/Sen/Korschun (2008); Brunton/Eweje/Taskin (2017).

840   Vgl. z.B. Bustamante/Pelzeter/Ehlscheidt (2018); Hauser-Ditz/Wilke (2005).

841   Vgl. z.B. Hoeffler/Bloom/Keller (2010).

842   Vgl. z.B. Bustamante/Pelzeter/Ehlscheidt (2018).

843   Vgl. Chen/Hung/Wang (2018).

4 Stand der Forschung

UmsG dazu geeignet ist, die vom Gesetzgeber formulierten Ziele im Rahmen des Gesetzes aus Arbeitnehmerperspektive zu erreichen, ist bisher nicht Gegenstand bestehender Forschung. Neben der Umsetzung der Berichterstattung sowie den Charakteristika der berichterstattenden Unternehmen liegt der Schwerpunkt der Untersuchungen zur Nachhaltigkeitsberichterstattung auf der Relevanz und den Auswirkungen für den Kapitalmarkt. Die Perspektive anderer Stakeholder wie bspw. den Arbeitnehmern wird primär im Kontext von sozial- und umweltverträglichen Verhalten der Unternehmen und nicht der Berichterstattung hierüber herausgestellt. Bestehende Studien zur Nachhaltigkeitsberichterstattung im Kontext von Arbeitnehmern nehmen zudem oftmals die Perspektive der Unternehmen ein und sind auf das Gebiet des Sozialen fokussiert. Eine Beleuchtung von Aspekten, die nicht in das vermeintlich primäre Interessengebiet der Arbeitnehmer fallen, findet hingegen kaum statt. Dementsprechend gibt es wenige Informationen darüber, welche Haltung Arbeitnehmer bspw. bzgl. ökologischer oder gesellschaftlicher Berichterstattung einnehmen. Im primären Interessensgebiet des Sozialen werden darüber hinaus keine Details dargestellt. Ebenso besteht eine Forschungslücke bzgl. der Frage, wie die Berichterstattung über Sozial- und Umweltbelange von Unternehmen in Form und Inhalt so gestaltet werden kann, dass sie für Arbeitnehmer an Relevanz gewinnt.

5 Empirische Untersuchung

5.1 Untersuchungsdesign und Vorgehen

5.1.1 Forschungsfragen

Im Rahmen des Vorhabens, CSR-Strategien auf europäischer Ebene weiter auszuarbeiten und zu erneuern, werden Regulierungen und Offenlegungspflichten von der EU als mögliche Mittel gesehen, die Informationsbedürfnisse der verschiedenen Stakeholder über ökonomische, soziale und ökologische Themen zu befriedigen und das soziale Verantwortungsbewusstsein vom Management von Unternehmen zu steigern. Wie im Kapitel 2.4 aufgeführt, nehmen Arbeitnehmer im Kontext der nichtfinanziellen Berichterstattung unter den Stakeholdern eine besondere Rolle ein. Nichtsdestotrotz zeigt der Überblick des Forschungsstandes in Kapitel 4, dass die Arbeitnehmerperspektive vergleichsweise selten Gegenstand von Untersuchungen zum Thema der Berichterstattung von Sozial- und Umweltbelangen ist.

In der Entwicklung der gesetzlich verpflichtenden nichtfinanziellen Berichterstattung stellt die CSR-RL der EU-Kommission und ihre Umsetzung in deutsches Recht durch das CSR-RL-UmsG den aktuellen Höhepunkt dar. Mit der CSR-RL verfolgt die EU-Kommission das Ziel, die Transparenz der Informationen zu Sozial- und Umweltbelangen von Unternehmen zu steigern. Der deutsche Gesetzgeber konstatiert in der Umsetzung explizit, dass diese Transparenzsteigerung gegenüber allen Stakeholdern eines Unternehmens angestrebt wird.[844] Dies soll durch die Verbesserung der Relevanz, Konsistenz und Vergleichbarkeit der Berichterstattung erfolgen. Durch die Verpflichtung zur Offenlegung von sozialen und ökologischen Informationen sollen die berichtenden Unternehmen für Themen der Nachhaltigkeit sensibilisiert werden und Rechenschaft über die Auswirkungen ihrer Tätigkeit auf die Gesellschaft ablegen. Investoren und Verbraucher sollen mithilfe der Berichterstattung leichteren Zugang zu nichtfinanziellen Informationen erhalten und so Vertrauen in die Unternehmen erlangen. Zudem sollen die Offenlegungspflichten Anreize für größere Vielfalt in Führungsebenen bieten.[845]

---

844 Vgl. Begründung zum HGB-GesE des CSR-RL-UmsG (2016), S. 30 i.V.m. ErwG. 3 RL 2014/95/EU. Vgl. auch DRS 20.265 und B82.

845 Vgl. für den gesamten Absatz auch schon Kapitel 3.3.

Zusatzmaterial online
Zusätzliche Informationen sind in der Online-Version dieses Kapitel (https://doi.org/10.1007/978-3-658-29198-3_5) enthalten.

© Springer Fachmedien Wiesbaden GmbH, ein Teil von Springer Nature 2020
N. I. Schröder, *CSR-Richtlinie-Umsetzungsgesetz*,
https://doi.org/10.1007/978-3-658-29198-3_5

120 5 Empirische Untersuchung

Im Rahmen der Untersuchung der vorliegenden Arbeit soll analysiert werden, ob die vom Gesetzgeber verfolgten Ziele der CSR-RL durch das CSR-RL-UmsG aus Arbeitnehmerperspektive erfüllt werden können. Die untergeordneten Fragestellungen lauten dementsprechend in Anlehnung an die zentralen Ziele der EU-Kommission wie folgt:

- Trägt das CSR-RL-UmsG für Arbeitnehmer zur Verbesserung der Relevanz, Konsistenz und Vergleichbarkeit der Berichterstattung über Sozial- und Umweltbelange bei?

- Sensibilisiert das CSR-RL-UmsG aus Arbeitnehmerperspektive die Unternehmen für Sozial- und Umweltbelange?

- Stärkt das CSR-RL-UmsG das Vertrauen der Arbeitnehmer in die Unternehmen und hält die Unternehmen aus Arbeitnehmerperspektive zur Rechenschaftslegung über die Auswirkungen ihrer Tätigkeit auf die Gesellschaft an?

- Trägt das CSR-RL-UmsG aus Arbeitnehmerperspektive zur Erhöhung der Vielfalt in Führungsebenen bei?

Der deutsche Gesetzgeber führt durch das CSR-RL-UmsG formale und inhaltliche Vorschriften zur Erstellung einer nichtfinanziellen Erklärung bzw. eines gesonderten nichtfinanziellen Berichts und die erweiterte Offenlegung der Diversitätspolitik durch die Beschreibung des Diversitätskonzepts ein.[846] Ob die formalen und inhaltlichen Vorgaben des CSR-RL-UmsG zur Relevanz der Informationen für Arbeitnehmer beitragen, ist neben der Frage, ob die vom Gesetzgeber verfolgten Ziele der CSR-RL durch das CSR-RL-UmsG aus Arbeitnehmerperspektive erfüllt werden können, die zentrale Fragestellung der Analyse der vorliegenden Arbeit. Hieraus ergeben sich folgende weitere untergeordnete Fragestellungen:

- Welche nichtfinanziellen Themen sind für Arbeitnehmer im Kontext des CSR-RL-UmsG von Relevanz?

- Welche Form der Aufbereitung der nichtfinanziellen Themen ist für Arbeitnehmer im Kontext des CSR-RL-UmsG geeignet?

Die Beantwortung der Fragestellungen gibt Aufschluss darüber, inwieweit das CSR-RL-UmsG aus Arbeitnehmerperspektive dazu geeignet ist, die Transparenz der Sozial- und Umweltbelange von Unternehmen zu steigern. Letztlich soll so

---

846 Vgl. auch schon Kapitel 3.3.2.

5.1 Untersuchungsdesign und Vorgehen   121

ein Beitrag zu einer für Arbeitnehmer relevanten Berichterstattung über nichtfinanzielle Themen geleistet werden.

5.1.2 Auswahl der Forschungsmethoden

5.1.2.1 Teilstrukturierte Interviews

Bei der Bearbeitung der Fragestellungen der vorliegenden Untersuchung geht es
darum, das subjektive Relevanzsystem der Arbeitnehmer herauszustellen, d.h.
ihre Interessen, Wichtigkeiten und Dringlichkeiten zu analysieren.[847] Unter den
Verfahren zur Datenerhebung von Fakten, Wissen, Meinungen, Einstellungen
oder Bewertungen gilt das Interview als Standardinstrument.[848] Dabei lassen sich
je nach Grad der Vorgabe des Interviewverlaufs verschiedene Interviewarten[849]
unterscheiden, von denen das halb- bzw. teilstrukturierte Interview[850] für die
vorliegende Analyse am besten geeignet ist.

Bei einem teilstrukturierten Interview werden im Vorfeld Fragen formuliert,
die innerhalb des Interviews beantwortet werden sollen. Diese zu stellenden
Fragen geben dem Interview eine grobe Struktur.[851] Der Interviewer hat jedoch
die Möglichkeit, die exakte Formulierung sowie die Reihenfolge der Fragen ggf.
dem Gesprächsverlauf anzupassen.[852] Zudem kann er ergänzende Vertiefungs-
und Zusatzfragen stellen, wenn sich dies aus dem Gesprächsverlauf ergibt.[853]
Hierdurch wird eine offene Gesprächsführung erzeugt, Konkretisierungen werden ermöglicht, Unklarheiten können beseitig, und Beweggründe und Erfah-
rungshintergründen klar herausgestellt werden. Der Befragte ist in seinen Ant-

---

847 Vgl. zum subjektiven Relevanzsystem Luckmann (1992), S. 32. Vgl. ausführlich
     Schütz/Luckmann (1979), S. 224-290.
848 Vgl. Schnell/Hill/Esser (2013), S. 312-314. Vgl. für einen Überblick der Verfahren zur
     Datenerhebung z.B. Döring/Bortz (2016), S. 321-577.
849 Je nach Grad der Vorgabe des Interviewverlaufs wird zwischen nicht- bzw. wenig struktu-
     rierten, halb- bzw. teilstrukturierten oder voll- bzw. stark strukturierten Interviews unter-
     schieden (vgl. Atteslander (2010), S. 134-135; Döring/Bortz (2016), S. 365 und 381-382.
     Vgl. ausführlich zum nicht- bzw. wenig strukturierten Interview z.B. Döring/Bortz (2016), S.
     369-371; vgl. ausführlich zum voll- bzw. stark strukturierten Interview z.B. Döring/Bortz
     (2016), S. 381-393). Als weitere Interviewart ist das Gruppeninterview zu nennen (vgl. Dö-
     ring/Bortz (2016), S. 365. Vgl. ausführlich zum Gruppeninterview z.B. Döring/Bortz (2016),
     S. 379-381).
850 Im Folgenden wird die Bezeichnung des „teilstrukturierten Interviews" verwendet. In der
     Forschung werden teilstrukturierte Interviews z.B. zur Exploration, als Pretest, zur Hypothe-
     senentwicklung oder zur Systematisierung vorwissenschaftlichen Verständnisses genutzt
     (vgl. Schnell/Hill/Esser (2013) S. 378 i.V.m. Scheuch (1973), S. 123).
851 Vgl. Döring/Bortz (2016), S. 372; Schnell/Hill/Esser (2013), S. 315.
852 Vgl. Gläser/Lauder (2010), S. 42.
853 Vgl. Döring/Bortz (2016), S. 372.

wortmöglichkeiten frei.[854] Themen können so von ihm in einem maximal offenen Erzählraum selbstständig eingeführt werden und lassen einen Rückschluss auf seine Relevanzstrukturen und Erfahrungshintergründe zu.[855] Gleichzeitig kann der Interviewer trotzdem strukturierend eingreifen.[856]

Nachteil des teilstrukturierten Interviews ist, dass Variationen in der Fragenformulierung und der Reihenfolge der gestellten Fragen zu unterschiedlichen Interpretationsvorgaben für die Antworten der Befragten führen können.[857] Dies erschwert auch bei der Verwendung eines Leitfadens mit im Vorfeld formulierten Fragen die Vergleichbarkeit zwischen verschiedenen Interviews.[858] Bezogen auf die Bearbeitung der Fragestellungen in dieser Arbeit ist dieser Nachteil jedoch insofern vertretbar, als dass es bei der Untersuchung nicht um die Vergleichbarkeit mehrerer Interviews geht, sondern die Tiefenperspektive der Befragten herausgearbeitet werden soll.

Eine Schwierigkeit, die jede Form des Interviews mit sich bringt, ist die der Antwortverzerrung (Response-Errors).[859] Hierzu zählen Zustimmungstendenzen wie die Zustimmung zu Fragen unabhängig von deren Inhalt sowie das Problem der „soziale Erwünschtheit", das sich auf die Abgabe sozial erwünschter Antworten oder die Reaktionen des Befragten auf Merkmale des Interviewers bezieht.[860] Vollständig lassen sich solche Verzerrungen bei der Durchführung von Interviews nicht umgehen.[861] Im Vorfeld formulierte Fragen, das Testen ihrer Eignung mithilfe von Pretests sowie günstige Rahmenbedingungen und eine integre, angenehme Atmosphäre können jedoch zu einer vertrauensvollen Interviewsituation und somit zur Reduktion von Antwortverzerrungen beitragen.[862] Das teilstrukturierte Interview eignet sich somit trotz der genannten Nachteile für die Identifizierung subjektiver Relevanzsysteme von Arbeitnehmern und wird daher für die vorliegende Untersuchung verwendet.

5.1.2.2 Qualitative Inhaltsanalyse

Im Anschluss an die Erfassung der subjektiven Relevanzsysteme der Arbeitnehmer durch die teilstrukturierten Interviews efolgt die Auswertung des gesammelten qualitativen Datenmaterials. Dies erfolgt im Rahmen der vorliegenden Untersuchung unter Anwendung der qualitativen Inhaltsanalyse, die als Standard-

---

854   Vgl. Döring/Bortz (2016), S. 372.
855   Vgl. Helfferich (2011), S. 179; Schnell/Hill/Esser (2013), S. 378.
856   Vgl. Helfferich (2011), S. 179.
857   Vgl. Schnell/Hill/Esser (2013), S. 316.
858   Vgl. Schnell/Hill/Esser (2013), S. 316.
859   Vgl. Schnell/Hill/Esser (2013), S. 345.
860   Vgl. Schnell/Hill/Esser (2013), S. 345-348.
861   Vgl. Döring/Bortz (2016), S. 357.
862   Vgl. Döring/Bortz (2016), S. 363-364; Helfferich (2011), S. 176-178.

5.1 Untersuchungsdesign und Vorgehen 123

instrument für die Analyse von verschriftlichten Interviews gilt.[863] In einer (qualitativen sowie quantitativen) Inhaltsanalyse werden Dokumente so aufbereitet, dass sie auf die Häufigkeit bestimmter Merkmale, deren Nennung im Zusammenhang mit bestimmten sprachlichen Elementen, der Abgabe von negativen, positiven oder neutralen Bewertungen, sowie der Intensität dieser Bewertungen untersucht werden können.[864] Sie befasst sich eher mit den unmittelbaren Wortbedeutungen durch manifeste Inhalte als mit den tieferen Bedeutungsebenen durch latente Inhalte.[865] Eine (qualitativen sowie quantitativen) Inhaltsanalyse lässt sich auf alle Kommunikationsinhalte anwenden, die als Text abgebildet werden können.[866] Dies bezieht textuelle ebenso wie als Text abbildbare, nichttextuelle Kommunikationsinhalte wie z.B. Radiobeiträge, Videos oder auch Interviews ein.[867]

Speziell die qualitative Inhaltsanalyse arbeitet anhand von Forschungsfragen Bedeutungsgehalte von Dokumenten durch eine schrittweise Kodierung heraus. Im Ergebnis werden diese durch übergeordnete verbal beschriebene Codes und Kategorien dargestellt, denen der Inhalt des analysierten Dokuments zugeordnet ist.[868] So werden primär zentrale Bedeutungen herausgestellt, Dokumente in ihrer Komplexität reduziert und große Datenmengen können besser bearbeitet werden.[869] Die Ergebnisse haben einen rein deskriptiven Charakter.

Für die Inhaltsanalyse müssen die Interviews transkribiert werden. Der Fokus der Untersuchung der Interviews liegt auf der Inhaltsebene. Auf die exakte Wiedergabe der Gesprächssituation auch durch nicht-verbale Merkmale kann daher verzichtet und der Fokus auf eine leichte Lesbarkeit des Transkriptes gelegt werden. Ein System, das diesen Kriterien genügt, ist das Transkriptionssystem nach Kuckartz, welches für die vorliegende Analyse mit leichten Abweichungen verwendet wird.[870]

---

863 Vgl. Döring/Bortz (2016), S. 542. Zu den allgemeinen Auswertungsmethoden von qualitativem Datenmaterial zählen neben der qualitativen Inhaltsanalyse die objektive Hermeneutik, die dokumentarische Methode und die Grounded-Theory-Methodologie (vgl. Döring/Bortz (2016), S. 602-603).
864 Vgl. Schnell/Hill/Esser (2013), S. 398-399.
865 Vgl. Döring/Bortz (2016), S. 544.
866 Vgl. Merten (1995), S. 16.
867 Vgl. Döring/Bortz (2016), 542-544; Merten (1995), S. 16.
868 Vgl. Döring/Bortz (2016), S. 541.
869 Vgl. Döring/Bortz (2016), S. 541-544.
870 Vgl. Kuckartz (2016), S. 167-168. Die Abweichungen bestehen im Verzicht auf Unterstreichungen besonders betonter Begriffe, Lautäußerungen sowie nonverbaler Aktivitäten und Äußerungen. Ein unverständliches Wort wird durch (...?) kenntlich gemacht, mehrere unverständliche Wörter durch (...??). Nicht transkribierte Frequenzen werden durch [...] kenntlich gemacht. Vgl. ausführlich zur Transkription Kuckartz (2016), S. 164-174 und 204.

124   5 Empirische Untersuchung

Die Schwierigkeit der Inhaltsanalyse liegt darin, bei der Klassifizierung der Codes und Kategorien, die zur Analyse des Textes benötigt werden, Konsistenz und Zuverlässigkeit zu gewährleisten, um begründete Ergebnisse zu erzielen.[871] Diese Problematik der Klassifizierung wird in der vorliegenden Analyse durch nur einen einzelnen Kodierer weitestgehend umgangen. Zudem erfolgt eine ausführliche Ausarbeitung und Definition des Code- und Kategoriensystems. Dessen Nachvollziehbarkeit wird durch die computergestützte Analyse mit der Software MAXQDA 2018[872] und das Arbeiten mit direkter und indirekter Zitation der durchgeführten Interviews unterstützt, so dass die gezogenen Schlussfolgerungen jeweils in den Daten begründet liegen. Hierdurch wird gleichzeitig der subjektive Einfluss als ein Nachteil der Analyse durch lediglich einen Kodierer eingeschränkt.

5.1.2.3 Gütekriterien qualitativer Forschung

Sowohl bei den teilstrukturierten Interviews als auch bei der Inhaltsanalyse handelt es sich um qualitative Forschungsmethoden. Da die wissenschaftliche Güte qualitativer Forschung ohne eine Bewertung der Forschungsprozesse und der Forschungsergebnisse nicht bestehen kann[873], werden die für die vorliegende Untersuchung geltenden Gütekriterien im Folgenden dargestellt. Hierbei ist zu beachten, dass eine Übertragung der Bewertungskriterien quantitativer Forschung (Reliabilität, Validität und Objektivität[874]) auf die qualitative Forschung ungeeignet ist.[875] Vielmehr müssen Kriterien entwickelt werden, die dem Profil der qualitativen Forschung Rechnung tragen.[876] Für die vorliegende Untersuchung werden die sieben Kriterien zur Bewertung qualitativer Forschung nach *Steinke* (2015) herangezogen:[877]

▨   Intersubjektive Nachvollziehbarkeit;

▨   Indikation des Forschungsprozesses;

---

871   Vgl. Schnell/Hill/Esser (2013), S. 403; Kuckartz (2016), S. 204-205.
872   Vgl. https://www.maxqda.de/, abgerufen am 04. August 2018.
873   Vgl. Döring/Bortz (2016), S. 107; Steinke (2015), S. 321.
874   Vgl. ausführlich zu einer Übertragung der Kriterien Reliabilität, Validität und Objektivität auf die Güte qualitativer Forschung Flick (2016), S. 489-500.
875   Vgl. Döring/Bortz (2016), S. 106; Mayring (2002), S. 142; Steinke (2015), S. 322.
876   Vgl. Steinke (2015), S. 322. Vgl. zur Diskussion geeigneter Gütekriterien in der qualitativen Forschung z.B. Flick (2016), S. 505-508.
877   Vgl. Steinke (2015), S. 324-331. Von in der Fachliteratur mehr als hundert verschiedenen existierenden Kriterienkatalogen (vgl. Döring/Bortz (2016), S. 107. Vgl. ursprünglich Noyes/Popay/Pearson/Hannes/Booth (2008), S. 580) wird in der internationalen Fachliteratur am häufigsten der Katalog nach *Lincoln/Guba* (1985) zitiert (vgl. Döring/Bortz (2016), S. 108). Dieser konzentriert sich jedoch auf die methodische Strenge, wohingegen Steinke auch die Repräsentationsqualität und die Relevanz einbezieht (vgl. Döring/Bortz (2016), S. 111).

5.1 Untersuchungsdesign und Vorgehen

▨ empirische Verankerung;

▨ Limitation;

▨ reflektierte Subjektivität;

▨ Kohärenz;

▨ Relevanz.

Das Gütekriterium der intersubjektiven Nachvollziehbarkeit zielt darauf ab, wie gut der gesamte Forschungsprozess für Außenstehende nachvollziehbar und somit auch bewertbar ist. In der vorliegenden Analyse wird dies durch eine umfassende Dokumentation der Erhebungsmethoden, der Transkriptionsregeln, der Daten und der Auswertungsmethoden in Kapitel 5.1.3 zur Planung und Durchführung der teilstrukturierten Interviews gewährleistet. Zudem werden innerhalb der Analysesoftware Memos verwendet. In Kapitel 5.1.4 zur Planung und Durchführung der qualitativen Inhaltsanalyse wird die Planung und Durchführung der qualitativen Inhaltsanalyse beschrieben. Während der Interviews verringert der Einsatz eines Leitfadens die Gefahr, lediglich Bestätigungen für subjektive Theorien einzuholen. Zudem wird die Reflexion der Subjektivität des Forschers z.B. in Bezug auf das Code- und Kategoriensystem durch regelmäßige Interpretationen in Gruppen und einen regelmäßigen Austausch mit Experten während des gesamten Forschungsprozesses gewährleistet.[878] Bei der Darstellung und der Interpretation der Interviewdaten (Kapitel 5.2 zu den Ergebnissen der empirischen Untersuchung) erfolgen Angaben darüber, ob die Informationen aus wörtlichen Äußerungen, sinngemäßen Wiedergaben der Interviewpartner oder aber aus Deutungen des Forschers stammen.

Die Indikation des Forschungsprozesses hinterfragt die Angemessenheit eines qualitativen Vorgehens und der gewählten Methode in Bezug auf die zugrunde liegende Forschungsfrage. Die Erfüllung dieses Gütekriteriums erfolgt durch die Beschreibung und Begründung der Methodenauswahl und des qualitativen Vorgehens in Kapitel 5.1.2.1 zu den teilstrukturierten Interviews und in Kapitel 5.1.2.2 zur qualitativen Inhaltsanalyse, der Darstellung der Transkriptionsregeln in Kapitel 5.1.2.2 zur qualitativen Inhaltsanalyse sowie durch die Diskussion der Indikation der Auswahl der Befragten im Rahmen der Darstellung von Planung und Durchführung der teilstrukturierten Interviews in Kapitel 5.1.3.

Um das Gütekriterium der empirischen Verankerung zu erfüllen, sind sämtliche Ergebnisse des Forschungsprozesses mit hinreichenden Daten zu belegen.

---

[878] Dies geschah primär im Rahmen von Kolloquien, Seminaren und Gesprächen über das Methodenzentrum der Ruhr-Universität (vgl. https://methodenzentrum.ruhr-uni-bochum.de/, abgerufen am 05. Oktober 2018).

126 5 Empirische Untersuchung

Dies erfolgt in Kapitel 5.2 zu den Ergebnissen der empirischen Untersuchung anhand direkter oder indirekter Zitation der Transkripte, wodurch die Ergebnisse nachvollziehbar dargestellt werden.

Das Gütekriterium der Limitation verlangt eine umfassende und überzeugende Darstellung darüber, inwieweit die Forschungsergebnisse verallgemeinerbar sind.[879] Aufgrund des hohen Erhebungsaufwands und der eingeschränkten Operationalisierbarkeit nicht bekannter Einflussfaktoren ist der meist geringe Umfang der Stichproben als grundsätzliche Limitation qualitativer Forschung zu nennen.[880] Der Anspruch auf Repräsentativität ist somit nicht gegeben. Da qualitative Forschung nicht generalisieren möchte, ist diese aber auch nicht notwendig.[881] Ersetzt wird das Kriterium der Repräsentativität dadurch, dass der Umfang der Stichproben bei qualitativen Forschungen den Kern des Feldes gut vertritt und darüber hinaus abweichende Vertreter hinreichend aufnimmt.[882] Adressiert wird diese Bedingung in der vorliegenden Untersuchung in Kapitel 5.1.3.1 zur Auswahl der Befragten. Weitere Limitationen bzgl. der Verallgemeinerbarkeit der Forschungsergebnisse werden in Kapitel 5.3 zu Limitationen der Ergebnisse der empirischen Untersuchung diskutiert. Zur Erhöhung der Verallgemeinerbarkeit dienen auch hier ein regelmäßiger Austausch bzgl. der Vorgehensweisen und der Ergebnisse mit Experten sowie die Interpretation in Gruppen außerhalb des Forschungsprojektes und ein die Interviews stützender Leitfaden[883].

Die reflektierte Subjektivität des Forschungsprozesses fragt danach, wie umfassend der Forscher seine eigenen subjektiven Positionen und Rollen innerhalb des Forschungsprozesses reflektiert. Im Rahmen der vorliegenden Analye ist dabei insbesondere die Rolle des Interviewers gegenüber den Befragten von Bedeutung. Der soziale und biografische Hintergrund kann hier vor allem Einfluss auf das Antwortverhalten der Befragten in Form von sozial erwünschtem Verhalten hervorrufen.[884] Wie dieses eingeschränkt werden kann, wird in Kapitel 0 zum Ablauf der teilstrukturierten Interviews dargestellt. Darüber hinaus ist die Erstellung des Code- und Kategoriensystems sowie die Zuordnung der Kodiereinheiten zu den Kategorien und die Aufbereitung der Daten individuell geprägt.[885]

---

879 Vgl. ausführlich zum Gütekriterium der Übertragbarkeit und Verallgemeinerung der Ergebnisse auch Kuckartz (2016), S. 217-218.
880 Vgl. Lamnek (2010), S. 3 und 310.
881 Vgl. Helfferich (2011), S. 172; Lamnek (2010), S. 350-351; Merkens (1997), S. 100.
882 Vgl. Merkens (1997), S. 100.
883 Vgl. Kapitel 5.1.3.2.
884 Vgl. hierzu auch schon die Gefahr des Response-Errors als Nachteil von Interviews in Kapitel 5.1.2.1.
885 Vgl. hierzu auch schon Kapitel 5.1.4.2.

5.1 Untersuchungsdesign und Vorgehen 127

Das Gütekriterium der Kohärenz stellt die Frage, wie stimmig und widerspruchsfrei die herausgestellten Ergebnisse sind. Die Umsetzung dieses Gütekriteriums erfolgt im Rahmen der vorliegenden Untersuchung durch die Darstellung und Diskussion auch von abweichendem und somit widersprüchlichem Verhalten innerhalb der Ergebnisdiskussion in Kapitel 5.2 zu den Ergebnissen der empirischen Untersuchung. In diesem Kapitel und in Kapitel 5.3 zum weiteren Forschungsbedarf erfolgt ebenfalls eine Diskussion über die Relevanz der Fragestellungen sowie der Relevanz des Beitrags zur Forschung.

5.1.3 Planung und Durchführung der teilstrukturierten Interviews

5.1.3.1 Auswahl der Befragten

Die Identifizierung subjektiver Relevanzsysteme von Arbeitnehmern erfolgt mittels teilstrukturierter Interviews. Um die Einschätzungen und Meinungen möglichst vieler Arbeitnehmer abzufragen, werden diese Interviews nicht mit einzelnen Arbeitnehmern, sondern mit Experten für diese Gruppe geführt.

Als Experte wird definiert, wer über einen privilegierten Zugang zu Informationen über bestimmte Personengruppen verfügt.[886] Das Experteninterview wird in der qualitativen Forschung genutzt, um das besondere Wissen des Experten aufzuzeigen, dass dieser über in Situationen und Prozesse involvierte Menschen besitzt.[887] Gegenstand des Experteninterviews sind die exklusiven Erfahrungen und Wissensbestände, die der Experte aus seinen Zuständigkeiten, Aufgaben und Tätigkeiten gewonnen hat.[888] Aufgrund einer Ausbildung oder der langjährigen Beschäftigung mit einer bestimmten Materie wird dem Experten unterstellt, dass sein Wissen innerhalb dieser Materie auf andere Personen übertragbar ist und seine Aussagen als faktische Befunde betrachtet werden können.[889]

Als Experten zur Identifizierung subjektiver Relevanzsysteme von Arbeitnehmern werden in der Untersuchung der vorliegenden Arbeit Mitglieder von Arbeitnehmervertretungen angesehen. In Deutschland zählen hierzu Gewerkschaftsmitglieder, betriebliche Interessenvertreter, Arbeitnehmervertreter in Aufsichtsräten und Mitglieder von Arbeitsschutzausschüssen.[890] Bei der Bearbeitung der Fragestellungen geht es darum, die persönlichen Einschätzungen und Meinungen der Arbeitnehmer unabhängig von gesetzlichen Vorschriften oder

---

886 Vgl. Meuser/Nagel (1991), S. 443.
887 Vgl. Gläser/Laudel (2010), S. 13.
888 Vgl. Meuser/Nagel (1991), S. 444.
889 Vgl. Helfferich (2014), S. 570-571.
890 Vgl. https://www.boeckler.de/75.htm, abgerufen am 17. Juni 2018.

128   5 Empirische Untersuchung

der Berichterstattung von Unternehmen zu erfragen. Expertenwissen im Bereich nichtfinanzieller Themen und entsprechender Vorschriften sowie in der Unternehmensberichterstattung wird daher nicht vorausgesetzt. Somit ist es für die Auswahl der Befragten auch irrelevant, ob der jeweilige Arbeitgeber vom CSR-RL-UmsG betroffen ist bzw. ob das jeweilige Unternehmen Aktivitäten in diesem Bereich ausübt.

Da i.d.R. Arbeitnehmervertreter in Aufsichtsräten gem. § 96 AktG i.V.m. MitbestG für Unternehmen mit über 200 Mitarbeitern gestellt werden und Unternehmen mit weniger Mitarbeitern entsprechend diese Form der Arbeitnehmervertretung nicht aufweisen, wird diese Expertengruppe nicht berücksichtigt. Arbeitsschutzausschüsse befassen sich mit Gesundheits- und Sicherheitsfragen. Da ihr Fokus somit auf einem klar abgegrenzten Teilbereich sozialer Themen liegt, werden Experten dieser Gruppe ebenfalls nicht berücksichtigt. Somit verbleibt die Gruppe der Gewerkschafts- und Betriebsratsmitglieder als Experten für die Durchführung der Interviews.

In Deutschland vertreten verschiedene Einzelgewerkschaften die gesellschaftlichen, wirtschaftlichen, sozialen und kulturellen Interessen ihrer i.d.R. abhängig beschäftigten Mitglieder nach Industriegruppen, Berufen, politischen oder religiösen Gesichtspunkten.[891] Um den Kern des Feldes – die Arbeitnehmer verschiedener Branchen und Wirtschaftsbereiche in Deutschland – abzudecken, werden Gewerkschaftsmitglieder der Gewerkschaften mit den höchsten Mitgliederzahlen in Deutschland als Experten berücksichtigt. Durch den zusätzlichen Einbezug betrieblicher Interessenvertreter der Arbeitnehmer aus verschiedenen Unternehmen werden spezielle Branchen, Unternehmen mit unterschiedlichsten Mitarbeiterzahlen und verschiedene Besonderheiten im Betriebsalltag abgedeckt. Neben Betriebsratsmitgliedern und Jugend- und Auszubildendenvertretern nach dem Betriebsverfassungsgesetz zählen hierzu Personalratsmitglieder für Interessenvertreter der Arbeitnehmer für Dienststellen der öffentlichen Verwaltung und Vertrauenspersonen o.ä. für Interessenvertreter der Arbeitnehmer in Unternehmen ohne Betriebs- oder Personalrat.

Da die Mitgliedschaft der Arbeitnehmer sowohl in Gewerkschaften als auch in betrieblichen Interessenvertretungen wie dem Betriebsrat freiwillig ist, sprechen die für die Untersuchung festgelegten Experten nur für die Gruppe der Arbeitnehmer, die sich zu einem Beitritt entschlossen haben. Die Selbstselektion ist somit als eine Limitation zu nennen, die die Möglichkeit der Verallgemeinerung der Forschungsergebnisse einschränkt. Um die Experten durch die Form der Fragestellungen nicht in eine bestimmte Richtung zu lenken, wird bei den Gesprächen seitens des Interviewers grundsätzlich von Arbeitnehmern gesprochen. In der Frageformulierung erfolgt keine Differenzierung der Arbeitnehmer in z.B.

---

891   Vgl. Gabler Wirtschaftslexikon (2014), S. 726 und 1348.

5.1 Untersuchungsdesign und Vorgehen 129

weibliche und männliche, potenzielle und tatsächliche oder unbefristet und befristet beschäftigte Arbeitnehmer. Die Experten entscheiden somit jeweils selbst, für welche Arbeitnehmergruppe sie sprechen. Seitens des Interviewers werden Vertiefungs- und Zusatzfragen gestellt, wenn bestimmte Eigenschaften oder persönliche Situationen der Arbeitnehmer genannt werden, die Einfluss auf die Antwort haben können oder unklar sind.

5.1.3.2 Erstellung des Leitfadens und Pretest

Teilstrukturierte Interviews basieren häufig auf einem Gesprächsleitfaden.[892] Ein solcher Leitfaden stellt ein Grundgerüst für das Interview dar, der den Interviewten zum Erzählen auffordert und innerhalb seiner Erzählung verbal stützt und thematisch leitet.[893] Leitfadengestützte Interviews sind so monologisch und offen wie möglich, gleichzeitig aber auch so strukturiert und dialogisch wie nötig.[894] Zudem gewährleistet ein Leitfaden die Abfrage aller forschungsrelevanten Themen sowie eine zumindest rudimentäre Vergleichbarkeit zwischen verschiedenen Interviews.[895] Bei einer Vielzahl von Interviews wirkt ein Leitfaden der Gefahr entgegen, dass der Interviewer Fragen unbewusst so umformuliert, dass sie lediglich der Bestätigung subjektiver Theorien dienen.[896]

Die Vorgehensweise bei der Erstellung des Leitfadens für die Interviews der vorliegenden Untersuchung lehnt sich an die Ausführungen von *Helfferich* (2011)[897] an. Demnach werden in einem ersten Schritt zunächst alle Fragen gesammelt, die im Zusammenhang mit dem subjektiven Relevanzsystem für Arbeitnehmer bzgl. der Steigerung der Transparenz der Sozial- und Umweltbelange von Interesse sind. Im zweiten Schritt werden diese Fragen geprüft. Faktenfragen, Fragen, die keine offenen Antworten oder Erzählungen erzeugen können, Suggestivfragen und Fragen mit Präsuppositionen werden eliminiert. Anschließend werden im dritten Schritt die verbliebenen Fragen strukturiert, sortiert und zu Themenblöcken gebündelt. Im vierten Schritt wird für jedes Themenbündel eine Erzählaufforderung formuliert, unter der die Einzelaspekte subsumiert werden können. Zu jeder Erzählaufforderung werden Fragen formuliert, die in jedem Interview zu stellen sind, sowie Stichworte erfasst, die nur dann aufgegriffen werden, wenn sie nicht vom Interviewten selbst thematisiert werden oder das Interview ins Stocken gerät.

---

892 Vgl. Döring/Bortz (2016), S. 372; Schnell/Hill/Esser (2013), S. 315.
893 Vgl. Helfferich (2011), S. 43.
894 Vgl. Helfferich (2011), S. 169.
895 Vgl. Schnell/Hill/Esser (2013), S. 378.
896 Vgl. Gläser/Laudel (2010), S. 143.
897 Vgl. Helfferich (2011), S. 182-189.

130 5 Empirische Untersuchung

Üblicherweise besteht ein Leitfaden aus acht bis 15 Fragen, was einer Interviewdauer von ein bis zwei Stunden entspricht.[898] Der Leitfaden für die vorliegende Analyse enthält neun Erzählaufforderungen sowie die abschließende Frage an den Befragten, ob es seinerseits noch offene Aspekte gibt.[899] Thematisch lassen sich die Erzählaufforderungen in folgende Bereiche gliedern:

▦ Allgemeine Anlässe der Informationsbeschaffung und Informationsquellen für Arbeitnehmer;

▦ für Arbeitnehmer interessante nichtfinanzielle Themen und Anforderungen an die Unternehmensberichterstattung aus Arbeitnehmerperspektive;

▦ Besonderheiten der nichtfinanziellen Berichterstattung aus Arbeitnehmerperspektive;

▦ Maßnahmen zur Sensibilisierung der Unternehmen für nichtfinanzielle Themen;

▦ Maßnahmen zur Stärkung des Vertrauens der Arbeitnehmer in Unternehmen und zur Förderung der Rechenschaftslegung der Unternehmen über die Auswirkungen ihrer Tätigkeit auf die Gesellschaft;

▦ Maßnahmen zur Erhöhung der Vielfalt in Unternehmen;

▦ Konsequenzen aus einer verpflichtenden Berichterstattung über nichtfinanzielle Themen.

Abbildung 8 stellt die untergeordneten Fragestellungen der Untersuchung der vorliegenden Arbeit den Themenblöcken der Erzählaufforderungen des Leitfadens gegenüber.

Zur praktischen Kontrolle des Leitfadens wurden in einem gestuften Verfahren drei Pretests durchgeführt.[900] Pretests sollen den Leitfaden stärker strukturieren und fokussieren.[901] Zudem kann durch die ausformulierten Fragen die Durchführbarkeit und der zeitliche Rahmen des Interviews überprüft werden. Die Reaktionen der Befragten geben Aufschluss über die Verständlichkeit der Fragen und deren Beantwortbarkeit. Darüber hinaus zeigen die Antworten der Befragten, ob die Fragen des Leitfadens zur Beantwortung der Forschungsfragen herangezogen werden können.

---

898 Vgl. Döring/Bortz (2016), S. 372-373.
899 Vgl. Abbildung 11 im Anhang.
900 Die Pretests wurden im Februar 2018 durchgeführt. Vgl. ausführlich zur Notwendigkeit und der Durchführung von Pretests Schnell/Hill/Esser (2013), S. 339-343.
901 Vgl. Helfferich (2014), S. 572.

5.1 Untersuchungsdesign und Vorgehen 131

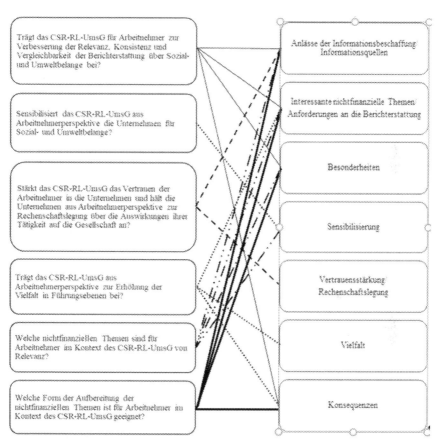

Abbildung 8: Gegenüberstellung der Fragestellungen und der Themenblöcke der Erzählaufforderungen[902]

Die Pretests wurden mit einem Experten im Bereich qualitativer Interviews, einem Experten im Bereich Unternehmensberichterstattung und einem betrieblichen Interessenvertreter von Arbeitnehmern durchgeführt. Somit ist eine verlässliche Grundlage des Leitfadens auf allen Ebenen gegeben. Aus den Pretests ergaben sich nur geringfügige Änderungen am Leitfaden, die vor allem die Reihenfolge der Fragen betrafen.

---

902 Eigene Darstellung.

5.1.3.3 Ablauf der teilstrukturierten Interviews

In Kapitel 5.1.3.1 zur Auswahl der Befragten wurden als zu interviewende Experten Gewerkschaftsmitglieder der Gewerkschaften mit den höchsten Mitgliederzahlen in Deutschland und betriebliche Interessenvertreter der Arbeitnehmer aus verschiedenen Unternehmen festgelegt. Die Ansprechpartner der Gewerkschaften wurden über persönliche Kontakte bzw. die Webseiten der Gewerkschaften ermittelt. Die Kontaktaufnahme fand im Zeitraum von Februar bis Juni 2018 statt. Von den sieben kontaktierten Personen waren alle bereit, sich interviewen zu lassen.

Die Identifizierung der in die Untersuchung einzubeziehenden betrieblichen Interessenvertreter der Arbeitnehmer erfolgte auf Basis persönlicher Kontakte. Auch hier erstreckte sich die Kontaktaufnahme über den Zeitraum von Februar bis Juni 2018. Es wurden Personen angesprochen, um für die Teilnahme an der Untersuchung zu werben und einen Kontakt zu den betrieblichen Interessenvertretern herzustellen. Auf diese Weise konnten 11 weitere Personen als Interviewpartner gewonnen werden.

Die Ansprache der über persönliche Kontakte identifizierten potenziellen Interviewpartner erfolgte per E-Mail. Die über die Webseite der Gewerkschaften ermittelten Ansprechpartner wurden per Brief angeschrieben, der mit dem Hinweis schloss, dass sich der Verfasser zwecks möglicher Terminfindung telefonisch melden wird. Die telefonische Kontaktaufnahme fand eine Woche nach Versand des jeweiligen Anschreibens statt.

In den E-Mails bzw. in den Briefen wurde kurz beschrieben, dass es sich bei dem Forschungsprojekt um das Thema Corporate Social Responsibiliy bzw. Nachhaltigkeit in der Unternehmensberichterstattung aus Arbeitnehmerperspektive handelt. Im Anschluss wurde der Wunsch geäußert, den Ansprechpartner über den dargestellten Sachverhalt zu interviewen um so seine persönlichen Erfahrungen und Einschätzungen herauszustellen. Damit der potenzielle Interviewpartner eine Vorstellung von der Situation erlangen konnte, wurden Informationen zur Durchführung des Interviews gegeben. Der zeitliche Umfang des gesamten Interviewtermins wurde mit ca. zwei Stunden angekündigt. Zudem wurde auf die Vertraulichkeit bei der Datenverwendung[903] hingewiesen und die Anonymität der Teilnahme zugesichert. Die Klärung eventueller Rückfragen und die Vereinbarung der Termine erfolgte per E-Mail oder Telefon.[904]

---

903 Vgl. Abbildung 13 im Anhang.
904 Vgl. für die Kontaktaufnahme per Anschreiben Abbildung 12 im Anhang. Vgl. zur Bedeutung und Durchführung der ersten Kontaktaufnahme Helfferich (2011), S. 176 und S. 198-204.

5.1 Untersuchungsdesign und Vorgehen   133

Tabelle 1 gibt einen Überblick der Interviewpartner, ihren jeweiligen Branchenhintergrund bzw. der Gewerkschaft und die Mitarbeiterzahl des jeweiligen Unternehmens bzw. der Mitgliederzahl der jeweiligen Gewerkschaften.

Tabelle 1:   Übersicht der Interviewpartner

Interviewpartner	Gewerkschaft bzw. Branche	Mitglieder- bzw. Mitarbeiterzahl
Ex_Gew_1	IG Bauen-Agrar-Umwelt	254.525
Ex_Gew_2	IG Bergbau, Chemie, Energie	637.623
Ex_Gew_3	Gewerkschaft Erziehung und Wissenschaft	278.243
Ex_Gew_4	IG Metall	2.262.661
Ex_Gew_5	Gewerkschaft Nahrung-Genuss-Gaststätten	199.921
Ex_Gew_6	Eisenbahn- und Verkehrsgesellschaft	189.975
Ex_Gew_7	Vereinte Dienstleistungsgewerkschaft	1.987.336
Ex_Betr_1	Anlagenbau	3.070
Ex_Betr_2	Automobilzulieferer	850
Ex_Betr_3	Energie	42.393
Ex_Betr_4	Erbringung von wirtschaftlichen Dienstleistungen für Unternehmen	112
Ex_Betr_5	Geoinformatik	145
Ex_Betr_6	Elektrotechnik	1.200
Ex_Betr_7	Medizintechnik	70
Ex_Betr_8	Lebensmittelindustrie	9.800
Ex_Betr_9	öffentliche Verwaltung	11.000
Ex_Betr_10	Verkehr und Logistik	320.000
Ex_Betr_11	Versicherung	27.748

Die der empirischen Untersuchung zugrundeliegenden Experteninterviews wurden in der Zeit von März bis Juli 2018 durchgeführt. 16 Interviews erfolgten persönlich. Zwei Interviews fanden am Telefon statt, da die Interviewpartner ihre Büros außerhalb von Nordrhein-Westfalen haben. Es wird allgemein empfohlen, Leitfadeninterviews in persönlicher Form durchzuführen, so dass es sich hierbei um das reguläre Vorgehen bei bei dieser Interviewform handelt.[905] In face-to-face-Interviews werden wichtige methodische Vorteile in der Kontrolle des Gesprächsverlaufs z.B. durch die Herstellung einer vertrauensvollen Gesprächsatmosphäre sowie in der Qualität und Quantität der erhaltenen Informationen gesehen.[906] Telefonische Leitfadeninterviews fallen meist etwas kürzer als persönliche Interviews aus, da die Befragten kürzere Redebeiträge liefern.[907] Zudem hat der Interviewer im Telefoninterview eine deutlich geringere Gesprächskontrolle, da er Störungen oder Nebentätigkeiten des Befragten nicht erkennen und verhindern kann.[908] Die Nachteile des telefonischen Interviews erscheinen vor dem Hintergrund der Fragestellungen, bei der es nicht um die Vergleichbarkeit mehrerer Interviews geht, in der vorliegenden Analyse jedoch vertretbar, denn die Tiefenperspektive der Befragten soll herausgearbeitet werden, das überwiegende Interesse besteht an dem informativen Gehalt der zu erhebenden Daten und das Telefoninterview findet nur Anwendung auf zwei Gespräche.

Vor der eigentlichen Befragung der Interviewpartner wurden diese erneut auf die Vertraulichkeit der Datenverwendung hingewiesen und die Anonymisierung sämtlicher Informationen der während des Interviews genannten Angaben, die zu einer Identifizierung von Personen führen könnten, zugesichert. Zudem wurde die vorab bereits per E-Mail gesandte Verschwiegenheits- und Einverständniserklärung vom Interviewer und vom Befragten unterschrieben. Anschließend wurde darum gebeten, das Interview auf einem Diktiergerät aufzeichnen zu dürfen, um die Transkription und die spätere Analyse zu erleichtern. Nach Abschluss des eigentlichen Interviews wurde die weitere Vorgehensweise der Untersuchung und des Forschungsprojektes dargelegt und die Frage gestellt, ob eine spätere erneute Kontaktaufnahme für eventuelle Rückfragen oder weiterführende Fragen möglich sei. Der Bitte wurde in allen Fällen entsprochen.

Das kürzeste Interview dauerte 62 Minuten, das längste Interview umfasste 131 Minuten.[909] Da allen Interviews derselbe Leitfaden zugrunde lag, ist diese Variation nahezu vollständig auf das Antwortverhalten der Befragten zurückzuführen. Der Durchschnitt der Interviewlänge liegt bei 93 Minuten, der Median bei 84 Minuten.

---

905   Vgl. Döring/Bortz (2016), S. 373-374; Gläser/Laudel (2010), S. 154.
906   Vgl. Gläser/Laudel (2010), S. 154.
907   Vgl. Döring/Bortz (2016), S. 375. Vgl. ursprünglich Irvine/Drew/Sainsbury (2010); Gläser/Laudel (2010), S. 153.
908   Vgl. Gläser/Laudel (2010), S. 153.
909   Ein Leitfaden mit acht bis 15 Fragen entspricht i.d.R. einer Interviewdauer von ein bis zwei Stunden (vgl. Kapitel 5.1.3.2).

5.1 Untersuchungsdesign und Vorgehen 135

5.1.4 Planung und Durchführung der qualitativen Inhaltsanalyse

5.1.4.1 Analysetechnik

Das Herausarbeiten der Ergebnisse aus den teilstrukturierten Interviews erfolgt mittels qualitativer Inhaltsanalyse. Die in Deutschland am weitesten etablierte Form der qualitativen Inhaltsanalyse ist der Ansatz nach *Mayring* (1983).[910] Die grundsätzliche Zielsetzung der vorliegenden Analyse ist es, aus den transkribierten Interviews die Aspekte herauszustellen, die Aufschluss über das subjektive Relevanzsystem der Arbeitnehmer in Bezug auf die Fragestellungen der Arbeit geben. Daher wird als Technik die strukturierende qualitative Inhaltsanalyse angewandt, bei der vor Beginn der Analyse ein Hauptkategoriensystem zur Auswertung des Materials festgelegt wird (deduktive Kategorienbildung).[911]

Die strukturierende qualitative Inhaltsanalyse lässt sich nach Mayring anhand der Zielsetzung der Untersuchung weiter in die formale (Herausfiltern einer inneren Struktur), inhaltliche (Extrahierung und Zusammenfassung zu bestimmten Inhaltsbereichen), typisierende (Herausstellung und Beschreibung einzelner markanter Ausprägungen) oder skalierende (Einschätzung nach Dimensionen in Skalenform) Strukturierung differenzieren.[912] Für die vorliegende Untersuchung wird die inhaltliche Strukturierung vorgenommen, da sich diese am besten dazu eignet, das zu analysierende Material zu bestimmten Themen, Inhalten und Aspekten zu extrahieren und zusammenzufassen.[913] Durch die Extraktion, also die Entnahme der benötigten Informationen aus dem Material, wird die Untersuchung vom Ursprungstext getrennt und es wird versucht, die Informationen systematisch zu reduzieren und entsprechend dem Untersuchungsziel zu strukturieren.[914] Es werden nur die Informationen herausgestellt, die zur Beantwortung der Forschungsfragen relevant sind.[915] Dementsprechend erfolgt die Extraktion mittels eines Suchrasters, in dem ausgehend von den theoretischen Vorüberlegungen Kategorien und Unterkategorien konstruiert werden.[916]

---

910 Vgl. Döring/Bortz (2016), S. 542.
911 Vgl. Mayring (2015), S. 67-68. Zu den anderen Analysetechniken der qualitativen Inhaltsanalyse nach Mayring zählen die zusammenfassende qualitative Inhaltsanalyse (vgl. Mayring (2015), S. 69-90) und die explizierende qualitative Inhaltsanalyse (vgl. Mayring (2015), S. 90-97).
912 Vgl. Mayring (2015), S. 68 und 99.
913 Vgl. Mayring (2015), S. 68 und 99. Zu den anderen Strukturierungen der strukturierenden qualitativen Inhaltsanalyse nach Mayring zählen die formale Strukturierung (vgl. Mayring (2015), S. 99-102), die typisierende Strukturierung (vgl. Mayring (2015), S. 103-106) und die skalierende Strukturierung (vgl. Mayring (2015), S. 106-114).
914 Vgl. Gläser/Laudel (2010), S. 200.
915 Vgl. Gläser/Laudel (2010), S. 200.
916 Vgl. Gläser/Laudel (2010), S. 200; Mayring (2015), S. 103.

136 5 Empirische Untersuchung

In der vorliegenden Analyse wird in einem Teil der Analyse mit einer von Mayrings Methode abweichenden Nutzung eines offenen Kategoriensystems nach *Gläser/Laudel* (2010) gearbeitet. Somit kann das Kategoriensystem während der Untersuchung verändert werden, wenn im Material Informationen auftauchen, die relevant sind, jedoch nicht in das deduktive Kategoriensystem passen (induktive Kategorienbildung).[917] Dementsprechend ist die Veränderung bestehender bzw. die Hinzunahme neuer Kategorien innerhalb der Untersuchung möglich. Die Entfernung von vorab gebildeten Kategorien ist nicht zulässig, womit das Bestehen der Vorüberlegungen gewährleistet ist.

Die Zusammenfassung der aus dem Material herausgestellten Themen, Inhalte und Aspekte erfolgt im Anschluss an die Extraktion zunächst auf Ebene der Unterkategorien und dann auf Ebene der Hauptkategorien.[918] Die Informationen werden auf Redundanzen und Widersprüche geprüft und nach für die Auswertung relevanten Kriterien sortiert.[919] Das Ergebnis ist eine strukturierte Informationsbasis, die empirische Daten für die Forschungsfrage zusammenfasst.

Aufgrund der großen Textmenge der transkribierten Interviews erfolgt die inhaltlich strukturierende qualitative Inhaltsanalyse für die vorliegende Untersuchung zur besseren Übersichtlichkeit und Handhabung computergestützt.

5.1.4.2 Definition des Kategorien- und Codesystems

Die inhaltlich strukturierende qualitative Inhaltsanalyse erfolgt auf Grundlage eines Kategoriensystems. Im Rahmen der Fragestellung, ob die Zielsetzungen der CSR-RL in der deutschen Umsetzung durch das CSR-RL-UmsG erfüllt werden können, wurde in den Interviews gefragt, welche Möglichkeiten zur Steigerung der Relevanz für die Arbeitnehmer an den Sozial- und Umweltbelangen eines Unternehmens bestehen. Es wurde zudem abgefragt, was für Arbeitnehmer zur Konsistenz und Vergleichbarkeit von Informationen beiträgt und wie Unternehmen für soziale und ökologische Themen sensibilisiert werden können. Zudem sollten die Experten Einschätzungen abgeben, wie aus der Perspektive der Arbeitnehmer das Vertrauen in die Unternehmen gestärkt, die Unternehmen zur Rechenschaftslegung über die Auswirkungen ihrer Tätigkeit auf die Gesellschaft motiviert, und die Vielfalt in Führungsebenen erhöht werden kann. Die erste Festlegung einer deduktiven Hauptkategorie der Auswertung erfolgt dementsprechend über die *Zielsetzungen des CSR-RL-UmsG*.

Die Disaggregation in weitere Themenfelder wird deduktiv entsprechend den theoretischen Vorüberlegungen der Arbeit im ersten Schritt über die einzel-

---

917 Vgl. hier und im Folgenden Gläser/Laudel (2010), S. 201 und 205.
918 Vgl. Mayring (2015), S. 103.
919 Vgl. hier und im Folgenden Gläser/Laudel (2010), S. 202.

5.1 Untersuchungsdesign und Vorgehen 137

nen konkreten Zielsetzungen (Unterkategorie 1) und im zweiten Schritt über den Leitfaden für die teilstrukturierten Interviews (Unterkategorie 2) vorgenommen. Der Leitfaden wird hierbei herangezogen, da der Gesetzgeber keine detaillierten Angaben bzgl. der verfolgten Zielsetzungen macht, aus denen Unterkategorien ableitbar wären. Zudem markiert er die thematischen Schwerpunkte der Untersuchung. Bei der Bildung der Unterkategorie 2 wird dabei das offene Kategoriensystem nach *Gläser/Laudel* angewandt[920], so dass die Veränderung bestehender bzw. die Ergänzung neuer Kategorien im Verlauf der Analyse möglich ist. Im Anschluss an die Kategorienbildung werden für alle Unterkategorien Codes festgelegt. Dies erfolgt während der Analyse anhand der Informationen, die aus dem Material hervorgehen (induktive Codebildung).

Abbildung 9 gibt einen Überblick über das Kategorien- und Codesystem der Hauptkategorie *Zielsetzungen des CSR-RL-UmsG* am Beispiel der Unterkategorie 1 *Relevanz/Interesse der Sozial- und Umweltbelange erhöhen* und der Unterkategorie 2 *Gründe für ein geringes Interesse an nichtfinanziellen Informationen (auf Berichterstattungsform zurückzuführen)* nach Bearbeitung des gesamten Materials.

Im Rahmen der durchgeführten Interviews wurde außerdem erfragt, welche formalen und inhaltlichen Vorgaben zur Relevanz der Informationen über Sozial- und Umweltbelange für Arbeitnehmer beitragen. Da letztlich beantwortet werden soll, inwieweit das CSR-RL-UmsG zur Transparenz der Sozial- und Umweltbelange beitragen kann, orientieren sich die Fragen bzgl. ihrer Struktur hierbei an den Vorgaben des deutschen Gesetzgebers. Die zweite Festlegung einer deduktiven Hauptkategorie der Auswertung erfolgt demnach über die *Vorgaben des CSR-RL-UmsG*. Diese Hauptkategorie wird entsprechend den theoretischen Vorüberlegungen der Arbeit und somit anhand des CSR-RL-UmsG in weitere Themenfelder disaggregiert (Unterkategorie 1 und 2). Aufgrund der Bildung der Unterkategorien im Vorfeld der Analyse handelt es sich auch hier um ein rein deduktives Vorgehen. Wie auch bei der Hauptkategorie *Zielsetzungen des CSR-RL-UmsG* werden im Anschluss für alle so festgelegten Unterkategorien Merkmalsausprägungen bzw. Schlüsselbegriffe, sog. Codes, festgelegt. Dies erfolgt auch bei der Hauptkategorie *Vorgaben des CSR-RL-UmsG* induktiv.

Abbildung 10 gibt einen Überblick über das deduktive Kategorien- und induktive Codesystem der Analyse der Hauptkategorie *Vorgaben des CSR-RL-UmsG* am Beispiel der Unterkategorie 1 *Inhalt der nichtfinanziellen Erklärung* und der Unterkategorie 2 *Arbeitnehmerbelange* nach Bearbeitung des gesamten Materials.

---

920   Vgl. hierzu ausführlich Kapitel 5.1.4.1.

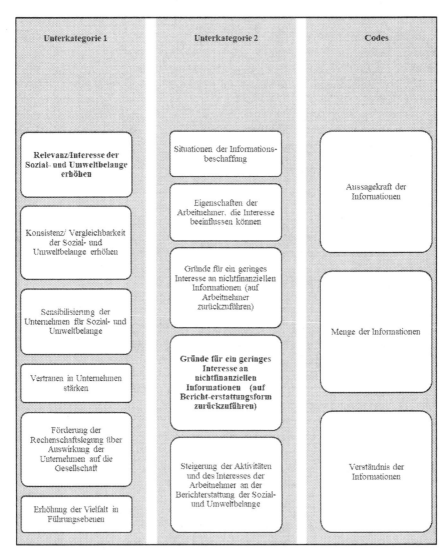

Abbildung 9: Beispielhaftes Kategorien- und Codesystem der Hauptkategorie Zielsetzungen des CSR-RL-UmsG[921]

---

921 Eigene Darstellung.

5.1 Untersuchungsdesign und Vorgehen 139

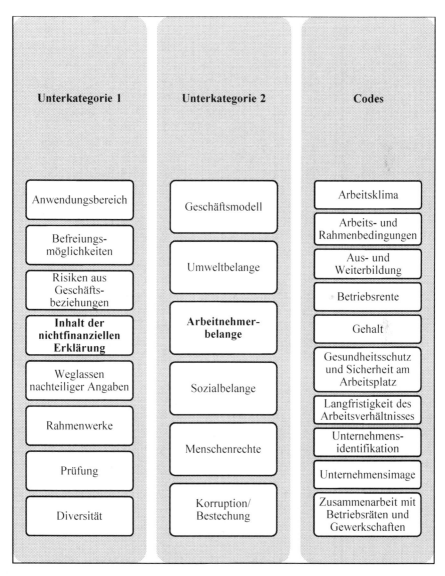

Abbildung 10: Beispielhaftes Kategorien- und induktives Codesystem der Hauptkategorie Vorgaben des CSR-RL-UmsG[922]

---

922 Eigene Darstellung.

140 5 Empirische Untersuchung

5.1.4.3 Ablauf der qualitativen Inhaltsanalyse

Nach der Festlegung der Analysetechnik und der Definition des deduktiven Kategoriensystems erfolgt die Extraktion des Materials.[923] Während der Analyse werden laufend Codes festgelegt und der jeweils entsprechenden Kategorie zugeordnet. Um einem bereits gebildeten Code zugeordnet zu werden, muss die Kodiereinheit im Material diesen Code nicht namentlich nennen, sondern es reicht eine Umschreibung, die mit dem Code vergleichbar ist. Kodiereinheiten können minimal einzelne Wörter, maximal aber auch ganze Absätze darstellen. Demnach muss für jedes Wort des Materials entschieden werden, ob dieses in Bezug auf die zugrunde liegende Fragestellung relevante Informationen enthält, ob es einem bereits bestehenden Code zuzuordnen ist oder ob es sich um eine bisher nicht genannte Merkmalsausprägung bzw. einen bisher nicht genannten Schlüsselbegriff handelt und demnach ein neuer Code festzulegen ist. Einzelne Kodiereinheiten können mehreren Codes und Kategorien zugeordnet werden, wodurch keine Abgrenzungsprobleme entstehen können. Nach tieferen Bedeutungsebenen durch latente Inhalte wird hierbei nicht gesucht. Sind Kodiereinheiten innerhalb der Hauptkategorie *Vorgaben des CSR-RL-UmsG* für die Fragestellung relevant, jedoch keiner Unterkategorie zuordbar, wird die Unterkategorie 2 dieser Hauptkategorie verändert bzw. ergänzt.[924]

Im Ergebnis entsteht für jede (Unter)Kategorie eine Extraktionstabelle. In dieser sind alle Wörter, Sätze und Absätze inkl. Verweis auf die Fundstelle innerhalb der transkribierten Interviews enthalten, die zur Beantwortung der Forschungsfrage relevant sein können. Da für die Zuordnung der Kodiereinheiten eine Interpretation des Materials erforderlich ist, ist die Extraktion im Ergebnis individuell geprägt.[925] In der anschließenden Aufbereitung der extrahierten Daten werden verstreute Informationen zusammengefasst, Redundanzen beseitigt und Fehler korrigiert.[926] Das Rohmaterial wird so erneut reduziert und es erfolgt eine Strukturierung nach inhaltlichen Gesichtspunkten. Letztlich soll so die Qualität der Daten verbessert werden. Auch dieser Schritt ist individuell geprägt, da Interpretationsprozesse notwendig sind.[927]

In der eigentlichen Auswertung[928] des Materials wird anhand der Daten der Extraktion herausgestellt, welche Themen der Sozial- und Umweltbelange eines Unternehmens für Arbeitnehmer in welcher Aufbereitung relevant sind und was

---

923   Vgl. ausführlich zur Extraktion Gläser/Laudel (2010), S. 212-229.
924   Vgl. hierzu ausführlich Kapitel 5.1.4.2.
925   Vgl. Gläser/Laudel (2010), S. 201.
926   Vgl. hier und im Folgenden Gläser/Laudel (2010), S. 229. Vgl. ausführlich zur Aufbereitung Gläser/Laudel (2010), S. 229-246.
927   Vgl. Gläser/Laudel (2010), S. 202.
928   Vgl. ausführlich zur Auswertung Gläser/Laudel (2010), S. 246-259.

5.2 Ergebnisse der empirischen Untersuchung 141

für diese Gruppe zur Konsistenz und Vergleichbarkeit von Informationen beiträgt. Es wird dargelegt, welche Möglichkeiten Arbeitnehmer sehen, Unternehmen für soziale und ökologische Themen zu sensibilisieren, Rechenschaft über die Auswirkungen ihrer Tätigkeit auf die Gesellschaft abzulegen, die Vielfalt in Führungsebenen zu erhöhen und das Vertrauen in Unternehmen zu stärken. Auf der Rekonstruktion der Auswertung bauen somit die Antworten auf die untergeordneten Forschungsfragen auf.[929]

Abschließend werden die Ergebnisse der Auswertungen mit den Zielsetzungen und Vorgaben des CSR-RL-UmsG abgeglichen. So soll Aufschluss darüber gegeben werden, inwieweit das CSR-RL-UmsG aus Arbeitnehmerperspektive dazu geeignet ist, die Transparenz der Sozial- und Umweltbelange zu steigern, was zur Beantwortung der zentralen Fragestellung führt.

5.2 Ergebnisse der empirischen Untersuchung

5.2.1 Zielsetzungen des Gesetzgebers

5.2.1.1 Relevanz, Konsistenz und Vergleichbarkeit der Berichterstattung über Sozial- und Umweltbelange

Zur Beantwortung der Fragestellung, ob das CSR-RL-UmsG für Arbeitnehmer zur Verbesserung der Relevanz, Konsistenz und Vergleichbarkeit der Berichterstattung über Sozial- und Umweltbelange beiträgt, wurden die Experten in den Interviews gefragt, in welchen Situationen Arbeitnehmer Informationen über ein Unternehmen erhalten möchten und welche Gründe zu einem eventuell geringem Interesse an der Unternehmensberichterstattung führen.

Die Experten unterscheiden bei der Frage nach Situationen der Informationsbeschaffung zwischen potenziellen und tatsächlichen Arbeitnehmern eines Unternehmens. Bei den potenziellen Arbeitnehmern ist ein Bewerbungsverfahren die typische Situation, in der sich Arbeitnehmer über ein Unternehmen informieren.[930] Bei den tatsächlichen Arbeitnehmern besteht Informationsbedarf

---

929 Vgl. Gläser/Laudel (2010), S. 246.
930 Vgl. Ausschnitt B8; C68; D2; F2; H4; I2; L2. Im Folgenden werden die transkribierten Interviews zitiert. Auf der Homepage dieses Buches unter Springer.com sind Ausschnitte aus den Interviews den jeweils relevanten Themenblöcken zugeordnet dargestellt. Hierfür erhalten die 18 Interviewpartner die Bezeichnung A bis R. Die Nummerierung der Ausschnitte des jeweiligen Interviewpartners A bis R folgt der Nummerierung der einzelnen Antworten der Interviewpartner aus dem Originaltranskript. Aus datenschutzrechtlichen Gründen kann jedoch nicht jede Aussage veröffentlicht werden. Hierauf wird an den relevanten Stellen hingewiesen.

142   5 Empirische Untersuchung

insbesondere in Situationen, in denen innerhalb des Unternehmens Veränderungen anstehen.

> „Und in Zeiten des Umbruchs, der Unsicherheit möchte ich Informationen haben."[931]

Hierzu zählten bspw. Umstrukturierungen[932], Umbesetzungen von Vorgesetzten[933] und Fusionen und Unternehmensverkäufe[934]. Das Interesse der Arbeitnehmer ist primär auf den eventuellen Einfluss dieser Veränderungen auf das Gehalt und die Sicherheit des eigenen Arbeitsplatzes zurückzuführen.[935] Aus der Sorge um Gehalt und Arbeitsplatzsicherheit kann auch ein Interesse an der Auftragslage des Unternehmens entstehen, da diese einen Einfluss auf die benötigten Arbeitskräfte haben kann.[936] Aus demselben Grund interessiert die Arbeitnehmer der langfristige Bestand eines Unternehmens, der für sie z.b. aus der Innovationskraft und seiner gesamtwirtschaftlichen Situation abzuleiten ist.[937]

Auch bei anderen Themen generiert sich das Interesse der Arbeitnehmer an Informationen des Unternehmens primär aus einer persönlichen Betroffenheit.[938]

> „Die Arbeitnehmer interessiert das nur dann, wenn es sie gerade betrifft. Ich habe im Laufe der Jahre festgestellt, dass Interesse und Engagement dann da ist, wenn man persönlich betroffen ist."[939]

Hierzu zählen Informationen, aus denen sich ein eventueller Vorteil für die eigene Situation ableiten lässt.[940] Persönliche Betroffenheit besteht darüber hinaus bzgl. der Rechte der Arbeitnehmer bei Überlastung, bei Krankheit oder im Alter[941].

Das Interesse an Unternehmensinformationen kann auch durch öffentliche Medien geleitet werden. So können Berichterstattungen der Presse oder im Internet den Fokus auf bestimmte Unternehmen oder Themen lenken.[942]

> „Das kommt immer drauf an, was gerade gehypt wird, also das ist abhängig vom öffentlichen Diskurs."[943]

---

931   H4.
932   Vgl. Ausschnitt B94; C42; D2; E22; R62.
933   Vgl. Ausschnitt E48.
934   Vgl. Ausschnitt B56; C4; H12.
935   Vgl. Ausschnitt D30; E22; J4; P6; Q4; R2.
936   Vgl. Ausschnitt E10; M54.
937   Vgl. Ausschnitt C66; I52; J2; N30.
938   Vgl. Ausschnitt C36; E52; F18; G174; H80; N24; O34; R52.
939   H112.
940   Vgl. Ausschnitt A2; G22; J20.
941   Vgl. Ausschnitt E26; D56; F26; K2; L2; M2; M6; N2.
942   Vgl. Ausschnitt B82; C4; J64; K106; N34.
943   P2.

5.2 Ergebnisse der empirischen Untersuchung 143

Tabelle 2: Informationsinteressen von betrieblichen Interessenvertretern und Gewerkschaftsmitgliedern

Informationsinteressen von betrieblichen Interessenvertretern und Gewerkschaftsmitgliedern	Verweis
Informationen zur Beantwortung genereller oder anlassbezogener Fragen	G16; G20; G106; J84; M28; O32
Berichterstattung zur Erzeugung von Öffentlichkeit	M92
wirtschaftliche Daten für die Ableitung von Konsequenzen für Arbeitnehmer	J48
Informationen als Basis, auf der Forderungen gestellt werden können (z.B. Dividendenausschüttung, Leistungen gegenüber der Arbeitnehmer)	G142; N30
Arbeitsunfähigkeitsstatistik als Auskunft über die Stimmung in der Belegschaft	C92
Auskunft über Sinnhaftigkeit des sozialen Engagements durch Auflistung der Gelder nach Empfänger und Zweck bei Spenden- und Sponsoringmaßnahmen[944]	C96

Für Arbeitnehmer ist es hierbei – insbesondere bei einer Negativberichterstattung – von Interesse, wie sich der Arbeitgeber in der Öffentlichkeit präsentiert.[945]

Einen Einfluss auf das Interesse an Informationen haben laut Experten auch Eigenschaften der Arbeitnehmer. Hierzu können das Alter[946], das Geschlecht[947], die Nationalität[948], der Bildungs- und der Berufshintergrund[949] zählen. Neben diesen äußeren Faktoren beeinflusst auch das persönliche Engagement der Arbeitnehmer das Bedürfnis nach Informationen.[950] Einen Überblick über die von betrieblichen Interessenvertretern und Gewerkschafsmitgliedern genutzten und benötigten Informationen gibt Tabelle 2.

Die Gründe für ein eventuell geringes Interesse der Arbeitnehmer an der Unternehmensberichterstattung lassen sich unterteilen in Ursachen, die auf die Arbeitnehmer selbst zurückzuführen sind und in Ursachen, die sich auf die Form der Berichterstattung zurückführen lassen. Innerhalb der auf die Arbeitnehmer zurückzuführenden Gründe wird primär die Wichtigkeit anderer Faktoren und

---

944 Vgl. hierzu auch Kapitel 5.2.2.5.4.
945 Vgl. Ausschnitt J54; M30; N32.
946 Vgl. Ausschnitt C68; D12; D70; F18; H114; M6.
947 Vgl. Ausschnitt O2.
948 Vgl. Ausschnitt M58.
949 Vgl. Ausschnitt C72; C128; C160; D70; H18; I30; J14; J52; N28; O16; O34.
950 Vgl. Ausschnitt A2; C32; G90.

144   5 Empirische Untersuchung

hierbei insbesondere der Langfristigkeit des Arbeitsverhältnisses und des Gehalts aufgeführt.[951] Zudem sind Arbeitsbelastung[952], die Sorge um private Situationen[953], die Angst, sich mit neuen Thematiken auseinanderzusetzen[954] und sich aus seiner Komfortzone heraus zu bewegen[955] Gründe für ein geringes Interesse an der Berichterstattung. Eine grundlegende Zufriedenheit mit der Situation[956], der Glaube daran, dass sich die betrieblichen Interessensvertreter auch ohne eigenes Mitwirken um Probleme kümmern[957] bzw. der Pessimismus, dass das eigene Handeln keinen Einfluss hat[958], können zur Untätigkeit führen. Für ein Interesse der Berichterstattung der Sozial- und Umweltbelange[959] und auch für Aktivitäten in diesen Bereichen[960] fehlt den Arbeitnehmern überdies die Zeit auch im Vergleich zu anderen Dringlichkeiten.

> „Also dann bleibt es glaube ich bei „Erst kommt das Fressen, dann die Moral".“[961]

Innerhalb der auf die Form der Berichterstattung zurückzuführenden Gründe für ein geringes Interesse an der Berichterstattung eines Unternehmens werden insbesondere die Menge, die Aussagekraft und das Verständnis der Informationen aufgeführt.

> „Aufgrund der Menge, der Informationen, der qualifizierten Aussagen die dort drinstehen. Wenn ich da keine Ahnung habe, weiß ich gar nicht, wovon die da sprechen.“[962]

Zu viele Informationen können zu einer Überforderung oder zum Überdruss der Arbeitnehmer führen.[963] Zudem besteht die Gefahr, dass wichtige Informationen in einer Menge von Berichterstattung untergehen.[964] Dass sich Arbeitnehmer unter den berichteten Informationen wenig vorstellen können[965], die Informationen nicht konkret sind[966] und die Berichterstattung eine geschönte Darstellung

---

951   Vgl. Ausschnitt B30; C130; E20; E26; F16; F162; G100; I56; M60; R82.
952   Vgl. Ausschnitt B104.
953   Vgl. Ausschnitt N18; O34.
954   Vgl. Ausschnitt C46; P10; R10.
955   Vgl. Ausschnitt C32; F148.
956   Vgl. Ausschnitt B52; B86; C34; F34; F146; G174; R10.
957   Vgl. Ausschnitt B52; N18; P12; R28.
958   Vgl. Ausschnitt B48; F32; G116; O34; O48.
959   Vgl. Ausschnitt B92; N28.
960   Vgl. Ausschnitt O20; R16; R48.
961   F54.
962   B14.
963   Vgl. B92; G194; H58; N18; R22.
964   Vgl. I98; J32; K80.
965   Vgl. Ausschnitt D128-132; G48; I118; J16; K32.
966   Vgl. Ausschnitt D156; J18; K102; L22; M80.

5.2 Ergebnisse der empirischen Untersuchung   145

der Realität in Unternehmen darstellt oder dieser sogar widerspricht[967], vermindert die Konsistenz und Vergleichbarkeit und dadurch auch die Aussagekraft und die Relevanz.[968] Der Bezug zu Kennzahlen und die Verwendung von Fachbegriffen, Anglizismen und Abkürzungen erschwert es Arbeitnehmern ohne wirtschaftswissenschaftlichen Hintergrund, die Berichterstattung zu verstehen.[969]

5.2.1.2 Sensibilisierung der Unternehmen für Sozial- und Umweltbelange

Im Rahmen der Fragestellung, ob das CSR-RL-UmsG aus Arbeitnehmerperspektive dazu beitragen kann, Unternehmen für Sozial- und Umweltbelange zu sensibilisieren, erläutern die Experten zunächst ihr Verständnis der Begriffe CSR und Nachhaltigkeit und benennen die für sie im Unternehmenskontext hiermit verbundenen Themen. Im Anschluss wird nach Gründen für und gegen ein Verhalten der Unternehmen gefragt, das Sozial- und Umweltbelange berücksichtigt und welche Auswirkungen, positiv als auch negativ, eine Berichterstattungspflicht hierüber haben kann. Hierdurch soll herausgestellt werden, aus welchen Gründen Unternehmen aus Arbeitnehmerperspektive tatsächlich ihre Aufmerksamkeit den Themen Soziales und Umwelt widmen und ob eine verpflichtende Berichterstattung zur Interessenssteigerung seitens der Unternehmen beiträgt.

Die Begriffe CSR und Nachhaltigkeit werden mit langfristig orientiertem Handeln[970], hierbei insbesondere mit Umweltbelangen[971], und einem schonenden Umgang mit Ressourcen[972] in Verbindung gebracht. In Zusammenhang mit Arbeitnehmerbelangen sehen die Experten im Kontext von CSR und Nachhaltigkeit die Schaffung eines sozialverträglichen Arbeitsumfeldes[973], die langfristige Existenz von Unternehmen[974], sowie die Langfristigkeit des Arbeitsverhältnisses für jetzige und zukünftige Arbeitnehmer.[975]

> „Und dann ist Nachhaltigkeit natürlich insofern interessant, als dass es das Unternehmen länger gibt."[976]

Daneben zählt für die Experten im Unternehmenskontext zu CSR und Nachhaltigkeit auch die Sinnhaftigkeit, Qualität und Umweltverträglichkeit der Produkte und Dienstleistungen.[977]

---

967   Vgl. Ausschnitt A32; B42; F150; F152; F162; H102; H108; K102; M80.
968   Vgl. hierzu auch Kapitel 0.
969   Vgl. Ausschnitt B12-14; G200; H14; I100; J14; K56; K68; N18.
970   Vgl. Ausschnitt F144; O6; Q32.
971   Vgl. Ausschnitt C122; D28; E118.
972   Vgl. Ausschnitt B28; F140; G58; H40; K80; O36.
973   Vgl. Ausschnitt M20-22.
974   Vgl. Ausschnitt H42.
975   Vgl. Ausschnitt H40.
976   152.

146 5 Empirische Untersuchung

Als Gründe für ein Verhalten der Unternehmen, das Sozial- und Umweltbelange berücksichtigt, werden von den Experten insbesondere Marketingaspekte und vermutete positive Effekte auf andere Faktoren des Unternehmens gesehen. Die Marketingaspekte lassen sich unterteilen in Werbung für das Unternehmen und seine Produkte sowie Werbung für potenzielle Arbeitnehmer. Unternehmen verhalten sich CSR-konform, um sich der Öffentlichkeit als sozial- und umweltbewusst präsentieren zu können.[978]

> „Solche Nachhaltigkeitsmaßnahmen z.B. im Bereich Umwelt machen Firmen eigentlich nie aus Umweltliebe, sondern immer aus Marketingaspekten."[979]

Dies geht so weit, dass bei der Auswahl von ergriffenen Maßnahmen in diesen Bereichen die Präsentierbarkeit derselben und die Wertschätzung der Öffentlichkeit entscheidende Kriterien seien.[980] Hierdurch wird ggf. gleichzeitig der Versuch unternommen, von marketingschädlichem Verhalten der Unternehmen abzulenken.[981] Das gesteigerte Bewusstsein der Öffentlichkeit für Themen der Nachhaltigkeit wird seitens der Unternehmen genutzt, ihre Produkte und Dienstleistungen mit gezielten Maßnahmen wie z.b. der Werbung mit umweltschonenden Produkten[982] besser am Markt zu platzieren. Letztlich erhoffen sie sich hierdurch auch die Akzeptanz höherer Preise.[983]

Gegenüber potenziellen Arbeitnehmern wird insbesondere ein auf Sozialbelange ausgelegtes Verhalten der Unternehmen als Marketingmaßnahme genutzt. Mit CSR-Aspekten können sich die Unternehmen gegenüber anderen Unternehmen hervorheben und zeigen, dass es sich bei ihnen um einen fairen und attraktiven Arbeitgeber handelt.[984] Die öffentliche Darstellung dieser Aspekte gibt für potenzielle Arbeitnehmer zudem Aufschluss darüber, inwieweit Unternehmen an neuen, hochqualifizierten Mitarbeitern interessiert sind.[985]

> „Das ist schon mal interessant, ob die sich überhaupt dazu äußern, ob so was wie Arbeitsumfeld eine Rolle spielt. Das zeigt mir als Bewerber auch, ob die interessiert sind an neuen Leuten. Also ob denen das wichtig ist, oder ob sie mit der Situation, wie sie ist, zufrieden sind."[986]

---

977 Vgl. Ausschnitt F112; I50; K72.
978 Vgl. Ausschnitt A50; D148; F40; J48; J106; Q74.
979 D154.
980 Vgl. Ausschnitt B82; D14; E78.
981 Vgl. Ausschnitt F72; F158.
982 Vgl. Ausschnitt G70; N64.
983 Vgl. Ausschnitt G156; J66.
984 Vgl. Ausschnitt A28; C28; D138; F96; G46; G152; I84; K14; N62; Q64; R64.
985 Vgl. Ausschnitt I104.
986 D24.

5.2 Ergebnisse der empirischen Untersuchung   147

Zu den vermuteten positiven Effekten, die als Gründe für ein sozialverträgliches Verhalten der Unternehmen zählen, führen die Experten auf, dass erst interessierte, geförderte, eingebundene Arbeitnehmer, die sich im Unternehmen wohl fühlen, volle Produktivität und Innovationskraft zeigen.[987]

> „Wenn die Mitarbeiter zufrieden sind, ihren Job mögen, den Lohn, die Kollegen, das Umfeld, dann sind die auch produktiv. Dann haben die Spaß an der Arbeit und das läuft. Aber wenn jemand unzufrieden ist, der bremst auch alle anderen aus."[988]

Zu den vermuteten positiven Effekten, die seitens der Experten als Gründe für ein umweltverträgliches Verhalten der Unternehmen betrachtet werden, zählen finanzielle Vorteile[989] wie z.B. Einsparungen durch Energie- und Ressourcenschonung[990] oder sachgerechte Müllentsorgung[991]. Neben Marketingaspekten und vermuteten positiven Effekten auf andere Faktoren des Unternehmens wird ein sozial- und umweltverträgliches Verhalten seitens der Unternehmen auch ausgeübt, wenn sich die Konkurrenz in diesen Bereichen engagiert[992], aus Zwang[993] und als Alibi, um sich nicht untätig in CSR-konformen Verhalten zu zeigen[994].

Als Gründe gegen ein Verhalten der Unternehmen, das Sozial- und Umweltbelange berücksichtigt, zählen laut Experten der damit verbundene Arbeitsaufwand[995] und die notwendigen Investitionen finanzieller Mittel[996].

> „Da könnte man besser ansetzen, indem man sagt, dass man jemanden abstellt, der nur das macht. Aber das ist wieder Geld und Zeit, und das möchte man auch nicht investieren."[997]

Darüber hinaus wird die Gefahr möglicher negativer Effekte auf andere Faktoren des Unternehmens gesehen. Auf Unternehmensseite können die in Sozial- und Umweltbelange investierten finanziellen Mittel die Wettbewerbsposition schwächen[998], Vielfalt in der Arbeitnehmerschaft kann von der Gesellschaft als negativ ausgelegt werden[999], die Einstellung von bestimmten Produkten oder Dienstleis-

---

987   Vgl. Ausschnitt K20; K118; O62.
988   K22.
989   Vgl. Ausschnitt E98.
990   Vgl. Ausschnitt E62; J44; O36.
991   Vgl. Ausschnitt E74; G76.
992   Vgl. Ausschnitt D144.
993   Vgl. Ausschnitt A10; H50; I120.
994   Vgl. Ausschnitt C156; D14; G122; H106; J36.
995   Vgl. Ausschnitt A46; D146; G92; G96; G172; J40.
996   Vgl. Ausschnitt B100; E78; G82; H50; J80; K28.
997   G94.
998   Vgl. Ausschnitt M76.
999   Vgl. Ausschnitt A50; K86; K98.

148 5 Empirische Untersuchung

tungen kann zum Wegfall von Arbeitsplätzen führen[1000] sowie die Umstellung von Produkten kann Komplikationen zur Folge haben, die sich nicht zwingend rentieren[1001].

> „Wenn ein Produkt an vier, fünf Standorten abgefüllt wird, hätte man weniger Transportkosten. Im Nachhaltigkeitsbericht könnte man sagen, was man an CO2 eingespart hat. Für den Betriebsrat des Standorts, der momentan alleine dasteht, würde das aber bedeuten, dass die Belegschaft kleiner würde, weil die Herstellung dann verlagert wird."[1002]

Auf Arbeitnehmerseite können Teilzeitmodelle oder Homeoffice das Unternehmen[1003] bzw. die Solidarität unter den Mitarbeitern[1004] schwächen, das Melden von Verstößen kann als Denunziantentum wahrgenommen werden[1005] und Arbeitnehmer, die nicht von Seiten des Unternehmens ergriffenen Sozialbelangen betroffen sind, sich benachteiligt fühlen[1006]. Zudem wird ein sozial- und umweltverträgliches Verhalten der Unternehmen von den Kunden nicht zwingend honoriert bzw. ein sozial- und umweltschädliches Verhalten hat nicht zwingend Konsequenzen für die Unternehmen.[1007]

> „Die Frage ist ja nach der Auswirkung. Also darüber aufregen tun wir uns ja alle gerne. Die Frage ist, welche Konsequenzen das hat. Und wie eben festgestellt, hat das geringfügige, nicht relevante Konsequenzen."[1008]

Zwar fordert die Gesellschaft ein auf Sozial- und Umweltbelange ausgelegtes Verhalten. Die hieraus resultierenden höheren Preise für Produkte und Dienstleistungen sind Kunden aber oft nicht bereit zu zahlen.[1009]

> „Aber bei denen sind dafür die Produkte teurer, weil die gesellschaftliche Verpflichtung Geld kostet. Dann ist es nicht absehbar, was passiert. Viele Bürger werden sagen, dass sie gerne nen Euro mehr ausgeben dafür, aber der Großteil wird dann woanders hingehen, wo es billiger ist."[1010]

Nach positiven Auswirkungen einer Berichterstattungspflicht über die Sozial- und Umweltbelange in einem Unternehmen gefragt, wird von den Experten die

---

1000 Vgl. Ausschnitt B82; J28.
1001 Vgl. Ausschnitt N64.
1002 J48.
1003 Vgl. Ausschnitt H114.
1004 Vgl. Ausschnitt N2.
1005 Vgl. Ausschnitt H60.
1006 Vgl. Ausschnitt R64.
1007 Vgl. Ausschnitt F54; F158; G134-136; M86.
1008 F56.
1009 Vgl. Ausschnitt J64; K94; N64; R72.
1010 K98.

5.2 Ergebnisse der empirischen Untersuchung   149

vom Gesetzgeber beabsichtigte Sensibilisierung der Unternehmen für diese Themen genannt. In der Pflicht zur Berichterstattung wird die Möglichkeit gesehen, dass Unternehmen, die sich bisher nicht mit Sozial- und Umweltbelangen beschäftigt haben, diesen Themen Aufmerksamkeit zukommen lassen.[1011]

> „Es könnte eine Aufrüttelfunktion haben. Dass man überhaupt erstmal anfängt, sich damit auseinanderzusetzen."[1012]

Unternehmen, die bereits Engagement in diesen Bereichen zeigen, können durch die Berichterstattungspflicht darauf hingewiesen werden, dass ihre Aktivitäten auch als Marketingmaßnahme nutzbar sind.[1013] Darüber hinaus wird durch die ausgebaute Berichterstattung auch die Öffentlichkeit für Sozial- und Umweltbelange von Unternehmen sensibilisiert.[1014] Ob die Motivation der von den Unternehmen ergriffenen Maßnahmen auf Zwang oder auf Einsicht zurückzuführen ist, ist für deren Wirksamkeit in einem ersten Schritt nicht relevant.[1015] Insofern ist für die Sozial- und Umweltbelange durch die Pflicht zur Berichterstattung keine Verschlechterung zu erwarten, sondern es wird eine Verbesserung vermutet.[1016]

> „Wenn da dann Umweltmaßnahmen z.B. ergriffen werden, und sei es, dass das Motiv nur ist, dass man das in den Geschäftsbericht reinschreiben kann, dann wird es nicht schaden. Vielleicht nützt es auch was."[1017]

Ein weiterer positiver Effekt einer Berichterstattungspflicht über Sozial- und Umweltbelange ist laut Experten das Aufdecken und das Eingrenzen bzw. das Verhindern sozial- und umweltschädlichen Verhaltens. Durch die Pflicht zur Berichterstattung kann negatives Verhalten durch die Unternehmen vor Außenstehenden schwieriger verborgen werden.[1018] Dies kann auch dazu führen, dass Unternehmen ihr Verhalten überdenken.[1019]

Eine negative Auswirkung der Berichterstattungspflicht über Sozial- und Umweltbelange eines Unternehmens könnte laut Experten eine ausschweifende und übertrieben dargestellte Berichterstattung sein[1020], die ggf. nicht die Realität im Unternehmen widerspiegelt[1021]. Das Aufdecken sozial- und umweltschädli-

---

1011 Vgl. Ausschnitt C132; G140; M80.
1012 E100.
1013 Vgl. Ausschnitt C126.
1014 Vgl. Ausschnitt A36; G132.
1015 Vgl. Ausschnitt A50; C122; H126.
1016 Vgl. Ausschnitt F134.
1017 D144.
1018 Vgl. Ausschnitt K94; M86.
1019 Vgl. Ausschnitt F134; J80.
1020 Vgl. Ausschnitt C110; D160; F80.
1021 Vgl. Ausschnitt D142; D160; H110.

150 5 Empirische Untersuchung

chen Verhaltens durch eine Berichterstattungspflicht wird aus Arbeitnehmerperspektive zwar als positiver Effekt betrachtet, kann auf Unternehmensseite aber negative Auswirkungen durch einen hiermit verbundenen Imageschaden haben.[1022] Unternehmensnachteile der Berichterstattung über Sozial- und Umweltbelange stellen – wie auch in sozial- und umweltverträglichem Verhalten – der damit verbundene Arbeitsaufwand[1023] und die notwendigen finanziellen Mittel[1024] dar.

5.2.1.3 Vertrauensstärkung und Rechenschaftslegung der Unternehmen

Um zu erfahren, ob die Verpflichtung zur nichtfinanziellen Berichterstattung durch das CSR-RL-UmsG einen Einfluss auf das Vertrauen der Arbeitnehmer in Unternehmen haben kann, wurden die Experten nach Mechanismen gefragt, die ihrer Meinung nach zu einer Vertrauensstärkung in Unternehmen beitragen. Es stellt sich heraus, dass Vertrauen insbesondere über aufrichtiges Handeln über einen längeren Zeitraum gebildet werden kann.[1025]

> „Also solche Maßnahmen leben eigentlich von der Konsequenz. Und wenn die Konsequenz heißt, dass nachweislich nichts Neues passiert ist… Erst dann wächst Vertrauen. Und ich denke, das ist eine lange Zeit, die man da braucht."[1026]

Zu einem aufrichtigen Handeln zählen Offenheit und Ehrlichkeit der Unternehmensleitung[1027], sowie die Übereinstimmung des unternehmerischen Handelns mit der Kommunikation[1028]. Für die Vertrauensbildung ist es bzgl. der Berichterstattung im Unternehmen laut den Experten von Bedeutung, dass diese nicht lediglich als Alibi- oder Marketingmaßnahme verstanden wird.[1029]

In diesem Kontext wurden die Experten gefragt, welche Motive die Arbeitnehmer für die unternehmerische nichtfinanzielle Berichterstattung sehen. Sollten hierbei Alibi- oder Marketingmaßnahmen genannt werden, kann darauf geschlossen werden, dass die Verpflichtung zur nichtfinanziellen Berichterstattung durch das CSR-RL-UmsG keinen positiven Einfluss auf die Vertrauensbildung der Arbeitnehmer in Unternehmen hat.

1022 Vgl. Ausschnitt E118; H126; O50.
1023 Vgl. Ausschnitt D146; G172; J84.
1024 Vgl. Ausschnitt C134; Q82.
1025 Vgl. Ausschnitt I72; K116; P36.
1026 O50.
1027 Vgl. Ausschnitt I70; N56; N62; O62; Q88.
1028 Vgl. Ausschnitt C30; F40; F150; I18; O40; O62; Q52.
1029 Vgl. Ausschnitt C156; H106; I128.

5.2 Ergebnisse der empirischen Untersuchung 151

Ebenso wie in den Gründen für ein Verhalten der Unternehmen, das Sozial- und Umweltbelange berücksichtigt, werden auch in der Berichterstattung hierüber Marketingaspekte als Motiv gesehen[1030].

> „Aber ich denke mal, dass nicht nur wir, sondern die meisten anderen Unternehmen, das quasi als einen Marketingaspekt sehen. Das ist ein Bericht, der nach draußen geht, der was über uns aussagt und da muss was Positives rein, und was müssen wir aufwenden, um da einen positiven Effekt zu erzielen [...]"[1031]

Auch hier lassen sich die Marketingaspekte in Werbung für das Unternehmen und seine Produkte sowie Werbung für potenzielle Arbeitnehmer unterteilen. Die Kommunikation über z.b. den fairen Umgang mit Mitarbeitern[1032] oder umweltschonende Maßnahmen[1033] würde aktiv genutzt werden, um sich als Unternehmen gegenüber der Öffentlichkeit positiv präsentieren zu können. In der Werbung mit umweltverträglichen Produkten würde seitens der Unternehmen die Möglichkeit gesehen, sich am Markt besser zu platzieren.[1034]

Gegenüber potenziellen Arbeitnehmern werde die Kommunikation genutzt, um sich auch im Vergleich zu anderen Unternehmen als transparenter, fairer und attraktiver Arbeitgeber zu präsentieren[1035] und zu zeigen, dass das Unternehmen an neuen, hochqualifizierten Mitarbeitern interessiert ist[1036].

> „Das wird schon kommuniziert, wir wollen ja konzernweit als einer der attraktivsten Arbeitgeber gelten. Da haben wir z.B. mobile-work eingeführt, flexible Arbeitszeiten."[1037]

Unabhängig von den Motiven der berichtenden Unternehmen und dem damit einhergehenden Einfluss auf die Vertrauensbildung der Arbeitnehmer kann der Effekt der Berichterstattung auf die Sozial- und Umweltbelange jedoch positiv sein.[1038] Dies rechtfertigt seitens der Experten auch die Werbung eines Unternehmens hiermit.[1039]

> „[...] neue Firmen auf dem Markt aufgetaucht sind, die sehen, da ist Geschäftspotenzial, die da auch Marketing gemacht haben, mit ihrem Marketing auch einen Beitrag für mehr Bewusstsein geleistet haben."[1040]

1030 Vgl. Ausschnitt A32; B82; D158; I128; Q74.
1031 D148.
1032 Vgl. Ausschnitt J106; K112.
1033 Vgl. Ausschnitt A42; D154; F78; N64.
1034 Vgl. Ausschnitt F148; G70; J48; N64.
1035 Vgl. Ausschnitt B106; C30; D72; F96; G46; G152; I104; Q64; R64.
1036 Vgl. Ausschnitt D26.
1037 R64.
1038 Vgl. Ausschnitt A28; I84.
1039 Vgl. Ausschnitt A28; I84.
1040 A36.

152 5 Empirische Untersuchung

Als weitere Motive für die Berichterstattung über Sozial- und Umweltbelange werden neben Marketingaspekten – auch wie in den Gründen für ein sozial- und umweltverträgliches Verhalten – der Vergleich mit der Konkurrenz[1041] und Zwang[1042] gesehen.

> „Ja da gibt es dann alle möglichen Reports. Über Qualität, über Datenschutz, das ist demnächst Pflicht. Dann so Nachhaltigkeitskram. Aber Hand aufs Herz, die meisten davon sind doch Makulatur. […] Und das wird eben produziert, damit man es hat."[1043]

Eine Möglichkeit der Vertrauensbildung über die Berichterstattung sehen die Experten neben der Übereinstimmung von Handeln und Kommunikation und den Berichterstattungsmotiven in der Ansprache kritischer Themen.[1044] Dies gilt auch, wenn diese Ansprache zunächst zu einem Vertrauensverlust führen kann.[1045] In solchen Fällen baut erst der Umgang mit den kommunizierten Schwierigkeiten das Vertrauen der Arbeitnehmer auf.[1046]

> „Die Veröffentlichung selbst zerstört erstmal Vertrauen. Die Konsequenz kann aber Vertrauen fördern."[1047]

Daneben können Erklärungen über die Berichterstattung erfolgen, die Verständnis beim Arbeitnehmer generieren.[1048]

> „Und wir haben uns dann in die Belegschaft gestellt und den Leuten das erklärt […] Da geht es also um Kommunikation und Vertrauen. Die haben mir vertraut. Ich muss glaubhaft machen, dass das richtig ist."[1049]

In diesem Zusammenhang kann die nichtfinanzielle Berichterstattung genutzt werden, die Hintergründe des unternehmerischen Handelns zu erklären und von der Norm abweichendes Verhalten zu rechtfertigen. Bezüglich der Belange von Arbeitnehmern können hier z.B. aktuelle Entwicklungen der Branche[1050] und Erklärungen von Vertragsbedingungen[1051] oder zu Ausschreibungsmechanismen[1052] erfolgen, um Arbeitnehmern die Möglichkeit zu geben, die finanzielle Lage des

---

1041 Vgl. Ausschnitt D144.
1042 Vgl. Ausschnitt A40; B40; D160; E118; G142.
1043 F14.
1044 Vgl. Ausschnitt I82.
1045 Vgl. Ausschnitt O50.
1046 Vgl. Ausschnitt O50.
1047 O50.
1048 Vgl. Ausschnitt K36.
1049 P40.
1050 Vgl. Ausschnitt P8.
1051 Vgl. Ausschnitt E56.
1052 Vgl. Ausschnitt G108; I38; M52.

5.2 Ergebnisse der empirischen Untersuchung

153

Unternehmens und damit verbunden Arbeitsplatzsicherheit[1053] und Lohnstrukturen[1054] besser nachzuvollziehen. Insbesondere Vorfälle oder Verhalten, die zum Nachteil des Unternehmens oder der Arbeitnehmer führen, können laut der Experten in ihrer Konsequenz über eine offene Kommunikation abgeschwächt werden[1055]. Mit der Darstellung der Vor- und Nachteile von Produkten[1056], von Zuliefererprozessen[1057] und der Abläufe der Produktion[1058] können gegenüber Kunden höhere Preise rechtfertigen[1059] und insbesondere bei negativ besetzten Produkten Verständnis generiert werden.

> „Sie bekommen das Siegel ja nicht für jedes einzelne Produkt oder was auch immer. Sondern man bekommt das, wenn man garantiert, das von Herstellern zu beziehen, die z.B. auf den Einsatz von Schadstoffen verzichten. Und dann gibt es einige, die das auch prüfen, aber natürlich nur stichprobenartig. [...] Sie bekommen das als Käufer, als Verarbeiter von Ihrem Zulieferer als z.B. Bioware geliefert. Natürlich können Sie das analysieren, ob das wirklich Bioware ist. Aber nicht bei allen."[1060]

5.2.1.4 Erhöhung der Vielfalt in Führungsebenen

Im Rahmen der Analyse sollte zudem die Fragestellung beantwortet werden, ob das CSR-RL-UmsG und dabei insbesondere die Einführung einer Beschreibung des Diversitätskonzepts bzgl. der Zusammensetzung des vertretungsberechtigten Organs und des Aufsichtsrats aus Arbeitnehmerperspektive zur Erhöhung der Vielfalt in Führungsebenen beitragen kann. Hierfür wurden die Experten gefragt, welche Möglichkeiten ihrer Meinung nach bestehen, um Diversität in Unternehmen zu erzeugen.

In Bezug auf die Einstellung von Frauen werden von den Experten hierbei primär Rahmenbedingungen beschrieben, die notwendig sind, um Vielfalt in Unternehmen zuzulassen. Hierzu zählen bspw. flexible Arbeitszeitmodelle[1061], die persönlichen Einstellungen der Führungskräfte[1062] und Lohngleichheit von Frauen und Männern[1063].

> „Also das hat auf jeden Fall was mit Bezahlung zu tun. Erzieherinnen sind zu schlecht bezahlt. Und Männer gucken weiterhin stärker, dass sie ihre Familie ernäh-

---

1053 Vgl. Ausschnitt L16.
1054 Vgl. Ausschnitt E48.
1055 Vgl. Ausschnitt D50; D116; E26; K36; O52.
1056 Vgl. Ausschnitt A32; B82; J24; N34; N38; N64.
1057 Vgl. Ausschnitt A50; J70.
1058 Vgl. Ausschnitt J62.
1059 Vgl. Ausschnitt C62; J64; K98.
1060 J72.
1061 Vgl. Ausschnitt L44; R94.
1062 Vgl. Ausschnitt H102; I142.
1063 Vgl. Ausschnitt A8.

154 5 Empirische Untersuchung

ren müssen. [...] Also wer hat den besser bezahlten Job, und wer kann demnach eher mit dem Elterngeld klarkommen."[1064]

Über die Berichterstattung können Unternehmen offensiv mit gelebter Vielfalt werben[1065]. Hierdurch fühlen sich die jeweiligen Gruppen ggf. angesprochen, was das Interesse an der Kommunikation des Unternehmens und am Unternehmen selbst steigern kann. Dies kann wiederum langfristig Vielfalt im Unternehmen fördern.[1066]

> „Weil wenn so eine bunte Truppe da arbeitet, dann zieht das auch viele an. Wenn die sagen, dass sie 100 Personen haben und dabei alles vertreten ist zwischen 20 und 64, dann würden sich 59-jährige trauen, sich zu bewerben. [...] Aber wenn man sieht, dass in einem Unternehmen eh schon 60% Frauen arbeiten, dann trauen sich auch andere Frauen dahin. Oder wir haben Beschäftigte, deren Eltern und Großeltern 14 verschiedene Herkunftsländer von drei Kontinenten haben. Da kann man dann sagen, dass das zu einem passt."[1067]

Auch in der Darstellung der verschiedenen Berufsfelder kann in der Kommunikation Diversität vermittelt und somit gefördert werden.[1068]

> „Das hängt auch damit zusammen, wie man den Beruf darstellt. Man kann bei technischen Berufen auch mal Weiblichkeit zulassen."[1069]

Eine verpflichtende Berichterstattung über die Diversität im Unternehmen kann Unternehmen dazu anregen, diversitätsfördernde Maßnahmen zu implementieren, um hier nicht negativ hervorzustechen.[1070] Das Interesse für Diversität und die Beurteilung einer Unternehmenskultur, in der Diversität gefördert wird, hängt laut den Experten von der Branche des berichtenden Unternehmens ab.[1071] So könnte z.B. in männlich dominierten Branchen eine hohe Frauenquote als irrelevant bis negativ bewertet werden.[1072] Fragwürdig ist auch, inwieweit eine gelebte Vielfalt förderlich für den Geschäftsverlauf, das Geschäftsergebnis und die Lage des Unternehmens bzw. der Unternehmensgruppe ist oder aber lediglich dazu dient, formale Forderungen erfüllen zu können.[1073] Letztlich ist es aus Arbeitnehmerperspektive immer wichtig, dass unabhängig von Diversität eine gute Zusammenarbeit gewährleistet wird.

1064 L38.
1065 Vgl. Ausschnitt I32; I84.
1066 Vgl. Ausschnitt I84; I144.
1067 I144.
1068 Vgl. Ausschnitt M82.
1069 M82.
1070 Vgl. Ausschnitt H126.
1071 Vgl. Ausschnitt K88.
1072 Vgl. Ausschnitt K86.
1073 Vgl. Ausschnitt G122.

5.2 Ergebnisse der empirischen Untersuchung 155

„Es ist mir egal, wer das macht, er muss es qualitativ am besten machen, weil am Ende des Tages muss die Arbeit fertig sein, und da interessiert es mich eigentlich nicht, ob das eine Frau oder ein Mann oder jemand mit Migrationshintergrund ist."[1074]

5.2.2 Vorgaben des CSR-Richtlinie-Umsetzungsgesetzes

5.2.2.1 Anwendungsbereich

Um herauszuarbeiten, inwieweit die formalen und inhaltlichen Vorschriften des CSR-RL-UmsG des Gesetzgebers zur Relevanz der Informationen der Sozial- und Umweltbelange für Arbeitnehmer beitragen, wurden die Experten in den Interviews nach den die Arbeitnehmer interessierenden Themen in diesen Bereichen sowie deren optimalen Aufbereitung gefragt. Den Rahmen bilden hierbei die Vorgaben des CSR-RL-UmsG.

Um zu erfahren, welche Kriterien eines Unternehmens aus Arbeitnehmerperspektive einen Einfluss auf das Interesse an nichtfinanziellen Informationen haben können, wurden die Experten in den Interviews jeweils bei der Nennung eines die Arbeitnehmer interessierenden nichtfinanziellen Themas gefragt, ob das Interesse im Zusammenhang mit einem bestimmten Unternehmen steht. In den Fällen, in denen diese Frage bejaht wurde, wurden die Experten nach den Kriterien gefragt, die diese Unternehmen ausmachen. Hierbei stellt sich heraus, dass die Experten der Arbeitnehmerinteressen grundsätzlich für eine Pflicht zur Berichterstattung unabhängig von bestimmten Unternehmenskriterien plädieren.[1075]

„Wir brauchen keine Überregulierung. Wir brauchen nicht mehr Gesetze, sondern wir brauchen die Richtigen, und die müssen dann konsequent angewandt werden, für alle."[1076]

Explizit nach der Sinnhaftigkeit der vom Gesetzgeber aufgeführten Kriterien zum Anwendungsbereich der Berichterstattung über Sozial- und Umweltbelange gefragt, ist aus den Antworten der Experten insbesondere Kritik am Ausschluss von Familienunternehmen ableitbar. Laut der Experten tendieren Familienunternehmen traditionell eher zu einer geschönten Darstellung ihrer Lage als kapitalmarkorientierte Unternehmen.[1077] Gesetzliche Vorschriften könnten hier regulierend eingreifen.[1078]

1074 G128.
1075 Vgl. Ausschnitt F106; J92.
1076 C132.
1077 Vgl. Ausschnitt F36; J6.
1078 Vgl. Ausschnitt J90.

156 5 Empirische Untersuchung

Aus den Antworten zur Sinnhaftigkeit des Kriteriums der Unternehmensgröße lässt sich ableiten, dass die Experten der Fokussierung bei der Größenbestimmung auf die Arbeitnehmerzahl zustimmen.[1079] Bei großen Unternehmen vermuten sie eine höhere Aktivität in den vom Gesetzgeber benannten nichtfinanziellen Themenfeldern.[1080] Aufgrund der Vorbildfunktion großer Unternehmen sollten hier strengere Regeln gelten[1081] und aufgrund der Marktmachtstellung sollten sie stärker kontrolliert[1082] werden. Der Ausschluss des Gesetzgebers kleiner und mittlerer Unternehmen aus der Berichterstattungspflicht nichtfinanzieller Themen wird demnach kritisch gesehen.[1083] Eine Berichterstattungspflicht zu Sozialaspekten könnte betrieblicher Willkür und schlechten Arbeitsbedingungen entgegenwirken[1084], die insbesondere in mittelständischen Unternehmen häufiger aufträten als in großen Unternehmen[1085].

Es wird jedoch konstatiert, dass für kleine und mittlere Unternehmen nicht per se dieselben Regelungen wie für Großunternehmen gelten können. Aufgrund fehlender finanzieller und personeller Mittel besteht die Gefahr, dass mittelständische Unternehmen zumindest bei der Initiierung einer neuen Berichterstattung über nichtfinanzielle Themen mit Schwierigkeiten wie zusätzlichen Kosten oder Wettbewerbsnachteilen konfrontiert werden.[1086] Die gesetzlichen Vorschriften für diese Unternehmen sollten entsprechend angepasst, bzw. ihnen sollten finanzielle oder personelle Hilfestellungen gegeben werden.[1087]

> „Dann kann ich natürlich von kleinen Unternehmen nicht so viel verlangen wie von einem großen Unternehmen. Aber die Rahmenbedingungen schaffen, das sollte für alle gleich sein. […] Und in diesem Rahmen muss sich dann jeder so bewegen, wie er es kann."[1088]

Nach dem Einfluss der Branche eines Unternehmens auf das Interesse nichtfinanzieller Informationen gefragt, stellt sich heraus, dass von den Experten bspw. der Energie- und Rohstoffverbrauch bei produzierenden Unternehmen als relevanter betrachtet wird als bei Unternehmen des Finanzsektors.[1089] Bezüglich der

---

1079   Vgl. Ausschnitt C12; J12.
1080   Vgl. Ausschnitt C136.
1081   Vgl. Ausschnitt J90.
1082   Vgl. Ausschnitt F134.
1083   Vgl. Ausschnitt J8.
1084   Vgl. Ausschnitt J16; O54.
1085   Vgl. Ausschnitt H74; H78; O10; O12.
1086   Vgl. Ausschnitt C134; J92; O36; O44; P30; Q82.
1087   Vgl. Ausschnitt D162; F48; O46; Q78; Q80.
1088   Q80.
1089   Vgl. Ausschnitt C16; C58; I126.

5.2 Ergebnisse der empirischen Untersuchung 157

Vorgaben des Gesetzgebers wird es als schwierig betrachtet, Berichterstattungspflichten festzulegen, die branchenunabhängig gelten sollen.[1090]

5.2.2.2 Risiken aus Geschäftsbeziehungen

Gemäß CSR-RL-UmsG sind zu den in der nichtfinanziellen Erklärung anzugebenen Aspekten Umwelt-, Arbeitnehmer- und Sozialbelange sowie Achtung der Menschenrechte und Bekämpfung von Korruption und Bestechung auch die wesentlichen Risiken, die mit den Geschäftsbeziehungen des Unternehmens bzw. der Unternehmensgruppe verbunden sind, zu nennen. Dies gilt für solche Risiken, die wahrscheinlich schwerwiegende negative Auswirkungen auf einen oder mehrere der Aspekte haben oder haben werden.[1091] In den Interviews wurde im Rahmen der Abfrage der die Arbeitnehmer interessierenden nichtfinanziellen Informationen daher herausgearbeitet, bis in welche Tiefe der unternehmerischen Geschäftsbeziehungen Themen der Sozial- und Umweltbelange relevant sind. Hierzu wurden die Experten jeweils bei der Nennung eines nichtfinanziellen Themas gefragt, von welchen Unternehmen Arbeitnehmer hierüber Informationen erhalten möchten.

Grundsätzlich besteht aus Arbeitnehmerperspektive ein hohes Interesse an nichtfinanziellen Themen der Subunternehmen und der Lieferkette von Unternehmen. Die Angabe wesentlicher Risiken aus Geschäftsbeziehungen wird für die Transparenz der Sozial- und Umweltbelange als wichtiger Punkt betrachtet.

> „[…] wenn ich Transparenz ernst nehme, gehört das natürlich dazu. Ich kann nicht edel und sauber Handys produzieren, und seltene Erden aus dem Kongo beziehen."[1092]

Der Fokus liegt hierbei jedoch, wie in Tabelle 3 dargestellt, nicht auf Umwelt-, sondern auf Sozialbelangen.

Das Interesse an der Tiefe der Rückverfolgbarkeit von Geschäftsbeziehungen hängt mit der persönlichen Betroffenheit zusammen. Hierzu kann z.B. der berufliche Hintergrund zählen, der es ermöglicht, die Lieferkette gedanklich bis zum Ursprung zurückzuverfolgen.[1093] Diese Rückverfolgung der Unternehmenszusammenhänge kann durch private Beziehungen zu den Arbeitnehmern in Zuliefererunternehmen verstärkt werden.[1094]

1090 Vgl. Ausschnitt C136; H104; K80.
1091 Vgl. hierzu ausführlich Kapitel 3.3.2.2.2.
1092 F104.
1093 Vgl. Ausschnitt H46.
1094 Vgl. Ausschnitt H64.

158 5 Empirische Untersuchung

Tabelle 3: Themen von Sub- und Zuliefererunternehmen

Themen von Sub- und Zuliefererunternehmen	Verweis
Bezahlung der Arbeitnehmer, Arbeitsbedingungen, Langfristigkeit des Arbeitsverhältnisses, Einhaltung der Menschenrechte	A4; A8; A10; A22; C82; C86; C110; J56; M56
Produktqualität, Unternehmensimage, Strukturen und Verbindungen zu weiteren Unternehmen und Branchen	C58; I88; I94; N74

Vorteile in einer Berichterstattung über Risiken aus Geschäftsbeziehungen werden darin gesehen, dass Arbeitnehmer aufgrund des Interesses an diesen Themen auch ein größeres Interesse an den Berichtsinhalten insgesamt entwickeln könnten.[1095] Jedoch kann eine zu detailreiche Aufzeigung der Geschäftsbeziehungen die Übersichtlichkeit der Berichterstattung einschränken.[1096] Zudem ist eine Kontrolle bis in die letzte Stufe der Sub- und Zuliefererunternehmen nicht immer im Rahmen eines angemessenen Aufwandes möglich[1097]. So kann z.B. die Einhaltung des Verbots für den Einsatz von Kinderarbeit verlässlich nur bestätigt werden, wenn zu jeder Zeit an jedem Ort der Produktion der Unternehmen, zu denen Geschäftsbeziehungen bestehen, Aufsichten eingeführt oder Prüfungen durchgeführt werden.

„Man muss das auch relativieren. Sie können nicht bis zum letzten Mitarbeiter eine Garantie geben. Sie wollen es. Es ist das erklärte Ziel, keine Kinderarbeit zu fördern. Und sie sind auch bereit, dafür zu zahlen. Aber die Kontrolle kann man nur vor Ort organisieren und da kann man nicht Tag und Nacht jemanden haben. Aber das politische Signal, dass man das nicht unterstützen möchte, ist auch ein wichtiges Signal an die Beschäftigten.“[1098]

5.2.2.3 Berichtsformat

Der deutsche Gesetzgeber sieht die Aufnahme der nichtfinanziellen Erklärung grundsätzlich an verschiedenen Stellen oder in einem besonderen Abschnitt des (Konzern-)Lageberichts vor. Alternativ wird die Befreiungsmöglichkeit von der Pflicht zur Erstellung einer nichtfinanziellen Erklärung geboten, wenn unter bestimmten Bedingungen an anderer Stelle für dasselbe Geschäftsjahr ein gesonderter nichtfinanzieller Bericht veröffentlicht wird.[1099] Um zu erfahren, an wel-

---

1095 Vgl. Ausschnitt C136.
1096 Vgl. Ausschnitt I98.
1097 Vgl. Ausschnitt A50; I90; J70; J72; N34; N38.
1098 J56.
1099 Vgl. hierzu ausführlich Kapitel 3.3.2.2.3.

5.2 Ergebnisse der empirischen Untersuchung 159

cher Stelle Themen der Sozial- und Umweltbelange eines Unternehmens die maximale Aufmerksamkeit der Arbeitnehmer erfahren, wurde in den Interviews danach gefragt, woher Arbeitnehmer ihre Informationen über Unternehmen primär beziehen. Wenn der Geschäftsbericht nicht genannt wurde, wurde explizit danach gefragt. Als Ergebnis wurde von den Experten eine Vielzahl an schriftlichen und persönlichen Quellen genannt, wobei die Wahl der Quelle bspw. vom jeweiligen persönlichen Zweck des Informationsinteresses des Arbeitnehmers abhängt.[1100]

Der Geschäftsbericht eines Unternehmens wird laut Aussagen der Experten von Arbeitnehmern kaum als Quelle für die Beschaffung von Informationen über ein Unternehmen genutzt.[1101] Er wird als Aufbereitung wirtschaftlicher Eckdaten verstanden.[1102] Die wesentlichen Inhalte des Geschäftsberichts werden Arbeitnehmern oftmals auf ergänzenden Informationsveranstaltungen wie Mitarbeiterversammlungen präsentiert.[1103] Eine Nutzung des Geschäftsberichts als Informationsquelle erfolgt primär in speziellen Situationen wie z.b. der Bewerbung auf eine hohe Hierarchiestufe[1104] oder durch spezielle Zielgruppen wie z.b. Wirtschaftsanalytiker[1105]. Durch die Aufnahme nichtfinanzieller Themen und hierbei insbesondere Themen des Sozialen kann der Geschäftsbericht für Arbeitnehmer jedoch ein umfangreicheres Bild des Unternehmens vermitteln und an Bedeutung gewinnen.[1106]

> „Es würde glaube ich generell die Bedeutung des Geschäftsberichts erweitern, weil er dann ein umfassenderes Bild vom Unternehmen vermitteln kann."[1107]

Um sich Informationen über ein Unternehmen zu beschaffen, nutzen Arbeitnehmer andere Quellen als den Geschäftsbericht.[1108] Hierbei kann eine Unterteilung in schriftliche und persönliche Quellen, sowie in Informationen, die das Unternehmen selbst herausgibt, und Informationen, die von anderen Stellen generiert werden, erfolgen. Einen Überblick über die schriftlichen Quellen geben die Tabellen 4 und 5.

Instrumente wie Unternehmensbroschüren und Aushänge sind grundsätzlich geeignet, um Aufmerksamkeit zu erzeugen, Informationen zu streuen und zuvor

---

1100 Vgl. Ausschnitt H6.
1101 Vgl. Ausschnitt F12; G39-40, G198; I30; N26.
1102 Vgl. Ausschnitt B20; B22; C20; D30; H20; I30.
1103 Vgl. Ausschnitt D42; E28; H14.
1104 Vgl. Ausschnitt F10; I112.
1105 Vgl. Ausschnitt D160; H120.
1106 Vgl. Ausschnitt J82.
1107 D138.
1108 Vgl. Ausschnitt D140.

160 5 Empirische Untersuchung

Tabelle 4: Schriftliche Informationsquellen des Unternehmens

Schriftliche Informationsquellen des Unternehmens	Verweis
Internet:	
Unternehmenswebseite	A50; B82; C6; D24; F6; H6; I8; L8; R18
Intranet:	
Informationen zu Aktionen (z.B. soziales Engagement des Unternehmens/der Mitarbeiter)	B80; F80
Informationen zu Veranstaltungen (z.B. Ergebnisse und Protokolle zur Präsentation des Geschäftsberichts)	D98; E110
Detailregelungen im Unternehmen (z.B. Bekanntgabe von Gesundheits- und Weiterbildungsmaßnahmen)	B66; C24; D102
Bereitstellung sensibler Daten (z.B. Vereinbarungen, Formulare, Kalender und Kontaktdaten des Unternehmens)	B4; C6; D96; E112
Unternehmensbroschüren und Aushänge im Unternehmen	D24; H6; K112
Mitarbeiter- bzw. Betriebsratszeitschriften	A44; C100
E-Mail/WhatsApp	A50; C24; D102; E110; G192

Besprochenes zusammenzufassen und zu unterstreichen.[1109] Komplexe Sachverhalte sind auf diesem Weg jedoch nicht darstellbar.[1110] Gleiches gilt laut der Experten für die Kontaktierung der Arbeitnehmer per E-Mail oder per WhatsApp.[1111] Insgesamt wird insbesondere bei tiefergehenden Informationen eine persönliche Übermittlung bevorzugt.[1112]

> „Also kein Aushang, keine Broschüre dieser Welt regelt alles. Das ist gut, um Aufmerksamkeit zu erzeugen, aber das Detaillierte geht immer nur face to face."[1113]

1109 Vgl. Ausschnitt M12; N10.
1110 Vgl. Ausschnitt M14; N10.
1111 Vgl. Ausschnitt A50; C24; D102; E110; G192.
1112 Vgl. Ausschnitt G194; H8; K38; N12.
1113 M12.

5.2 Ergebnisse der empirischen Untersuchung 161

Tabelle 5: Schriftliche Informationsquellen anderer Stellen

Schriftliche Informationsquellen anderer Stellen	Verweis
Internet:	
Google	B6; N4; N34
Bewertungsforen	D16; H78; I8
Sonstige Medien:	
Gewerkschaftszeitschriften	G8; K38; N10
Öffentliche Presse	D160; F38; G6; I114; J20; K110; L18

Um über persönliche Quellen Informationen zu beziehen, wenden sich Arbeitnehmer laut der Experten in erster Linie an betriebliche Interessenvertreter wie Betriebs- oder Personalratsmitglieder oder Vertrauenspersonen.[1114] Hierbei geht es oft um Sachverhalte, die aufgenommen, aber nicht richtig oder vollständig verstanden wurden und zu denen bei den betrieblichen Interessenvertretern Details, auch in Bezug auf die eigene Person, erfragt werden.[1115]

„Die Leute müssen nachfragen. Jeder ist anders. Jede Lebenssituation ist anders. Und das kann man nicht in einem Schriftstück fassen."[1116]

Weitere Funktionen, denen betriebliche Interessenvertreter im Zusammenhang mit der Vermittlung von Informationen nachkommen, stellt Tabelle 6 dar.

Neben den betrieblichen Interessenvertretern beziehen Arbeitnehmer im Unternehmen laut der Experten auch über andere Arbeitnehmer[1117] und über Vorgesetzte[1118] Informationen. Außerhalb des Unternehmens stehen insbesondere Gewerkschaften als Ansprechpartner zur Verfügung. Vorteil hierbei ist das Fachwissen der Gewerkschaftsfunktionäre[1119], die Unabhängigkeit gegenüber den Unternehmen[1120] sowie die Anonymität der Arbeitnehmer[1121]. Ebenso wie bei den betrieblichen Interessenvertretern werden auch Gewerkschaften oftmals

---

1114 Vgl. Ausschnitt B54; H6; K38.
1115 Vgl. Ausschnitt F26; M4; M6; N4; R22.
1116 M14.
1117 Vgl. Ausschnitt B36; C46; D8; E34; H76; I8; I64.
1118 Vgl. Ausschnitt A8; A46; C84; D76; H6; L10.
1119 Vgl. Ausschnitt A26; I8.
1120 Vgl. Ausschnitt L8.
1121 Vgl. Ausschnitt A22.

162 5 Empirische Untersuchung

Tabelle 6: Informationsvermittlung über betriebliche Interessenvertreter

Informationsvermittlung über betriebliche Interessenvertreter	Verweis
Weitervermittlung an entsprechende Stellen/Verweis auf relevante Informationsquellen	C14; L2; N2
Vermittlung von Informationen auf Betriebsversammlungen	D36; E104; J2; K38; M14; N10; Q8; R22
Abfrage von Problemen	D74; F26; K2; K12; N2
Beratung und Unterstützung z.B. bei Gesprächen mit der Geschäftsführung	C38; C42; H102; N2

als erster Ansprechpartner herangezogen[1122], um die Arbeitnehmer dann an die entsprechenden Stellen weiterzuvermitteln[1123].

5.2.2.4 Anwendung von Rahmenwerken

Gemäß CSR-RL-UmsG können Unternehmen und Unternehmensgruppen bei der Erstellung der nichtfinanziellen Erklärung Rahmenwerke nutzen.[1124] Um zu erfahren, ob die Anwendung von Rahmenwerken einen Einfluss auf das Interesse der Arbeitnehmer an nichtfinanziellen Informationen hat, wurden die Experten nach einer idealen Aufbereitung der Unternehmensberichterstattung gefragt. Hierbei stellt sich heraus, dass aus Arbeitnehmerperspektive allgemeingültige, klar definierte und detaillierte Vorgaben zur Darstellung und den Inhalten erwünscht sind. Erst hierdurch wird die Berichterstattung konkret und es werden verständliche Informationen generiert, die einen Nutzen haben können.[1125]

> „Selbst bei Arbeitsunfällen muss man ziemlich genau hingucken, welche Kriterien die haben, dass das ein Arbeitsunfall ist. Bei tödlichen Arbeitsunfällen ist es ziemlich offenkundig. Aber trotzdem gibt es da eine Spannweite, wie man in der Welt einen Arbeitsunfall definiert. Bei manchen ist es erst ein Arbeitsunfall, wenn man drei Tage zu Hause geblieben ist. Bei manchen ist es einer, wenn nur eine Situation eingetreten ist, die potenziell ein Unfall hätte werden können."[1126]

Zudem wird erst durch die Anwendung von Rahmenwerken eine Vergleichbarkeit geschaffen, die zumindest auf Branchenebene gegeben sein sollte.[1127]

1122 Vgl. Ausschnitt O18.
1123 Vgl. Ausschnitt L4.
1124 Vgl. hierzu ausführlich Kapitel 3.3.2.2.4.
1125 Vgl. Ausschnitt F134; F138; G142; G144; H104; K102.
1126 A30.
1127 Vgl. Ausschnitt K104.

5.2 Ergebnisse der empirischen Untersuchung 163

„Also wir müssen Vergleichbarkeit haben. Und wenn jeder sein eigenes Ding macht, haben wir keine Vergleichbarkeit."[1128]

Ohne klare Vorschriften wird die Gefahr gesehen, dass Unternehmen den Fokus auf vorteilhafte Aktivitäten legen, positive Aspekte übersteigert darstellen und negative Aspekte in der Berichterstattung relativieren bzw. vernachlässigen.[1129]

> „Also dass es hier einfach Diskrepanzen gibt. Dass die da ein paar Blümchen am Straßenrand pflanzen, eine große Marketingaktion lässt einen dann sozial dastehen, und gleichzeitig hat man da über hundert Leute, die nicht wissen, wie sie ihre Zukunft planen sollen. Sowas dürfte von mir aus wesentlich mehr in die Öffentlichkeit."[1130]

Um dem Verschweigen von negativen Aspekten zu Sozialbelangen in der Berichterstattung entgegenzuwirken, wird der Vorschlag gemacht, die Unternehmen dazu zu verpflichten, das schwächste Mitglied im Unternehmen bzw. im Unternehmensumfeld zu identifizieren. Innerhalb der Angaben zur Unternehmensverantwortung sollte dann dargestellt werden, welche Auswirkungen die Unternehmenstätigkeiten auf dieses Mitglied haben.[1131]

Als negativ wird die Anwendung von Rahmenwerken betrachtet, wenn sie lediglich dazu dient, checklistenartig die geforderten Angaben abzuarbeiten.[1132] Inwieweit die Informationen tatsächlich von Wichtigkeit für das Verständnis des Geschäftsverlaufs, des Geschäftsergebnisses, der Lage des Unternehmens bzw. der Unternehmensgruppe sowie der Auswirkung seiner Tätigkeit auf die Aspekte sind bzw. welchen Hintergrund die Angaben haben, kann hierbei an Bedeutung verlieren.[1133] Zudem wird es von den Experten als vertrauensstiftende Maßnahme erachtet, wenn Unternehmen Themen in ihrer Berichterstattung ansprechen, die von vergleichbaren Unternehmen nicht adressiert werden. Die Berichterstattung ausschließlich nach vorgegebenen Kriterien wirkt hier kontraproduktiv.[1134]

5.2.2.5 Inhaltliche Ausgestaltung

Für die inhaltliche Ausgestaltung der nichtfinanziellen Erklärung fordert der deutsche Gesetzgeber gem. CSR-RL-UmsG zunächst eine kurze Beschreibung des Geschäftsmodells des berichtenden Unternehmens bzw. der berichtenden Unternehmensgruppe, die nichtfinanzielle Themen behandelt. Zudem soll min-

---

1128 M98.
1129 Vgl. Ausschnitt A32; B42; D156; F150; F152; F162; H102; H108; K102; M80.
1130 F38.
1131 Vgl. Ausschnitt F154.
1132 Vgl. Ausschnitt H102; H106.
1133 Vgl. Ausschnitt I100; I118.
1134 Vgl. Ausschnitt I122.

164 5 Empirische Untersuchung

destens auf die Aspekte Umwelt-, Arbeitnehmer- und Sozialbelange, sowie Achtung der Menschenrechte und Bekämpfung von Korruption und Bestechung eingegangen werden.[1135] Um zu erfahren, welche Themen der Sozial- und Umweltbelange für Arbeitnehmer relevant sind, wurden die Experten gefragt, welche Kriterien für einen Arbeitnehmer bei der Entscheidung zwischen zwei Arbeitgebern bei gleichem Gehalt, gleicher Hierarchiestufe und gleichem Standort ausschlaggebend sind.

5.2.2.5.1 Geschäftsmodell

Bezüglich des Geschäftsmodells werden von den Experten insbesondere die Produkte und Dienstleistungen des Unternehmens, sowie der Unternehmen, die mit dem potenziellen Arbeitgeber in Verbindung stehen, als für Arbeitnehmer relevant benannt.[1136]

> „Ich muss mit den Produkten bzw. Dienstleistungen oder was auch immer da produziert wird einverstanden sein. Ich muss sie nicht unbedingt toll finden, aber ich darf nicht dagegen sein. Also wenn ich eine pazifistische Natur wäre, dann würde ich nicht bei [Nennung eines Rüstungskonzerns] anfangen."[1137]

Eine gute Produktqualität lässt auf ein engagiertes, langfristig erfolgreiches Unternehmen schließen, was wiederum für das Ansehen in der Gesellschaft und die Sicherheit des Arbeitsplatzes spricht.[1138] Ebenfalls in Verbindung mit der Langfristigkeit des Arbeitsverhältnisses steht das Interesse der Arbeitnehmer für die Auftragslage[1139] und die Zukunftsfähigkeit[1140] des Unternehmens.

> „Ob wir mehr Arbeitnehmer für einen Auftrag benötigen und daher mehr Personal einstellen werden, ob wir Aufträge verloren haben und wie wir mit den Mitarbeitern aus diesen Projekten umgehen, die überschüssig sind, ob wir die umsetzen können in andere Projekte."[1141]

Bei der Entscheidung für oder gegen einen Arbeitgeber wurde außerdem das Image des Unternehmens allgemein als ein Kriterium genannt.[1142] Für Arbeitnehmer, die sich als Repräsentant ihres Unternehmens sehen und sich mit den Produkten identifizieren[1143] ist es essenziell, dass das Unternehmen ein gutes

---

1135 Vgl. hierzu ausführlich Kapitel 3.3.2.2.5.
1136 Vgl. Ausschnitt A2; B26; C58; E4; F24; I2; I88.
1137 C28.
1138 Vgl. Ausschnitt F112; H68; K116.
1139 Vgl. Ausschnitt E6; H42; N30.
1140 Vgl. Ausschnitt A32; C66.
1141 E10.
1142 Vgl. Ausschnitt D6; I62.
1143 Vgl. Ausschnitt J20; M30.

5.2 Ergebnisse der empirischen Untersuchung 165

Image genießt[1144]. Im Detail können für das Unternehmensimage Dauer des Bestehens, Größe, Bekanntheit, Produktqualität und Marktmacht[1145] sowie ein sympathischer Unternehmenseindruck[1146] sprechen. Daneben bildet sich das Image eines Unternehmens über seine Seriosität[1147] und über sein Verhalten z.B. gegenüber Arbeitnehmern und Dienstleistern[1148].

Für potenzielle Arbeitnehmer können im Rahmen der Beschreibung des Geschäftsmodells zudem die organisatorischen Strukturen im Unternehmen von Interesse sein. So kann z.B. anhand eines Organigramms erkannt werden, ob eher flache oder eher steile Hierarchiestufen existieren.[1149] Darüber hinaus geht es um allgemeine Geschäftsprozesse im Unternehmen, über die die Arbeitnehmer informiert werden wollen.[1150]

5.2.2.5.2 Umweltbelange

Das Thema Umweltbelange wird von den Experten als nebensächlich bei der Entscheidung für oder gegen einen Arbeitgeber eingestuft.[1151] Dies liegt zum einen daran, dass andere Aspekte wie z.B. Arbeitnehmerbelange wichtiger sind.[1152] Zum anderen wird die Gefahr gesehen, dass durch Aufmerksamkeit und Investitionen in das Thema Umwelt sonstige, für Arbeitnehmer wichtigere Faktoren leiden.[1153]

„Vielleicht, dass man nicht bei den obersten Ökosäuen beschäftigt sein möchte. Aber wie fühlen sich z.B. jetzt die Arbeitnehmer bei [Nennung eines Automobilherstellers]? Wahrscheinlich ist denen das völlig egal, was die da gemacht haben. Wichtig ist für die nur, ob das irgendwo zu Arbeitsplatzverlusten für sie führt."[1154]

Auf Rückfrage, welche Themen bzgl. der Umweltbelange eines Unternehmens für Arbeitnehmer überhaupt ein Potenzial der Relevanz haben können, wurden am häufigsten Energiethemen genannt. Einen Überblick über die auf Rückfrage genannten Themen gibt Tabelle 7.

1144 Vgl. Ausschnitt J22.
1145 Vgl. Ausschnitt B52; H64; H68; K108; L34; N34; Q52; R86.
1146 Vgl. Ausschnitt C28; F16.
1147 Vgl. Ausschnitt I90; N62.
1148 Vgl. Ausschnitt I4; I14; K112; K118; N74; P26; R64.
1149 Vgl. Ausschnitt D2; E22; F18.
1150 Vgl. Ausschnitt D34; E22; O62; Q8; Q22.
1151 Vgl. Ausschnitt E70; G98; M26; R72.
1152 Vgl. Ausschnitt C86; G102.
1153 Vgl. Ausschnitt C128; I58; J44.
1154 I56.

166 5 Empirische Untersuchung

Tabelle 7: Themen des Kriteriums Umweltbelange

Themen des Kriteriums Umweltbelange	Verweis
Menge des Energieverbrauchs, Nutzung erneuerbarer und nicht erneuerbarer Energien	C58; C86; G70; G80; G82; G100; H48
Einsparung von Energie	E62; E74; G80; H48
Schonender Umgang mit Ressourcen	C56; G98; H48; K80; N28
Müllvermeidung und Mülltrennung	C86; E74; F38; F134; G74
Jobfahrräder, Fahrzeugflotte von Unternehmen	D106; G22; J48

Im Rahmen der Geschäftstätigkeit der Unternehmen kann die Umweltverträglichkeit der Produkte und Dienstleistungen[1155] und eine Entlastung der Umwelt durch die Nutzung derselben[1156] von Relevanz sein.

> „Und in die Richtung geht es mit unserer Werbung momentan auch. Wir sagen ja, wer unseren Service nutzt, entlastet die Umwelt."[1157]

Insgesamt fällt auf, dass von den Experten ein Zusammenhang zwischen dem Interesse der Arbeitnehmer an Umweltbelangen und ihrer eigenen bzw. der Tätigkeit des Unternehmens gesehen wird. Somit werden Themen hervorgehoben, die im Alltag der Arbeitnehmer auftreten und die dadurch greifbarer bzw. verständlicher sind.[1158]

> „Also wir verbrauchen schon relativ viel Strom. Alleine durch die ganzen Computer. Dass man dann vielleicht fragen könnte, ob da Ökostrom genutzt wird."[1159]

5.2.2.5.3 Arbeitnehmerbelange

Bei der Frage, welche Kriterien bei der Entscheidung zwischen zwei Arbeitgebern ausschlaggebend sein können, werden primär Arbeitnehmerbelange genannt.

> „Das ganze Kapitel Soziales, alles, was mit Arbeit zu tun hat. Damit würden Sie den Personenkreis deutlich vergrößern, der sich für solche Berichte interessiert. Ausbildung, Entwicklung, Befristung, Flächentarifverträge."[1160]

1155 Vgl. Ausschnitt C82; N64.
1156 Vgl. Ausschnitt G70; M68.
1157 G70.
1158 Vgl. Ausschnitt C86; E62; G98.
1159 E70.
1160 J82.

5.2 Ergebnisse der empirischen Untersuchung 167

Tabelle 8: Themen des Kriteriums Gehalt

Themen des Kriteriums Gehalt	Verweis
Gehalt im Allgemeinen	D2; E42; F108; G6; G108; L2; P26
Bezahlung von Mehrarbeit	H74; I12; J4
Bezahlung der Mitarbeiter bei Subunternehmen	A8; C86; J56; K94
Finanzielle Mittel als Motivationsförderungs-maßnahme	K14; R44
Finanzielle Mittel für die Bereitschaft zur Weiterbildung	R6; R16

Zusammenfassen lassen sich die genannten Kriterien in die Bereiche Gehalt, Zusammenarbeit mit Betriebsräten und Gewerkschaften, langfristige Sicherung des Arbeitsverhältnisses, Gesundheitsschutz und Sicherheit am Arbeitsplatz, Betriebsrente, Work-Life-Balance, Arbeits- und Rahmenbedingungen, Aus- und Weiterbildung sowie Arbeitsklima. Im Folgenden werden diese Kriterien ausführlich dargestellt.

Da es das Ziel ist, durch die Interviews die relevanten nichtfinanziellen Themen für Arbeitnehmer herauszustellen, wurde das Thema Gehalt bei der Frage nach den Kriterien zur Entscheidungsfindung eines Arbeitsplatzes explizit vom Interviewer ausgeschlossen. Nichtsdestotrotz wurden finanzielle Aspekte in diesem Zusammenhang und auch im weiteren Verlauf der Interviews von den Experten für Arbeitnehmer immer wieder benannt, was dessen Wichtigkeit verdeutlicht. Das Bezahlungsniveau kann den Ausschlag für oder gegen eine Berufs- und/oder Unternehmenswahl darstellen[1161] und wird als Indikator des Umgangs des Unternehmens mit seinen Mitarbeitern gesehen[1162]. Über das Gehalt wird zudem ein Interesse für andere Themen wie z.B. die langfristige Existenz des Unternehmens generiert, da diese einen Einfluss auf die Bezahlung der Mitarbeiter haben können.[1163] Weitere Themen, die bzgl. finanzieller Aspekte von den Experten genannt werden, veranschaulicht Tabelle 8.

Das Gehalt ist jedoch nicht in jeder Situation der einzige oder ausschlaggebende Faktor, da finanzielle Mittel oft nur eine kurzfristige motivierende Wirkung haben und andere Aspekte sich stärker auf das tägliche Arbeitsleben auswirken können.[1164]

1161 Vgl. Ausschnitt B30; C74; E36; F16; G108; H68; I24; L26; R8; R80.
1162 Vgl. Ausschnitt H68; K22; N32.
1163 Vgl. Ausschnitt I56; M54.
1164 Vgl. Ausschnitt K12-14.

168 5 Empirische Untersuchung

„Hier bleiben die Leute, obwohl das Gehaltsniveau wirklich ganz niedrig ist. Wir haben über die Jahre eine relativ niedrige Fluktuation, weil viele Leute sagen, dass der Umgang miteinander ziemlich gut ist."[1165]

Beim Thema Zusammenarbeit mit Betriebsräten und Gewerkschaften ist es laut der Experten für Arbeitnehmer bei der Entscheidung für oder gegen einen Arbeitgeber von Relevanz, inwieweit im Unternehmen Betriebsräte bestehen[1166] und Tarifverträge gelten[1167]. Zudem geht es darum, inwieweit die Unternehmen die Meinungen von Betriebsräten bzw. Gewerkschaften zum einen zulassen[1168] und zum anderen auch in ihre Entscheidungen einbeziehen[1169].

„Weil wenn dann gehen Entscheidungen über die Mitbestimmungsgremien, und das sind halt die Betriebsräte. Gesamtbetriebsrat, der Standortbetriebsrat, das sind die Gremien, die dann die Möglichkeit haben, mit dem Arbeitgeber etwas zu bewerkstelligen."[1170]

Die Sicherheit des Arbeitsplatzes ist aus Sicht der Experten eines der wichtigsten nichtfinanziellen Themen für Arbeitnehmer.[1171] Hierüber baut sich auch ein Interesse für andere Themen des Unternehmens auf.

„Alle Dinge, die in der Arbeitsplatzsicherung mit relevant sind, also wie gut geht es meinem Unternehmen, ist das Geschäftsfeld, wo es tätig ist, noch zukunftsträchtig, was ist mit der Konkurrenz, wie ist die gesamtwirtschaftliche Situation, hat man rote Zahlen oder schwarze, leben wir auf Pump oder haben wir ein großes Eigenkapital."[1172]

Tabelle 9 stellt die für Arbeitnehmer relevanten Themen innerhalb des Kriteriums der Langfristigkeit des Arbeitsverhältnisses dar.

Bei den Themen Gesundheitsschutz und Sicherheit am Arbeitsplatz ist für Arbeitnehmer die Existenz, das Wissen über sowie das Einhalten von Vorschriften relevant, die den Schutz der Arbeitnehmer auf dem Weg zur Arbeit und am Arbeitsplatz gewährleisten.[1173] Zudem ist es für Arbeitnehmer wichtig zu wissen, welche Regelungen im Unternehmen zur Gehaltszahlung im Krankheitsfall und zu Verfahren bei Wiedereingliederung nach längerer Krankheit bestehen.[1174]

1165 I32.
1166 Vgl. Ausschnitt B52; H70; O16.
1167 Vgl. Ausschnitt C30; F18; G6; I104; J82; L2; M34; N32.
1168 Vgl. Ausschnitt A22; C84; I90; M34; M38; N60.
1169 Vgl. Ausschnitt G44; N74.
1170 B50.
1171 Vgl. Ausschnitt B48; C66; D70; F108; G44; I62; K50; O2.
1172 C66.
1173 Vgl. Ausschnitt A8; A10; A50; B4; C144; H82; I90; M28; M38.
1174 Vgl. Ausschnitt B4; D56; F26; M16; N2.

5.2 Ergebnisse der empirischen Untersuchung 169

Tabelle 9: Themen des Kriteriums Langfristigkeit des Arbeitsverhältnisses

Themen des Kriteriums Langfristigkeit des Arbeitsverhältnisses	Verweis
Übernahmen nach abgeschlossener Ausbildung, befristete Verträge, Zeitverträge, Versetzungen und Kündigungen	F40; G44; G106; H42; J82; L2; P46; R4; R40
Langfristiges Bestehen des Unternehmens	B52; F18; I52
Standortschließungen oder -verlagerungen	H44; Q4; R2
Auftragslage	I38
Produkte und Dienstleistungen	C128; I56
Prozesse und Strukturen im Unternehmen	M54; N74; P6; R90

Durch das Thema Gesundheitsschutz können Unternehmen ihren Arbeitnehmern zusätzliche Leistungen wie z.b. Vorsorgeuntersuchungen oder die Bezuschussung von Gesundheitsleistungen anbieten.[1175] Letztlich sind dies jedoch keine Informationen, von denen die Entscheidung für oder gegen einen potenziellen Arbeitgeber abhängt.

„Diese konkreten Dinge wie Gesundheitsvorsorge, das ist natürlich super. Da engagiere ich einen Rückenspezialisten, der kommt vorbei und macht ne Reihenuntersuchung [...] und das kommt natürlich auch in der Belegschaft gut an. Wäre für mich allerdings als Bewerber nicht so ein entscheidendes Kriterium."[1176]

Weitere Themen, die bzgl. des Kriteriums Gesundheitsschutz und Sicherheit am Arbeitsplatz von den Experten als für Arbeitnehmer relevant genannt werden, veranschaulicht Tabelle 10.

In Bezug auf das Thema Betriebsrente ist es für Arbeitnehmer insbesondere von Relevanz, welche Formen eines Austritts aus dem Unternehmen z.B. durch Altersteilzeit möglich sind.[1177] Dies gilt umso mehr für Branchen, in denen die Arbeitnehmer i.d.R. aufgrund von Krankheit o.ä. das gesetzliche Renteneintrittsalter nicht erreichen.[1178] Ob die Rente dann ausreichend ist bzw. ob es betriebliche Unterstützungen wie eine Betriebsrente gibt, ist in diesem Zusammenhang ebenfalls von Interesse.[1179]

1175 Vgl. Ausschnitt C144; D46; G44; O36; Q42; R48.
1176 D20.
1177 Vgl. Ausschnitt F26; M6; N2.
1178 Vgl. Ausschnitt O12; R8.
1179 Vgl. Ausschnitt A22; B30; M4; O2; R70.

170 5 Empirische Untersuchung

Tabelle 10: Themen des Kriteriums Gesundheitsschutz und Sicherheit am Arbeitsplatz

Themen des Kriteriums Gesundheitsschutz und Sicherheit am Arbeitsplatz	Verweis
Juristische, soziale oder psychologische Hilfe für Arbeitnehmer und ggf. deren Familien bei Arbeitsunfällen oder anderen Vorfällen im Rahmen der beruflichen Tätigkeit	G44; M36
Möglichkeiten der anonymen Hinweisgabe bei Nichteinhaltung von Vorschriften	A10; D90; K16; M42
Konsequenzen bei Nichteinhaltung von Vorschriften	A10

Im Themenkomplex Work-Life-Balance stellen allgemein die Einhaltung des Arbeitszeitgesetzes, das Einhalten von Arbeitszeiten sowie Überstunden- und Pausenregelungen des Unternehmens für Arbeitnehmer relevante Punkte dar.[1180] Eine besondere Stellung nehmen hier Unternehmen ein, in denen sieben Tage die Woche ein 24-Stunden-Betrieb herrscht.[1181] Hierbei geht es um die Handhabung der Bekanntgabe, der Regelmäßigkeit und der Einhaltung von Schichtplänen[1182], sowie um die Regelungen zu Spät-, Nacht- und Wochenendschichten[1183].

> „Für die Arbeitnehmer ist ganz wichtig, ob Schichtpläne eingehalten werden. Nachtzeiten, Ruhezeiten. So dass sie ihr Leben da drumherum planen können. Wir haben in unseren Bereich ja einen 24-Stunden-Betrieb, und da ist das extrem wichtig, dass man weiß, wann der Schichtplan kommt, dass der festgelegt ist für die z.B. nächsten zwei Monate, und dass der eingehalten wird, weil man sonst sein Privatleben nicht mehr geregelt bekommt.“[1184]

Einen weiteren für Arbeitnehmer relevanten Punkt innerhalb des Themas Work-Life-Balance stellt die Vereinbarkeit von Beruf und Familie dar. Hierzu zählen die Rücksichtnahme auf private Situationen durch Kollegen und Vorgesetzte[1185], Betriebskindergärten und Zuschüsse des Unternehmens zu Kitagebühren[1186]. Darüber hinaus ist die Gewährleistung der Flexibilität der Arbeitszeit durch z.B. Gleitzeit, Arbeitszeitkonten, das Tauschen von Schichten, Teilzeit und Homeoffice von Relevanz.[1187] Die Wichtigkeit des Themas Urlaub geht so weit, dass bei der Entscheidung zwischen einer Gehaltserhöhung und zusätzlichen Urlaubs-

---

1180 Vgl. Ausschnitt B4; E56; F26; H70; J4; M4; Q26; R10.
1181 Vgl. Ausschnitt I58.
1182 Vgl. Ausschnitt E26; E44.
1183 Vgl. Ausschnitt E2.
1184 M4.
1185 Vgl. Ausschnitt E44; F18; H102; L10.
1186 Vgl. Ausschnitt D58; F18; I104.
1187 Vgl. Ausschnitt B68; B70; C70; D48; O12; R64.

5.2 Ergebnisse der empirischen Untersuchung 171

tagen die Wahl zu Gunsten der Urlaubstage fällt[1188] bzw. die Möglichkeit eines unbezahlten Urlaubs immer mehr thematisiert wird[1189]. Im Detail interessieren sich die Arbeitnehmer bzgl. des Themas Urlaub für die Anzahl der genehmigten Urlaubstage sowie die Mechanismen zu deren Genehmigung.[1190]

Bei der Frage danach, welche Kriterien für einen Arbeitnehmer bei der Entscheidung zwischen zwei Arbeitgebern ausschlaggebend sein können, wird allgemein das Thema der Arbeitsbedingungen benannt. Es ist grundsätzlich wichtig, dass für die direkt im Unternehmen beschäftigten Arbeitnehmer[1191] als auch für Leiharbeiter[1192] gute Arbeitsbedingungen herrschen. Obwohl das Thema Standort des Unternehmens bei der Frage nach den Kriterien zur Entscheidungsfindung über ein Arbeitsplatzangebot explizit vom Interviewer ausgeschlossen wurde, wurde es als für Arbeitnehmer wesentliche Information der Rahmenbedingungen benannt.[1193] Die Wichtigkeit dieses Faktors für Arbeitnehmer liegt teilweise an ihrer, z.B. durch familiäre Situationen begründeten, Verbundenheit mit dem Standort.[1194]

> „Es heißt zwar, dass die Menschen schon immer dahin gegangen sind, wo die Arbeit war. Zu einem Teil ist das so. Aber es entwurzelt natürlich schon und schafft viel Unsicherheit."[1195]

Neben dem Standort des Unternehmens sind Details zu den Räumlichkeiten, in denen der täglichen Arbeit nachgegangen wird, innerhalb des Bereiches Arbeits- und Rahmenbedingungen von Relevanz. Für die Ausführung der Arbeit ist es von Interesse, wie viele Mitarbeiter sich die Büros teilen und ob Rückzugsräume für z.B. Stillarbeit und für Pausen vorhanden sind.[1196] Bei der Ausstattung des Arbeitsplatzes kann die ergonomische und fachgerechte Arbeitsplatzgestaltung durch z.B. höhenverstellbare Tische und Stühle und die notwendige Hard- und Softwareausstattung eine wichtige Information sein.[1197] Weitere bedeutende Themen im Zusammenhang mit den Arbeits- und Rahmenbedingungen veranschaulicht Tabelle 11.

1188   Vgl. Ausschnitt M82.
1189   Vgl. Ausschnitt N6.
1190   Vgl. Ausschnitt B4; D14; E26; N2; O2.
1191   Vgl. Ausschnitt D10; E32; F108; H68; I148; J56; L36; M32; P26; R80.
1192   Vgl. Ausschnitt C30; C82; F154; I148; M56.
1193   Vgl. Ausschnitt B58; D12; G106.
1194   Vgl. Ausschnitt D70; H44; I52; R84.
1195   H44.
1196   Vgl. Ausschnitt B72; L34; M4.
1197   Vgl. Ausschnitt B68; B70; D10; E2; G44; K18; K28; Q42.

172 5 Empirische Untersuchung

Tabelle 11: Themen des Kriteriums Arbeits- und Rahmenbedingungen

Themen des Kriteriums Arbeits- und Rahmenbedingungen	Verweis
Fußläufige Erreichbarkeit, zentrale Lage des Standortes	B30; C42; E32; F16; R78
Großraum- vs. Zweiraum-/Einzelbüro	B26; D12; K10
Kantine und kostenlose Getränke	B26; E42; Q26; R2
Dienstwagen oder -räder	D56; F18; M88
Diensthandy	D66
Fitnessstudio im Unternehmen	F18

Seitens der Auszubildenden interessiert laut den Experten insbesondere die Ausbildungsqualität[1198] und die Übernahmemöglichkeiten von Auszubildenden durch das Unternehmen[1199]. Bezüglich der Weiterbildungsmaßnahmen eines Unternehmens sind für Arbeitnehmer individuelle Unterstützungen, Förderungen und Entwicklungsmöglichkeiten relevant.[1200]

> „Und es wäre natürlich wünschenswert, wenn man Mentoren hat, die einen begleiten und gucken, wie man die Leute am besten einsetzen kann und wo der die beste Leistung bringt. Und damit bringt man die Leute nach vorne."[1201]

Einen Überblick der von den Experten genannten Hinweise auf eine solche individuelle Unterstützung, Förderung und Motivation durch die Unternehmen gibt Tabelle 12.

Bei der Frage, welche Kriterien für einen Arbeitnehmer bei der Entscheidung zwischen zwei Arbeitgebern ausschlaggebend sein können, ist das Thema Arbeitsklima von großer Bedeutung.[1202]

> „Die Zufriedenheit am Arbeitsplatz ist ein großer Aspekt neben dem Finanziellen. Wenn ich nette Kollegen habe, ein auskömmliches Miteinander und die Arbeit Spaß macht, weil das gut organisiert ist, dann ist das fast gleichwertig mit Monetärem."[1203]

1198 Vgl. Ausschnitt I62; K12.
1199 Vgl. Ausschnitt G106; R8.
1200 Vgl. Ausschnitt C166; E52; K56; O62; R4; R8.
1201 K56.
1202 Vgl. Ausschnitt D14; E32; H42; I32; L36.
1203 K14.

5.2 Ergebnisse der empirischen Untersuchung | 173

Tabelle 12: Themen des Kriteriums Aus- und Weiterbildung

Themen des Kriteriums Aus- und Weiterbildung	Verweis
Mitarbeitergespräche und Zielvereinbarungen	D114; D116; D120; F18; G92-96; H42; K6
Aufgabengebiete	B58; C74; D14; F16; K14
Aufstiegschancen	B56; K116; R98
Interne Weiterqualifizierung	B66; C162; F28; G44; J82
Finanzierung und Freistellungen im Rahmen von Weiterbildungsmaßnahmen	I12; L16; R6

Insgesamt ist das Arbeitsklima primär im Unternehmen selbst zu erfahren und schwer durch sprachliche Beschreibung repräsentierbar.[1204] Selbst Angaben zur Fluktuation können keinen Aufschluss über die Zufriedenheit einer Belegschaft im Unternehmen geben. So kann eine geringe Fluktuation zwar für die Zufriedenheit der Arbeitnehmer sprechen[1205], eine hohe Fluktuation kann aber neben Unzufriedenheit ebenso unabhängig vom Unternehmen für flexible Arbeitnehmer sprechen, die viel Erfahrung sammeln oder in unterschiedlichen Städten und Ländern leben möchten[1206].

Zu einem guten Arbeitsklima zählt ein freundlicher, respektvoller und hilfsbereiter Umgang der Arbeitnehmer untereinander[1207] und Sympathie und Akzeptanz gegenüber dem Vorgesetzten[1208]. Hierbei ist insbesondere die Kommunikation ein wichtiger Faktor. Tabelle 13 stellt Themen dar, die über die Berichterstattung Aufschluss über die Kommunikation in Unternehmen geben können.

Zur positiven Beeinflussung des Arbeitsklimas stehen den Unternehmen Möglichkeiten zur Verfügung, deren Anwendung und Berichterstattung hierüber die Arbeitnehmer wiederum auf ein gutes Arbeitsklima schließen lässt. Hierzu zählen die bereits beim Kriterium Gesundheitsschutz und Sicherheit am Arbeitsplatz genannten Themen Existenz und Einhaltung von Vorschriften, sowie beim Kriterium Work-Life-Balance genannten Maßnahmen wie z.B. Homeoffice und Vereinbarkeit von Familien und Beruf. Darüber hinaus ist es wichtig, ein Klima

---

1204   Vgl. Ausschnitt D18; E34.
1205   Vgl. Ausschnitt I32; J20; R38.
1206   Vgl. Ausschnitt C68; D70.
1207   Vgl. Ausschnitt D112; E32; E38; I4-6; I32; K14; Q48.
1208   Vgl. Ausschnitt B38; F20; F162; K12; Q16; R38.

174　　　　　　　　　　　　　　　　　　　　　5 Empirische Untersuchung

Tabelle 13:　Themen des Kriteriums Arbeitsklima: Kommunikation

Themen des Kriteriums Arbeitsklima: Kommunikation	Verweis
Anzahl und Komplexität der Hierarchiestufen	C74; F18; G92; I34; L14
Zugänglichkeit der Vorgesetzten für Arbeitnehmer	C84; D114; L12; N52; Q42
Führungskräfteschulungen	F28; K4; L14
Ehrliche und klare Kommunikation, auch bei kritischen Themen	E48; I34; I40; N56; Q14
Mitarbeitergespräche zu Zufriedenheit, aktuellen Schwierigkeiten und Verbesserungsvorschlägen	D76; D114; G94
Umfragen zu Zufriedenheit, aktuellen Schwierigkeiten und Verbesserungsvorschlägen	C144; Q10
Wertschätzung der Arbeitnehmer	C56; F80; K36; L14; P26; Q42
Beschwerde- und Unterstützungsmöglichkeiten durch betriebliche Interessenvertreter	D86; D88; D92; N2

des Miteinanders zu schaffen.[1209] Tabelle 14 gibt eine Übersicht, welche angewandten Maßnahmen eines Unternehmens hierauf schließen lassen.

Tabelle 14:　Themen des Kriteriums Arbeitsklima: Maßnahmen zur Förderung des Klimas

Themen des Kriteriums Arbeitsklima: Maßnahmen zur Förderung des Klimas	Verweis
Einbindung der Arbeitnehmer in Unternehmensprozesse	D114
Anpassung von Arbeitsprozessen bei Problemen	E52; K2; K18-20; J38
Teambildungsmaßnahmen	D80-84
Arbeitsplatztausch	R44
Aufenthaltsräume	E38
Betriebssport	O36
Veranstaltungen	D20

1209　Vgl. Ausschnitt M44.

5.2 Ergebnisse der empirischen Untersuchung 175

5.2.2.5.4 Sozialbelange

Informationen über Sozialbelange des Unternehmens können laut der Experten für Arbeitnehmer relevant sein, da sie für ein positives Unternehmensimage spricht.[1210] Als für Arbeitnehmer interessante Themen innerhalb der Sozialbelange werden konkret soziales Engagement, Schaffung von Arbeitsplätzen und Steuerzahlungen genannt. Tabelle 15 gibt einen Überblick über die im Bereich soziales Engagement und Sponsoring[1211] interessierenden Themen.

Tabelle 15: Themen des Kriteriums soziales Engagement und Sponsoring

Themen des Kriteriums soziales Engagement und Sponsoring	Verweis
Soziale Projekte bspw. gegen Rassismus und Gewalt, materielle und physische Unterstützung beim Ausbau und der Verschönerung von Spielplätzen, Kitas oder Schulen	B80; C100; C144; G118; M44
Spenden	C60; D108; G118; I60; Q74
Sponsoring allgemein	C60; D108; I60
Sponsoring von Sportvereinen	B76; C100; E78; G120
Stellung von Wohnungen bzw. Mietzuschüsse	G22; K98
Kunstförderung	B78

Bei Spenden- und Sponsoringmaßnahmen können eine empfängerbezogene Auflistung der Gelder sowie der damit verfolgten Zwecke von Interesse für Arbeitnehmer sein, da sie hierdurch das Engagement des Unternehmens besser nachvollziehen können.[1212]

> „Beim Sponsoring frage ich mich immer „Muss das sein?" […] Ich denke, ich kann die Budgetsituation relativ gut einschätzen und dann fragt man sich manchmal „War das jetzt nötig?" Welche Zielgruppe erreichen wir damit, welche Breitenwirkung hat das […]."[1213]

1210 Vgl. Ausschnitt I62; M30; P40. Vgl. zur Wichtigkeit des Unternehmensimages auch schon Kapitel 5.2.2.5.1.
1211 Soziales Engagement in Form z.B. einer Spende unterstützt einen gemeinnützigen Zweck in voller Höhe. Sponsoring hingegen ist eine Werbemaßnahme mit konkreter Gegenleistung. Da die Interviewpartner Sponsoring jedoch oft im Zusammenhang mit sozialem Engagement nennen, wird diese Unterscheidung im Folgenden nicht berücksichtigt.
1212 Vgl. Ausschnitt C94.
1213 C96.

176 5 Empirische Untersuchung

Zudem kann es für Arbeitnehmer von Relevanz sein, inwieweit Unternehmen in der lokalen Gemeinschaft, in der sie angesiedelt sind, Arbeitsplätze schaffen.[1214] Dabei geht es nicht nur um die Arbeitsplätze im Unternehmen selbst, sondern auch um Beschäftigte, die in ihren Tätigkeiten indirekt von den ortsansässigen Unternehmen profitieren.

> „Wir haben z.b. in [Nennung eines Ortes] ein ganz kleines Dorf, wo ein Werk war, das wollten sie komplett schließen, und das ganze Dorf lebte eigentlich von diesem Werk, weil das Ganze andere irgendwie zusammenhing. Ob das die Pension war, die die Geschäftsgäste untergebracht hat, oder die Bäckerei, die die beliefert hat und so was."[1215]

Beim Thema Steuern interessieren sich die Arbeitnehmer laut der Experten für die Steuerzahlungen der Unternehmen.[1216]

> „Und das wäre interessant für Mitarbeiter zu sehen, wenn sie sehen würden, ob [Nennung des Mutterkonzerns] ordentlich Steuern zahlt, wie ich das erwarte, genauso, wie ich das tun muss."[1217]

5.2.2.5.5 Achtung der Menschenrechte

Bezüglich der Achtung der Menschenrechte durch Unternehmen wird von den Experten primär das Thema Vermeidung von Kinderarbeit als für Arbeitnehmer interessant aufgeführt.[1218]

> „Da hab ich auf Betriebsversammlungen schon erlebt, dass mal Nachfragen von den Beschäftigten kamen. Also z.B., wie sichergestellt wird, dass keine Kinderarbeit stattfindet."[1219]

Darüber hinaus sind die Arbeitsbedingungen entlang der Wertschöpfungskette eines Unternehmens wie z.B. die Bezahlung von Mitarbeitern[1220] und die Einhaltung der Menschenrechte von Ortsansässigen durch Subunternehmen im Ausland[1221] von Relevanz. Insgesamt wird dem Thema Achtung der Menschenrechte jedoch nicht allzu viel Aufmerksamkeit gewidmet. Dies liegt darin begründet, dass für Arbeitnehmer primär die Themen von Interesse sind, bei denen eine persönliche Betroffenheit besteht.[1222] Beim Thema Achtung der Menschenrechte

---

1214 Vgl. Ausschnitt E76; G114; H64; K98.
1215 H44.
1216 Vgl. Ausschnitt B40; C30; G116; N32.
1217 N32.
1218 Vgl. Ausschnitt A14; J56; N38.
1219 J56.
1220 Vgl. Ausschnitt A32; H80; K94; N36.
1221 Vgl. Ausschnitt A4, A50.
1222 Vgl. Ausschnitt A22; M58.

5.2 Ergebnisse der empirischen Untersuchung   177

geht man in Deutschland und auch branchenbedingt jedoch davon aus, dass es zu keinen kritischen Situationen kommt.[1223]

> „So naiv wie ich bin gehe ich davon aus, dass wir, die nur auf dem Bundesgebiet tätig sind, nur mit Subunternehmen in Verbindung stehen, die die Menschenrechte auch einhalten. […] Das bedarf eigentlich keines besonderen Bekenntnisses."[1224]

5.2.2.5.6   Bekämpfung von Korruption und Bestechung

Das Thema Korruption und Bestechung wird von den Experten der Arbeitnehmer primär in Verbindung mit Compliance gesehen. In diesem Zusammenhang wird die Vielzahl von Richtlinien, Schulungen und Benennung von Compliance-Beauftragten bemängelt, die zu diesen Themen von Unternehmen herausgegeben und durchgeführt werden. Eine tatsächliche Ableitung von Handlungen wird hingegen nicht vermutet.[1225] Im Gegenteil wird teilweise der Versuch gesehen, dass sich Unternehmen mit öffentlichkeitswirksamen Maßnahmen zum Thema Compliance absichern, und tatsächliche Verstöße verdecken möchten.[1226]

> „Wir haben immer wieder als Arbeitnehmer technische Fragebögen beantworten müssen über bestimmte Richtlinien, die der Konzern sich gegeben hat. […] Gleichzeitig hat man sich aber auch damit die rechtliche Grundlage geschaffen, dass wenn einer von denen, die angekreuzt haben, dass sie alles wissen, dass man die dann auch entlassen kann, wenn sie sich nicht dran halten. […] Also das heißt, dass wir da wieder trotz der positiven Effekte wiederum Misstrauen hatten, dass die sich nur selber schützen wollten."[1227]

Von Arbeitnehmerseite her ist es bzgl. des Themas Compliance von Interesse, ob bei Verstößen die Möglichkeit einer anonymen Anzeige gegeben ist und ob vom Unternehmen bei Verstößen entsprechende Konsequenzen gezogen werden.[1228]

Die Kommunikation eines Unternehmens zu den Aspekten Korruption und Bestechung wird insgesamt kritisch betrachtet. Zwar erscheint sie als wichtig, um z.B. Rückschlüsse auf die Regelkonformität eines Unternehmens zu ermöglichen[1229] und Missstände aufzudecken[1230]. Andererseits ist die Möglichkeit einer offenen Berichterstattung unter dem Argument des Betriebsgeheimnisses in diesem Kontext schwierig[1231], das Interesse der Öffentlichkeit erst vorhanden,

---

1223   Vgl. Ausschnitt D112; E82; N32.
1224   C110.
1225   Vgl. Ausschnitt C102; F72; H54; H56-58; I120; O48.
1226   Vgl. Ausschnitt F72.
1227   O50.
1228   Vgl. Ausschnitt A10; D90.
1229   Vgl. Ausschnitt I66.
1230   Vgl. Ausschnitt O52.
1231   Vgl. Ausschnitt O48.

178   5 Empirische Untersuchung

wenn es um tatsächliche Straftatbestände geht[1232] und die Kommunikation über Dinge, die nicht getan werden, nicht möglich.[1233]

> „Aber was können Unternehmen da machen... Ja, nichts machen... Und offen in der Kommunikation sein."[1234]

5.2.2.6 Weglassen nachteiliger Angaben

Die zur Erstellung einer nichtfinanziellen Erklärung verpflichteten Unternehmen und Unternehmensgruppen können in dieser auf nachteilige Angaben in Ausnahmefällen verzichten. Hierzu zählen insbesondere künftige Entwicklungen oder Belange, über die Verhandlungen geführt werden.[1235] Um zu erfahren, ob das Weglassen nachteiliger Angaben einen Einfluss auf das Interesse der Arbeitnehmer an nichtfinanziellen Informationen hat, wurden die Experten gefragt, was Unternehmen ihrer Meinung nach tun sollten, wenn die Veröffentlichung von bestimmten Informationen zu Nachteilen seitens der Unternehmen führen könnte.

Seitens der Experten für Arbeitnehmerinteressen besteht die Meinung, dass Unternehmen grundsätzlich dazu tendieren, nachteilige Angaben zu verheimlichen und ein positiveres Bild abzubilden, als es der Realität entspricht.[1236] Durch die Möglichkeit des Weglassens nachteiliger Angaben könnten Unternehmen versucht sein, ihr fälschliches Verhalten fortzusetzen, worunter letztlich auch dritte Parteien leiden können.[1237]

Dabei wird eine Thematisierung von negativen Aspekten seitens der Unternehmen und die Verhinderung des Entstehens von Gerüchten von den Experten anerkennend wahrgenommen. Gerade über negative Vorkommnisse würde unter den Arbeitnehmern in Unternehmen viel geredet, umso mehr, wenn diese ggf. Bestandteil der Berichterstattung der öffentlichen Presse sind.[1238] In der Berichterstattung über die negativen Aspekte seitens der Unternehmen wird die Chance gesehen, in die Offensive zu gehen. Die entsprechenden Problemstellungen können fokussiert, Situationen aufgeklärt und Lösungsvorschläge präsentiert werden.[1239]

1232 Vgl. Ausschnitt F38.
1233 Vgl. Ausschnitt F92; I70.
1234 I70.
1235 Vgl. hierzu ausführlich Kapitel 3.3.2.2.6.
1236 Vgl. Ausschnitt B40; F36; H108; J20; L24; O48.
1237 Vgl. Ausschnitt O52.
1238 Vgl. Ausschnitt F38; I40; K46; Q8.
1239 Vgl. Ausschnitt D50; J26, J28, J32.

5.2 Ergebnisse der empirischen Untersuchung   179

„Also die Information streuen, seriös ansprechen, das muss auf jeden Fall gemacht werden. Verheimlichen kann ich es nicht oder unterdrücken. Dann habe ich so ein Lauffeuer, dass sich immer weiter entfacht."[1240]

Dass sich die Berichterstattung über bestimmte Themen ggf. nachteilig auf andere Faktoren des Unternehmens auswirkt, sehen die Experten nicht als Argument auf den (vollständigen) Verzicht derselben. Transparenz sei nur zu schaffen, wenn keine Ausnahmefälle zugelassen werden.[1241] Eine eventuelle Schlechterstellung würde zudem für alle betroffenen Unternehmen gleichermaßen gelten.[1242] Sollten andere gesetzliche Vorschriften die Thematisierung der negativen Aspekte verhindern, bliebe immer noch die Möglichkeit, die Problematiken in allgemein gehaltener Form anzusprechen.[1243] Nichtkommunikation sei hingegen nicht der richtige Weg.[1244]

5.2.2.7 Prüfung

Der deutsche Gesetzgeber sieht durch den Abschlussprüfer lediglich eine formale Prüfung über das Vorliegen der nichtfinanziellen Erklärung bzw. des gesonderten nichtfinanziellen Berichts vor. Eine materielle Prüfung der Inhalte schreibt der Gesetzgeber dem Aufsichtsrat im Rahmen seiner Überwachungsfunktion zu. Hierzu kann der Aufsichtsrat eine externe Stelle beauftragen, wozu auch der gesetzliche Abschlussprüfer zählt.[1245]

Um zu erfahren, welche Rolle eine Prüfung bei der Steigerung des Interesses an der nichtfinanziellen Berichterstattung von Unternehmen hat, wurden die Experten nach geeigneten Möglichkeiten gefragt, den Aussagegehalt der berichteten Informationen für die Arbeitnehmer aufzuwerten. Hierbei stellt sich heraus, dass grundsätzlich ein starkes Misstrauen gegenüber der vom Unternehmen kommunizierten Inhalte mit Nachhaltigkeitsbezug besteht.

„Und ich bin dann auch immer skeptisch, was dann wirklich dahintersteckt, oder inwieweit das mehr Marketinggetrommel ist."1246

Insbesondere die Übereinstimmung der Berichtsinhalte mit den tatsächlichen Geschehnissen im Unternehmen wird kritisch gesehen. Es wird – teilweise auch

---

1240   K46.
1241   Vgl. Ausschnitt F104.
1242   Vgl. Ausschnitt F106.
1243   Vgl. Ausschnitt E48.
1244   Vgl. Ausschnitt I40; K46; O62; Q8.
1245   Vgl. ausführlich hierzu Kapitel 3.3.2.2.7.
1246   D28.

180 5 Empirische Untersuchung

aus eigenen Erfahrungen heraus – unterstellt, dass die Berichterstattung, die das Unternehmen positiv dastehen lässt, übersteigert bis hin zu frei erfunden ist.[1247]

> „Es geht tatsächlich darum, ob die die Wahrheit sagen oder aber nicht."[1248]

In einer Prüfung der Berichterstattung wird die Möglichkeit gesehen, die kommunizierten Informationen einer Qualitätssicherung zu unterziehen. Erst dadurch, dass die Inhalte von einer dritten Instanz kontrolliert werden, würde ihnen Glaubwürdigkeit und Wirksamkeit verliehen.[1249]

> „Das heißt mit dem Bericht einhergehend müsste auch eine Kontrolle stattfinden, sonst kriegen Sie ja die heile Welt gespiegelt."[1250]

Voraussetzung hierfür sind wiederum konkrete Vorschriften und klar formulierte Ziele der Berichterstattung, die eine Überprüfbarkeit überhaupt erst ermöglichen.[1251] Zudem stellt sich die Frage, welche Unternehmen und welche Informationen wie von welcher Instanz geprüft werden können.[1252]

> „Und da ist genau die Folge, es wird kontrolliert, was kontrolliert werden kann. D.h., es sind entsprechend kleine Unternehmen, und große Unternehmen können sich hierüber hinwegsetzen."[1253]

Bei der Frage der Prüfungsinstanz wird bspw. der Betriebsrat genannt. Das Betriebsverfassungsgesetz ermöglicht es den Mitgliedern, Einfluss auf Sozialbelange und indirekt auch auf Umweltbelange des Unternehmens auszuüben. Unter der Voraussetzung, dass die Mitglieder entsprechend geschult werden, befähigt sie diese Einflussnahme auch zur Kontrolle der Berichterstattung hierüber.[1254]

> „Wenn sich Betriebsräte weiterbilden, das Gesetz lernen, also den Text auch anwenden können. Es gibt Paragraphen, die es dem Betriebsrat ermöglichen, Einfluss auf die Arbeitswelt und Arbeitsabläufe zu nehmen, und damit auch solche Fragen heute schon mit beeinflussen zu können."[1255]

Der Vorteil einer Kontrolle durch den Betriebsrat bzw. auch durch andere Mitarbeiter des Unternehmens besteht darin, dass sie im Arbeitsalltag Prozesse miter-

---

1247 Vgl. Ausschnitt A50; B42; D134; D156; E16; E28; E34; F44; F150; H100; H102; I12; J6; J20; Q48; Q74; Q86.
1248 N56.
1249 Vgl. Ausschnitt A22; B42; D156; F116; F134; F152; J2; K116; N36; N40; O16; P22.
1250 J80.
1251 Vgl. Ausschnitt A32; A50; F134.
1252 Vgl. Ausschnitt F52; F118; F134; K99; O54.
1253 F134.
1254 Vgl. Ausschnitt G146; O54.
1255 O58.

5.2 Ergebnisse der empirischen Untersuchung 181

leben bzw. teilweise selbst umsetzen müssen und somit die Berichterstattung hierüber leicht nachvollziehen und überprüfen können.[1256]
Eine weitere Möglichkeit der Prüfung der Berichterstattung können die Gewerkschaften sein. Diese sind Experten im Bereich der Sozialbelange von Unternehmen und könnten somit den Fokus auf Aspekte lenken, die andere Instanzen ggf. nicht bemerken.[1257] Sie können Vereinbarungen mit Unternehmen treffen, Sachverhalte prüfen und ggf. Konsequenzen ziehen.[1258] Zudem stehen die Gewerkschaften vor Ort jeweils im engen Kontakt zu den ortsansässigen Unternehmen. Dies führt einerseits zu einem ausführlichen Wissen der jeweiligen Unternehmen[1259] und andererseits zu einem vertrauensvollen Verhältnis zu den Ansprechpartnern im jeweiligen Unternehmen[1260], was sich wiederum positiv auf den Wahrheitsgehalt und die Möglichkeit der Kontrolle von Informationen auswirken kann.

Ein Fokus wird bei den Überlegungen zur Prüfung der Berichterstattung seitens der Experten auf Unabhängigkeit gelegt. In diesem Kontext werden als weitere mögliche Prüfungsinstanzen öffentlich-rechtliche[1261], staatliche[1262] und wissenschaftliche Organe[1263] genannt. In Verbindung mit den rechtlichen Konsequenzen, die Wirtschaftsprüfer bei falschen Testaten zu erwarten haben, werden auch diese als zuverlässige Prüfungsinstanz aufgeführt.[1264] Bei privatwirtschaftlichen Unternehmen als Prüfungsinstanz wird die Unabhängigkeit als ein Problem angesehen.[1265]

Um eine tatsächliche Wirksamkeit der Prüfung zu entfalten, sind die Wahrscheinlichkeit der Aufdeckung von Falschaussagen[1266], das Risiko des damit verbundenen Reputationsschadens[1267] und Sanktionierungen[1268] zu berücksichtigen.

„Das, was Wirkung hat, sind gesetzliche, sanktionierte Vorschriften, die überprüft werden."[1269]

1256 Vgl. Ausschnitt H108; J42; J46; Q68; Q70.
1257 Vgl. Ausschnitt A32.
1258 Vgl. Ausschnitt A22.
1259 Vgl. Ausschnitt J98.
1260 Vgl. Ausschnitt P38.
1261 Vgl. Ausschnitt F50; F116.
1262 Vgl. Ausschnitt F46; G150; O16.
1263 Vgl. Ausschnitt I116.
1264 Vgl. Ausschnitt J14; P34.
1265 Vgl. Ausschnitt F48.
1266 Vgl. Ausschnitt Q70.
1267 Vgl. Ausschnitt I22.
1268 Vgl. Ausschnitt F12.
1269 F134.

182   5 Empirische Untersuchung

Als Alternative zu einem auf einer Prüfung basierenden Testats wird die Vergabe eines Siegels zur Steigerung der Glaubwürdigkeit und Wirksamkeit der Berichterstattung vorgeschlagen. Dieses kann Unternehmen verliehen werden, die im Vorfeld festgelegte Standards erfüllen.[1270] Als Motivation zur Erfüllung der Standards können hierbei Wettbewerbsvorteile[1271], die Rechtfertigung höherer Preise gegenüber Kunden[1272] oder die Entbindung von gesetzlichen Verpflichtungen[1273] dienen. Idealerweise würde es sich hierbei um ein staatliches Siegel handeln.[1274]

5.2.2.8 Diversitätskonzept

Gemäß CSR-RL-UmsG ist von bestimmten Unternehmen und Unternehmensgruppen in die Erklärung zur Unternehmensführung eine Beschreibung des Diversitätskonzepts bzgl. der Zusammensetzung des vertretungsberechtigten Organs und des Aufsichtsrats aufzunehmen. Beispielhaft werden im Gesetz Alter, Geschlecht, Bildungs- und Berufshintergrund als Aspekte des Diversitätskonzepts genannt. Die mit dem Diversitätskonzept verfolgten Ziele, die Art und Weise der Umsetzung dieser Ziele, sowie die im Berichtsjahr erreichten Ergebnisse sollen hier dargestellt werden.[1275]

Welche Angaben Arbeitnehmer im Rahmen der Diversität eines Unternehmens interessieren, wurde innerhalb der Abfrage relevanter nichtfinanzieller Kriterien der Entscheidung für oder gegen einen Arbeitgeber herausgestellt. Fragt man die Experten nach Diversität werden die Aspekte Alter[1276], Geschlecht[1277] und Nationalität[1278] genannt. Bezüglich des Geschlechts interessieren sich Arbeitnehmer dabei insbesondere für die prozentuale Vertretung des jeweiligen Minderheitengeschlechts im Unternehmen[1279], ggf. voneinander abweichende Entlohnungen von Frauen und Männern[1280] sowie flexible Arbeitszeitgestaltung für die bessere Vereinbarkeit von Familie und Beruf[1281]. Zudem ist relevant, inwieweit die gelebte Vielfalt im Unternehmen einen Einfluss auf den

---

1270   Vgl. Ausschnitt G156; J70; J96; J106.
1271   Vgl. Ausschnitt G152.
1272   Vgl. Ausschnitt G156; J66.
1273   Vgl. Ausschnitt J106.
1274   Vgl. Ausschnitt G154; J68.
1275   Vgl. ausführlich hierzu Kapitel 3.3.1.3.
1276   Vgl. Ausschnitt I138.
1277   Vgl. Ausschnitt A8; G122; H130; L38; M82; R90.
1278   Vgl. Ausschnitt G122; I32; K86; K112.
1279   Vgl. Ausschnitt H130; I144.
1280   Vgl. Ausschnitt A8; L38.
1281   Vgl. Ausschnitt H102; H106; R94. Vgl. zur Wichtigkeit der flexiblen Arbeitszeitgestaltung auch schon Kapitel 5.2.2.5.3.

5.2 Ergebnisse der empirischen Untersuchung 183

Geschäftsverlauf, das Geschäftsergebnis und die Lage des Unternehmens bzw. der Unternehmensgruppe hat und ob die unter den Gesichtspunkten der Diversität eingestellten Arbeitnehmer auch eine fachliche Eignung zeigen.[1282]

5.2.3 Handlungsempfehlungen zur Erreichung der Zielsetzungen des Gesetzgebers

Im Rahmen der Interviews ergeben sich Einblicke in die subjektiven Relevanzsysteme der Arbeitnehmer. Aus der Darstellung der Ergebnisse lässt sich die Fragestellung, ob die Zielsetzungen der CSR-RL durch das CSR-RL-UmsG erfüllt werden können, beantworten. Darüber hinaus lassen sich aus den Einschätzungen der Experten Empfehlungen ableiten, die sowohl für den Gesetzgeber als auch für die berichtenden Unternehmen dazu beitragen können, die Transparenz der Sozial- und Umweltbelange von Unternehmen zu steigern. Diese werden im Folgenden dargestellt.

5.2.3.1 Relevanz, Konsistenz und Vergleichbarkeit der Berichterstattung über Sozial- und Umweltbelange

Eine Verbesserung der Relevanz, Konsistenz und Vergleichbarkeit der Berichterstattung kann durch die Herstellung eines persönlichen Bezugs z.B. über den Zusammenhang der nichtfinanziellen Informationen mit der Langfristigkeit des Arbeitsverhältnisses und dem Gehalt erfolgen.[1283] Auch über die Betonung der besonderen Rolle, die Arbeitnehmer innerhalb der Sozial- und Umweltbelange eines Unternehmens einnehmen, kann ein persönlicher Bezug hergestellt werden. Die besondere Rolle liegt darin begründet, dass Arbeitnehmer letztlich diejenigen sind, die Tätigkeiten in den Bereichen Soziales und Umwelt direkt miterleben bzw. teilweise selbst ausführen. Insbesondere gilt das für ökologische Themenfelder wie Energiesparmaßnahmen, Ressourcenschonung, Müllvermeidung oder -trennung[1284] und gesellschaftliche Themenfelder wie freiwilliges Engagement[1285].

„Also die Mitarbeiter müssen es ja tun. Das sind die letztendlich Handelnden."[1286]

Zudem können Aufklärung und Sensibilisierung das Interesse an sozial- und umweltverträglichen Verhalten steigern.[1287]

1282 Vgl. Ausschnitt G122; G128. Vgl. hierzu auch schon Kapitel 5.2.1.4.
1283 Vgl. hierzu Kapitel 5.2.1.1.
1284 Vgl. Ausschnitt E62; E74; F130; G58; G74; J42; O36.
1285 Vgl. Ausschnitt B76; B80.
1286 F86.
1287 Vgl. Ausschnitt E102; G36; H118; J44; K36; M44.

184 5 Empirische Untersuchung

„Also wenn man die darauf hinweist, dann machen die das auch und finden das auch gut. Das ist denen aber von alleine gar nicht so klar."[1288]

Die Menge der Berichterstattung sollte für die Aufmerksamkeit und somit auch für die Relevanz für die Arbeitnehmer gering gehalten, die Aussagekraft verstärkt und die Verständlichkeit durch den Verzicht auf Fachbegriffe, Anglizismen und Abkürzungen erleichtert werden.[1289] Hierfür sollte die Textmenge dabei im Idealfall eine DIN A4 Seite nicht überschreiten.[1290] Ist die Übermittlung der Informationen in dieser Kürze nicht möglich, empfiehlt sich eine kurze Zusammenfassung mit Verweis auf den ausführlichen Text.[1291] Der Text sollte übersichtlich sein. Hierbei können prägnante Überschriften, Absätze, fettgedruckte Schlagworte und Grafiken unterstützen.[1292] Zudem sollte auf die Informationen ohne größere Schwierigkeiten an zentraler Stelle und auch über längere Zeiträume zugegriffen werden können.[1293]

Die beste Form der Berichterstattung ist laut Experten jedoch die persönliche Kommunikation.[1294] Nur hier sind komplexe Sachverhalte vermittelbar.[1295] Zudem ermöglicht es die direkte Kommunikation dem Berichterstatter, auf die Reaktionen der Informationsempfänger einzugehen, und dem Empfänger, direkte Nachfragen zu stellen.[1296] Für eine Relevanzsteigerung der Arbeitnehmer an den Sozial- und Umweltbelangen eines Unternehmens sollten für Aktivitäten in diesen Bereichen Freistellungen der Arbeitnehmer erfolgen.[1297] Informationsveranstaltungen müssten zu unterschiedlichen Zeiten angeboten werden, so dass theoretisch eine Teilnahme für jeden Arbeitnehmer möglich ist.[1298]

5.2.3.2 Sensibilisierung der Unternehmen für Sozial- und Umweltbelange

Bei der Frage danach, wer dazu beitragen kann, die Aufmerksamkeit der Unternehmen auf Sozial- und Umweltbelange zu lenken, wurden neben der Regierung Nichtregierungsorganisationen und Gewerkschaften genannt. Von staatlicher Seite

---

1288 E68.
1289 Vgl. hierzu Kapitel 5.2.1.1.
1290 Vgl. Ausschnitt A40; B106; R22.
1291 Vgl. Ausschnitt A40; K68.
1292 Vgl. Ausschnitt G202; G206; N12; N14; N24.
1293 Vgl. Ausschnitt C62; G112; K78; N28.
1294 Vgl. hierzu Kapitel 5.2.2.3.
1295 Vgl. Ausschnitt G38; M12; M14; N10.
1296 Vgl. Ausschnitt B106; K38.
1297 Vgl. Ausschnitt G96; H32; M44; O56.
1298 Vgl. Ausschnitt B106; E22; Q30.

5.2 Ergebnisse der empirischen Untersuchung 185

könnte das Verhalten der Unternehmen insbesondere durch Gesetze[1299], Anreizsysteme[1300] und Sanktionierungsmechanismen[1301] gesteuert werden.

> „In meinen Augen würde so etwas erst funktionieren, wenn das mit einer Steuerpolitik verbunden wäre. Wenn die Abgaben von Unternehmen davon abhängig sind, wie es sozial- und umweltverträglich und nachhaltig handelt..."[1302]

Nichtregierungsorganisationen, betriebliche Interessenvertreter und Gewerkschaften könnten ihrerseits Forderungen an den Staat stellen[1303] und Öffentlichkeit für bestimmte Themen erzeugen[1304].

> „Ansonsten, die entsprechenden Verbände, die sich ja dann auch dafür einsetzen. Die müssen mitbekommen, wenn sich positiv oder negativ was verändert, damit es dann auch einen Aufschrei gibt. Weil ansonsten bringt das Ganze nichts."[1305]

5.2.3.3 Vertrauensstärkung und Rechenschaftslegung der Unternehmen

Eine Stärkung des Vertrauens in die Unternehmen kann gem. der Ergebnisse der Interviews durch das CSR-RL-UmsG nur dann erfolgen, wenn glaubhaft gemacht werden kann, dass die Berichterstattung nicht lediglich als Alibi- oder Marketingmaßnahme verstanden wird. Die Übereinstimmung der Kommunikation mit dem unternehmerischen Handeln kann hierbei unterstützen. Die Kommunikation sollte zudem offen und ehrlich erfolgen, wozu auch die Ansprache kritischer Themen zählt. In diesem Rahmen kann die Berichterstattung genutzt werden, Hintergründe unternehmerischen Handelns zu erklären und von der Norm abweichendes Verhalten zu rechtfertigen.[1306]

Ein weiterer Mechanismus zur Vertrauensbildung kann der Einbezug von Arbeitnehmern und kritischen Stimmen von z.B. Betriebsratsmitgliedern oder Gewerkschaftsfunktionären in Unternehmensprozesse und die Berichterstattung hierüber sein, da dieser die Glaubwürdigkeit eines Unternehmens positiv beeinflussen kann.[1307]

> „Also wenn Sie jetzt z.B. [Nennung eines negativ besetzten Produktes eines bekannten Unternehmens] nehmen. Es ist ein Unterschied, ob die Forschungsabteilung des Unternehmens sagt, dass das Thema gar nicht so schwierig ist, wie das beurteilt

---

1299   Vgl. Ausschnitt M52; O48.
1300   Vgl. Ausschnitt F112; O46.
1301   Vgl. Ausschnitt G166.
1302   F112.
1303   Vgl. Ausschnitt L16; O58.
1304   Vgl. Ausschnitt A34; A50; N42.
1305   G136.
1306   Vgl. hierzu Kapitel 5.2.1.3.
1307   Vgl. Ausschnitt A32; F162; H106; J36; M96; N68; N74; O58; O62; P22.

186 5 Empirische Untersuchung

wird. Oder ob jemand sagt, dass er schon 30 Jahre für das Unternehmen arbeitet. Dass seine Familie da immer gut aufgehoben war. Und dass er ein Vertrauen in die Leute hat, die in dem Unternehmen in der Forschung sind, dass die die nicht vernichten wollen. Das ist vielleicht eine andere... Also wenn sozusagen Arbeitnehmer für ihr Unternehmen sprechen, das hat eine ganz andere Relevanz."[1308]

Dies gilt insbesondere bei Unternehmen, die aufgrund ihrer Vergangenheit ggf. bereits eine schlechte Reputation in der Öffentlichkeit und bei ihren Arbeitnehmern haben.[1309] Im Rahmen von Berichterstattung kann darüber hinaus auch die öffentliche Presse Vertrauen herstellen.[1310]

5.2.3.4 Erhöhung der Vielfalt in Führungsebenen

Um allgemein die Vielfalt in Unternehmen zu erhöhen, müssen laut der Experten Rahmenbedingungen geschaffen werden, die Minderheiten eine bessere Teilhabe ermöglichen. Bspw. können flexible Arbeitszeiten, Homeoffice, Lohngleichheit von Frauen und Männern und Arbeitsplatzteilung die Vereinbarkeit von Familie und Beruf unterstützen. Die persönliche Einstellung der Führungskräfte kann ebenfalls zu einer Akzeptanz und somit zu einer Erhöhung der Vielfalt beitragen.[1311]

Sind entsprechende Rahmenbedingungen vorhanden, kann das Unternehmen über die Berichterstattung hiermit werben. Ebenfalls kann über die Berichterstattung ein Aufbrechen von Rollenklischees bestimmter Berufsgruppen erfolgen. Informationen über die Gewährleistung oder Förderung einer guten und produktiven Zusammenarbeit in einem Unternehmen, in dem Vielfalt gelebt wird, kann die Akzeptanz von Diversitätskonzepten in der Belegschaft erhöhen. In Kombination mit der Pflicht zur Beschreibung des Diversitätskonzepts sehen die Experten so Möglichkeiten, Vielfalt in den Führungsebenen von Unternehmen zu erhöhen.[1312]

Seitens des Gesetzgebers kann ein stärkerer Fokus auf die Diversitätskonzepte der Unternehmen die Vielfalt in Führungsebenen erhöhen. So liegt eine wesentliche Motivation der Unternehmen, diversitätsfördernde Maßnahmen zu ergreifen, darin begründet, nicht negativ hervorstechen zu wollen. Die Erhöhung des Risikos, negativ aufzufallen, könnte dem folgend zur Ergreifung zusätzlicher Maßnahmen beitragen.[1313]

1308 P48.
1309 Vgl. Ausschnitt N52.
1310 Vgl. Ausschnitt I78; K106.
1311 Vgl. hierzu Kapitel 5.2.1.4.
1312 Vgl. hierzu Kapitel 5.2.1.4.
1313 Vgl. hierzu Kapitel 5.2.1.4.

5.2 Ergebnisse der empirischen Untersuchung 187

5.2.4 Handlungsempfehlungen für die formalen und inhaltlichen Vorgaben des CSR-Richtlinie-Umsetzungsgesetzes

Auch aus den Antworten der Experten zur Fragestellung, welche formalen und inhaltlichen Vorschriften zur Steigerung der Relevanz nichtfinanzieller Informationen für Arbeitnehmer beitragen, können Handlungsempfehlungen abgeleitet werden. Durch deren Anwendung seitens des Gesetzgebers bzw. seitens der berichtenden Unternehmen können diese dazu beitragen, die Transparenz der Sozial- und Umweltbelange von Unternehmen zu steigern.

Um die Berichterstattung über Sozial- und Umweltbelange aus Arbeitnehmerperspektive relevanter zu gestalten, müsste die Pflicht zur Erstellung einer nichtfinanziellen Erklärung grundsätzlich für alle Unternehmen gelten. Für mittelständische Unternehmen sollten dabei entsprechend der Aussagen der Experten die gesetzlichen Rahmenbedingungen angepasst bzw. Hilfestellungen gewährleistet werden. Die Zugehörigkeit zu bestimmten Branchen sollte sich nicht auf den Einbezug in den Anwendungsbereich des CSR-RL-UmsG, sondern lediglich auf die Inhalte der Berichterstattung auswirken.[1314]

Um die Relevanz der Angaben der wesentlichen Risiken zu nichtfinanziellen Themen der Subunternehmen und der Lieferkette für Arbeitnehmer zu steigern, sollte ein Fokus auf Sozialbelange gelegt werden. Zudem sollte herausgestellt werden, in welchem Zusammenhang die dargestellten Informationen ggf. mit der persönlichen Situation der Arbeitnehmer des berichtenden Unternehmens bzw. der Unternehmensgruppe stehen. Aus den Aussagen der Experten lässt sich ableiten, dass eventuellen Nachteilen der Unternehmen durch die Berichterstattung der wesentlichen Risiken aus Geschäftsbeziehungen entgegnet werden kann, indem Lücken in den Kontrollen der Sub- und Zuliefererunternehmen nachvollziehbar aufgezeigt werden.[1315]

Die Veröffentlichung eines nichtfinanziellen Berichts auf der Internetseite des Unternehmens gewährleistet aus Sicht der Experten die Aufmerksamkeit der Arbeitnehmer für die Sozial- und Umweltbelange am ehesten. Die Aufnahme der nichtfinanziellen Erklärung im (Konzern-)Lagebericht kann den Aussagen der Experten folgend von Unternehmensseite genutzt werden, um (Konzern-)Lageberichte aus Arbeitnehmersicht insgesamt interessanter zu gestalten. Für ein besseres Verständnis der Arbeitnehmer der Berichterstattung des Unternehmens sollten parallel zur nichtfinanziellen Erklärung oder zum nichtfinanziellen Bericht diesbezüglich generelle Informationen auf Veranstaltungen vermittelt werden. Zudem sollten weitere Quellen wie das betriebsinterne Intranet, Aushänge und/oder E-Mails genutzt werden, um in Kürze auf die wichtigsten Punkte der

---

1314   Vgl. hierzu Kapitel 5.2.2.1.
1315   Vgl. hierzu Kapitel 5.2.2.2.

Berichterstattung hinzuweisen, so dass sich die Arbeitnehmer besser orientieren können. Zudem sollte die Möglichkeit zu persönlichen Rück- oder Detailfragen gegeben werden. Dies kann idealerweise über betriebliche Interessenvertreter erfolgen.[1316]

Zur Steigerung der Relevanz und Vergleichbarkeit der nichtfinanziellen Berichterstattung für Arbeitnehmer plädieren die Experten für die verpflichtende Anwendung von allgemeingültigen Rahmenwerken, die konkrete, klar definierte und detaillierte Vorgaben enthalten.[1317] Die Aufführung empfohlener Rahmenwerke durch die EU-Kommission ist in diesem Kontext aufgrund der starken Unterscheidungen in Aufbau und Anforderungen der Rahmenwerke nicht zielführend. Auch der Weg des deutschen Gesetzgebers, gänzlich auf die Vorgabe von Rahmenwerken zu verzichten, erscheint der Vergleichbarkeit nicht zuträglich. Um den negativen Auswirkungen der Anwendung von Rahmenwerken zu begegnen, kann der Gesetzgeber neben der Aufführung der im Rahmenwerk geforderten Angaben die Hierarchisierung und Informationen zu Hintergründen der einzelnen Themen verlangen.

Bezüglich der inhaltlichen Ausgestaltung lässt sich aus den Aussagen der Experten ableiten, dass seitens der Arbeitnehmer ein Interesse für Informationen besteht, wenn diese einen Einfluss auf die persönliche Situation haben. Hierzu zählen insbesondere das Gehalt und die Sicherheit des Arbeitsplatzes. Soll das Interesse der nichtfinanziellen Berichterstattung für Arbeitnehmer erhöht werden, müsste den Experten folgend eine Fokussierung auf das Thema Arbeitnehmerbelange erfolgen. Soll hingegen das Interesse an anderen nichtfinanziellen Themen erhöht werden, müsste der Bezug des jeweiligen Themas zum Arbeitnehmer und die Auswirkung auf Faktoren wie Gehalt oder der langfristigen Sicherung des Arbeitsverhältnisses aufgezeigt werden. Um ein Interesse speziell zu den Angaben der Umweltbelange des Unternehmens zu erzeugen, könnte eine Darstellung der Herkunft und der Zusammensetzung der für Umweltbelange eingesetzten finanziellen Mittel erfolgen. Zudem könnte eine bessere Greifbarkeit und Verständlichkeit der Themen zu mehr Relevanz der Umweltbelange bei den Arbeitnehmern führen. Für eine Interessensgenerierung der Themen zu Sozialbelangen sollten die eingesetzten finanziellen Mittel und die Auswirkung der Tätigkeiten in diesen Bereichen auf das Unternehmensimage dargestellt werden. Das Thema Menschenrechte kann durch das Aufzeigen eines Zusammenhangs mit der Situation der Arbeitnehmer relevanter gestaltet werden. Beim Aspekt Bekämpfung von Korruption und Bestechung sollte der Gesetzgeber klarer formulieren, welche Themen hierein fallen.

1316   Vgl. hierzu Kapitel 5.2.2.3.
1317   Vgl. hierzu Kapitel 0.

5.2 Ergebnisse der empirischen Untersuchung 189

Auf Unternehmensseite sollte keine reine Fokussierung auf das Oberthema Compliance erfolgen.[1318]

Aus den Aussagen der Experten lässt sich darüber hinaus schließen, dass diese gegen eine Ausnahmeregelung bzgl. des Weglassens nachteiliger Angaben von Unternehmen in der Berichterstattung sind.[1319] Insbesondere an dieser Stelle könnte jedoch das mangelnde Wissen der Experten im Bereich nichtfinanzieller Themen und entsprechender Vorschriften sowie der Unternehmensberichterstattung hierüber eine Limitation der Ergebnisse darstellen.[1320] Zum Beispiel in Wettbewerbssituationen werden durch den Verzicht der Berichterstattung hierüber nicht nur die Interessen des berichterstattenden Unternehmens geschützt, sondern über den Schutz des Unternehmens indirekt auch die Interessen der Arbeitnehmer. In solchen differenzierten Situationen kämen die Experten mit dem entsprechenden Hintergrundwissen ggf. zu einer anderen Meinung bzgl. des Weglassens der für das Unternehmen nachteiligen Angaben.

Zur Steigerung der Glaubwürdigkeit und somit auch der Relevanz der nichtfinanziellen Berichterstattung für Arbeitnehmer sollte den Aussagen der Experten folgend eine formale und inhaltliche Prüfung der nichtfinanziellen Berichterstattung durch eine unabhängige dritte Instanz erfolgen.[1321] Um die Prüfung der Berichterstattung durch Mitarbeiter und Betriebsratsmitglieder zu fördern, sollten solche Kontrollorgane auch in kleinen Unternehmen installiert, und den Mitarbeitern für die zusätzliche Arbeit Zeit eingeräumt werden.[1322] Bei im Rahmen der Prüfung festgestellten Verstößen sollten Sanktionierungen erfolgen.

Das Interesse der Beschreibung des Diversitätskonzepts kann aus Arbeitnehmerperspektive gesteigert werden, indem ein Fokus auf die im Berichtsjahr mit dem Diversitätskonzept erreichten Ergebnisse gelegt wird. Hierdurch kann gezeigt werden, dass die kommunizierten Inhalte im Unternehmen auch gelebt werden. Um durch die Berichterstattung über Vielfalt im Unternehmen nicht kontraproduktiv auf das Interesse und das Konzept für Diversität zu wirken, sollten neben der Diversität auch die Qualifikationen der jeweiligen Mitarbeiter herausgestellt werden.[1323]

1318   Vgl. hierzu Kapitel 5.2.2.5.
1319   Vgl. hierzu Kapitel 5.2.2.6.
1320   Vgl. hierzu ausführlich Kapitel 5.3.
1321   Vgl. hierzu Kapitel 5.2.2.7.
1322   Vgl. Ausschnitt G172; O56; O58.
1323   Vgl. hierzu Kapitel 5.2.2.8.

5.3 Limitationen und weiterer Forschungsbedarf

Die Limitation der Verallgemeinerung der Forschungsergebnisse wurde bereits in Kapitel 5.1.2.3 zu den Gütekriterien qualitativer Forschung dargestellt. Der geringe Umfang der Stichprobe schränkt die Verallgemeinerbarkeit der Ergebnisse ein. Zudem sprechen die Experten für Arbeitnehmer, und innerhalb dieser Gruppe für Mitglieder, die sich zu einem Beitritt einer betrieblichen Interessenvertretung oder einer Gewerkschaft entschlossen haben.[1324]

Als weitere Limitation ist die Subjektivität des Forschungsprozesses zu nennen. Diese wurde ebenfalls im Rahmen der Gütekriterien qualitativer Forschung adressiert und reflektiert. Jedes Interview stellt eine soziale Interaktion dar, die durch den Interviewer und den Befragten beeinflusst wird. Der Einfluss des sozialen und biographischen Hintergrunds des Interviewers auf das Antwortverhalten der Befragten lässt sich innerhalb der teilstrukturierten Interviews zwar einschränken, jedoch nicht komplett ausschließen.[1325] Im Rahmen der qualitativen Inhaltsanalyse ist die Auswertung des Interviewmaterials subjektiv geprägt, da Interpretationsprozesse notwendig sind.[1326]

Bei der Ableitung von Handlungsempfehlungen stellt darüber hinaus das mangelnde Wissen der Experten im Bereich nichtfinanzieller Themen und entsprechenden Vorschriften sowie der Unternehmensberichterstattung eine Limitation dar. Im Rahmen der Interviews wird dieses nicht vorausgesetzt, da es darum geht, die persönlichen Einschätzungen und Meinungen der Arbeitnehmer unabhängig von gesetzlichen Vorschriften oder der Berichterstattung von Unternehmen zu erfragen. Im Rahmen von Handlungsempfehlungen limitiert das mangelnde Wissen aber die Ergebnisse, da die Handlungsempfehlungen im Kontext von gesetzlichen Vorschriften und der Unternehmensberichterstattung ggf. nicht realisierbar sind bzw. eine Realisierung nicht erforderlich oder gewünscht ist. So ist der deutsche Gesetzgeber bspw. bei der Umsetzung der CSR-RL durch das CSR-RL-UmsG hinsichtlich der Ziele an die Vorgaben der Richtlinie der EU-Kommission gebunden.

Aufbauend auf der Herausstellung der subjektiven Relevanzsysteme der Arbeitnehmer eignet sich eine Anschlussstudie z.B. in Form eines stark strukturierten Interviews. Die Ergebnisse der vorliegenden Untersuchung können in diesem Rahmen verwendet werden, um einen stark strukturierten Fragebogen zu entwickeln. Auf diese Weise könnten valide Daten mit einem größeren Stichprobenumfang erfasst werden. Hierdurch könnten zudem die Limitationen der Sub-

---

1324   Vgl. Kapitel 5.1.3.1.
1325   Vgl. Kapitel 5.1.2.1 und 5.1.3.
1326   Vgl. Kapitel 5.1.4.

jektivität des Forschungsprozesses und der Verallgemeinerung der Forschungsergebnisse der vorliegenden Analyse adressiert werden.

Der deutsche Gesetzgeber verzichtet zur Erstellung der nichtfinanziellen Erklärung explizit auf die Auflistung möglicher zu verwendender Rahmenwerke, da dies der Prinzipienorientierung der CSR-RL sowie den unterschiedlichsten Informationen der Unternehmen im Bereich der Sozial- und Umweltbelange widerspräche. Zudem verhindere die Anwendung der in Aufbau und Anforderungen unterschiedlichen Rahmenwerke die Vergleichbarkeit der Informationen. Im Rahmen zukünftiger Studien könnte analysiert werden, welches Rahmenwerk sich für eine Steigerung der Transparenz der nichtfinanziellen Informationen aus Arbeitnehmerperspektive sowie aus verschiedenen weiteren Stakeholderperspektiven eignet und wie im Kontext verschiedener Rahmenwerke eine Vergleichbarkeit der nichtfinanziellen Informationen zu erreichen ist.

Im Rahmen der vorliegenden Analyse wird untersucht, inwieweit das CSR-RL-UmsG aus Arbeitnehmerperspektive dazu geeignet ist, die Transparenz der Sozial- und Umweltbelange von Unternehmen zu steigern. Da der Gesetzgeber die Steigerung der Transparenz der nichtfinanziellen Informationen gegenüber allen Stakeholdern eines Unternehmens anstrebt, bietet sich eine Untersuchung der Perspektiven anderer Stakeholder wie z.B. Kunden, Lieferanten oder Interessenvertretungen als ein weiteres Handlungsfeld an. Nachdem die Präferenzen und Erwartungen einzelner Stakeholder identifiziert wurden, könnten diese im Sinne des Stakeholder-Ansatzes gemeinsam betrachtet und zusammengeführt werden. Folgestudien könnten herausstellen, wie für die verschiedenen Stakeholder so viel Mehrwert wie möglich durch die nichtfinanzielle Berichterstattung geschaffen, und wie mit möglichen Interessenkonflikten umgegangen werden kann.

6 Schlussbetrachtung

6.1 Zentrale Ergebnisse und kritische Würdigung

Mit der vorliegenden Arbeit sollte die Perspektive der Arbeitnehmer in der gesetzlich verpflichtenden nichtfinanziellen Berichterstattung herausgestellt werden. Der Umbruch der traditionellen, auf finanzielle Aspekte fokussierten Unternehmensberichterstattung ist auf die Forderung nach bewusstem Wirtschaften, einer größeren Verantwortungsübernahme der Unternehmen und der Berichterstattung hierüber seitens der verschiedenen Stakeholder zurückzuführen. Innerhalb der Nachhaltigkeitsberichterstattung nimmt somit der Stakeholder-Ansatz, der für eine grundsätzliche Berücksichtigung aller Anspruchsgruppen an einem Unternehmen plädiert, eine besondere Rolle ein.

Die Gruppe der Arbeitnehmer zeichnet sich hierbei dadurch aus, dass ihre Belange ein fester Bestandteil in der nichtfinanziellen Berichterstattung sind und sie von Aktivitäten im Bereich ökonomischer, sozialer und ökologischer Verantwortungsübernahme eines Unternehmens direkt betroffen sind bzw. diese Aktivitäten teilweise selbst ausführen. Die für Arbeitnehmer wichtigsten Themenfelder sind nichtfinanzieller Art. Vom Gesetzgeber, Standardsetzern und Unternehmen werden sie explizit als Interessengruppe hervorgehoben. Für betriebliche Interessenvertreter und Gewerkschaften stellt die nichtfinanzielle Berichterstattung eine Grundlage dar, auf der Forderungen gestellt werden können. Zudem können betriebliche Interessenvertreter und Gewerkschaften das ausgeübte Engagement eines Unternehmens mit der Kommunikation hierüber abgleichen und auf Diskrepanzen hinweisen.

Nichtfinanzielle Leistungsindikatoren fanden erstmalig durch die Richtlinie 2003/51/EG (Modernisierungsrichtlinie) Berücksichtigung im (Konzern-)Lagebericht. Deren Umsetzung in deutsches Recht erfolgte durch die Berücksichtigung nichtfinanzieller Leistungsindikatoren im (Konzern-)Lagebericht, die durch das BilReG vom 04. Dezember 2004 eingeführt wurde. Demnach sind große Kapitalgesellschaften zur Angabe nichtfinanzieller Leistungsindikatoren wie Informationen über Umwelt- oder Arbeitnehmerbelange im (Konzern-)Lagebericht verpflichtet, soweit sie für das Verständnis des Geschäftsverlaufs oder der Lage des Unternehmens bzw. des Konzerns von Bedeutung sind. Eine Konkretisierung erfolgte im DRS 15 bzw. DRS 20. Durch die neue EU-Bilanzrichtlinie wurden die Pflichten zur nichtfinanziellen Berichterstattung in die Richtlinie 2013/34/EU überführt. Auf die nichtfinanzielle Berichterstattung gem. HGB hat die Umsetzung der EU-Bilanzrichtlinie durch das BilRUG vom 17. Juli 2015

© Springer Fachmedien Wiesbaden GmbH, ein Teil von Springer Nature 2020
N. I. Schröder, *CSR-Richtlinie-Umsetzungsgesetz*,
https://doi.org/10.1007/978-3-658-29198-3_6

194   6 Schlussbetrachtung

lediglich formale und durch die Änderung in der Umschreibung der Größenklassen indirekte Auswirkungen.

Den aktuellen Höhepunkt in der nichtfinanziellen Berichterstattung stellt die Richtlinie 2014/95/EU (CSR-RL) dar. Diese beabsichtigt eine Erhöhung der Transparenz der Sozial- und Umweltbelange von Unternehmen durch die Verpflichtung zur Erstellung einer nichtfinanziellen Erklärung bzw. eines gesonderten nichtfinanziellen Berichts, sowie die erweiterte Offenlegung der Diversitätspolitik. Die Umsetzung in deutsches Recht erfolgt durch das CSR-RL-UmsG und die Konkretisierung durch den DRÄS 8. Das CSR-RL-UmsG verpflichtet bestimmte Unternehmen zur Erstellung einer nichtfinanziellen (Konzern-)Erklärung im (Konzern-)Lagebericht bzw. eines gesonderten nichtfinanziellen (Konzern-)Bericht sowie zur Beschreibung des Diversitätskonzepts. In der nichtfinanziellen (Konzern-)Erklärung bzw. im gesonderten nichtfinanziellen (Konzern-)Bericht sind mindestens Angaben zu Umwelt-, Arbeitnehmer- und Sozialbelangen, zur Achtung der Menschenrechte und zur Bekämpfung von Korruption und Bestechung zu machen, soweit sie zum Verständnis des Geschäftsverlaufs, des Geschäftsergebnisses, der Lage des Unternehmens bzw. des Konzerns sowie der Auswirkung seiner Tätigkeit auf die Aspekte der Sozial- und Umweltbelange beitragen.

In Deutschland besteht Kritik an den gesetzlichen Regelungen zur nichtfinanziellen Berichterstattung insbesondere in Bezug auf die Vereinbarkeit des CSR-RL-UmsG mit den Entwicklungen des Integrated Reporting. Zudem wird im CSR-RL-UmsG die Gefahr eines information bzw. disclosure overloads gesehen. Kritiker beurteilen die Prinzipienorientierung und den Verzicht der Vorgabe von Rahmenwerken des CSR-RL-UmsG unterschiedlich. Einerseits wird hierin eine Gefährdung der vom Gesetzgeber angestrebten nationalen und/oder europäischen Vergleichbarkeit der nichtfinanziellen Berichterstattung gesehen. Andererseits wird eine solche Vergleichbarkeit aufgrund der verschiedenen Belange und Umsetzungen der unternehmerischen Verantwortung, auch in Abhängigkeit von unterschiedlichen Geschäftsmodellen, Märkten und Ländern, im Kontext der Nachhaltigkeitsberichterstattung als kontraproduktiv für die Berichterstattungsqualität betrachtet. Der vom Gesetzgeber vorgesehene Anwendungsbereich und der indirekte Anwendungsbereich, die Berichtsformate, die Vorschriften zur Prüfung der nichtfinanziellen Erklärung und die Möglichkeit des Weglassens nachteiliger Angaben werden ebenfalls teils positiv, teils negativ bewertet. Aus gewerkschaftlicher Sicht sollte eine stärkere Einbindung der Arbeitnehmer in die Ausübung, Berichterstattung und Überprüfung der Sozial- und Umweltbelange erfolgen. Insgesamt wird jedoch die vom Gesetzgeber beabsichtigte Sensibilisierung der Unternehmen für die Themen Umwelt-, Sozial- und Arbeitnehmerbelange, Menschenrechte, Bestechung und Korruption sowie der

6.1 Zentrale Ergebnisse und kritische Würdigung 195

Weiterentwicklung der Berichterstattung hierüber durch das CSR-RL-UmsG gesehen.

Aufgrund der Aktualität steht die Anwendung des CSR-RL-UmsG in der Berichtspraxis im Fokus empirischer Untersuchungen zur Nachhaltigkeitsberichterstattung. Die Ergebnisse zeigen eine große Vielfalt hinsichtlich des Berichtsformats der nichtfinanziellen (Konzern-)Erklärung. Es wird i.d.R. zu allen vom Gesetzgeber vorgesehenen Aspekten und darüber hinaus Bericht erstattet, wobei die Inhalte in der Quantität stark voneinander abweichen. Einigkeit herrscht in der Anwendung der GRI-Leitlinien und -Standards als Rahmenwerk und einer inhaltlichen Prüfung der nichtfinanziellen (Konzern-)Erklärung sowie einer Veröffentlichung des Prüfungsurteils. Durch die Erweiterung des Diversitätskonzepts werden den Adressaten jedoch keine weiteren relevanten Informationen bereitgestellt. Eine Vergleichbarkeit der Berichterstattung ist aufgrund der unterschiedlichen Ausübung von Wahlrechten und Ermessensspielräumen des CSR-RL-UmsG momentan kaum gegeben.

Der Überblick des Forschungsstands zeigte zudem, dass die Arbeitnehmerperspektive trotz der besonderen Rolle, die Arbeitnehmer im Kontext der nichtfinanziellen Berichterstattung unter den Stakeholdern einnehmen, vergleichsweise selten Gegenstand von Untersuchungen zum Thema der Berichterstattung von Sozial- und Umweltbelangen ist. Im Hauptteil der vorliegenden Arbeit wurde daher untersucht, inwieweit eine Erhöhung der Transparenz der Informationen zu Sozial- und Umweltbelangen von Unternehmen aus Arbeitnehmerperspektive durch das CSR-RL-UmsG erreicht werden kann. Hierzu wurden teilstrukturierte Interviews mit insgesamt 18 Gewerkschaftsmitgliedern und betrieblichen Interessenvertretern als Experten für Arbeitnehmerbelange durchgeführt. Das Herausarbeiten der Ergebnisse der Interviews erfolgte durch eine qualitative Inhaltsanalyse. Die Ergebnisse der Frage, ob die vom Gesetzgeber verfolgten Ziele der CSR-RL durch das CSR-RL-UmsG aus Arbeitnehmerperspektive erfüllt werden können, lassen sich in Anlehnung an die zentralen Ziele der EU-Kommission zusammengefasst wie folgt darstellen:

▓ Die Erhöhung der Transparenz der Nachhaltigkeitsberichterstattung wird vom Gesetzgeber durch eine Verbesserung der Relevanz, Konsistenz und Vergleichbarkeit der Berichterstattung über Sozial- und Umweltbelange angestrebt. Die Ergebnisse der Interviews zeigen, dass eine Verbesserung der Relevanz der Informationen zu Sozial- und Umweltbelangen für Arbeitnehmer allein durch gesetzliche Vorschriften nicht vermutet werden kann. Das Interesse der Arbeitnehmer an der Berichterstattung eines Unternehmens entsteht aus der jeweiligen persönlichen Situation. Für potenzielle Arbeitnehmer stellt dies primär eine Bewerbungssituation dar, für tatsächliche Arbeitnehmer die Situationen der Veränderung innerhalb eines Unternehmens (z.B. Umstrukturierungen, Umbesetzungen von Vorgesetzten, Fusionen und Unternehmensverkäufe). Zurückzuführen ist das Interesse auf den eventuellen Einfluss der Situation auf das Gehalt und die Sicherheit des eigenen Arbeitsplatzes oder auf eine andere persönliche Betroffenheit (z.B. Vorteile für die eigene Person, Überlastung, Krankheit und Alter). Darüber hinaus entsteht Interesse in Abhängigkeit von Geschlecht, Nationalität, Bildungs- und Berufshintergrund der Arbeitnehmer sowie deren persönlichem Engagement.

Die Experten sehen die Möglichkeit einer Steigerung der Relevanz dadurch, den Einfluss des jeweiligen nichtfinanziellen Themas auf die Situation der Arbeitnehmer aufzuzeigen. Zudem sollte die Berichterstattung aus Arbeitnehmerperspektive einen geringeren Umfang aufweisen sowie die Aussagekraft und das Verständnis der Informationen z.B. durch den Verzicht auf Fachbegriffe, Anglizismen und Abkürzungen gesteigert werden. Die Möglichkeit zur persönlichen Kommunikation z.B. mit Betriebs- oder Personalratsmitglieder oder Vertrauenspersonen für Nachfragen sollte gewährleistet werden. Eine Verbesserung der Konsistenz und Vergleichbarkeit der Berichterstattung muss aus Arbeitnehmerperspektive über die Vorgaben des Gesetzgebers zur Aufbereitung der Sozial- und Umweltbelange erfolgen.

▪ Durch die Verpflichtung zur Offenlegung von sozialen und ökologischen Informationen sollen die berichtenden Unternehmen für Themen der Nachhaltigkeit sensibilisiert werden und Rechenschaft über die Auswirkungen ihrer Tätigkeit auf die Gesellschaft ablegen. Den Aussagen der Experten folgend kann der Effekt der Sensibilisierung aus Arbeitnehmerperspektive bestätigt werden. Unternehmen erhalten neue Kenntnisse der Begriffe CSR und Nachhaltigkeit und über die Themen eines verantwortungsvollen Handelns, sowie Anregungen, mit Aktivitäten in diesen Bereichen nach außen zu treten. Hierdurch wird auch die Öffentlichkeit sensibilisiert. Als Konsequenz kann sozial- und umweltschädliches Verhalten besser aufgedeckt und ggf. langfristig eingegrenzt oder sogar verhindert werden.

Die Sensibilisierung der Unternehmen kann durch die Arbeit von Gewerkschaften und Nichtregierungsorganisationen unterstützt werden. Es sollte jedoch beachtet werden, dass es durch die Verpflichtung zur Berichterstattung nicht zu einer ausschweifenden, übertriebenen, der Realität im Unternehmen nicht entsprechenden Berichterstattung kommt. Zudem werden Imageschäden für Unternehmen, die nicht sozial- und umweltverträglich handeln, und ein hoher personeller und finanzieller Aufwand durch die Berichterstattungspflicht erwartet.

Ein Zwang zur Rechenschaftslegung der Unternehmen über die Auswirkungen ihrer Tätigkeit auf die Gesellschaft durch das CSR-RL-UmsG findet aus

6.1 Zentrale Ergebnisse und kritische Würdigung   197

Sicht der Experten nicht statt. Es wird allerdings die Möglichkeit für Unternehmen gesehen, Hintergründe des unternehmerischen Handelns darzustellen und von der Norm abweichendes Verhalten innerhalb der Nachhaltigkeitsberichterstattung zu erklären. Durch die Ansprache kritischer Themen kann wiederum Vertrauen erzeugt werden. Die Wahl, ob Unternehmen die nichtfinanzielle Berichterstattung zur Rechtfertigung nutzen, liegt dabei laut der Experten bei den Unternehmen selbst.

▓ Gegenüber Investoren und Verbrauchern soll durch die Nachhaltigkeitsberichterstattung das Vertrauen in die Unternehmen gestärkt werden. Laut den Experten können die Informationen über Sozial- und Umweltbelange einen Einfluss auf das Vertrauen der Arbeitnehmer haben, wenn diese vom Unternehmen nicht lediglich aus Alibi- oder Marketinggründen betrieben wird. Neben dem Vergleich mit der Konkurrenz und dem Zwang durch den Gesetzgeber werden in der Werbung für das Unternehmen und seine Produkte sowie für potenzielle Arbeitnehmer jedoch die Hauptmotive der Berichterstattung gesehen. Es ist demnach nicht zu vermuten, dass das CSR-RL-UmsG eine Vertrauensstärkung der Arbeitnehmer in die Unternehmen bewirkt.

Die Möglichkeit der Vertrauensstärkung sehen die Experten insbesondere über ein aufrichtiges Handeln der Unternehmen über einen längeren Zeitraum. Dieses kann bestimmt werden durch Offenheit und Ehrlichkeit der Unternehmensleitung. Bezüglich der Berichterstattung kann eine offene und ehrliche Kommunikation, die mit dem Handeln im Unternehmen übereinstimmt und kritische Stimmen z.B. von Betriebsratsmitgliedern oder Gewerkschaftsfunktionären einbezieht, das Vertrauen der Arbeitnehmer stärken.

▓ Die Offenlegungspflichten des CSR-RL-UmsG zum Diversitätskonzept sollen die Vielfalt in Führungsebenen erhöhen. Die Experten sehen in der Berichterstattung die Möglichkeit, Klischees aufzubrechen und eine bereits im Unternehmen gelebte Vielfalt darzustellen, was wiederum zu mehr Interesse an der Berichterstattung und am Unternehmen selbst durch die betroffenen Arbeitnehmer führen kann. Insbesondere in der Gefahr, negativ hervorzustechen, wird seitens der Experten eine Motivation der Unternehmen gesehen, diversitätsfördernde Maßnahmen zu implementieren, über die berichtet werden kann. Somit wird aus Arbeitnehmerperspektive das Ziel der Erhöhung der Vielfalt durch das CSR-RL-UmsG erreicht. Bestärkt werden kann der Effekt durch zusätzliche Aufmerksamkeit der Öffentlichkeit auf Diversitätskonzepte von Unternehmen.

Für den Ausbau nichtfinanzieller Informationen führt der Gesetzgeber formale und inhaltliche Vorgaben zur Erstellung einer nichtfinanziellen (Konzern-)Erklärung bzw. eines gesonderten nichtfinanziellen (Konzern-)Berichts und die erweiterte Offenlegung der Diversitätspolitik durch die Beschreibung des Diversitätskonzepts ein. Die Einschätzung der Experten, inwieweit diese formalen und inhaltlichen Vorgaben zur Steigerung der Relevanz der Informationen bei den Arbeitnehmern beitragen können bzw. welchen Anpassungsbedarf sie sehen, lassen sich in Anlehnung an den Inhalt des CSR-RL-UmsG zusammengefasst wie folgt darstellen:

- Der Anwendungsbereich des CSR-RL-UmsG sollte grundsätzlich für alle Unternehmen gleichermaßen gelten. Dies schließt explizit auch Familienunternehmen und mittelständische Unternehmen ein.

- Für Arbeitnehmer sind innerhalb der nichtfinanziellen Berichterstattung die Angaben der Sub- und Zuliefererunternehmen von Relevanz. Im Fokus stehen hierbei Sozialbelange, Produktqualität, Unternehmensimage und Strukturen und Verbindungen zu weiteren Unternehmen und Branchen.

- Zur Informationsbeschaffung dienen Arbeitnehmern schriftliche (Internet und Intranet, Unternehmensbroschüren und Aushänge, E-Mail und WhatsApp, Mitarbeiter- und Betriebsratszeitschriften, Gewerkschaftszeitschriften und öffentliche Presse) und persönliche (betriebliche Interessenvertreter, Arbeitnehmer, Vorgesetzte, Gewerkschaftsmitglieder) Quellen. Insbesondere die Übermittlung von tiefergehenden persönlichen Informationen wird auf persönlichem Weg bevorzugt. Der Geschäftsbericht dient Arbeitnehmern nur in speziellen Situationen zur Informationsbeschaffung und wird primär in Zusammenhang mit wirtschaftlichen Eckdaten in Verbindung gebracht. In der Aufnahme nichtfinanzieller Informationen in den Geschäftsbericht wird die Möglichkeit einer Aufwertung und größeren Nutzenstiftung desselben für Arbeitnehmer gesehen.

- Für eine ideale, verständliche Aufbereitung der Unternehmensberichterstattung plädieren die Experten für die verpflichtende Anwendung von allgemeingültigen Rahmenwerken, die klar definierte und detaillierte Vorgaben enthalten. Erst hierdurch wird eine verständliche, objektive Darstellung positiver als auch negativer Angaben gewährleistet. Auch die vom Gesetzgeber angestrebte Vergleichbarkeit der Informationen wird erst durch die Anwendung von einheitlichen Rahmenwerken möglich.

- Im Rahmen nichtfinanzieller Informationen zum Geschäftsmodell interessieren sich Arbeitnehmer inhaltlich für die Art und Qualität der Produkte und Dienstleistungen des Arbeitgebers und der Branche. Der Rückschluss auf ein gesellschaftlich angesehenes, erfolgreiches und langfristig bestehen-

6.1 Zentrale Ergebnisse und kritische Würdigung

des Unternehmen generiert außerdem das Interesse an der Auftragslage, der Zukunftsfähigkeit und des Images eines Unternehmens. Das Unternehmensimage kann dabei neben der Produktqualität und der Dauer des Bestehens über die Unternehmensgröße, die Bekanntheit, die Marktstellung, den allgemeinen Eindruck des Unternehmens sowie dessen Seriosität und sein Verhalten gegenüber Arbeitnehmern und Dienstleistern bestimmt werden. Auch organisatorische Strukturen und allgemeine Geschäftsprozesse im Unternehmen sind für Arbeitnehmer von Relevanz.

- Informationen zu Umweltbelangen sind eher irrelevant für Arbeitnehmer. Dies liegt in der Wichtigkeit anderer Themen sowie im Misstrauen gegenüber Umweltbelangen begründet. So leiden für Arbeitnehmer wesentlichere Faktoren unter der Aufmerksamkeit und der Investition in das Thema Umwelt.

- Im Fokus des inhaltlichen Interesses für Arbeitnehmer stehen Arbeitnehmerbelange und hierbei Informationen zu Gehalt, Zusammenarbeit mit Betriebsräten und Gewerkschaften, Langfristigkeit des Arbeitsverhältnisses, Gesundheitsschutz und Sicherheit am Arbeitsplatz, Betriebsrente, Work-Life-Balance, Arbeits- und Rahmenbedingungen, Aus- und Weiterbildung sowie Arbeitsklima.

- Bezüglich des Aspekts Sozialbelange interessieren sich Arbeitnehmer für das Unternehmensimage positiv beeinflussende Themen wie z.B. soziales Engagement und die dafür eingesetzten finanziellen Mittel, Schaffung von Arbeitsplätzen und Steuerzahlungen.

- Im Rahmen des Themas Achtung der Menschenrechte interessieren sich Arbeitnehmer für Angaben der Unternehmen zur Vermeidung von Kinderarbeit. Insbesondere bei Subunternehmen im Ausland besteht Interesse für Angaben zu den Arbeitsbedingungen entlang der Wertschöpfungskette sowie der Bezahlung der Mitarbeiter und der Einhaltung der Menschenrechte vor Ort. Insgesamt hat das Thema jedoch aufgrund fehlender persönlicher Betroffenheit eine eher geringe Relevanz für Arbeitnehmer.

- Bezüglich des Themas Bekämpfung von Korruption und Bestechung sind für Arbeitnehmer die anonymen Meldemechanismen und von Unternehmensseite zu ziehende Konsequenzen bei Regelverstößen relevant.

- Ein Interesse der Arbeitnehmer an Unternehmensinformationen kann über die Fokussierung auf die Sozialbelange der Unternehmen, die Darstellung der Auswirkungen einzelner nichtfinanzieller Themen auf die persönliche Situation (z.B. Gehalt und Langfristigkeit des Arbeitsverhältnisses) und eine Greifbarkeit bzw. Verständlichkeit der Themen generiert werden.

200 6 Schlussbetrachtung

- Die Ansprache von kritischen Themen wird positiv und vertrauensstiftend bewertet. Das Weglassen nachteiliger Angaben schränkt die Vergleichbarkeit von Informationen ein.

- Eine formale und inhaltliche Prüfung der nichtfinanziellen Berichterstattung durch eine dritte Instanz wie z.B. Mitarbeiter oder Betriebsräte kann aus Sicht der Experten der Qualitätssicherung dienen. Gewerkschaftsmitglieder können aufgrund ihres Wissens, ihrer Position und ihrer Netzwerke eine andere Prüfungsinstanz darstellen. Die Unabhängigkeit der Prüfungsinstanz und eine Sanktionierung bei der Feststellung von Verstößen im Rahmen der Prüfung sind für die Experten wichtige Faktoren für die Aufwertung des Aussagegehalts der Informationen.

- Hinsichtlich der Diversität eines Unternehmens besteht Interesse für Alter, Geschlecht und Nationalität der Arbeitnehmer. Innerhalb des Aspektes des Geschlechts sind für die Arbeitnehmer die prozentualen Verteilungen der im gesamten Unternehmen beschäftigten Minderheiten sowie eventuell voneinander abweichende Lohnstrukturen und flexible Arbeitszeitmodelle relevant. Zudem möchten Arbeitnehmer Informationen darüber erhalten, inwieweit die kommunizierten Inhalte eines Diversitätskonzepts tatsächlich im Unternehmen gelebt werden und die unter dem Aspekt der Diversität eingestellten Mitarbeiter fachlich für ihr Aufgabengebiet geeignet sind.

Insgesamt lässt sich festhalten, dass das CSR-RL-UmsG aus Arbeitnehmerperspektive zu einer Steigerung der Transparenz der Sozial- und Umweltbelange beiträgt. Die einzelnen Ziele der CSR-RL in der Umsetzung durch das CSR-RL-UmsG können dabei durch die Vorgaben des Gesetzgebers jedoch nicht durchweg erreicht werden. Die formalen und inhaltlichen Vorgaben des CSR-RL-UmsG sind zur Steigerung der Relevanz aus Arbeitnehmerperspektive überarbeitungswürdig.

Als Limitationen der Untersuchung sind die eingeschränkte Verallgemeinerbarkeit der Ergebnisse und die subjektiven Einflüsse des Forschungsansatzes zu nennen. Zukünftigen Forschungsbedarf stellen darauf aufbauend stärker strukturierte Untersuchungen wie z.B. eine Fragebogenstudie dar. Darüber hinaus können die Perspektiven anderer Stakeholder herausgestellt werden und eine Zusammenführung der Gesamtheit der Stakeholderinteressen erfolgen.

6.2 Ausblick

Die EU-Kommission verpflichtet sich gem. Art. 3 der CSR-RL zur Veröffentlichung eines Berichts über die Umsetzung der Richtlinie am 06. Dezember 2018.[1327] In diesem sollten u.a. der Anwendungsbereich insbesondere bzgl. großer, nicht börsennotierter Unternehmen, die Wirksamkeit und die bereitgestellten Orientierungshilfen und Methoden der CSR-RL überprüft werden.[1328] Vor dem Hintergrund der Umgestaltung des Finanzsystems wurde von der EU-Kommission bereits 2016 die sog. High-Level Expert Group on Sustainable Finance (HLEG) gegründet. Diese soll strategische Empfehlungen für ein Finanzsystem erarbeiten, das eine nachhaltige Wirtschaft in Europa unterstützt.[1329] In ihrem am 31. Januar 2018 vorgelegten Abschlussbericht schlägt die HLEG eine stärkere Verankerung nichtfinanzieller Informationen und eine umfassendere Berücksichtigung langfristiger und nachhaltigkeitsbezogener Chancen und Risiken in der EU-Bilanzrichtlinie vor.[1330]

Die Empfehlungen der HLEG greift die EU-Kommission in ihrer Mitteilung „Aktionsplan: Finanzierung nachhaltigen Wachstums" vom 08. März 2018 auf. Dieser sieht u.a. eine Eignungsprüfung der EU-Rechtsvorschriften zur Unternehmensberichterstattung (Fitness check on the EU framework for public reporting by companies) einschließlich der CSR-RL vor.[1331] In diesem Rahmen wurde eine öffentliche Konsultation durchgeführt, die u.a. Fragen zur Wirksamkeit der Vorgaben der CSR-RL zur Bereitstellung wesentlicher nichtfinanzieller Informationen enthält.[1332] Bis zum 21. Juli 2018 gingen insgesamt 338 Antworten hauptsächlich von Unternehmen aus Deutschland, dem Vereinigten Königreich, Belgien und Frankreich sowie von Branchenverbänden und Nichtregierungsorganisationen ein.[1333] Letztlich soll mit der Eignungsprüfung beurteilt werden, ob die Vorschriften der EU ihre Zwecke erfüllen und den Herausforderungen,

---

1327   Vgl. Art. 3 RL 2014/95/EU. Der Bericht lag bis zum 11. Februar 2019 nicht vor.

1328   Vgl. Art. 3 RL 2014/95/EU.

1329   Vgl. Fink (2018a), S. 4.

1330   Vgl. EU-High-Level Expert Group on Sustainable Finance (2018). Der Bericht ist online abrufbar unter: https://ec.europa.eu/info/publications/180131-sustainable-finance-report_de, abgerufen am 26. Oktober 2018.

1331   Vgl. EU-Kommission (2018a), S. 12. Vgl. ausführlich zum Fitness check Schmidt/Schmotz (2018), S. 1036.

1332   Vgl. EU-Kommission (2018b). Das Konsultationsdokument ist online abrufbar unter: https://ec.europa.eu/info/consultations/finance-2018-companies-public-reporting_de, abgerufen am 26. Oktober 2018.

1333   Die Zusammenfassung der Antworten ist abrufbar unter https://ec.europa.eu/info/sites/info/files/business_economy_euro/banking_and_finance/documents/2018-companies-public-reporting-feedback-statement_en.pdf, abgerufen am 11. Februar 2019.

202   6 Schlussbetrachtung

die z.B. das Thema Nachhaltigkeit mit sich bringen, gerecht werden.[1334] Ziel des Fitness Checks ist ein, ggf. mit Handlungsempfehlungen verbundener Rapport an das EU-Parlament.[1335] Auf Basis der Kritik der Experten für Arbeitnehmerbelange sind dabei insbesondere die Überprüfung des Anwendungsbereichs der CSR-RL sowie der zukünftige Umgang mit Rahmenwerken zur Erstellung einer nichtfinanziellen Erklärung von Interesse.

Bei der zu erwartenden Überarbeitung der CSR-RL und der Ausweitung der Berichtspflichten durch die EU-Kommission wird daneben auch eine, ebenfalls von der HLEG empfohlene, Berücksichtigung der Empfehlungen der Task Force on Climate-related Financial Disclosures (TCFD) erwartet.[1336] Im Fokus des Abschlussberichts der TCFD stehen Angabeempfehlungen für Unternehmen bzgl. ihrer finanziellen Risiken und Chancen, die durch den Klimawandel auf sie zukommen können.[1337]

Um das Ziel einer besseren Qualität der nichtfinanziellen Berichterstattung zu erreichen, wird in der Literatur teilweise der Wunsch nach weitergehenden Konkretisierungen durch den Gesetzgeber ggf. unter dem Einbezug sämtlicher am Berichtsprozess beteiligter Akteure, geäußert.[1338] Andere Stimmen empfehlen, vor einer eventuellen Überarbeitung der gesetzlichen Vorschriften den Unternehmen Zeit zu geben, die neuen Vorgaben zu etablieren und umzusetzen.[1339] Insgesamt wird angesichts vergangener und aktueller Entwicklungen ein weiterer Bedeutungszuwachs der nichtfinanziellen Berichterstattung sowie der Vereinheitlichung finanzieller und nichtfinanzieller Unternehmensberichterstattung erwartet.[1340] Aus Arbeitnehmersicht wird das CSR-RL-UmsG lediglich als erster Schritt zu mehr Verbindlichkeit bzgl. eines verantwortungsbewussten unternehmerischen Verhaltens gesehen.[1341]

> „Aus gewerkschaftlicher Sicht sind die neuen Transparenzpflichten daher nur ein erster Schritt in die Richtung zu mehr Verbindlichkeit bei der Wahrnehmung unternehmerischer Verantwortung, dem weitere folgen müssen."[1342]

1334   Vgl.   https://ec.europa.eu/info/consultations/finance-2018-companies-public-reporting_de, abgerufen am 11. Februar 2019.
1335   Vgl. Schmidt/Schmotz (2018), S. 1036.
1336   Vgl. Lanfermann (2018), S. 492; Schmotz/Schmidt (2017), S. 2877.
1337   Vgl. TCFD (2017), S. 1.
1338   Vgl. Graßmann/Krannich/Günther/Günther (2018), S. 441; Needham/Müller (2018), S. 350; Scheid/Kotlenga/Müller (2018), S. 9.
1339   Vgl. Fink (2018a), S. 4; Fink (2018b), S. 473; Graßmann/Krannich/Günther/Günther (2018), S. 441; Scheid/Kotlenga/Müller (2018), 513.
1340   Vgl. Kajüter/Wirth (2018), S. 1612; Kusterer (2017), S. 45; Pellens/Lleshaj/Stappert (2018), S. 2287.
1341   Vgl. Thannisch (2017), S. 46.
1342   Thannisch (2017), S. 46.

Literaturverzeichnis

Accounting for Sustainability/GRI/Radley Yaldar (2014): The value of extra- financial disclosure – What investors and analysts said, online abrufbar unter: https://www. globalreporting.org/resourcelibrary/The-value-of-extra-financial-disclosure.pdf (Stand: 12. November 2018).

Adams, Carol A./Hill, Wan-Ying/Roberts, Clare B. (1998): Corporate social reporting practices in Western Europe: legitimating corporate behavior?, in: British Accounting Review, 30. Jg., Heft 1, S. 1-21.

Aguilera, Ruth, V./Rupp, Deborah E./Williams, Cynthia A./Ganapathi, Jyoti (2007): Putting the S Back in Corporate Social Responsibility: A Multilevel Theory of Social Change in Organizations, in: Academy of Management Review, 32. Jg., Heft 3, S. 836-863.

Alvarez, Manuel/Wotschofsky, Stefan (2000): Zur Bedeutung der Zwischenberichtspublizität, in: Deutsches Steuerrecht, 38. Jg., Heft 42, S. 1789-1796.

Amel-Zadeh, Amir/Serafeim George (2017): Why and How Investors Use ESG Information: Evidence from a Global Survey, in: Financial Analysts Journal, 74. Jg., Heft 3, S. 87-103.

Amnesty International (2016): Stellungnahme an das Bundesministerium der Justiz und für Verbraucherschutz zum Referentenentwurf eines Gesetztes zur Stärkung der nichtfinanziellen Berichterstattung der Unternehmen in ihren Lage- und Konzernlageberichten, Berlin 2016.

Arbeitskreis Externe Unternehmensrechnung der Schmalenbach-Gesellschaft für Betriebswirtschaft (2015): Nichtfinanzielle Leistungsindikatoren – Bedeutung für die Finanzberichterstattung, in: Schmalenbachs Zeitschrift für betriebswirtschaftliche Forschung, 67. Jg., Heft vom 29. Mai 2015, S. 235-258.

Arbeitskreis Integrated Reporting der Schmalenbach-Gesellschaft für Betriebswirtschaft (2016): Referentenentwurf des BMJV zum CSR-Richtlinie-Umsetzungsgesetzes zur Umsetzung der Richtlinie 2014/95/EU, Regensburg 2016.

Arbeitskreis Integrated Reporting der Schmalenbach-Gesellschaft für Betriebswirtschaft (2018): Erstanwendung des CSR-Richtlinie-Umsetzungsgesetzes – Erfahrungen von Unternehmen aus dem Arbeitskreis „Integrated Reporting" der Schmalenbach-Gesellschaft für Betriebswirtschaft e.V., in: Der Betrieb, 71. Jg., Heft 38, S. 2253-2260.

Arbeit und Leben DGB/VHS NRW: DimasoLab – Diretive 2014/95/EU – Impact Assessment on Labour Releations, Düsseldorf 2018.

Arlt, Hans-Jürgen/Gebauer, Jana/Petschow, Urlich/Hildebrandt, Eckart/Schmidt, Eberhard/Zieschank, Roland (2007): Beiträge der Gewerkschaften zu einer innovationsorientierten Umweltpolitik – Ein Policy-Paper, online abrufbar unter: https://

© Springer Fachmedien Wiesbaden GmbH, ein Teil von Springer Nature 2020
N. I. Schröder, *CSR-Richtlinie-Umsetzungsgesetz*,
https://doi.org/10.1007/978-3-658-29198-3

204 Literaturverzeichnis

www.umweltbundesamt.de/sites/default/files/medien/publikation/long/3292.pdf (Stand: 17. November 2018).

Atteslander, Peter (2010): Methoden der empirischen Sozialforschung, Berlin 2010.

Aupperle, Kenneth E./Carroll, Archie B./Hatfield, John D. (1985): An Empirical Examination of the Relationship Between Corporate Social Responsibility and Profitability, in: Academy of Management Journal, 28. Jg., Heft 2, S. 446-463.

Ausschuss für Recht und Verbraucherschutz (2017): Beschlussempfehlung und Bericht des Ausschusses für Recht und Verbraucherschutz (6. Ausschuss), Berlin 2017.

Axjonow, Anastasia/Ernstberger, Jürgen/Pott, Christiane (2016): The Impact of Corporate Social Responsibility Disclosure on Corporate Reputation – A Nonprofessional Stakeholder Perspective, in: Journal of Business Ethics, 151. Jg., Heft 2, S. 429-450.

Baetge, Jörg/Fischer, Thomas R./Paskert, Dierk (1989): Der Lagebericht – Aufstellung, Prüfung und Offenlegung, Stuttgart 1989.

Baetge, Jörg/Kirsch, Hans-Jürgen/Solmecke, Henrik (2009): Auswirkungen des BilMoG auf die Zwecke des handelsrechtlichen Jahresabschlusses, in: Die Wirtschaftsprüfung, 52. Jg., Heft 24, S. 1211-1222.

Ballwieser, Wolfgang (1985): Ergebnisse der Informationsökonomie zur Informationsfunktion der Rechnungslegung, in: Stöppler, Siegmar (Hrsg.): Information und Produktion – Beiträge zur Unternehmenstheorie und Unternehmensplanung – Festschrift zum 60. Geburtstag von Prof. Dr. Waldemar Wittmann, Stuttgart 1985, S. 21.40.

Ballwieser, Wolfgang (1997): Die Lageberichte der DAX-Gesellschaften im Lichte der Grundsätze ordnungsmäßiger Lageberichterstattung, in: Fischer, Thomas R./Hömberg, Reinhold (Hrsg.): Jahresabschluß und Jahresabschlußprüfung – Probleme, Perspektiven, internationale Einflüsse – Festschrift zum 60. Geburtstag von Jörg Baetge, Düsseldorf 1997, S. 153-187.

Barth, Regine/Wolff, Franziska (2009): Corporate Social Responsibility in Europe – Rhetoric and Realities, in: Barth, Regine/Wolff, Franziska (Hrsg.): Environmental Law and Governance Division, Cheltenham/Massachusetts 2009.

Bassen, Alexander/Hölz, Hans-Michael/Schlange, Joachim (2006): The Influence of Corporate Responsibility on the Cost of Capital – An Empirical Analysis 2006, online abrufbar unter: https://www.schlange-co.com/wp-content/uploads/2017/11/Schlange Co_2006_CostOfCapital.pdf (Stand: 12. November 2018).

Baumüller, Josef/Nguyen, Bang (2017): Umsetzung der CSR-Richtlinie im deutschen und im österreichischem Bilanzrecht – Ein Rechtsvergleich zu den neugeschaffenen Berichtspflichten über die nichtfinanzielle Leistung von Unternehmen, in: Zeitschrift für internationale und kapitalmarktorientierte Rechnungslegung, 17. Jg., Heft 10, S. 413-420.

BDA/BDI/IHK/ZDH (2016): Stellungnahme zum Referentenentwurf eines Gesetzes zur Stärkung der nichtfinanziellen Berichterstattung der Unternehmen in ihren Lage- und Konzernlageberichten (CSR-Richtlinie-Umsetzungsgesetz), Berlin 2016.

Literaturverzeichnis 205

Becchetti, Leonardo/Ciriretti, Rocco/Hasan, Iftekhar (2009): Corporate Social Responsibiliy and Shareholder's Value: An Empirical Analysis, in: Bank of Finald Research Discussion Papers, Heft 1, S. 7-49.

Beck, A. C./Campbell, David/Shrives, Philip (2010): Content analysis in environmental reporting research: Enrichment and rehearsal of the method in a British-German context, in: The British Accounting Review, 42. Jg., Heft 3, S. 207-222.

Becker, Jan-André (2018): Grundsätze ordnungsmäßiger steuerlicher Gewinnermittlung – Konzeption eines steuerzweckadäquaten GoB-Pendants, in: Schriftenreihe betriebswirtschaftliche Steuerlehre in Forschung und Praxis, Hamburg 2018, [zugl.: Kassel, Univ., Diss., 2017].

Becker, Roberto (2014): Die handelsrechtliche Umsatzrealisation – Unter besonderer Berücksichtigung der Zwecke der Rechnungslegung, Wiesbaden 2014.

Becker, Roberto (2018): Die Entwicklung von Grundsätzen ordnungsmäßiger Prognosebildung auf Basis der GoB, Wiesbaden 2018, [zugl.: Chemnitz, Univ., Diss., 2017].

Behncke, Nicolette/Hoffmann, Tim (2012): Integrated Reporting nach dem IIRC Discussion Paper – Inhaltliche Konkretisierung und Schritte zur erstmaligen Anwendung, in: Zeitschrift für internationale und kapitalmarktorientierte Rechnungslegung, 12. Jg., Heft 9, S. 411-417.

Behncke, Nicolette/Wulf, Inge (2018): Erste Berichts- und Prüfungssaison der nichtfinanziellen Berichterstattung – Empirische Analyse der DAX30-Unternehmen, in: Zeitschrift für internationale und kapitalmarktorientierte Rechnungslegung, 18. Jg., Heft 12, S. 570-580.

Behrens, Torsten (2010): Unternehmen als Gestalter nachhaltiger Märkte – Kulturwissenschaftliche Perspektiven für eine markt- und gesellschaftsorientierte Unternehmensführung im Bereich Mobilität, Marburg, 2010.

Beiersdorf, Kati/Buchheim, Regine (2006): IASB-Diskussionspapier „Management Commentary" – Export des deutschen Lageberichts als Managementbericht?, in: Betriebs-Berater, 61. Jg., Heft 14, S. 96-100.

Beisse, Heinrich (1999): Normqualität und Normstruktur von Bilanzvorschriften und Standards – Adolf Moxter zum 70. Geburtstag, in: Betriebs-Berater, 54. Jg., Heft 42, S. 2180-2186.

Beratendes Forum für Rechnungslegung (1995): Berücksichtigung von Umweltfragen in der Rechnungslegung, XV/6006/94 DE-rev 4. Orgin. EN.

Bernardi, Cristiana/Stark, Andrew W. (2018): Environmental, social and governance disclosure, integrated reporting, and the accuracy of analyst forecasts, in: The British Accounting Review, 50. Jg., Heft 1, S. 16-31.

Berndt, Thomas (2001): Berücksichtigung von Umweltaspektn im Jahresabschluss-Anmerkungen zur Empfehlung der EU-Kommission vom 30.5.2001, in: Betriebs-Berater, 56. Jg., Heft 34, S. 1727-1733.

Bertelsmann Stiftung (2014): CRI Corporate Responsibility Indes 2013 – Erfolgsfaktoren unternehmerischer Verantwortung, Gütersloh 2014.

206 Literaturverzeichnis

Bhattacharya, C. B./Sen, Sankar/Korschun, Daniel (2008): Using Corporate Social Responsibility to Win the War for Talent, in: MIT Sloan Management Review, 49. Jg., Heft 2, S. 36-44.

Bieber, Roland/Epiney, Astrid/Haag, Marcel/Kotzur, Markus (2019): Die Europäische Union – Europarecht und Politik, 13. Auflage, Basel 2019.

Bieker, Marcus/Schmidt, Lars (2002): Der Vorschlag der Europäischen Kommission zur Änderung der Bilanzrichtlinie – Darstellung und Beurteilung des Umsetzungsbedarfs für den deutschen Gesetzgeber, in: Zeitschrift für internationale und kapitalmarktorientierte Rechnungslegung, 2. Jg., Heft 5, S. 206-219.

Bitz, Michael/Schneeloch, Dieter/Wittstock, Wilfried/Patek, Guido (2014): Der Jahresabschluss – Nationale und internationale Rechtsvorschriften, Analysen und Politik, München 2014.

Blaesing, Daniel (2013): Nachhaltigkeitsberichterstattung in Deutschland und den USA – Berichtspraxis, Determinanten und Eigenkapitalkostenwirkung, in: Kajüter, Peter (Hrsg.): Münsterander Schriften zur internationalen Untenrehmensrechnung, Frankfurt am Main 2013, [zugl.: Münster, Univ., Diss., 2013].

Blank, Jürgen E./Clausen, Hartmut (2001): Sustainable Development, in: Schulz, Werner F./Burschel, Carlo/Weigert, Martin/Liedtke, Christa/Bohnet-Joschko, Sabine/Kreeb, Martin/Losen, Dirk/Geßner, Christian/Diffenhard, Volker und Maniura, Anja (Hrsg.): Lexikon Nachhaltiges Wirtschaften, München 2001, S. 374-385.

Blöink, Thomas (2012): Auswirkungen geänderter Vorschriften der 4. und 7. EU-Richtlinie auf die handelsrechtliche Rechnungslegung, in: Die Wirtschaftsprüfung, 65. Jg., Heft 6, S. 299-304.

Blöink, Thomas/Halbleib, Anja (2017): Umsetzung der sog. CSR-Richtlinie 2014/95/ EU: Aktueller Überblick über die verabschiedeten Regelungen des CSR-Richtlinie-Umsetzungsgesetzes, in: Der Konzern, 15. Jg., Heft 04, S. 182-195.

Blöink, Thomas/Knoll-Biermann, Thomas (2015): Bilanzrichtlinie-Umsetzungsgesetz (BilRUG) – Hintergrund und Kernelemente des Regierungsentwurfs vom 07.01.2015, in: Der Konzern, 13. Jg., Heft 02, S. 65-79.

BMJ (1998): Standardisierungsvertrag – Zwischen dem Bundesministerium der Justiz (BMJ), vertreten durch den Parlamentarischen Staatssekretär beim Bundesminister der Justiz, Herrn Rainer Funke, und dem Deutschen Rechnungslegungs Standards Committee (DRSC), vertreten durch seinen Vorsitzenden, Herrn Dr. Jürgen Krumnow, Bonn 1998.

BMJ (2011): Standardisierungsvertrag – Zwischen dem Bundesministerium der Justiz (BMJ), vertreten durch Frau Bundesministerin der Justiz, Sabine Leutheusser-Schnarrenberger und dem DRSC e.V. - Deutsches Rechnungslegungs Standards Committee, vertreten durch sein Präsidium, Frau Elisabeth Knorr und Herrn Dr. Rolf Ulrich, Berlin 2011.

BMJV (2015): Konzept zur Umsetzung der CSR-Richtlinie – Reform des Lageberichts, Berlin 2015.

Literaturverzeichnis 207

BMJV (2016): Aufruf zur Stellungnahme – Entwurf eines CSR-Richtlinie-Umsetzungsgesetzes zur Umsetzung der Richtlinie 2014/95/EU (sog. CSR-RL), Berlin 2016.

Böcking, Hans-Joachim (2017): CSR-Richtlinie-Umsetzungsgesetz: Gesellschaftliche Verantwortung und Wertewandel – Neue Herausforderungen und Chancen für die Nachhaltigkeit, in: Der Betrieb, 70. Jg., Heft 12, S. M5.

Böcking Hans-Joachim/Althoff, Carolin (2017): Paradigmenwechsel in der (Konzern-)Lageberichterstattung über nicht-monetäre Erfolgsfaktoren – Pre-Financial Performance Indicators als Vorstufe, nicht als Gegensatz von Financial Performance Indicators –, in: Der Konzern, 15. Jg., Heft 05, S. 246-255.

Bode, Christiane/Singh, Jasjit/Rogan, Michelle (2015): Corporate Social Initiatives and Employee Retention, in: Organization Science, 26. Jg., Heft 6, S. 1702-1720.

Bonse, Andreas/Linnhoff, Ulrich/Pellens, Bernhard (2011): Jahresabschlüsse, in: Busse von Colbe, Walther/Coenenberg, Adolf G./Kajüter, Peter/Pellens, Bernhard (Hrsg.): Betriebswirtschaft für Führungskräfte – Eine Einführung für Ingenieure, Naturwissenschaftler, Juristen und Geisteswissenschaftler, 4. Auflage, Stuttgart 2011, S. 497-533.

Boochs, Sebastian (2016): Nachhaltige Ausweitung der Lageberichterstattung, in: Zeitschrift für internationale und kapitalmarktorientierte Rechnungslegung, 16. Jg., Heft 5, S. M1.

BRAK (2016): Stellungnahme Nr. 9/2016 April 2016 zum Referentenentwurf des BMJV zum Gesetz zur Stärkung der nichtfinanziellen Berichterstattung der Unternehmen in ihren Lage- und Konzernlageberichten (CSR-Richtlinie-Umsetzungsgesetz), Berlin 2016.

Branco, Manuel Castelo/Rodrigues, Lúcia Lima (2006): Corporate Social Responsibility and Resource-Based Perspectives, in: Journal of Business Ethics, 69. Jg., Heft 2, S. 111-132.

Brunton, Margaret/Eweje, Gabriel/Taskin, Nazim (2017): Communicating Corporate Social Responsibility to Internal Stakeholders – Walking the Walk or Just Talking the Talk?, in: Business Strategy and the Environment, 26. Jg., Heft 1, S. 31-48.

BStBK (2016): Stellungnahme der Bundessteuerberaterkammer zum Referentenentwurf eines CSR-Richtlinie-Umsetzungsgesetzes, Berlin 2016.

Buchheim, Regine/Knorr, Liesel (2006): Der Lagebericht nach DRS 15 und internationale Entwicklungen, in: Die Wirtschaftsprüfung, 59. Jg., Heft 7, S. 413-425.

Budde, Wolfang/Clemm, Hermann/Pankow, Max/Sarx, Manfred (1986): Beck'scher Bilanz-Kommentar – Der Jahresabschluß nach Handels- und Steuerrecht, 1. Auflage, München 1986.

BUND (2016): Kommentar zum Entwurf eines Gesetzes zur Stärkung der nichtfinanziellen Berichterstattung der Unternehmen in ihren Lage- und Konzernlageberichten (CSR-Richtlinie-Umsetzungsgesetz), Berlin 2016.

Bundesregierung (2010): Aktionsplan CSR der Bundesregierung – Nationale Strategie zur gesellschaftlichen Verantwortung von Unternehmen (Corporate Social Responsibility – CSR), online abrufbar unter: https://www.bundesregierung.de/resource/

208 Literaturverzeichnis

blob/975274/464606/c521116c6e6659b26d5ff286ff67408c/2010-12-07-aktionsplan-csr-data.pdf?download=1 (Stand: 29. Oktober 2018).

Bundesregierung (2011): Positionspapier der Bundesregierung zur Mitteilung der Europäischen Kommission „Eine neue EU-Strategie (2011-14) für die soziale Verantwortung der Unternehmen (CSR)" (KOM 2011)681 endg.), online abrufbar unter: https://www.drsc.de/app/uploads/2017/03/17_05k_IFRS-FA_EU-RL_Bundesregierung_2011.pdf (Stand: 29. Oktober 2018).

Busse von Colbe, Walther (1993): Die Entwicklung des Jahresabschlusses als Informationsinstrument, in: Wagner, Frans W. (Hrsg.): Ökonomische Analyse des Bilanzrechts – Entwicklungslinien und Perspektiven, in: Schmalenbachs Zeitschrift für betriebswirtschaftliche Forschung, 32. Sonderheft, S. 11-29.

Bustamante, Silke/Pelzeter, Andrea/Ehlscheidt, Rudi (2015): Beutung von CSR für die Arbeitgeberattraktivität – Eine Fallstudien-gestützte Untersuchung, Wiesbaden 2018.

BVE (2016): Stellungnahme – Entwurf eines CSR-Richtlinie-Umsetzungsgesetzes zur Umsetzung der Richtlinie 2014/95/EU (EU CSR-RL) – Ausdehnung auf Verbraucherbelange – Referentenentwurf des Bundesministeriums der Justiz und für Verbraucherschutz, Berlin 2016.

BVI (2016): Position des BVI zum Referentenentwurf des Bundesministeriums der Justiz für ein Gesetz zur Stärkung der nichtfinanziellen Berichterstattung der Unternehmen in ihren Lage- und Konzernberichten (CSR-Richtlinie-Umsetzungsgesetz), Frankfurt am Main 2016.

Campbell, David (2004): A longitudinal and cross-sectional analysis of environmental disclosure in UK companies – a research note, in: The British Accounting Review, 36. Jg., Heft 1, S. 107-117.

CDP (2016): CDP-Stellungnahme zum Entwurf eines CSR-RichtlinieUmsetzungsgesetzes zur Umsetzung der Richtlinie 2014/95/EU (sog. CSR-RL), Berlin 2016.

Centrale für GmbH (2016): Stellungnahme der Centrale für GmbH Dr. Otto Schmidt zum Entwurf eines CSR-Richtlinie-Umsetzungsgesetzes zur Umsetzung der Richtlinie 2014/95/EU (sog. CSR-RL), Köln 2016.

Chen, Long/Srinidhi, Bin/Tsang, Albert/Yu, Wei (2016): Audited Financial Reporting and Voluntary Disclosure of Corporate Social Responsibility (CSR) Reports, in: Journal of Management Accounting Research, 28. Jg., Heft 2, S. 53-76.

Chen, Yi-Chun/Hung, Mingyi/Wang, Yongxiang (2018): The effect of mandatory CSR disclosure on firm profitability and social externalities – Evidence from China, in: Journal of Accounting and Economics, 65. Jg., Heft 1, S. 169-190.

Cheng, Suwina/Lin, Kenny Z./Wong, William (2016): Corporate social responsibility reporting and firm performance – Evidence from China, in: Journal of Management & Governance, 20. Jg., Heft 3, S. 503-523.

Clark, Gorden L./Feiner, Andreas/Views, Michael (2015): From the Stockholder to the Stakeholder: How Sustainability Can Drive Financial Outperfomance, online abrufbar

Literaturverzeichnis 209

unter: https://arabesque.com/research/From_the_stockholder_to_the_stakeholder_ web.pdf (Stand: 12. November 2018).

Clarke, Julia/Gibson-Sweet, Monica (1999): The use of corporate social disclosures in the management of reputation and legitimacy: a cross sectoral analysis of UK Top 100 Companies, in: Business Ethics – A European Review, 8. Jg., Heft 1, S. 5-13.

Clarkson, Peter M./Fang, Xiao H./Li, Yue/Richardson, Gordon (2013): The Relevance Of Environmental Disclosures For Investors and Other Stakehodler Groups: Are Such Disclosures Incrementally Informative?, in: Journal of Accounting and Public Policy, 32. Jg. Heft 5, S. 410-431.

Coenenberg, Adolf G./Haller, Axel/Schultze, Wolfgang (2016): Jahresabschluss und Jahresabschlussanalyse – Betriebswirtschaftliche, handelsrechtliche, steuerrechtliche und internationale Grundlagen – HGB, IAS/IFRS, US-GAAP, DRS, 24. Auflage, Stuttgart 2016.

co2ncept plus (2016): Stellungnahme zu dem Referentenentwurf des Bundesministeriums der Justiz und für Verbraucherschutz (BMJV) über ein Gesetz zur Stärkung der nichtfinanziellen Berichterstattung der Unternehmen in ihren Lage- und Konzernlageberichten (CSR-Richtlinie-Umsetzungsgesetz – Umsetzung der 2014/95/EU), München 2016.

Collier, Jane/Esteban, Rafael (2007): Corporate social responsibility and employee commitment, in: Business Ethics: A European Review, 16. Jg., Heft 1, S. 19-33.

CorA (2016): Stellungnahme an das Bundesministerium der Justiz und für Verbraucherschutz zum Referentenentwurf eines Gesetzes zur Umsetzung der EU-CSR-Richtlinie 2014/95/EU (Stärkung der nichtfinanziellen Berichterstattung der Unternehmen in ihren Lage- und Konzernlageberichten), Berlin 2016.

Cremer, Udo (2002): Die Konsolidierung von Bilanzen, in: Bilanz und Buchhaltung, 48. Jg., Heft 3, S. 98-107.

DAI (2016): Umsetzung der CSR-Richtlinie mit Augenmaß – Referentenentwurf zur Umsetzung der Richtlinie 2014/95/EU – Stellungnahme zum Entwurf eines Gesetzes zur Stärkung der nichtfinanziellen Berichterstattung der Unternehmen in ihren Lage- und Konzernlageberichten vom 15. April 2016, Berlin/Frankfurt am Main (2016).

Daub, Claus-Heinrich (2008): Stand und Entwicklungstendenzen in der Nachhaltigkeitsberichterstattung, in: Isenmann, Ralf/Gómez, Jorge Marx (Hrsg.): Internetbasierte Nachhaltigkeitsberichterstattung – Maßgenschneiderte Stakeholder-Kommunikation mit IT, Berlin 2008, S. 83-97.

DAV (2016): Stellungnahme des Deutschen Anwaltvereins durch den Ausschuss Corporate Social Responsibility und Compliance zum Referentenentwurf eines Gesetzes zur Stärkung der nichtfinanziellen Berichterstattung der Unternehmen in ihren Lage- und Konzernlageberichten (CSR-Richtlinie-Umsetzungsgesetz), Berlin 2016.

Dawkins, Jenny (2005): Corporate responsibility – The communication challenge, in: Journal of Communication Management, 9. Jg., Heft 2, S. 108-119.

Déjean, Frédérique/Martinez, Isabelle (2009): Environmetal Disclosure and teh Cost of Equity: The French Case, in: Accounting in Europe, 6. Jg., Heft 1, S. 57-80.

Der Betrieb o.V. (2015): HGB-Reform durch das BilRUG – Die wesentlichen rechnungslegungs- und prüfungsbezogenen Änderungen, 68. Jg., Beilage Nr. 5 zu Heft 36.

DGB (2009a): Thesen zum Verhältnis von Mitbestimmung und CSR, Berlin 2009.

DGB (2009b): Verbindliche Regeln, die für alle gelten! – 10-Punkte-Papier des DGB zu Corporate Social Responsibility (CSR), Berlin 2009.

DGB (2011): Stellungnahme des Deutschen Gewerkschaftsbundes zum – Grünbuch der Europäischen Kommission vom 5. April 2011: „Europäische Corporate Governance-Rahmen" (KOM(2011) 164 endg.), Berlin 2011.

DGB (2012): Stellungnahme des Deutschen Gewerkschaftsbundes – zur CSR-Mitteilung der EU-Kommission vom 25.10.2011, Berlin 2012.

DGB (2016): Stellungnahme des Deutschen Gewerkschaftsbundes zum Referentenentwurf eines Gesetzes zur Stärkung der nichtfinanziellen Berichterstattung der Unternehmen in ihren Lage- und Konzernlageberichten (CSR-RL-Umsetzungsgesetz), Berlin 2016.

DGCN/econsense (2018): Neuer Impuls für die Berichterstattung zu Nachhaltigkeit? – Studie zur Umsetzung des deutschen CSR-Richtlinie-Umsetzungsgesetzes, online abrufbar unter: https://econsense.de/app/uploads/2018/06/Studie-CSR-RUG_econsense-DGCN_2018.pdf (Stand: 23. Oktober 2018).

Dhaliwal, Dan S./Li, Oliver Zhen/Tsang, Albert/Yang, Yong George (2011): Voluntary Nonfinancial Disclosure and the Cost of Equity Capital: The Initiation of Corporate Social Responsibility Reporting, in: The Accounting Review, 86. Jg., Heft 1, S. 59-100.

Dhaliwal, Dan S./Radhakrishnan, Suresh/Tsang, Albert/Yang, Yong George (2012): Nonfinancial Disclosure and Analyst Forecast Accuracy: International Evidence on Corporate Social Responsibility Disclosure, in: The Accounting Review, 87. Jg., Heft 3, S. 723-759.

Dietsche, Marcel/Fink, Christian (2008): Die Qualität der Lagerberichterstattung in Deutschland – Empirische Analyse der Unternehmen des HDAX, in: Zeitschrift für internationale und kapitalmarktorientierte Rechnungslegung, 8. Jg., Heft 4, S. 250-261.

Ditlev-Simonsen, Caroline D. (2015): The Relationship Between Norwegian and Swedish Employees' Perception of Corporate Social Responsibility and Affective Commitment, in: Business & Society, 54. Jg., Heft 2, S. 229-253.

DNWE (2016): Die Weichen jetzt richtig stellen – Stellungnahme des Deutschen Netzwerks Wirtschaftsethik – EBEN Deutschland e. V. zum Referentenentwurf des Bundesministeriums der Justiz und für Verbraucherschutz zu einem Gesetz zur Stärkung der nichtfinanziellen Berichterstattung der Unternehmen in ihren Lage- und Konzernlageberichten, Berlin 2016.

Literaturverzeichnis 211

Donia, Magda B.L./Sirsly, Carol-Ann Terault (2016): Determinants and consequences of employee attributions of corporate social responsibility as substantive or symbolic, in: European Management Journal, 34. Jg., Heft 3, S. 232-242.

Döring, Nicola/Bortz, Jürgen (2016): Forschungsmethoden und Evaluation in den Sozial- und Humanwissenschaften, 5. Auflage, Berlin/Heidelberg 2016.

DRSC (2009): Satzung des Vereins „DRSC – Deutsches Rechnungslegungs Standards Committee" vom 26. März 2009, Berlin 2009.

DRSC (2011): Jahresbericht 2011, Berlin 2011.

DRSC (2015): Satzung des Vereins „DRSC – Deutsches Rechnungslegungs Standards Committee" vom 02. Juli 2015, Berlin 2015.

DRSC (2016): Referentenentwurf des BMJV – Entwurf eines CSR-Richtlinie-Umsetzungsgesetzes zur Umsetzung der Richtlinie 2014/95/EU (sog. CSR-RL), Berlin 2016.

DStV (2016): Entwurf eines Gesetzes zur Stärkung der nichtfinanziellen Berichterstattung der Unternehmen in ihren Lage- und Konzernlageberichten (CSR-Richtlinie-Umsetzungsgesetz) – Stellungnahme B 04/16 des AK Rechnungslegung des Deutschen Steuerberaterverbands e.V. zum Referentenentwurf eines Gesetzes zur Umsetzung der CSR-Richtlinie, Berlin 2016.

Duif, Petra/Martin, Christoph/Wiegmann, Thomas (2010): Bilanzierung von Personengesellschaften – Das neue Bilanzrecht richtig anwenden, Wiesbaden 2010.

Durchschein, Christoph/Haller, Axel (2018): Prüfung von integrierten Unternehmensberichten – Ansätze zur Weiterentwicklung der betriebswirtschaftlichen Prüfung, in: Die Wirtschaftsprüfung, 71. Jg., Heft 4, S. 199-206.

Duthler, Gaelle/Dhanesh, Ganga S. (2018): The role of corporate social responsibility (CSR) and internal CSR communication in predicting employee engagement – Perspectives from the United Arab Emirates (UAE), in: Public Relations Review, 44. Jg., Heft 4, S. 453-462.

Eccles, Robert G./Ioannou, Ioannis/Serafeim, George (2014): The Impact of Corporate Sustainability on Organizational Processes and Performance, in: Management Science, 60. Jg., Heft 11, S. 2835-2857.

Eccles, Robert G./Kastrapeli, Mirtha D. (2017): The Investing Enlightenment – How Principle and Pragmatism Can Create Sustainable Value through ESG, in: State Street (Hrsg.), Boston 2017.

econsense (2016): econsense Diskussionsbeitrag – Referentenentwurf zur Umsetzung der sg. CSR-Richtlinie 2014/95/EU, Berlin 2016.

EG-Kommission (1993): Für eine dauerhafte und umweltgerechte Entwicklung – Ein Programm der Europäischen Gemeinschaft für Umweltpolitik und Maßnahmen in Hinblick auf eine dauerhafte und umweltgerechte Entwicklung, in: Amtsblatt der Europäischen Gemeinschaft vom 17. Mai 1993, Nr. C 138/5.

EG-Kommission (1998): Mitteilung der Kommission zu Auslegungsfragen im Hinblick auf bestimmte Artikel der vierten und siebenten Richtlinie des Rates auf dem Gebiet der Rechnungslegung (98/C 16/04), in: Amtsblatt der Europäischen Gemeinschaft vom 20. Januar 1998, C 16/5.

EG-Kommission (2001a): KOM(2001) 366 endgültig – Grünbuch – Europäische Rahmenbedingungen für die soziale Verantwortung der Unternehmen.

EG-Kommission (2001b): Empfehlung der Kommission vom 30. Mai 2001 zur Berücksichtigung von Umweltaspekten in Jahresabschluss und Lagebericht von Unternehmen: Ausweis, Bewertung und Offenlegung (2001/453/EG), in: Amtsblatt der Europäischen Gemeinschaft, L 156/33.

EG-Kommission (2002): KOM(2002) 259/2 endgültig – Vorschlag für eine Richtlinie des Europäischen Parlaments und des Rates zur Änderung der Richtlinien 78/660/EWG, 83/349/EWG- und 91/674/EWG über den Jahresabschluss und den konsolidierten Abschluss von Gesellschaften bestimmter Rechtsformen sowie Versicherungsunternehmen.

EG-Kommission (2008): KOM(2008) 394 endgültig – Mitteilung der Kommission – Vorfahrt für KMU in Europa – Der „Small Business Act" für Europa.

Eibelshäuser, Beate (2011): Unternehmensüberwachung als Element der Corporate Governance – Eine Analyse der Aufsichtsratstätigkeit in börsennotierten Unternehmen unter Berücksichtigung von Familienunternehmen, in: Böcking, Hans-Joachim/Hommel, Michael/Wüstemann, Jens (Hrsg.): Rechnungswesen und Unternehmensüberwachung, Wiesbaden 2011, [zugl.: Frankfurt am Main, Univ., Diss., 2010].

EnBW (2016): Entwurf eines Gesetzes zur Stärkung der nichtfinanziellen Berichterstattung der Unternehmen in ihren Lage- und Konzernlageberichten (CSR-Richtlinie-Umsetzungsgesetz), Karlsruhe 2016.

Enquete-Kommission (1998): Abschlußbericht der Enquete-Kommission „Schutz des Menschen und der Umwelt – Ziele und Rahmenbedingungen einer nachhaltig zukunftsverträglichen Entwicklung" – Konzept Nachhaltigkeit – Vom Leitbild zur Umsetzung, Bonn 1998.

Ernst, Christoph (1998): KonTraG und KapAEG sowie aktuelle Entwicklungen zur Rechnungslegung und Prüfung in der EU, in: Die Wirtschaftsprüfung, 51. Jg., Heft 23-24, S. 1025-1035.

Ernst & Young (2018): CSR-Richtlinie-Umsetzungsgesetz – Die nichtfinanzielle Erklärung – Lessons Learned aus dem ersten Berichtsjahr 2017, online abrufbar unter: https://www.ey.com/Publication/vwLUAssets/ey-csr-richtlinie-umsetzungsgesetz/ $FILE/ey-csr-richtlinie-umsetzungsgesetz.pdf (Stand: 23. Oktober 2018).

Eufinger, Alexander (2015): Die neue CSR-Richtlinie – Erhöhung der Unternehmenstransparenz in Sozial- und Umweltbelangen, in: Europäische Zeitschrift für Wirtschaftsrecht, 26. Jg., Heft 11, S. 424-428.

EU-High-Level Expert Group on Sustainable Finance (2018): Financing a stainable european economy. Final Report 2018 by the High-Level Expert Group on Sustainable Finance, online abrufbar unter: https://ec.europa.eu/info/publications/180131-sustainable-finance-report_de (Stand: 30. Oktober 2018).

Literaturverzeichnis 213

EU-Kommission (2011a): KOM(2011) 206 endgültig – Mitteilung der Kommission – Binnenmarktakte – Zwölf Hebel zur Förderung von Wachstum und Vertrauen – „Gemeinsam für neues Wachstum".

EU-Kommission (2011b): KOM(2011) 681 endgültig – Mitteilung der Kommission – Eine neue EU-Strategie (2011-14) für die soziale Verantwortung der Unternehmen (CSR).

EU-Kommission (2012): COM(2012) 614 final – Vorschlag für eine Richtlinie des Europäischen Parlaments und des Rates zur Gewährleistung einer ausgewogeneren Vertretung von Frauen und Männern unter den nicht geschäftsführenden Direktoren/Aufsichtsratsmitgliedern börsennotierter Gesellschaften und über damit zusammenhängende Maßnahmen.

EU-Kommission (2013): COM(2013) 207 final – Vorschlag für eine Richtlinie des Europäischen Parlaments und des Rates zur Änderung der Richtlinien 78/660/EWG und 83/349/EWG des Rates im Hinblick auf die Offenlegung nichtfinanzieller und die Diversität betreffender Informationen durch bestimmte große Gesellschaften und Konzerne.

EU-Kommission (2014): Improving corporate governance: Europe's largest companies will have to be more transparent about how they operate, Brüssel 2014.

EU-Kommission (2017): Mitteilung der Kommission – Leitlinien für die Berichterstattung über nichtfinanziellen Informationen (Methoden zur Berichterstattung über nichtfinanzielle Informationen) (2017/C 215/01), in: Amtsblatt der Europäischen Union vom 05. Juli 2017, C 215/1.

EU-Kommission (2018a): COM(2018) 97 final – Mitteilung der Kommission – Aktionsplan: Finanzierung nachhaltigen Wachstums.

EU-Kommission (2018b): Öffentliche Konsultation: Eignungsprüfung des EU-Vorschriftsrahmens im Bereich der Unternehmensberichterstattung.

EU-Kommission (2018c): Summary Report of the Public Consultation on the Fitness Check on the EU framework for public reporting by companies 21 March 2018 - 31 July 2018, online abrufbar unter: https://ec.europa.eu/info/sites/info/files/business_economy_euro/banking_and_finance/documents/2018-companies-public-reporting-feedback-statement_en.pdf, (Stand: 11. Februar 2019).

EU-Parlament (2013a): A7-0017/2013 – Bericht zur sozialen Verantwortung der Unternehmen: Rechenschaftspflichtiges, transparentes und verantwortungsvolles Geschäftsgebaren und nachhaltiges Wachstum (2012/2098(INI)).

EU-Parlament (2013b): A7-0023/2013 – Bericht über soziale Verantwortung der Unternehmen: Förderung der Interessen der Gesellschaft und ein Weg zu einem nachhaltigen und integrativen Wiederaufschwung (2012/2097(INI)).

Europäischer Rat (2000): Schlussfolgerung des Vorsitzes, online abrufbar unter: http://www.europarl.europa.eu/summits/lis1_de.htm (Stand: 09. November 2018).

Farooq, Mariam/Farooq, Omer/Jasimuddin, Sajjad M. (2014): Employees response to corporate social responsibility - Exploring the role of employees' collectivist orientation', in: European Management Journal, 32. Jg., Heft 6, S. 916-927.

Feldman, Stanley J./Soyka, Peter A./Ameer, Paul G. (1997): Does Improving a Firm's Environmental Management System and Environmental Performance Result in a Higher Stock Price?, in: The Journal of Investing, 6. Jg., Heft 4, S. 87-97.

Fernandez-Feijoo, Belen/Romero, Silvia/Ruiz, Silvia (2014): Effect of Stakeholders' Pressure on Transparency of Sustainability Reports within the GRI Framework, in: Journal of Business Ethics, 122. Jg., Heft 1, S. 53-63.

Fifka, Matthias S. (2018): CSR-Kommunikation und Nachhaltigkeitsreporting – Alles neu macht die Berichtspflicht?, in: Heinrich, Peter (Hrsg.): CSR und Kommunikation – Unternehmerische Verantwortung überzeugend vermitteln, in: Schmidpeter, René (Hrsg.): Management-Reihe Corporate Social Responsibility, 2. Auflage, Berlin/ Heidelberg 2018, S. 139-153.

Figge, Frank/Hahn, Tobias (2004): Sustainable Value Added – measuring corporate contributions to sustainability beyond eco-efficiency, in: Ecological Economics, 48. Jg., Heft 2, S. 173-187.

Fink, Christian (2018a): EU-(Regulierungs-)Offensive zur Unternehmensberichterstattung und -finanzierung, in: DRSC (Hrsg.): DRSC-Quartalsbericht Q1/2018, Berlin 2018, S.4.

Fink, Christian (2018b): Ausgewählte Anwendungsfragen zur nichtfinanziellen Konzernberichterstattung in der Berichtspraxis im MDAX, in: Zeitschrift für internationale und kapitalmarktorientierte Rechnungslegung, 18. Jg., Heft 10, S. 467-473.

Fink, Christian/Kajüter, Peter (2011): Das IFRS Practice Statement „Management Commentary", in: Zeitschrift für internationale und kapitalmarktorientierte Rechnungslegung, 11. Jg., Heft 4, S. 177-181.

Fink, Christian/Kajüter, Peter/Winkeljohann, Norbert (2013): Lageberichterstattung – HGB, DRS und IFRS Practice Statement Management Commentary, Stuttgart 2013.

Fink, Christian/Keck, Barbara (2004): Lageberichterstattung nach E-DRS 20 – Kritische Würdigung aus Sicht der Unternehmensanalyse, in: Die Wirtschaftsprüfung, 57. Jg., Heft 13, S. 1077-1091.

Fink, Christian/Keck, Barbara (2005): Lageberichterstattung nach BilReG und DRS 15: Eine kritische Würdigung, in: Zeitschrift für internationale und kapitalmarktorientierte Rechnungslegung, 5. Jg., Heft 4, S. 137-146.

Fink, Christian/Schmidt, Rüdiger (2015): Neue Entwicklungen in der Lageberichterstattung, in: Der Betrieb, 68 Jg., Heft 38, S. 2157-2167.

Fischer, Simone/Auer, Carmen (2017): Nachhaltigkeitsberichterstattung in Deutschland, in: Audit Committee Quarterly – extra, S. 26-27.

Flammer, Caroline/Luo, Jiao (2017): Corporate social responsibility as an employee governance tool – Evidence from a quasi-experiment, in: Strategic Management Journal, 38. Jg., Heft 2, S. 163-183.

Literaturverzeichnis 215

Flick, Uwe (2016): Qualitative Sozialforschung – Eine Einführung, 7. Auflage, Reinbek bei Hamburg, 2016.

Freeman, Edward R. (1984): Strategic Management – A Stakeholder Approach, Cambridge 1984.

Freeman, Edward R./Harrison, Jeffrey S./Wicks, Andrew C./Parmar, Bidhan/de Colle, Simone (2010): Stakeholder Theory – The State of the Art, Cambridge 2010.

Freidank, Carl-Christian/Müller, Stefan/Velte, Patrick (Hrsg.) (2015): Handbuch Integrated Reporting – Herausforderung für Steuerung, Überwachung und Berichterstattung, Berlin 2015.

Friede, Gunnar/Busch, Timo/Bassen, Alexander (2015): ESG and financial performance: aggregated evidence from more than 2000 empirical studies, in: Journal of Sustainable Finance & Investment, 5. Jg., Heft 4, S. 210-233.

Fülbier, Rolf Uwe (1998): Regulierung der Ad-hoc-Publizität – Ein Beitrag zur ökonomischen Analyse des Rechts, Wiesbaden 1998, [zugl.: Münster, Univ., Diss., 1998].

Gabler Wirtschaftslexikon o.V. (2014): Gabler Wirtschaftslexikon, 18. Auflage, Wiesbaden 2014.

Gabriel, Alexander (2015): Freiwillige Veröffentlichung und Prüfung von GRI-Nachhaltigkeitsberichten – Eine empirische Analyse auf dem europäischen Kapitalmarkt, in: Köhler, Annette/Marten, Kai-Uwe/Quick, Reiner/Ruhnke, Klaus/Wolz, Matthias (Hrsg.): Auditing and Accounting Studies, Wiesbaden 2015.

Gadow, Wilhelm/ Heinichen, Eberhard/Schmidt, Eberhard/Schmidt, Walther/Weipert, Otto (1961): Aktiengesetz – Großkommentar, 2. Auflage, Berlin 1961.

Germanwatch (2016): Stellungnahme an das Bundesministerium der Justiz und für Verbraucherschutz zum Referentenentwurf eines Gesetzes zur Stärkung der nichtfinanziellen Berichterstattung der Unternehmen in ihren Lage- und Konzernlageberichten (CSR-Richtlinie-Umsetzungsgesetz), Berlin 2016.

Gerum, Elmar/Mölls, Sascha H./Shen, Chunqian (2011): Kapitalmarktorientierte Rechnungslegung in Deutschland zwischen Anspruch und Realität – Theorie und Empirie, in: Schmalenbachs Zeitschrift für betriebswirtschaftliche Forschung, 63. Jg., Heft vom 15. September 2011, S. 534-577.

Gibson, Kathy/O'Donovan, Gary (2007): Corporate Governance and Environmental Reporting: an Australian study, in: Corporate Governance – An Internationel Review, 15. Jg., Heft 5, S. 944-956.

Gläser, Jochen/Laudel, Grit (2010): Experteninterviews und qualitative Inhaltsanalyse – als Instrumente rekonstruierender Untersuchungen, 4. Auflage, Wiesbaden 2010.

Glavas, Ante/Kelley, Ken (2014): The Effects of Perceived Corporate Social Responsibility on Employee Attitudes, in: Business Ethics Quarterly, 24. Jg., Heft 2, S. 165-202.

Göttsche, Max/Steindl, Tobias/Gietl, Simon (2016): Do Customers Affect the Value Relevance of Sustainability Reporting? Empirical Evidence on Stakeholder Interdependence, in: Business Strategy and the Environment, 25. Jg., Heft 3, S. 149-164.

216 Literaturverzeichnis

Graßmann, Michael/Krannich, Teresa/Günther, Thomas/Günther, Edeltraud (2018): Die nichtfinanziellen Erklärungen der DAX30-Unternehmen – Eine empirische Analyse der Berichterstattung über die Umweltbelange nach § 289c Abs. 2 Nr. 1 HGB, in: Zeitschrift für internationale und kapitalmarktorientierte Rechnungslegung, 18. Jg., Heft 10, S. 431-441.

Gray, Rob/Javad, Mohammed/Power, David/Sinclair, C.D. (2001): Social and Environmental Disclosure and Corporate Characteristics: A Research Note and Extension, in: Journal of Business Finance & Accounting, 28. Jg., Heft 3-4, S. 327-356.

Grewal, Jody/Riedl, Edward J./Serafeim, George (2017): Market Reaction to Mandatory Nonfinancial Disclosure, online abrufbar unter: file:///C:/Users/User/Downloads/SSRN-id2657712.pdf (Stand: 30. März 2019). in: Harvard Business School Working Paper, No. 16-025.

GRI (2016): GRI-Standards, Amsterdam 2016.

Günther, Edeltraud/Bassen, Alexander (Hrsg.) (2016): Integrated Reporting – Grundlagen, Implementierung, Praxisbeispiele, Stuttgart 2016.

Günther, Jens/Muschallik, Marco (2017): Identifikation wesentlicher Themen im Rahmen der Nachhaltigkeitsberichterstattung – Eine Analyse ausgewählter Nachhaltigkeitsberichte, in: Zeitschrift für internationale und kapitalmarktorientierte Rechnungslegung, 17. Jg., Heft 10, S. 421-425.

GUTcert (2016): Stellungnahme der GUTcert GUT Certifizierungsgesellschaft für Managementsysteme mbH Umweltgutachter zum Entwurf eines Gesetzes zur Stärkung der nichtfinanziellen Berichterstattung der Unternehmen in ihren Lage- und Konzernlageberichten (CSR-Richtlinie-Umsetzungsgesetz), Berlin 2016.

Haaker, Andreas (2008): Potentiale der Goodwill-Bilanzierung nach IFRS für eine Konvergenz im wertorientierten Rechnungswesen – Eine messtheoretische Analyse, Wiesbaden 2008, [zugl.: Göttingen, Univ., Diss., 2007].

Haaker, Andreas (2017): Wider die Integration der nichtfinanziellen (CSR-)Erklärung in den Lagebericht, in: Der Betrieb, 70 Jg., Heft 17, S. 922.

Haaker, Andreas/Gahen, Dieter (2015): Umsetzung der CSR-Richtlinie – Kritische Anmerkungen zum BMJV-Konzept, in: Unternehmenssteuern und Bilanzen, 17. Jg., Heft 17, S. 662-666.

Hackston, David/Milne, Markus J. (1996): Some determinants of social and environmental disclosures in New Zealand companies, in: Accounting, Auditing and Accountability Journal, 9. Jg., Heft 1, S. 77-108.

Haller, Axel (2017): Relevanz der Corporate Social Responsibility für die Unternehmensberichterstattung – Präsentation des Arbeitskreises Externe Unternehmensrechnung, 295. Sitzung, Essen 2017.

Haller, Axel/Durchschein, Christoph (2016): Entwicklung und Ausgestaltung der Prüfung von nach GRI-Normen erstellten Nachhaltigkeitsberichten in Deutschland, in: Zeitschrift für internationale und kapitalmarktorientierte Rechnungslegung, 16. Jg., Heft 4, S. 188-196.

Literaturverzeichnis 217

Haller, Axel/Ernstberger, Jürgen (2006): Global Reporting Initiative – Internationale Leitlinien zur Erstellung von Nachhaltigkeitsberichten, in: Betriebs-Berater, 61. Jg., Heft 46, S. 2516-2524.

Haller, Axel/Fuhrmann, Christiane (2012): Die Entwicklung der Lageberichterstattung in Deutschland vor dem Hintergrund des Konzepts des „Integrated Reporting", in: Zeitschrift für internationale und kapitalmarktorientierte Rechnungslegung, 12. Jg., Heft 10, S. 461-469.

Haller, Axel/Gruber, Stefan (2018): Aufnahme nichtfinanzieller Informationen in die Lageberichterstattung – Auswirkungen auf die Überwachungsfunktionen des Aufsichtsrats, in: Zeitschrift für internationale und kapitalmarktorientierte Rechnungslegung, 18. Jg., Heft 10, S. 474-485.

Haller, Axel/Zellner, Paul (2014): Integrated Reporting Framework – eine neue Basis für die Weiterentwicklung der Unternehmensberichterstattung, in: Der Betrieb, 67 Jg., Heft 06, S. 253-258.

Handelsblatt o.V. (1998): Bilanz-Deutschland will sein Image aufpolieren, in: Handelsblatt, 54. Jg., Heft 64, S. 14.

Haniffa, Ros M./Cooke, Terry E. (2005): The impact of culture and governance on corporate social reporting, in: Journal of Accounting and Public Policy, 24. Jg., Heft 5, S. 391-430.

Hardtke, Arnd (2010): Das CSR-Universum, in: Hardtke, Arnd/Kleinfeld, Annette (2010): gesellschaftliche Verantwortung von Unternehmen – Von der Idee der Corporate Social Responsibility zur erfolgreichen Umsetzung, Wiesbaden 2010, S. 13-70.

Hauser-Ditz, Axel/Wilke, Peter (2004): Corporate Social Responsibility – Soziale und ökologische Verantwortung von Unternehmen – Eine Betriebsrätebefragung zu den Handlungsfeldern für Arbeitnehmervertretungen, onlina abrufbar unter: https://www.boeckler.de/pdf_fof/97364.pdf (Stand: 17. November 2018).

Hauser-Ditz, Axel/Wilke, Peter (2005): Handlungsfelder für Arbeitnehmervertretungen – Ergebnisse einer Betriebsbefragung, in: DGB (Hrsg.): Dokumentation des Workshops Corporate Social Responsibility (CSR) – Neue Handlungsfelder für Arbeitnehmervertretungen, Berlin 2005, S. 6-10.

HDE (2016): Stellungnahme des HDE zum Referentenentwurf eines Gesetzes zur Stärkung der nichtfinanziellen Berichterstattung der Unternehmen in ihren Lage- und Konzernlageberichten, Berlin 2016.

Heinrich, Peter (2018): CSR-Kommunikation – Die Instrumente, in: Heinrich, Peter (Hrsg.): CSR und Kommunikation – Unternehmerische Verantwortung überzeugend vermitteln, in: Schmidpeter, René (Hrsg.): Management-Reihe Corporate Social Responsibility, 2. Auflage, Berlin/Heidelberg 2018, S. 87-114.

Helfferich, Cornelia (2011): Die Qualität qualitativer Daten – Manual für die Durchführung qualitativer Interviews, 4. Auflage, Wiesbaden 2011.

218 Literaturverzeichnis

Helfferich, Cornelia (2014): Leitfaden- und Experteninterviews, in: Baur, Nina/Blasius, Jörg (Hrsg.): Handbuch Methoden der empirischen Sozialforschung, Wiesbaden 2014, S. 559-574.

Hentze, Joachim/Thies, Björn (2014): Stakeholder-Management und Nachhaltigkeits-Reporting, Berlin/Heidelberg 2014.

Herb, Anja (2015): Gesetz für die gleichberechtigte Teilhabe an Führungspositionen – Umsetzung in der Praxis, in: Der Betrieb, 68. Jg., Heft 17, S. 964-970.

Hilpert, Hendrik (2014): Informationssysteme für die Nachhaltigkeitsberichterstattung in Unternehmen – Empirische Erkenntnisse und Gestaltungsansätze zur Datengrundlage, Erfassung und Berichterstattung von Treibhausgasemissionen, Göttingen 2014, [zugl.: Göttingen, Univ., Diss., 2014].

Hinz, Michael (1994): Sachverhaltsgestaltung im Rahmen der Jahresabschlusspolitik, 1994 Düsseldorf, [zugl.: Hagen, Fernuniv., Diss., 1993].

Hinz, Michael (2002): Der Konzernabschluss als Instrument zur Informationsvermittlung und Ausschüttungsbemessung, Wiesbaden 2002, [zugl.: Hagen, Fernuniv., Habil., 2002].

Hinze, Anne-Kathrin (2016): „Nichtfinanzielle Leistungsindikatoren" in der Berichterstattung, in: Die Wirtschaftsprüfung,69. Jg., Heft 21, S. 1168-1173.

Hoeffler, Steve/Bloom, Paul N./Keller, Kevin Lane (2010): Understanding Stakeholder Responses to Corporate Citizenship Initiatives – Managerial Guidelines and Research Directions, in: Journal of Public Policy & Marketing, 29. Jg., Heft 1, S. 78-88.

Hoffmann, Tim (2011): Unternehmerische Nachhaltigkeitsberichterstattung – Eine Analyse des GRI G3.1-Berichtsrahmens, in: Baetge, Jörg/Kirsch, Hans-Jürgen/Thiele, Stefan (Hrsg.): Reihe: Rechnungslegung und Wirtschaftsprüfung, Lohna/Köln 2011.

Hoffmann, Jörg (2003): Das DRSC und die Regulierung der Rechnungslegung – Eine ökonomische Analyse, in: Ballwieder, Wolfgang/Kuhner, Christoph/Ordelheide, Dieter (Hrsg.): Betriebswirtschaftliche Studien Rechnungs- und Finanzwesen, Organisation und Institution, Frankfurt am Main 2003, [zugl.: München, Univ., Diss., 2002].

Hoffmann, Wolf-Dieter (2013): Bilanzierung nach dem wirtschaftlichen Gehalt, in: Unternehmenssteuern und Bilanzen, 15. Jg., Heft 15, S. 557-558.

Hofmann, Stefan (2007): Nachhaltigkeitsberichterstattung: Information oder Manipulation? – Sustainability Reporting im Spannungsfeld zwischen Wahrheit und Beschönigung, in: Zeitschrift für Corporate Governance, 2. Jg., Heft 3, S. 131-137.

Huang, Cheng-Li/Kung, Fan-Hua (2010): Drivers of Environmental Disclosure and Stakeholder Expectation – Evidence from Taiwan, in: Journal of Business Ethics, 96. Jg., Heft 3, S. 435-451.

Hüffer, Uwe/Koch, Jens (2018): Aktiengesetz, 13. Auflage, München 2018.

IASB (2010): IFRS Practice Statement Management Commentary – A framework for presentation.

Literaturverzeichnis 219

IDW (2005a): Aufhebung der IDW Stellungnahme zur Rechnungslegung: Aufstellung des Lageberichts (IDW RS HFA 1), in: Die Wirtschaftsprüfung, 58. Jg., Heft 16, S. 902.

IDW (2005b): Satzung des Instituts der Wirtschaftsprüfer in Deutschland e.V. – In der Fassung der auf dem 27. Wirtschaftsprüfertag am 19. September 2005 in Neuss beschlossenen Satzungsänderung, Düsseldorf 2005.

IDW (2016): Referentenentwurf eines Gesetzes zur Stärkung der nichtfinanziellen Berichterstattung der Unternehmen in ihren Lage- und Konzernlageberichten, Düsseldorf 2016.

IDW (2017): IDW Positionspapier: Pflichten und Zweifelsfragen zur nichtfinanziellen Erklärung als Bestandteil der Unternehmensführung, Düsseldorf 2017.

IIRC (2013): The International IR Framework, London 2016.

IIRC (2016): Entwurf eines Gesetzes zur Stärkung der nichtfinanziellen Berichterstattung der Unternehmen in ihren Lage- und Konzernlageberichten (CSR-Richtlinie-Umsetzungsgesetz), London 2016.

Iqbal, Nadeem/Ahmad, Naveed/Sheeraz, Muhammad/Bashir, Noman Ahmad (2012): The Impact of perceived Corporate Social Responsibility on Job Attitude and Performance of Internal Stakeholders, in: International Journal of Human Resource Studies, 2. Jg., Heft 4, S. 77-86.

Irvine, Annie/Drew, Paul/Sainsbury, Roy (2010): Mode effects in qualitative interviews: a comparison of semi-structured face-to-face and telephone interviews using conversation analysis, York 2010.

Jacobs, Otto H. (1972): Stellen die aktienrechtlichen Gewinnermittlungsvorschriften einen Verstoß gegen das Realisationsprinzip dar? – Eine kritische Stellungnahme zu einigen diesbezüglichen Aussagen von Dieter Schneider, in: Die Wirtschaftsprüfung, 25. Jg., Heft 7, S. 173-178.

Jain, Archana/Jain, Pankaj K./Rezaee, Zabihollah (2016): Value-Relevance of Corporate Social Responsibility – Evidence from Short Selling, in: Journal of Management Accounting Research, 28. Jg, Heft 2, S. 29-52.

Jizba, Marc (2014): Die Nachhaltigkeitsleistung der deutschen DAX30-Unternehmen – Eine kritische Bewertung des Status Quo mit Hilfe des Sustainable-Value-Added-Konzepts, Lohmar/Köln 2014.

Kajüter, Peter (2001): Risikoberichterstattung: Empirische Befunde und der Entwurf des DRS 5, in: Der Betrieb, 54. Jg., Heft 3, S. 105-111.

Kajüter, Peter (2004): Der Lagebericht als Instrument einer kapitalmarktorientierten Rechnungslegung – Umfassende Reformen nach dem Entwurf zum BilReG und E-DRS 20, in: Der Betrieb, 57. Jg., Heft 5, S. 197-203.

Kajüter, Peter/Guttmeier, Matthias (2009): Der Exposure Draft des IASB zum Management Commentary – Kritische Analyse und Vergleich mit DRS 15, Der Betrieb, 62 Jg., Heft 44, S. 2333-2339.

220 Literaturverzeichnis

Kajüter, Peter/Winkler, Carsten (2003): Die Risikoberichterstattung der DAX100-Unternehmen im Zeitvergleich – Ergebnisse einer empirischen Untersuchung, in: Zeitschrift für internationale und kapitalmarktorientierte Rechnungslegung, 3. Jg., Heft 5, S. 217-228.

Kajüter, Peter (2014): Nachhaltigkeitsberichterstattung nach den G4-Leitlinien der GRI, in: Die Wirtschaftsprüfung, 67. Jg., Heft 12, S. 599-607.

Kajüter, Peter (2016a): Neuerungen in der Lageberichterstattung nach dem Referentenentwurf des CSR-Richtlinie-Umsetzungsgesetztes, in: Zeitschrift für internationale und kapitalmarktorientierte Rechnungslegung, 16. Jg., Heft 5, S. 230-238.

Kajüter, Peter (2016b): Die nichtfinanzielle Erklärung nach dem Regierungsentwurf zum CSR-Richtlinie-Umsetzungsgesetz, in: Zeitschrift für internationale Rechnungslegung, 11. Jg., Heft 12, S. 507-513.

Kajüter, Peter (2017): Nichtfinanzielle Berichterstattung nach dem CSR-Richtlinie-Umsetzungsgesetz, in: Der Betrieb, 70. Jg., Heft 12, S. 617-624.

Kajüter, Peter/Bachert, Kristian/Blaesing, Daniel/Kleinmanns, Hermann (2010): Die DRS zur Lageberichterstattung auf dem Prüfstand – Empirische Befunde zur Beurteilung und Anwendungspraxis der DRS, in: Der Betrieb, 63. Jg., Heft 9, S. 457-465.

Kajüter, Peter/Guttmeier, Matthias (2009): Der Exposure Draft des IASB zum Management Commentary – Kritische Analyse und Vergleich mit DRS 15, in: Der Betrieb, 62. Jg., Heft 44, S. 2333-2339.

Kajüter, Peter/Wirth, Maximilian (2018): Praxis der nichtfinanziellen Berichterstattung nach dem CSR-RUG – Empirische Befunde für die DAX-Unternehmen, in: Der Betrieb, 71. Jg., Heft 27-28, S. 1605-1612.

Kaltenborn, Markus/Norpoth, Johannes (2014): Globale Standards für soziale Unternehmensverantwortung – CSR-Leitlinien als neue Regelungsebene des Internationalen Wirtschaftsrechts, in: Recht der Internationalen Wirtschaft, 28. Jg., Heft 7, S. 402-410.

Kataria, Aarti/Kataria, Akanksha/Garg, Ruchi (2013): Effective Internal Communication: A Way Towards Sustainability, in: International Journal of Business Insights & Transformation, 6. Jg., Heft 2, S. 46-52.

Keun, Friedrich/Zillich, Kerstin (2000): Internationalisierung der Rechnungslegung – IAS und US-GAAP im Wettbewerb, Wiesbaden 2000.

Khan, Mozaffar/Serafeim, George/Yoon, Aaron (2016): Corporate Sustainability: First Evidence on Materiality, in: The Accounting Review, 91. Jg., Heft 6, S. 1697-1724.

Kim, Soo-Yeon/Park, Hyojung (2011): Corporate Social Responsibility as an Organizational Attractiveness for Prospective Public Relations Practitioners, in: Journal of Business Ethics, 103. Jg., Heft 4, S. 639-653.

Kirchhoff Consult AG (2017): Nachhaltigkeitsberichterstattung im Wandel – Eine Untersuchung der DAX 30-Berichte 2016, online abrufbar unter: https://www. kirchhoff.de/fileadmin/20_Download/Studien/20170821_Kirchhoff-Consult_DAX-30 -Studie_CSR-Reporting.pdf (Stand: 02. April 2018).

Literaturverzeichnis
221

Kirchhoff Consult AG (2018): Die praktische Ausgestaltung des CSR-Richtlinie-Umsetzungsgesetzes bei den Dax 30-Unternehmen: Ein Gesetz – unterschiedliche Interpretationen, online abrufbar unter: https://www.dgap.de/dgap/News/corporate/kirchhoff-consult-die-praktische-ausgestaltung-des-csrrichtlinieumsetzungsgesetzes-bei-den-dax-unternehmen-ein-gesetz-unterschiedliche-interpretationen/?newsID=1071347 (Stand: 08. November 2018).

Kirsch, Hans-Jürgen/Scheele, Alexander (2004): Die Auswirkungen der Modernisierungsrichtlinie auf die (Konzern-)Lageberichterstattung – unter Berücksichtigung von E-DRS 20 und des Entwurfs eines Bilanzrechtsreformgesetzes vom 15.12.2003, in: Die Wirtschaftsprüfung, 57. Jg., Heft 1-2, S. 1-12.

Kirsch, Hanno (2018): Weglassen nachteiliger Angaben in der nichtfinanziellen (Konzern-)Erklärung – Anwendungsprobleme bei Voraussetzungen und Rechtsfolgen, in: Deutsche Steuer-Zeitung, 106. Jg., Heft 7, S. 230-236.

Kirsch, Hans-Jürgen/Wege, Dennis (2018): Die nichtfinanzielle Konzernerklärung im DAX 30 – Ein erster Überblick, in: Praxis der internationalen Rechnungslegung, 14. Jg., Heft 9, S. 243-248.

Kocher, Eva/Wenckebach, Johanna (2013): Recht und Markt – Ein Plädoyer für gesetzliche Pflichten von Unternehmen zur Offenlegung ihrer Arbeits- und Beschäftigungsbedingungen, in: Kritische Justiz, 46. Jg., Heft 1, S. 18-29.

KPMG (2014): KPMG Handbuch zur Nachhaltigkeitsberichterstattung – Update 2013, Düsseldorf 2014.

KPMG (2015): The KPMG Survey of Corporate Responsibility Reporting 2015, Niederlande 2015.

Krasodomska, Joanna (2013): Corporate social responsibility as a factor influencing the development of social accounting and assessment of employers, in: Financial Internet Quarterly, 9. Jg., Heft 1, S. 12-25.

Kusterer, Thomas (2017): CSR-Richtlinie-Umsetzungsgesetz stellt klar: Nachhaltigkeit ist Chefsache – neue inhaltliche Prüfungspflicht für den Aufsichtsrat, in: Audit Committee Quarterly – extra, S. 43-45.

Kolb, Susanne/Neubeck, Guido (2013): Der Lagebericht – Grundsätze, Kommentierungen, Beispiele, Praxishinweise, Bonn 2013.

Kölbel, Julian/Busch, Timo (2017): The link between ESG, alpha, and the cost of capital: Implications for investors and CFOs, in: Corporate Finance, 8. Jg., Heft 3-4, S. 82-85.

Kreipl, Markus Philipp (2015): Konsequenzen der neuen EU-Richtlinie zur Berichterstattung über Sozial-, Umwelt und Arbeitnehmerbelange sowie der Ausdehnung des Country-by-country Reporting für deutsche Unternehmen, in: Zeitschrift für Umweltpolitik und Umweltrecht, 38. Jg., Heft 1, S. 98-117.

Kreipl, Markus/Müller, Stefan (2016): Ausweitung der Pflichtpublizität um eine Nichtfinanzielle Erklärung – RegE zur Umsetzung der CSR-Richtlinie, in: Der Betrieb, 69. Jg., Heft 42, S. 2425-2428.

222 Literaturverzeichnis

Kropff, Bruno (1980): Der Lagebericht nach geltendem und künftigem Recht, in: Betriebswirtschaftliche Forschung und Praxis, 32. Jg., Heft 6, S. 514-532.

Krumbholz, Marcus (1994): Die Qualität publizierter Lageberichte – Ein empirischer Befund zur Unternehmenspublizität, in: Baetge, Jörg (Hrsg.): Schriften des Instituts für Revisionswesen der Westfälischen Wilhelmsuniversität Münster, Düsseldorf 1994, [zugl.: Münster, Univ., Diss., 1994].

Kuckartz, Udo (2016): Qualitative Inhaltsanalyse. Methoden, Praxis, Computerunterstützung, 3. Auflage, Weinheim/Basel 2016.

Kuhn, Wolfgang (1992): Forschung und Entwicklung im Lagebericht – Eine theoretische und empirische Untersuchung, Hamburg 1992, [zugl.: Duisburg, Univ., Diss., 1992].

Kumm, Nina/Woodtli, Reto M. (2016): Nachhaltigkeitsberichterstattung: Die Umsetzung der Ergänzungen der Bilanzrichtlinie um die Pflicht zu nichtfinanziellen Angaben im RefE eines CSR-Richtlinie-Umsetzungsgesetzes, in: Der Konzern, 14. Jg., Heft 05, S. 218-232.

Küpper, Hans-Ulrich (2006): Unternehmensrechnung, Struktur und Teilsysteme, in: Handelsblatt (Hrsg.): Wirtschaftslexikon – Das Wissen der Betriebswirtschaftslehre, Stuttgart 2006, S. 5833-5843.

Küting, Karlheinz/Kaiser, Thomas (2010): Fair Value-Accounting – Zu komplex für den Kapitalmarkt?, in: Corporate Finance, 1. Jg., Heft 6, S. 375-386.

Lackmann, Julia (2010): Auswirkungen der Nachhaltigkeitsberichterstattung auf den Kapitalmarkt – Eine empirische Analyse, Wiesbaden 2010, [zugl.: Bochum, Univ., Diss., 2009].

Lackmann, Julia/Ernstberger, Jürgen/Stich, Michael (2012): Market Reactions to Increased Reliability of Sustainability Information, in: Journal of Business Ethics, 107. Jg., Heft 2, S. 111-128.

Lackmann, Julia/Stich, Michael (2013): Nicht-finanzielle Leistungsindikatoren und Aspekte der Nachhaltigkeit bei der Anwendung von DRS 20 – Was sich durch DRS 20 in der Konzernlageberichterstattung tatsächlich ändert, in: Zeitschrift für internationale und kapitalmarktorientierte Rechnungslegung, 13. Jg., Heft 5, S. 236-242.

Lamnek, Siegfried (2010): Qualitative Sozialforschung, 5. Auflage, Weinheim/Basel 2010.

Lanfermann, Georg (2013): EU-Richtlinienvorschlag zur Offenlegung von nicht-finanziellen Informationen: Ist eine Pflicht notwenig?, in: Betriebs-Berater, 68. Jg., Heft 22, S. 1323-1325.

Lanfermann, Georg (2017): Prüfung der CSR-Berichterstattung durch den Aufsichtsrat, in: Betriebs-Berater, 72. Jg., Heft 13, S. 747-750.

Lanfermann, Georg (2018): Sustainable Finance als neues Leitmotiv der Unternehmensberichterstattung, in: Betriebs-Berater, 73. Jg., Heft 9, S. 490-494.

Lange, Christoph (1989): Jahresabschlußinformationen und Unternehmensbeurteilung, Stuttgart 1989.

Literaturverzeichnis

Lee, Eun Mi/Park, Seong-Yeon/Lee, Hyun Jung (2013): Employee perception of CSR activities – Its antecedents and consequences, in: Journal of Business Research, 66. Jg., Heft 10, S. 1716-1724.

Leffson, Ulrich (1987): Die Grundsätze ordnungsmäßiger Buchführung, 7. Auflage, Düsseldorf 1987.

Lehmann, Kai (2014): Managementprognosen und Analystenschätzungen – Empirische Untersuchung zum Prognoseverhalten von Unternehmen und Finanzanalysten, Frankfurt am Main 2014, [zugl.: Bochum, Univ., Diss., 2014].

Li, Yiwei/Gong, Mengfeng/Zhang, Xiu-Ye/Koh, Lenny (2018): The impact of environmental, social, and governance disclosure on firm value – The role of CEO power, in: The British Accounting Review, 50. Jg., Heft 1, S. 60-75.

Li, Shaomin/Fetscherin, Marc/Alon, Ilan/Lattemann, Christoph/Yeh, Kuang (2010): Corporate Social Responsibility in Emerging Markets – The Importance of the Governance Environment, in: Management International Review: Journal of International Business, 50. Jg., Heft 5, S. 635-654.

Lincoln, Yvonna S./Guba, Egon G. (1985): Naturalistic Inquiry, Newbury Park1985.

Linde (2016): Stellungnahme zum Entwurf des CSR-Richtlinie-Umsetzungsgesetzes, München 2016.

Loew, Thomas (2016): CSR und der Streit um Freiwilligkeit und Rahmenbedingungen – nicht nur bei der Nachhaltigkeitsberichterstattung, in: Zeitschrift für Wirtschafts- und Unternehmensethik, 17. Jg., Heft 1, S. 192-197.

Lopatta, Kerstin/Buchholz, Frerich/Kaspereit, Thomas (2016): Asymmetric Information and Corporate Social Responsibility, in: Business & Society, 55. Jg., Heft 3, S. 458-488.

Lorenz, Dirk (2016): Referentenentwurf zur Umsetzung der CSR-Richtlinie – Weniger ist mehr, in: Der Betrieb, 69. Jg., Heft 14, S. M5.

Luckmann, Thomas (1992): Theorie des sozialen Handelns, Berlin 1992.

Maclagan, Patrick (1999): Corporate social responsibility as a participative process, in: Business Ethics: A European Review, 8. Jg., Heft 1, S. 43-49.

Maignan, Isabelle./Ferrell, O. C./Hult, Tomas (1999): Corporate Citizenship - Cultural Antecedents and Business Benefits, in: Journal of the Academy of Marketing Science, 27. Jg., Heft 4, S. 455-469.

Maniora, Janine (2015): Die neue EU-Richtlinie zur Offenlegung nichtfinanzieller Informationen: Verum oder Placebo? – Eine Ex ante-Analyse nichtfinanzieller Informationsanforderungen ausgewählter EU-Mitgliedstaaten und Ex post-Implikationen, in: Zeitschrift für internationale und kapitalmarktorientierte Rechnungslegung, 15. Jg., Heft 3, S. 153-166.

Marten, Kai-Uwe/Weigt, Seafin G.K. (2018): Die Prüfung nichtfinanzieller Informationen – Herausforderungen für den Abschlussprüfer vor dem Hintergrund der Stärkung nichtfinanzieller Berichtspflichten, in: Zeitschrift für internationale und kapitalmarktorientierte Rechnungslegung, 18. Jg., Heft 10, S. 454-459.

224 Literaturverzeichnis

Mayring, Philipp (1983): Qualitative Inhaltsanalyse – Grundlagen und Techniken, 1. Auflage, Weinheim/Basel 1983.

Mayring, Philipp (2002): Einführung in die Qualitative Sozialforschung – Eine Anleitung zu qualitativen Denken, 5. Auflage, Weinheim/Basel 2002.

Mayring, Philipp (2015): Qualitative Inhaltsanalyse – Grundlagen und Techniken, 12. Auflage, Weinheim/Basel 2015.

Meeh-Bunse, Gunther/Hermeling, Anke/Schomaker, Stefan (2016): CSR-Richtlinie: Inhalt und potentielle Auswirkungen auf kleine und mittlere Unternehmen – Berichterstattung von Unternehmen über nichtfinanzielle Leistungsindikatoren, in: Deutsches Steuerrecht, 54. Jg., Heft 47, S. 2769-2773.

Merkens, Hans (1997): Stichproben bei qualitativen Studien, in: Friebertshäuser, Barbara/Prengel, Annedore (Hrsg.): Handbuch Qualitative Forschungsmethoden in der Erziehungswissenschaft, Weinheim/München 1997, S. 97-106.

Merten, Klaus (1995): Inhaltsanalyse – Einführung in Theorie, Methode und Praxis, 2. Auflage, Opladen 1995.

Meuser, Michael/Nagel, Ulrike (1991): ExpertInneninterviews – vielfach erprobt, wenig bedacht – Ein Beitrag zur qualitativen Methodendiskussion, in: Garz, Detlef/Kraimer, Klaus (Hrsg.): Qualitativ-empirische Sozialforschung – Konzepte, Methoden, Analysen, Opladen 1991, S. 441-471.

Michaels, Anne/Grüning, Michael (2017): Relationship of corporate social responsibility disclosure on information asymmetry and the cost of capital, in: Journal of Management Control, 28. Jg., Heft 3, S. 251-274.

Miolo, Alessandro/Veser, Mark (2012): Integrated Reporting – wirklich ein Bedürfnis? in: Zeitschrift für internationale Rechnungslegung, 7. Jg., Heft 12, S. 479-482.

Mock, Sebastian (2017): Die Leitlinien der Europäischen Kommission zur CSR-Berichterstattung, in: Der Betrieb, 70. Jg., Heft 37, S. 2144-2147.

Morsing, Mette/Schultz, Majken/Nielsen, Kasper Ulf (2008): The 'Catch 22' of communicating CSR - Findings from a Danish study, in: Journal of Marketing Communications, 14. Jg., Heft 2, S. 97-111.

Moxter, Adolf (1962): Der Einfluß von Publizitätsvorschriften auf das unternehmerische Verhalten, Köln/Opladen 1962.

Moxter, Adolf (1976): Fundamentalgrundsätze ordnungsmäßiger Rechenschaft, in: Baetge, Jörg/Moxter, Adolf/Schneider, Dieter (Hrsg.): Bilanzfragen – Festschrift zum 65. Geburtstag von Prof. Dr. Ulrich Leffson, Düsseldorf 1976, S. 87-100.

Moxter, Adolf (2009): Die handelsrechtlichen Grundsätze ordnungsmäßiger Buchführung und das neue Bilanzrecht, in: Zeitschrift für Unternehmens- und Gesellschaftsrecht, 9. Jg., Heft 2, S. 254-276.

Muchitsch, Martin (2012): Die Corporate Social Responsibility-Politik der Europäischen Kommission – Lobbyismus als Machtfaktor, Wiesbaden 2012, [zugl.: Graz, Univ., Diss., 2009].

Müller, Stefan/Scheid, Oliver (2017): Konkretisierung der Umsetzung der CSR-Richtlinie im DRS 20 – Erweiterung der Konzerlageberichterstattung durch E-DRÄS 8, in: Betriebs-Berater, 72. Jg., Heft 32, S. 1835-1838.

Müller, Stefan/Stawinoga, Martin (2013a): Steht die Unternehmensberichterstattung angesichts der jüngsten Verlautbarungen des GRI und des IIRC vor einem grundlegenden Wandel? in: Der Betrieb, 66. Jg., Heft 32, S. M01.

Müller, Stefan/Stawinoga, Martin (2013b): Teil A Entwicklung, Verpflichtung und Grundlagen der Lageberichterstattung, in: Müller, Stefan/Stute, Andreas/Withus, Karl-Heinz (Hrsg.): Handbuch Lagebericht – Kommentar von § 289 und § 315 HGB, DRS 20 und IFRS Management Commentary, Berlin 2013, S.2-38.

Müller, Stefan/Stawinoga, Martin (2014): Nachhaltigkeitsberichterstattung bzw. integrierte Berichterstattung: Pflicht oder Kür? – Praxisfolgen einer Regulierung für die Ersteller, Prüfer und Adressaten nachhaltigkeitsrelevanter Berichte, in: Zeitschrift für Umweltpolitik und Umweltrecht, 37. Jg., Heft 1, S. 58-77.

Müller, Stefan/Stawinoga, Martin/Velte, Patrick (2015): Mögliche Einbettung der neuen nichtfinanziellen Erklärung in die handelsrechtliche Unternehmenspublizität und -prüfung – Erkenntnisse aus den Stellungnahmen zum Konzeptpapier des BMJV zur nationalen Umsetzung der CSR-Richtlinie, in: Der Betrieb, 68. Jg., Heft 39, S. 2217-2223.

Müller, Wolfang (1992): Bilanzinformation und Aktienbewertung – Eine theoretische und empirische Überprüfung der Entscheidungsrelevanz von Jahresabschlußinformationen für die Preisbildung deutscher Aktien, Frankfurt am Main 1992.

Murray, Alan/Sinclair, Donald/Power, David/Gray, Rob (2006): Do Financial Markets Cara About Social and Environmental Disclosure? Further Evidence from the UK, in: Accounting, Auditing and Accountability Journal, 19. Jg., Heft 2, S. 228-255.

Nagel-Jungo, Gabriela/Affolter, Beat (2016): Nachhaltigkeitsberichterstattung im Rahmen integrierter Berichterstattung, in: Zeitschrift für internationale Rechnungslegung, 11. Jg., Heft 10, S. 427-432.

Needham, Sean/Müller, Stefan (2018): „Diversity Reporting": Erste empirische Erkenntnisse aus der Umsetzung der CSR-Richtlinie, in: Zeitschrift für internationale Rechnungslegung, 13. Jg., Heft 7-8, S. 345-350.

Nekhili, Mehdi/Nagati, Haithem/Chtioui, Tawhid/Rebolledo, Claudia (2017): Corporate social responsibility disclosure and market value – Family versus nonfamily firms, in: Journal of Business Research, 77. Jg., ohne Heftnummer, S. 41-52.

Niehus, Rudolf (2002): Der EU-Vorschlag für eine „Modernisierung" der Bilanzrichtlinien – Überblick und erste Wertung, in: Der Betrieb, 55. Jg., Heft 28, S. 1385-1390.

Nowak, Eric/Feinendegen, Stefan (2001): Ad-hoc-Publizitätspflichten des Jahresergebnisses gemäß § 15 WpHG: Wann muss veröffentlicht werden?, in: Betriebs-Berater, 56. Jg., Heft 14, S. 719-725.

Noyes, Jane P./Popay, Jennie/Pearson, Alan/Hannes, Karin/Booth, Andrew (2008): Qualitative Research and Cochrane Reviews, in: Higgins, Julian P.T./Green, Sally

(Hrsg.): Cochrane Handbook for Systematic Reviews of Interventions – Cochrane Book Series, Chichester 2008, S. 571-591.

Oberdörster, Tatjana (2009): Finanzberichterstattung und Prognosefehler von Finanzanalysten, in: Krahnen, Pieter/Stehle, Richard (Hrsg.): Empirische Finanzmarktforschung/Empirical Finance, Wiesbaden 2009, [zugl.: Münster, Univ., Diss., 2008].

oekom research AG (2013): Der Einfluss nachhaltiger Kapitalanlagen auf Unternehmen, online abrufbar unter: http://www.oekom-research.com/homepage/german/oekom_Impact-Studie_DE.pdf (Stand: 30. März 2019).

Orij, René (2010): Corporate social disclosures in the context of national cultures and stakeholder theory, in: Accounting, Auditing and Accountability Journal, 23. Jg., Heft 7, S. 868-889.

Osma, Beatríz García /Mora, Araceli/Sabater, Ana M. (2015): Strategic Accounting Choice Around Firm-Level Labor Negotiations, in: Journal of Accounting, Auditing & Finance, 30. Jg., Heft 2, S. 246-277.

Pankow, Max/Sarx, Manfred (1999): Beck'scher Bilanz-Kommentar –Handels- und Steuerrecht, 4. Auflage, München 1999.

Paschen, Iris (1992): Zur Publizitätspraxis der GmbH, in: Der Betrieb, 45. Jg., Heft 2, S. 49-53.

Pellens, Bernhard (2012): Integrated Reporting – Allumfassender Geschäftsbericht oder neue Werte in der Unternehmensführung?, in: Die Betriebswirtschaft, Jg. 2012, S. 365-367.

Pellens, Bernhard (2017): Die neuen CSR-Berichtspflichten – Aufgaben für den Aufsichtsrat, in: Audit Committee Quarterly – extra, S. 28-31.

Pellens, Bernhard/Fülbier, Rolf Uwe/Gassen, Joachim/Sellhorn, Thorsten (2017): Internationale Rechnungslegung – IFRS 1 bis 16, IAS 1 bis 41, IFRIC-Interpretationen, Standardentwürfe, 10. Auflage, Stuttgart 2017.

Pellens, Bernhard/Lleshaj, Denisa/Stappert, Christina (2018): Umsetzung der CSR-Richtlinie bei den HDAX-Unternehmen, in: Betriebs-Berater, 73. Jg., Heft 39, S. 2283-2287.

Pfeiffer, Hans-Hubert (1974): Möglichkeiten und Grenzen der Prüfung von Prognosen im Geschäftsbericht (Teil I), in: Die Wirtschaftsprüfung, 27. Jg., Heft 6, S. 159-170.

Pfitzer, Norbert/Oser, Peter/Orth, Christian (2004): Offene Fragen und Systemwidrigkeiten des Bilanzrechtsreformgesetzes (BilReG) – Erste Handlungsempfehlungen für eine normkonforme Umsetzung, in: Der Betrieb, 57. Jg., Heft 49, S. 2593-2602.

Pfitzer, Norbert/Oser, Peter/Orth, Christian (2008): Reform des Aktien-, Bilanz- und Aufsichtsratsrechts – BilMoG, MoMiG, TransPuG, EHUG und weitere Reformgesetze, 3. Auflage, Stuttgart 2008.

Plumlee, Marlene/Brown, Darrell/Hayes, Rachel M./Marshall, R. Scott (2015): Voluntary environmental disclosure quality and firm value: Further evidence, in: Journal of Accounting and Public Policy, 34. Jg., Heft 4, S. 336-361.

Literaturverzeichnis 227

Posnikoff, Judith F. (1997): Disinvestment from South Africa: They Did Well by Doing Good, in: Contemporary Economic Policy, 15 Jg., Heft 1, S. 76-86.

Qiu, Yan/Shaukat, Amama/Tharyan, Rajesh (2016): Environmental and social disclosures – Link with corporate financial performance, in: The British Accounting Review, 48. Jg., Heft 1, S. 102-116.

Querschnittsgruppe Arbeit und Ökologie (2000a): Arbeit und Ökologie –Perspektiven einer nachhaltigen Arbeitsgesellschaft, in: WZB-Mitteilungen, 46. Jahrgang, 89. Heft, S. 20-23.

Querschnittsgruppe Arbeit und Ökologie (2000b): Nachhaltigkeit und Diskurs – Von der Vision zum politischen Konzept, in: WZB-Mitteilungen, 46. Jahrgang, 89. Heft, S. 23-26.

Rabenhorst, Dirk (2017): IDW Positionspapiere zur Erstellung und Prüfung der nichtfinanziellen Berichterstattung, in: Audit Committee Quarterly – extra, S. 13.

Rang, Rainer (2004): Qualität der Lageberichterstattung von Kapitalgesellschaften in Deutschland unter besonderer Berücksichtigung der Darstellung von Risiken der künftigen Entwicklung – Im Auftrag der Hans-Böckler-Stiftung, online abrufbar unter: https://www.boeckler.de/pdf/mbf_lageberichterstattung_2004.pdf (Stand: 28. Oktober 2018).

Rang, Rainer (2007): Qualität der Lageberichterstattung von Kapitalgesellschaften in Deutschland – Lageberichte der Geschäftsjahre 2004-2006 – Studie im Auftrag der Hands-Böckler-Stiftung, online abrufbar unter: https://www.boeckler.de/pdf/mbf_lageberichterstattung_2006.pdf (Stand: 28. Oktober 2018).

Rappaport, Alfred (1986): Creating Shareholder Value – The New Standard for Business Performance, New York 1986.

Rat (2014): 13625/14 – Mitteilung an die Presse, 3334. Tagung des Rates, Allgemeine Angelegenheiten.

Rehbinder, Eckard (2017): Förderung sozialer Verantwortung durch Unternehmenspublizität – ein Experiment mit ungewissem Ausgang, in: Audit Committee Quarterly – extra, S. 16-18.

Reitmaier, Barbara/Rimmelspacher, Dirk (2015): Das Bilanzrichtlinie-Umsetzungsgesetz: Überblick über die wesentlichen Änderungen, in: Der Betrieb, 68. Jg., Beilage Nr. 5 zu Heft 36, S. 1-3.

Reverte, Carmelo (2016): Corporate social responsibility disclosure and market valuation - Evidence from Spanish listed firms, in: Review of Managerial Science, 10. Jg., Heft 2, S. 411-435.

Rezaee, Zabihollah/Tuo, Ling (2017): Voluntary disclosure of non-financial information and its association with sustainability performance, in: Advances in Accounting, 39. Jg., ohne Heftnummer, S. 47-59.

Richardson, Alan J./Welker, Michael (2001): Social disclosure, financial disclosure and the cost of equity capital, in: Accounting, Organizations and Society, 26. Jg., Heft 7-8, S. 597-616.

228 Literaturverzeichnis

Richardt, Bodo (2015): BilRUG vs. Bilanzrichtlinie 2013/34/EU?, in: Die Steuerberatung, 58. Jg., Heft 09, S. M1.

Richter, Nicole/Johne, Annette/König, Christoph (2017): Umsetzung der CSR-Richtlinie in nationales Recht – Was sind Implikationen für die Praxis?, in: Die Wirtschaftsprüfung, 70. Jg., Heft 10, S. 566-572.

Schäfer, Nina/Rimmelspacher, Dirk (2015): Änderungen im (Konzern-)Lagebericht inkl. der Erklärung zur Unternehmensführung durch das BilRUG, in: Der Betrieb, 68. Jg., Heft 36, S. 57-60.

RNE (2016): Stellungnahme des Rates für Nachhaltige Entwicklung zur Umsetzung der Richtlinie 2014/95/EU an das Bundesministerium der Justiz und für Verbraucherschutz, Berlin 2016.

Rodrigo, Pablo/Arenas, Daniel (2008): Do Employees Care About CSR Programs? A Typology of Employees According to their Attitudes, in: Journal of Business Ethics, 83. Jg., Heft 2, S. 265-283.

Roloff, Martin (2014): Nachhaltigkeitsberichterstattung entsprechend der GRI G4 – Strategische Bedeutung und Implementierung, in: Zeitschrift für internationale Rechnungslegung, 9. Jg., Heft 4, S. 203-210.

Röser, Lisa/Roland, Sandra/Rimmelspacher, Dirk (2015): Änderungen in der Bestimmung der Größenklassen nach §§ 267, 293 HGB durch das BilRUG, in: Der Betrieb, 68. Jg., Beilage Nr. 5 zu Heft 36, S. 4-7.

Rudyanto, Astrid/Siregar, Sylvia (2018): The effect of stakeholder pressure and corporate governance on the sustainability report quality, in: International Journal of Ethics and Systems, 34. Jg., Heft 2, S. 233-249.

Russ, Wolfgang/Janßen, Christian/Götze, Thomas (2015): BilRUG – Auswirkungen auf das deutsche Bilanzrecht – Kommentar zum Bilanzrichtlinie-Umsetzungsgesetz, Düsseldorf 2015.

Sack, Melanie/Siegel, Daniel (2017): Bestandteile des externen Reporting – Status quo und ein Blick in die nahe Zukunft, in: IDW Life, Jg. 2017, Heft 11, S. 1168-1174.

Salzmann, Oliver/Prinzhorn, Jens (2006): Unions: On the Backseat of Corporate Sustainability, in: Steger, Ulrich (Hrsg.): Inside the Mind of the Stakeholder – The Hype Behind Stakeholder Pressure, Houndmills/Basingstoke/Hampshire 2006, S. 284-310.

Schäfer, Nina/Rimmelspacher, Dirk (2015): Änderungen im (Konzern-)Lagebericht inkl. der Erklärung zur Unternehmensführung durch das BilRUG, in: Der Betrieb, 68. Jg., Heft 36, S. 57-60.

Schaefer, Patrick/Schröder, Nina Isabelle (2012): Nachhaltigkeitsbericherstattung mittelständischer Unternehmen im Rahmen der Jahresabschluss- und Lageberichts-Publizität – Ergebnisse einer quantitativ-empirischen Untersuchung, in: Zeitschrift für Corporate Governance, 7. Jg., Heft 4, S. 184-192.

Schaefer, Patrick/Schröder, Nina Isabelle (2013): Elementare nichtfinanzielle Leistungsindikatoren für die nachhaltigkeitsbezogene Berichterstattung mittelständischer Unternehmen, in: Die Wirtschaftsprüfung, 66. Jg., Heft 22, S. 1084-1092.

Schaefer, Patrick/Schröder, Nina Isabelle (2017): CSR-Richtlinie-Umsetzungsgesetz: Implikationen für den Mittelstand, in: Die Wirtschaftsprüfung, 70. Jg., Heft 22, S. 1324-1331.

Scheibe-Lange, Ingrid (1979): Gewerkschaftliche Vorstellungen zur Rechnungslegung, Prüfung und Publizität, in: Die Wirtschaftsprüfung, 32. Jg., Heft 23/24, S. 641-650.

Scheibe-Lange, Ingrid (1983): Die Informationsanforderungen der Gewerkschaften an die Rechnungslegung, in: Baetge Jörg (Hrsg.): Der Jahresabschluß im Widerstreit der Interessen – Vortragsreihe des Instituts für Revisionswesen an der Westfälischen Wilhelms-Universität Münster, Düsseldorf 1983, S. 47-68.

Schenkel-Nofz (2015): CSR-Wahrnehmung und Auswirkungen bei Mitarbeitern – Eine empirische Untersuchung in einem mittelständischen Unternehmen, in: Zeitschrift für Wirtschafts- und Unternehmensethik, 16. Jg., Heft 3, S. 288-312.

Scheid, Oliver/Kotlenga, Michel/Müller, Stefan (2018): Erste empirische Erkenntnisse über die ausgeweitete nichtfinanzielle Berichterstattung deutscher MDAX-Unternehmen- Anregungen auch für mittelständische Unternehmen?, in: Unternehmenssteuern und Bilanzen, 20. Jg., Heft 14, S. 509-513.

Scheuch, Erwin K. (1973): Das Interview in der Sozialforschung, in: König, René (Hrsg.): Handbuch der empirischen Sozialforschung, 3. Auflage, Stuttgart 1973, S. 66-190.

Schildbach, Thomas/Beermann, Markus/Feldhoff, Michael (1990): Lagebericht und Publizitätspraxis der GmbH, in: Betriebs-Berater, 45. Jg., Heft 33, S. 2297-2306.

Schildbach, Thomas/Feldhoff, Patricia (2018): Der Konzernabschluss nach HGB und IFRS, 8. Auflage, Berlin/Bosten 2018.

Schmidt, Ingo M. (2007): Ansätze für eine umfassende Rechnungslegung zur Zahlungsbemessung und Informationsvermittlung – Eine Analyse am Beispiel der Goodwill-Bilanzierung, Wiesbaden 2007, [zugl.: Bayreuth, Univ., Diss., 2007].

Schmidt, Matthias (2012): Möglichkeiten und Grenzen einer integrierten Finanz- und Nachhaltigkeitsberichterstattung, in: Baetge, Jörg/Kirsch, Hans-Jürgen (Hrsg.): Schriften zum Revisionswesen, Düsseldorf 2012, [zugl.: Münster, Univ., Diss., 2011].

Schmidt, Matthias (2016): Wie weit reichen die Berichtspflichten der CSR-Richtlinie? – Lageberichterstattung über Nachhaltigkeitsaspekte vor dem Hintergrund der CSR-Richtlinie, in: Anwaltsblatt, 66. Jg., Heft 5, S. 390-392.

Schmidt, Rüdiger/Schmotz, Thomas (2018): Aktuelle EU-Aktivitäten: Änderung der Vorgaben zur Unternehmensberichterstattung (in Sicht), in: Der Betrieb, 71. Jg., Heft 18, S. 1033-1039.

Schmotz/Schmidt (2017): Nichtfinanzielle Berichtspflichten in der Finanzberichterstattung – Konkretisierung des CSR-RUG durch DRS 20 und Ausblick, in: Der Betrieb, 70. Jg., Heft 49, S. 2877-2884.

Schneider, Andreas (2012): CSR aus der KMU-Perspektive: die etwas andere Annäherung, in: Schneider, Andreas/Schmidpeter, René (Hrsg.): Corporate Social Responsibility – Verantwortungsvolle Unternehmensführung in Theorie und Praxis, Berlin 2012, S. 583-598.

Schnell, Rainer/Hill, Paul B./Esser, Elke (2013): Methoden der empirischen Sozialforschung, 10. Auflage, München/Oldenbourg 2013.

Scholl, Gerd/Waidelich, Paul (2018): Nachhaltigkeitsberichterstattung in Zeiten der Berichtspflicht – Ergebnisse einer Befragung von Großunternehmen, KMU und sonstigen berichtspflichtigen Unternehmen im Rahmen des Rankings der Nachhaltigkeitsberichte 2018, in: Institut für ökologische Wirtschaftsforschung und future e.V. – verantwortung unternehmen (Hrsg.): Ranking der Nachhaltigkeitsberichte 2018, Berlin 2018.

Schrader, Christian (2013): Nachhaltigkeit im Unternehmen – Verrechtlichung von Corporate Social Responsibility (CSR), in: Zeitschrift für Umweltrecht, 24. Jg., Heft 9, S. 451-458.

Schütz, Alfred/Luckmann, Thomas (1979): Strukturen der Lebenswelt, Frankfurt am Main 1979.

Schweren, Felix C./Brink, Alexander (2016): CSR-Berichterstattung in Europa, in: Zeitschrift für Wirtschafts- und Unternehmensethik, 17. Jg., Heft 1, S. 177-191.

Seibt, Christoph (2016): CSR-Richtlinie-Umsetzungsgesetz: Berichterstattung über nichtfinanzielle Aspekte der Geschäftätigkeit – Neues Element des Corporate Reputation Management, in: Der Betrieb, 69. Jg., Heft 46, S. 2707-2716.

Selch, Barbara (2000): Die Entwicklung der gesetzlichen Regelungen zum Lagebericht seit dem Aktiengesetz von 1965 bis zum KapCoRiLiG von 2000, in: Die Wirtschaftsprüfung, 53. Jg., Heft 8, S. 357-362.

Selch, Barbara (2003): Der Lagebericht – Risikoberichterstattung und Aufstellung nach IDW RS HFA 1, Wiesbaden 2003, [zugl.: Würzburg, Univ., Diss., 2003].

Seyboth, Marie (2005): Warum ist CSR für Arbeitnehmervertretungen ein Thema?, in: DGB (Hrsg.): Dokumentation des Workshops Corporate Social Responsibility (CSR) – Neue Handlungsfelder für Arbeitnehmervertretungen, Berlin 2005, S. 4-5.

Siemens (2016): Stellungnahme zum Entwurf des CSR-Richtlinie-Umsetzungsgesetzes, München 2016.

Sikora, Katharina/Downar, Benedikt (2014): Die Unternehmenseckdaten in deutschen Nachhaltigkeitsberichten – Ein Unternehmen – zwei Gesichter, in: Zeitschrift für internationale und kapitalmarktorientierte Rechnungslegung, 14. Jg., Heft 10, S. 488-498.

Simon-Heckroth, Ellen (2014): Nachhaltigkeitsberichterstattung und Integrated Reporting – Neue Anforderungen an den Berufsstand, in: Die Wirtschaftsprüfung, 67. Jg., Heft 6, S. 311-325.

Sims, Randi L./Keon, Thomas L. (1997): Ethical Work Climate as a Factor in the Development of Person-Organization Fit, in: Journal of Business Ethics, 16. Jg., Heft 2, S. 1095-1105.

Literaturverzeichnis

Singhapakdi, Anusorn/Lee, Dong-Jin/Sirgy, M. Joseph/Senasu, Kalayanee (2015): The impact of incongruity between an organization's CSR orientation and its employees' CSR orientation on employees' quality of work life, in: Journal of Business Research, 68. Jg., Heft 1, S. 60-66.

Sorg, Peter (1994): Prognosebericht und Publizitätspraxis der AG – Ergebnisse einer empirischen Untersuchung, in: Betriebs-Berater, 49. Jg., Heft 28, S. 1962-1969.

Spanheimer, Jürgen (2000): Spezifische Problemfelder des gesetzlichen Standardisierungsauftrages an den DSR gemäß § 342 Abs. 1 Nr. 1 HGB, in: Die Wirtschaftsprüfung, 53. Jg., Heft 20, S. 997-1006.

Speich, Ingo (2017): Die CSR-Richtlinie als Chance für Aufsichtsräte, in: Audit Committee Quarterly – extra, S. 41-42.

Spence, Crawford (2009): Social and environmental reporting and the corporate ego, in: Business Strategy and the Environment, 18. Jg., Heft 4, S. 254-265.

Spieker, Wolfgang (1986): Gezielte Erweiterung von Unternehmenspublizität und Pflichtprüfung als Beitrag des Unternehmensrechts zur Kontrolle wirtschaftlicher Macht durch die Wirtschafts-, Gesellschafts- und Sozialpolitik, in: Schmalenbachs Zeitschrift für betriebswirtschaftliche Forschung, 38. Jg., Heft 1, S. 25-38.

Spießhofer, Birgit (2014): Die neue europäische Richtlinie über die Offenlegung nichtfinanzieller Informationen – Paradigmenwechsel oder Papiertiger?, in: Neue Zeitschrift für Gesellschaftsrecht, 17. Jg., Heft 33, S. 1281-1320.

Stawinoga, Martin/Velte, Patrick (2016): Der Referentenentwurf für ein CSR-Richtlinie-Umsetzungsgesetz – Eine erste Bestandsaufnahme unter besonderer Berücksichtigung der empirischen Relevanz des Deutschen Nachhaltigkeitskodex (DNK), in: Der Betrieb, 69. Jg., Heft 15, S. 841-847.

Steiner, Eberhard/Grass, Beatrix (2004): Auswirkungen des Bilanzrechtsreformgesetzes auf die Rechnungslegung, in: Unternehmenssteuern und Bilanzen, 6. Jg., Heft 12, S. 551-559.

Steinmann, Horst (1974): Mitbestimmung, betriebliche, in: Grochla, Erwin/Wittmann, Waldemar (Hrsg.): Handwörterbuch der Betriebswirtschaft, 4. Auflage, Stuttgart 1974, Sp. 2681-2695.

Steinke, Ines (2015): Gütekriterien qualitativer Forschung, in: Flick, Uwe/von Kardorff, Ernst/Steinke, Ines (Hrsg.): Qualitative Forschung – Ein Handbuch, 11. Auflage, Reinbek bei Hamburg 2015, S. 319-331.

Stibi, Bernd/Schmidt, Matthias (2017): Nichtfinanzielle Berichterstattung – die neuen Anforderungen und was kommt noch? in: IDW Life, Jg. 2017, Heft 11, S. 1175-1176.

Stobbe, Thomas (1988): Der Lagebericht, in: Betriebs-Berater, 43. Jg., Heft 5, S. 303-311.

Streim, Hannes (1995): Zum Stellenwert des Lageberichts im System der handelsrechtlichen Rechnungslegung, in: Elschen, Rainer/Siegel, Theodor/Wagner, Franz W. (Hrsg.) Unternehmenstheorie und Besteuerung – Festschrift zum 60. Geburtstag von Dieter Schneider, Wiesbaden 1995, S. 703-721.

Sun, Li/Yu, T. Robert (2015): The impact of corporate social responsibility on employee performance and cost, in: Review of Accounting and Finance, 14. Jg., Heft 3, S. 262-284.

Suttipun, Muttanachai/Stanton, Patricia (2012): Determinants of Environmental Disclousure in Thai Corporate Annual Reports, in: International Journal of Accounting and Financial Reporting, 2. Jg., Heft 1, S. 99-115.

Tagesson, Torbjörn/Blank, Veronica/Broberg, Pernilla/Collin, Sven-Olof (2009): What Explains the Extent and Content of Social and Environmental Disclosures on Corporate Websites: A Study of Social and Environmental Reporting in Swedish Listed Corporations, in: Corporate Social Responsibility and Environmental Management, 16. Jg., Heft 6, S. 352-364.

TCFD (2017): Final Report – Recommendations of the Task Force on Climate-related Financial Disclosures, online abrufbar unter: https://www.fsb-tcfd.org/wp-content/uploads/2017/06/FINAL-2017-TCFD-Report-11052018.pdf (Stand: 11. Februar 2019).

Teoh, Siew H./Wazzan, Paul C. Wazzan/Welch, Ivo (1999): The Effect of Socially Activist Investment Policies on the Financial Markets: Evidence from the South African Boycott, in: Journal of Business, 72. Jg., Heft 1, S. 35-89.

Thannisch, Rainald (2009): Corporate Social Responsibility – Anforderungen aus Sicht gewerkschaftlicher Mitbestimmungspolitik, in: Arbeitsrecht im Betrieb, 30. Jg. Heft 6, S. 334-338.

Thannisch, Rainald (2017): Die neuen CSR-Berichtspflichten: Eine Bewertung aus Arbeitnehmersicht, in: Audit Committee Quarterly – extra, S. 46-47.

Turban, Daniel/Greening, Daniel (1997): Corporate Social Performance And Organizational Attractiveness to prospective Employees, in: Academy of Management Journal, 40. Jg., Heft 3, S. 658-672.

UN (1992): Agenda 21 – Konferenz der Vereinten Nationen für Umwelt und Entwicklung, Rio de Janeiro 1992.

UN (2012): The future we want – Outcome document of the United Nations Conference on Sustainable Development, Rio de Janeiro 2012.

UN WCED (1987): Report of the World Commission on Environment and Development: Our Common Future, online abrufbar unter: http://www.un-documents.net/ourcommon-future.pdf (Stand: 05. November 2018).

UPJ (2016): Stellungnahme des UPJ e.V. zum Referentenentwurf des Bundesministeriums der Justiz und für Verbraucherschutz – Entwurf eines Gesetzes zur Stärkung der nichtfinanziellen Berichterstattung der Unternehmen in ihren Lage- und Konzernberichten (CSR-Richtlinie-Umsetzungsgesetz), Berlin 2016.

v. Werder, Axel (2014): Corporate Governance, in: Gabler Wirtschaftslexikon (2014), 18. Auflage, Wiesbaden 2014, S. 655-660.

Vaessen, Mark (2013): Die Zukunft der Unternehmensberichterstattung, in: Die Wirtschaftsprüfung, 66. Jg., Heft 10, S. I.

Literaturverzeichnis 233

Valentine, Sean/Fleischman, Gary (2008): Ethics Programs, Perceived Corporate Social Responsibility and Job Satisfaction, in: Journal of Business Ethics, 77. Jg., Heft 2, S. 159-172.

Velte, Patrick (2014): (Un)geprüfte Nachhaltigkeitsinformationen im (Konzern-)Lagebericht nach der modifizierten EU-Rechnungslegungsrichtlinie?, in: Neue Zeitschrift für Gesellschaftsrecht, 17. Jg., Heft 27, S. 1046-1049.

Velte, Patrick (2016): Regierungsentwurf für ein CSR-Richtlinie- Umsetzungsgesetz – eine Kompromissformel, in: Betriebs-Berater, 71. Jg., Heft 42, S. SI.

Velte, Patrick (2017): Zukunft der nichtfinanziellen Berichterstattung – Das CSR-Richtlinie-Umsetzungsgesetz als Zwischenlösung!?, in: Der Betrieb, 70. Jg., Heft 48, S. 2813-2820.

Velte, Patrick/Stawinoga, Martin (2016): Prüfung von Nachhaltigkeitsberichten – Mögliche Implikationen für die handelsrechtliche Umsetzung der „EU-CSR-Richtlinie" bei der nichtfinanziellen Erklärung vor dem Hintergrund internationaler Forschungsergebnisse, in: Der Konzern, 14. Jg., Heft 01, S. 13-19.

VCI (2016): Referentenentwurf zur Umsetzung der EU-Richtlinie zur Angabe nichtfinanzieller und die Diversität betreffender Informationen (2014/95/EU), Frankfurt 2016.

VDMA (2016): VDMA-Stellungnahme zum Entwurf des BMJV zur Umsetzung der Richtlinie 2014/95/EU (sog. CSR-RL), Berlin 2016.

VfU (2016): Stellungnahme zum Referentenentwurf des BMJV eines Gesetzes zur Stärkung der nichtfinanziellen Berichterstattung der Unternehmen in ihren Lage- und Konzernlageberichten, Augsburg 2016.

Vitols, Katrin (2011): Nachhaltigkeit – Unternehmensverantwortung – Mitbestimmung – Ein Literaturbericht zur Debatte über CSR, Berlin 2011.

VKU (2016): Zum Referentenentwurf eines CSR-Richtlinie-Umsetzungsgesetzes zur Umsetzung der Richtlinie 2014/95/EU (sog. CSR-RL), Berlin 2016.

Voland, Thomas (2014): Erweiterung der Berichtspflichten für Unternehmen nach der neuen CSR-Richtlinie, in: Der Betrieb, 67. Jg., Heft 49, S. 2815-2818.

Volk, Gerrit (1987): Das Informationsinteresse der Jahresabschlussadressaten, in: Betriebs-Berater, 42. Jg., Heft 11, S.723-728.

von der Crone, Hans Casper/Hoch, Mariel (2002): Nachhaltigkeit und Nachhaltigkeitsreporting, in: Aktuelle juristische Praxis, 11. Jg., Heft 1, S. 40-52.

von Hauff, Michael/Kleine, Alexandro (2009): Nachhaltige Entwicklung – Grundlagen und Umsetzung, München 2009.

VZBV (2016): Referentenentwurf des Bundesministeriums der Justiz und für Verbraucherschutz vom 03.03.2016, Berlin 2016.

Waddock, Sandra A./Graves, Samuel B. (1997): The Corporate Social Performance – Financial Performance Link, in: Strategic Management Journal, 18. Jg., Heft 4, S. 303-319.

234 Literaturverzeichnis

Wagner, Jürgen M./Mayer, Marcus/Kubessa, Daniel (2018): Adressatengerechte Finanzberichterstattung im Lichte der CSR-Berichtspflichten, in: Die Wirtschaftsprüfung, 71. Jg., Heft 15, S. 935-941.

Walker, Thomas (2018): Der Stakeholderansatz als Fundament der CSR-Kommunikation, in: Heinrich, Peter (Hrsg.): CSR und Kommunikation – Unternehmerische Verantwortung überzeugend vermitteln, in: Schmidpeter, René (Hrsg.): Management-Reihe Corporate Social Responsibility, 2. Auflage, Berlin/Heidelberg 2018, S. 71-85.

Wassermann, Holger (2011): Kapitalmarktorientierung in Accounting und Controlling, Wiesbaden 2011, [zugl.: Berlin, Univ., Diss., 2010].

Weber, Jürgen/Georg, Johannes/Janke, Robert/Mack, Simone (2012): Nachhaltigkeit und Controlling, Weinheim 2012.

Welge, Martin K./Al-Laham, Andreas (1992): Planung – Prozesse – Strategien – Maßnahmen, Wiesbaden 1992.

Wieczorek, Marko (2015): Geballtes BilRUG-Wissen, in: Der Betrieb, 68. Jg., Heft 36, S. M1.

Winter, Michael/Marx, Eric/De Decker, Nadine (2015): Zielgrößen für den Frauenanteil in Führungspositionen bei mitbestimmten Unternehmen, in: Der Betrieb, 68. Jg., Heft 23, S. 1331-1335.

Withus, Karl-Heinz (2010): Standardisierungsrat überarbeitet Rechnungslegungsstandards zum Konzernlagebericht, in: Der Betrieb, 63. Jg., Heft 2, S. 68-74.

Wöhe, Günter (1997): Bilanzierung und Bilanzpolitik – Betriebswirtschaftlich – Handelsrechtlich – Steuerrechtlich. Mit einer Einführung in die verrechnungstechnischen Grundlangen, 9. Auflage, München 1997.

Wöhe, Günther/Mock, Sebastian (2010): Die Handels- und Steuerbilanz – Betriebswirtschaftliche, handelsrechtliche und steuerrechtliche Grundsätze der Bilanzierung, München 2010.

WPK (2016): Stellungnahme der Wirtschaftsprüferkammer zum Referentenentwurf des Bundesministeriums der Justiz und für Verbraucherschutz eines Gesetzes zur Stärkung der nichtfinanziellen Berichterstattung der Unternehmen in ihren Lage- und Konzernlageberichten (CSR-Richtlinie-Umsetzungsgesetz), Berlin 2016.

Wright, Peter/Ferris, Stephen P. (1997): Agency Conflict and Corporate Strategy: The Effect of Divestment on Corporate Value, in: Strategic Management Journal, 18. Jg., Heft 1, S. 77-83.

Wulf, Inge (2017): Neue Berichtspflichten durch die nichtfinanzielle Erklärung für bestimmte große Unternehmen, in: Deutsche Steuer-Zeitung, 105. Jg., Heft 4, S. 100-110.

Wulf, Inge/Niemöller, Jens (2016): Neuerungen im (Konzern-)Lagebericht durch den Referentenentwurf eines CSR-Richtlinie-Umsetzungsgesetzes, in: Zeitschrift für internationale Rechnungslegung, 11. Jg., Heft 6, S. 245-247.

WWF (2016): Umsetzung der EU CSR-Richtlinie – Stellungnahme zum Referentenentwurf des BMJV, Berlin 2016.

Literaturverzeichnis 235

Yoon, Jeongkoo/Lee, Soojung (2016): What Makes Employees Zealous Supporters of Their Firm's CSR Initiative? The Role of Employees' Perceptions of Their Firm's CSR Authenticity, in: Advances in Group Processes, 33. Jg., ohne Heftnummer, S. 93-126.

ZGV (2016): Stellungnahme Der Mittelstandsverbund zum Referentenentwurf eines CSR-Richtlinie-Umsetzungsgesetzes zur Umsetzung der Richtlinie 2014/95/EU (sogenannte CSR-RL), Brüssel 2016.

Zülch, Henning/Höltken, Matthias (2013): Die „neue" (Konzern-)Lageberichterstattung nach DRS 20 – ein Anwendungsleitfaden, , in: Der Betrieb, 66 Jg., Heft 44, S. 2457-2465.

Zülch, Henning/Kretzmann, Christian W. (2016): Verantwortungsbewusste Unternehmensführung im Spiegel der Öffentlichkeit – CSR, finanzielle Integrität und öffentliche Wahrnehmung, in: Der Betrieb, 70. Jg., Heft 45, S. 2617-2621.

Zwirner, Christian (2014): Neue Rechnungslegungsvorschriften ab 2016 – EU-Rechnungslegungsrichtlinie: Zusammenfassung und Überarbeitung der Bilanz- und Konzernbilanzrichtlinie, in: Deutsches Steuerrecht, 52. Jg., Heft 9, S. 439-445.

Zwirner, Christian (2015): BilRUG: Wesentliche Änderungen für Einzel- und Konzernabschluss – Darstellung, Beispiele sowie Tipps für die Erstanwendung und Umsetzung in der Praxis, in: Der Betrieb, 68. Jg., Beilage Nr. 6 zu Heft 48.

Zwirner, Christian (2016): Bilanzrichtlinie-Umsetzungsgesetz BilRUG – Gesetze, Materialien, Kommentierung, München 2016.

Rechtsnormenverzeichnis

AEUV: Vertrag über die Arbeitsweise der Europäischen Union, Fassung aufgrund des am 01. Dezember 2009 in Kraft getretenen Vertrages von Lissabon, konsolidierte Fassung bekanntgemacht im ABl. EG Nr. C 115 vom 09. Mai 2008, S. 47, zuletzt geändert durch die Akte über die Bedingungen des Beitritts der Republik Kroatien und die Anpassungen des Vertrags über die Europäische Union, des Vertrags über die Arbeitsweise der Europäischen Union und des Vertrags zur Gründung der Europäischen Atomgemeinschaft (ABl. EU L 112/21 vom 24. April 2012) m.W.v. 01. Juli 2013.

AktG: Aktiengesetz vom 6. September 1965 (BGBl. I S. 1089), das zuletzt durch Artikel 9 des Gesetzes vom 17. Juli 2017 (BGBl. I S. 2446) geändert worden ist.

AO: Abgabenordnung in der Fassung der Bekanntmachung vom 1. Oktober 2002 (BGBl. I S. 3866; 2003 I S. 61), die zuletzt durch Artikel 6 des Gesetzes vom 18. Juli 2017 (BGBl. I S. 2745) geändert worden ist.

BetrVG: Betriebsverfassungsgesetz in der Fassung der Bekanntmachung vom 25. September 2001 (BGBl. I S. 2518), das zuletzt durch Artikel 6 des Gesetzes vom 17. Juli 2017 (BGBl. I S. 2509) geändert worden ist.

BilMoG: Gesetz zur Modernisierung des Bilanzrechts (Bilanzrechtsmodernisierungsgesetz – BilMoG) vom 25. Mai 2009, in: BGBl. Jahrgang 2009 Teil I Nr. 27, S. 1102-1137.

BilReG: Gesetz zur Einführung internationaler Rechnungslegungsstandards und zur Sicherung der Qualität der Abschlussprüfung (Bilanzrechtsreformgesetz – BilReG) vom 04. Dezember 2004, in: BGBl. Jahrgang 2004 Teil I Nr. 65, S. 3166-3182.

BilRUG: Gesetz zur Umsetzung der Richtlinie 2013/34/EU des Europäischen Parlaments und des Rates vom 26. Juni 2013 über den Jahresabschluss, den konsolidierten Abschluss und damit verbundene Berichte von Unternehmen bestimmter Rechtsformen und zur Änderung der Richtlinie 2006/43/EG des Europäischen Parlaments und des Rates und zur Aufhebung der Richtlinie 78/660/EWG und 83/349/EWG des Rates (Bilanzrichtlinie-Umsetzungsgesetz – BilRUG) vom 17. Juli 2015, in: BGBl. Jahrgang 2015 Teil I Nr. 30, S. 1245-1267.

CSR-RL-UmsG: Gesetz zur Stärkung der nichtfinanziellen Berichterstattung der Unternehmen in ihren Lage- und Konzernlageberichten (CSR-Richtlinie-Umsetzungsgesetz) vom 11. April 2017, in: BGBl. Jahrgang 2017 Teil I Nr. 20, S. 802-814.

DRS 3: Deutscher Rechnungslegungs Standard Nr. 3 (DRS 3) – Segmentberichterstattung –, verabschiedet durch den DSR am 20. Dezember 1999, Bekanntmachung durch das BMJ am 31. Mai 2000.

DRS 15: Deutscher Rechnungslegungs Standard Nr. 15 (DRS 15) – Lageberichterstattung –, verabschiedet durch den DSR am 07. Dezember 2004, Bekanntmachung durch das BMJ am 26. Februar 2005.

© Springer Fachmedien Wiesbaden GmbH, ein Teil von Springer Nature 2020
N. I. Schröder, *CSR-Richtlinie-Umsetzungsgesetz,*
https://doi.org/10.1007/978-3-658-29198-3

238 Rechtsnormenverzeichnis

DRÄS 5: Deutsche Rechnungslegungs Änderungsstandard Nr. 5 (DRÄS 5), verabschiedet durch den DSR am 05. Januar 2010, Bekanntmachung durch das BMJ am 18. Februar 2010.

DRS 20: Deutscher Rechnungslegungs Standard Nr. 20 (DRS 20) – Konzernlagebericht, verabschiedet durch den DSR am 14. September 2012, Bekanntmachung durch das BMJ am 04. Dezember 2012.

DRÄS 6: Deutsche Rechnungslegungs Änderungsstandard Nr. 6 (DRÄS 6), verabschiedet durch das DRSC am 21. April 2016, Bekanntmachung durch das BMJV am 21. Juni 2016.

E-DRÄS 8: Deutsche Rechnungslegungs Änderungsstandard Nr. 8 (DRÄS 8) – Änderungen des DRS 20 Konzernlagebericht –, verabschiedet durch das DRSC am 22. September 2017, Bekanntmachung durch das BMJV 04. Dezember 2017.

E-DRS 20: Entwurf Deutscher Rechnungslegungs Standard Nr. 20 – E-DRS 20 Lageberichterstattung.

EGHGB: Einführungsgesetz zum Handelsgesetzbuch in der im Bundesgesetzblatt Teil III, Gliederungsnummer 4101-1, veröffentlichten bereinigten Fassung, das zuletzt durch Artikel 4 des Gesetzes vom 17. Juli 2017 (BGBl. I S. 2434) geändert worden ist.

EStG: Einkommensteuergesetz in der Fassung der Bekanntmachung vom 8. Oktober 2009 (BGBl. I S. 3366, 3862), das zuletzt durch Artikel 9 des Gesetzes vom 17. August 2017 (BGBl. I S. 3214) geändert worden ist.

EUV: Vertrag über die Europäische Union, Fassung aufgrund des am 01. Dezember 2009 in Kraft getretenen Vertrages von Lissabon (Konsolidierte Fassung bekanntgemacht im ABl. EG Nr. C 115 vom 9.5.2008, S. 13) zuletzt geändert durch die Akte über die Bedingungen des Beitritts der Republik Kroatien und die Anpassungen des Vertrags über die Europäische Union, des Vertrags über die Arbeitsweise der Europäischen Union und des Vertrags zur Gründung der Europäischen Atomgemeinschaft (ABl. EU L 112/21 vom 24.4.2012) m.W.v. 01. Juli 2013.

Gesetz zur Frauenquote: Gesetz für die gleichberechtigte Teilhabe von Frauen und Männern an Führungspositionen in der Privatwirtschaft und im öffentlichen Dienst vom 24. April 2015, in: BGBl. Jahrgang 2015 Teil I Nr. 17, S. 642-662.

IDW Fachgutachten: Grundsätze ordnungsmäßiger Durchführung von Abschlußprüfung (IDW FG 1/1988).

IDW Rechnungslegungsstandard: Aufstellung des Lageberichts (IDW RS HFA 1).

IDW Prüfungsstandard: Grundsätze ordnungsmäßiger Prüfung oder prüferischer Durchsicht von Berichten im Bereich der Nachhaltigkeit (IDW PS 821).

IDW Prüfungsstandard: Prüfung des Lageberichts im Rahmen der Abschlussprüfung (IDW PS 350 n.F.)

International Standard on Assurance Engagements 3000 (Revised): Assurance engagements other than audits or reviews of historical financial information (ISAE 3000 (Revised)).

Rechtsnormenverzeichnis 239

International Standard on Auditing 720 (Revised) (E-DE): Verantwortlichkeit des Abschlussprüfers im Zusammenhang mit sonstigen Informationen (ISA 720 (Revised) (E-DE)).

HGB: Handelsgesetzbuch in der im Bundesgesetzblatt Teil III, Gliederungsnummer 4100-1, veröffentlichten bereinigten Fassung, das zuletzt durch Artikel 3 des Gesetzes vom 10. Juli 2018 (BGBl. I S. 1102) geändert worden ist.

HGB-GesE des BilReG: Gesetzentwurf der Bundesregierung – Entwurf eines Gesetzes zur Einführung internationaler Rechnungslegungsstandards und zur Sicherung der Qualität der Abschlussprüfung (Bilanzrechtsreformgesetz – BilReG) vom 24. Juni 2004.

HGB-GesE des BilRUG: Gesetzentwurf der Bundesregierung – Entwurf eines Gesetzes zur Umsetzung der Richtlinie 2013/34/EU des Europäischen Parlaments und des Rates vom 26. Juni 2013 über den Jahresabschluss, den konsolidierten Abschluss und damit verbundene Berichte von Unternehmen bestimmter Rechtsformen und zur Änderung der Richtlinie 2006/43/EG des Europäischen Parlaments und des Rates und zur Aufhebung der Richtlinie 78/660/EWG und 83/349/EWG des Rates (Bilanzrichtlinie-Umsetzungsgesetz – BilRUG) vom 23. Januar 2015.

HGB-GesE des CSR-RL-UmsG: Gesetzentwurf der Bundesregierung – Entwurf eines Gesetzes zur Stärkung der nichtfinanziellen Berichterstattung der Unternehmen in ihren Lage- und Konzernlageberichten (CSR-Richtlinie-Umsetzungsgesetz) vom 21. September 2016.

HGB-RefE des CSR-RL-UmsG: Referentenentwurf des Bundesministeriums der Justiz und für Verbraucherschutz – Entwurf eines Gesetzes zur Stärkung der nichtfinanziellen Berichterstattung der Unternehmen in ihren Lage- und Konzernlageberichten (CSR-Richtlinie-Umsetzungsgesetz) vom 11. März 2016.

IAS-Verordnung: Verordnung (EG) Nr. 1606/2002 des Europäischen Parlaments und des Rates vom 19. Juli 2002 betreffend die Anwendung internationaler Rechnungslegungsstandards, in: Amtsblatt der Europäischen Gemeinschaft, L 243/1.

KWG: Gesetz über das Kreditwesen (Kreditwesengesetz – KWG) Kreditwesengesetz in der Fassung der Bekanntmachung vom 9. September 1998 (BGBl. I S. 2776), das zuletzt durch Artikel 8 des Gesetzes vom 10. Juli 2018 (BGBl. I S. 1102) geändert worden ist.

MitbestG: Mitbestimmungsgesetz vom 4. Mai 1976 (BGBl. I S. 1153), das zuletzt durch Artikel 7 des Gesetzes vom 24. April 2015 (BGBl. I S. 642) geändert worden ist.

PublG: Publizitätsgesetz vom 15. August 1969 (BGBl. I S. 1189), das zuletzt durch Artikel 7 des Gesetzes vom 11. April 2017 (BGBl. I S. 802) geändert worden ist.

RL 78/660/EWG: Vierte Richtlinie des Rats vom 25. Juli 1978 aufgrund von Artikel 54 Absatz 3 Buchstabe g) des Vertrages über den Jahresabschluß von Gesellschaften bestimmter Rechtsformen (78/660/EWG), in: Amtsblatt der Europäischen Gemeinschaft, L 222/11.

240 Rechtsnormenverzeichnis

RL 83/349/EWG: Siebente Richtlinie des Rats vom 13. Juni 1983 aufgrund von Artikel 54 Absatz 3 Buchstabe g) des Vertrages über den konsolidierten Abschluss (83/349/EWG), in: Amtsblatt der Europäischen Gemeinschaft, L 193/1.

RL 90/604/EWG: Richtlinie des Rates vom 8. November 1990 zur Änderung der Richtlinie 78/660/EWG über den Jahresabschluß und der Richtlinie 83/349/EWG über den konsolidierten Abschluß hinsichtlich der Ausnahme für kleine und mittlere Gesellschaften sowie der Offenlegung von Abschlüssen in Ecu (90/604/EWG), in: Amtsblatt der Europäischen Gemeinschaft, L 317/57.

RL 91/674/EWG: Richtlinie des Rates vom 19. Dezember 1991 über den Jahresabschluß und den konsolidierten Abschluß von Versicherungsunternehmen (91/674/EWG), in: Amtsblatt der Europäischen Gemeinschaft, L 374/7.

RL 93/22/EWG: Richtlinie 93/22/EWG des Rates vom 10. Mai 1993 über Wertpapierdienstleistungen, in: Amtsblatt der Europäischen Gemeinschaft, L 141/27.

RL 2001/34/EG: Richtlinie 2001/34/EG des Europäischen Parlaments und des Rates vom 28. Mai 2001 über die Zulassung von Wertpapieren zur amtlichen Börsennotierung und über die hinsichtlich dieser Wertpapiere zu veröffentlichenden Informationen, in: Amtsblatt der Europäischen Gemeinschaft, L 184/1.

RL 2001/65/EG: Richtlinie 2001/65/EG des Europäischen Parlaments und des Rates vom 27. September 2001 zur Änderung der Richtlinien 78/660/EWG, 83/349/EWG und 86/635/EWG des Rates im Hinblick auf die im Jahresabschluss bzw. im konsolidierten Abschluss von Gesellschaften bestimmter Rechtsformen und von Banken und anderen Finanzinstituten zulässigen Wertansätze, in: Amtsblatt der Europäischen Gemeinschaft, L 283/28.

RL 2003/51/EG: Richtlinie 2003/51/EG des Europäischen Parlaments und des Rates vom 18. Juni 2003 zur Änderung der Richtlinie 78/660/EWG, 83/349/EWG, 86/635/EWG und 91/674/EWG über den Jahresabschluss und den konsolidierten Abschluss von Gesellschaften bestimmter Rechtsformen, von Banken und anderen Finanzinstituten sowie von Versicherungsunternehmen, in: Amtsblatt der Europäischen Union, L 178/16.

RL 2003/361/EG: Empfehlung der Kommission vom 6. Mai 2003 betreffend die Definition der Kleinstunternehmen sowie der kleinen und mittleren Unternehmen (Bekannt gegeben unter Aktenzeichen K(2003) 1422) (2003/361/EG), in: Amtsblatt der Europäischen Gemeinschaft, L 124/36.

RL 2004/39/EG: Richtlinie 2003/39/EG der Kommission vom 15. Mai 2003 zur Änderung der Richtlinie 91/414/EWG des Rates zwecks Aufnahme der Wirkstoffe Propineb und Propyzamid, in: Amtsblatt der Europäischen Union, L 124/30.

RL 2004/109/EG: Richtlinie 2004/109/EG des Europäischen Parlaments und des Rates vom 15. Dezember 2004 zur Harmonisierung der Transparenzanforderungen in Bezug auf Informationen über Emittenten, deren Wertpapiere zum Handel auf einem geregelten Markt zugelassen sind, und zur Änderung der Richtlinie 2001/34/EG, in: Amtsblatt der Europäischen Union, L 390/38.

Rechtsnormenverzeichnis

RL 2006/46/EG: Richtlinie 2006/46/EG des europäischen Parlaments und des Rates vom 14. Juni 2006 zur Änderung der Richtlinie des Rates 78/660/EWG über den Jahresabschluss von Gesellschaften bestimmter Rechtsformen, 83/349/EWG über den konsolidierten Abschluss, 86/635/EWG über den Jahresabschluss und den konsolidierten Abschluss von Banken und anderen Finanzinstituten und 91/674/EWG über den Jahresabschluss und den konsolidierten Abschluss von Versicherungsunternehmen, in: Amtsblatt der Europäischen Union, L 224/1.

RL 2013/34/EU: Richtlinie 2013/34/EU vom 26. Juni 2013 über den Jahresabschluss, den konsolidierten Abschluss und damit verbundene Berichte von Unternehmen bestimmter Rechtsformen und zur Änderung der Richtlinie 2006/43/EG des Europäischen Parlaments und des Rates und zur Aufhebung der Richtlinien 78/660/EWG und 83/349/EWG des Rates, in: Amtsblatt der Europäischen Union, L 182/19.

RL 2014/95/EU: Richtlinie 2014/95/EU des Europäischen Parlaments und des Rates vom 22. Oktober 2014 zur Änderung der Richtlinie 2013/34/EU im Hinblick auf die Angabe nichtfinanzieller und die Diversität betreffender Informationen durch bestimmte große Unternehmen und Gruppen, in: Amtsblatt der Europäischen Union, L 330/1.

UstG: Umsatzsteuergesetz in der Fassung der Bekanntmachung vom 21. Februar 2005 (BGBl. I S. 386), das zuletzt durch Artikel 11 Absatz 35 des Gesetzes vom 18. Juli 2017 (BGBl. I S. 2745) geändert worden ist.

WpHG: Wertpapierhandelsgesetz in der Fassung der Bekanntmachung vom 9. September 1998 (BGBl. I S. 2708), das zuletzt durch Artikel 5 des Gesetzes vom 10. Juli 2018 (BGBl. I S. 1102) geändert worden ist.

WpÜG: Wertpapiererwerbs- und Übernahmegesetz vom 20. Dezember 2001 (BGBl. I S. 3822), das zuletzt durch Artikel 9 des Gesetzes vom 23. Juni 2017 (BGBl. I S. 1693) geändert worden ist.

Anhang

Tabelle 16: Europäischer Rechtsrahmen und Umsetzung in deutsches Recht der Richtlinie 2003/51/EG

Richtlinie 2003/51/EG (sog. Modernisierungsrichtlinie) vom 18. Juni 2003	
• Nichtfinanzielle Leistungsindikatoren erstmals im (Konzern-)Lagebericht, soweit für das Verständnis des Geschäftsverlaufs, des Geschäftsergebnisses oder der Lage der Gesellschaft erforderlich, soweit angebracht und wenn für die betreffende Geschäftstätigkeit von Bedeutung.	• Art. 1 Tz. 14 Abs. a) RL 2003/51/EG
• Beispiele Umwelt- und Arbeitnehmerbelange.	• Art. 2 Tz. 10 Abs. a) RL 2003/51/EG
• Wahlrecht der Mitgliedstaaten, kleinen und mittleren Unternehmen hiervon zu befreien.	• Art. 1 Tz. 14 Abs. b) RL 2003/51/EG
• Wahlrecht der Mitgliedstaaten, kleine Unternehmen von Lageberichterstellung insgesamt zu befreien.	• Art. 46 Abs. 3 RL 78/660/EWG
• Wahlrecht der Mitgliedstaaten, kleinen und mittleren Unternehmen von Konzernlageberichterstellung insgesamt zu befreien.	• Art. 6 Abs. 1 RL 83/349/EWG
Bilanzrechtsreformgesetz (BilReG) vom 04. Dezember 2004	
• Gilt ausschließlich für große Kapitalgesellschaften (§ 267 Abs. 3) und für Konzerne, soweit sie zur Lagerberichterstellung verpflichtet sind (§ 293 Abs. 1). • Nichtfinanzielle Leistungsindikatoren erstmals im (Konzern-)Lagebericht, soweit sie für die Geschäftstätigkeit bedeutsam und für das Verständnis des Geschäftsverlaufs oder der Lage von Bedeutung sind. • Beispiele Umwelt- und Arbeitnehmerbelange.	• Art. 1 Tz. 9 Abs. c) BilReG bzw. § 289 Abs. 3 HGB und Art. 1 Tz. 19 Abs. a) BilReG bzw. § 315 Abs. 1 S. 4 HGB
Deutscher Rechnungslegungs Standard Nr. 15 (DRS 15), vom 07. Dezember 2004	
• Nichtfinanzielle Leistungsindikatoren im Konzernlagebericht, sofern sie einen wesentlichen Einfluss auf den Geschäftsverlauf oder die wirtschaftliche Lage genommen haben oder die Unternehmensleitung von ihnen einen wesentlichen Einfluss auf die voraussichtliche Entwicklung des Konzerns erwartet. • Beispiele Entwicklung des Kundenstamms und Informationen über Umwelt- und Arbeitnehmerbelange.	• DRS 15.31-32

© Springer Fachmedien Wiesbaden GmbH, ein Teil von Springer Nature 2020
N. I. Schröder, *CSR-Richtlinie-Umsetzungsgesetz*,
https://doi.org/10.1007/978-3-658-29198-3

Deutscher Rechnungslegungs Änderungsstandard Nr. 5 (DRÄS 5), vom 05. Januar 2010	
• Nichtfinanzielle Leistungsindikatoren im Konzernlagebericht, sofern sie regelmäßig von der Unternehmensleitung beurteilt und als Grundlage der Entscheidungen der Unternehmensleitung dienen sowie für die Geschäftstätigkeit und die Einschätzung des Geschäftsverlaufs oder der Lage von Bedeutung sind.	• DRÄS 5.6 bzw. DRS 15.31
• Grundsätzlich qualitative Angaben. Quantitative Angaben nur, wenn qualitative Angaben alleine nicht ausreichend sind, um das Verständnis über die Lage und den Geschäftsverlauf herzustellen.	• DRÄS 5.7 bzw. DRS 15.32
• Detaillierte Beispiele im Anhang zu Angaben nichtfinanzieller Leistungsindikatoren hinsichtlich Kundenstamm, Umweltaspekte, Arbeitnehmerbelange, Forschung und Entwicklung, gesellschaftliche Reputation und weiteres.	• DRÄS 5.31-32 bzw. DRS 15.144-147
• Darstellung als Maßgröße, sofern möglich und sinnvoll.	• DRÄS 5.34 bzw. DRS 15.149
Deutscher Rechnungslegungs Standard Nr. 20 (DRS 20), vom 14. September 2012	
• Nichtfinanzielle Leistungsindikatoren mit finanziellen Leistungsindikatoren im Wirtschaftsbericht des Konzernlageberichts.	• DRS 20.101-113
• Definition des Begriffs „Nachhaltigkeit".	• DRS 20.11
• Nichtfinanzielle Leistungsindikatoren im Konzernlagebericht, sofern sie für das Verständnis des Geschäftsverlaufs und der Lage des Konzerns von Bedeutung sind und wenn diese zur internen Steuerung und Kontrolle genutzt werden.	• DRS 20.105-106
• Detaillierte Beispiele vom Anhang zurück in den Standard.	• DRS 20.107
• Prognose für nichtfinanzielle Leistungsindikatoren, die zur internen Steuerung und Kontrolle genutzt werden.	• DRS 20.126-127.
• Werden nichtfinanzielle Leistungsindikatoren intern unter dem Aspekt der Nachhaltigkeit verwendet, ist der Zusammenhang darzustellen. • Wird ein allgemein anerkanntes Rahmenwerk genutzt, ist dieses anzugeben.	• DRS 20.111
• Quantitative - ggf. aggregierte - Angaben, wenn diese zur internen Steuerung herangezogen werden und für den verständigen Adressaten wesentlich sind.	• DRS 20.108-109
• Bei wesentlichen Veränderungen im Vergleich zum Vorjahr Darstellung und Erläuterung dieser Veränderungen.	• DRS 20.113

Anhang 245

Tabelle 17: Europäischer Rechtsrahmen und Umsetzung in deutsches Recht der Richtlinie 2013/34/EU

Richtlinie 2013/34/EU (sog. Bilanzrichtlinie) vom 26. Juni 2013	
• Übertragung der Vorschriften und Beispiele zu nichtfinanziellen Leistungsindikatoren.	• Art. 19 Abs. 1 Unterabs. 3 bzw. Art. 29 Abs. 1 RL 2013/34/EU
• Übertragung des Wahlrechts der Mitgliedstaaten zur Befreiung über die Berichterstattung nichtfinanzieller Leistungsindikatoren für kleine und mittlere Unternehmen.	• Art. 19 Abs. 4 RL 2013/34/EU
• Übertragung des Wahlrechts der Mitgliedstaaten zur Befreiung der Aufstellung eines Lageberichts insgesamt für kleine Unternehmen.	• Art. 19 Abs. 3 RL 2013/34/EU
• Übertragung der Wahlrechte der Mitgliedstaaten zur Befreiung der Konzernlangeberichterstattung für kleine und mittlere Unternehmen.	• Art. 23 Abs. 1 und 2 RL 2013/34/EU
Bilanzrichtlinie-Umsetzungsgesetz (BilRUG) vom 17. Juli 2015	
• Keine direkten Auswirkungen auf nichtfinanzielle Leistungsindikatoren. • Nur indirekte Auswirkung auf nichtfinanzielle Leistungsindikatoren durch geänderte Umschreibung der Größenklassen.	• Keine Auswirkungen auf die Paragraphen zu nichtfinanziellen Leistungsindikatoren

Tabelle 18: Europäischer Rechtsrahmen und Umsetzung in deutsches Recht der Richtlinie 2014/95/EU

Richtlinie 2014/95/EU (Corporate Social Responsibility-Richtlinie) vom 22. Oktober 2014	
• Gilt für große (Mutter-)Unternehmen von öffentlichem Interesse mit (auf konsolidierter Basis) im Geschäftsjahr durchschnittlich mehr als 500 Mitarbeitern.	• Art. 19a Abs 1 bzw. Art. 29a Abs. 1 RL 2013/34/EU
• Expliziter Ausschluss von kleinen und mittleren Unternehmen, allerdings Wahlrecht der Mitgliedstaaten, diese ebenfalls zu verpflichten.	• ErwG 8, 13 und 14 RL 2014/95/EU
• Verpflichtung zur Erstellung einer nichtfinanziellen Erklärung mit Angaben zum Geschäftsmodell und zu den Belangen Umwelt, Soziales, Arbeitnehmer, Achtung der Menschenrechte, Bekämpfung von Korruption und Bestechung.	• Art. 19a Abs. 1 bzw. 29a Abs. 1 RL 2013/34/EU
• Beschreibung der vom Unternehmen verfolgten Konzepte einschließlich der angewandten Due-Diligence-Prozesse bzgl. der Belange und dessen Ergebnissen.	• Art. 19a Abs. 1 lit. b) und c) bzw. 29a Abs. 1 lit. b) und c) RL 2013/34/EU

• Begründung, wenn kein Konzept verfolgt wird.	• Art. 19a Abs. 1 Unterabs. 2 bzw. 29a Abs. 1 Unterabs. 2 RL 2013/34/EU
• Aufführung wesentlicher Risiken, die mit der Geschäftstätigkeit des Unternehmens bzw. der Unternehmensgruppe, mit deren Erzeugnissen, Dienstleistungen und Geschäftsbeziehungen verbunden sind, und die wahrscheinlich negative Auswirkung auf einen oder mehrerer der Belange haben.	• Art. 19a Abs. 1 lit. d) bzw. 29a Abs. 1 lit. d) RL 2013/34/EU.
• Aufzeigen der Handhabung dieser Risiken und der wichtigsten nichtfinanziellen Leistungsindikatoren, die für die betreffende Geschäftstätigkeit von Bedeutung sind.	• Art. 19a Abs. 1 lit. e) bzw. 29a Abs. 1 lit. e) RL 2013/34/EU.
• Aufnahme der nichtfinanziellen Erklärung in den (Konzern-)Lagebericht bzw. Veröffentlichung eines gesonderten nichtfinanziellen Berichts.	• Art. 19a Abs. 1 bzw. 29a Abs. 1 RL 2013/34/EU bzw. Art. 19a Abs. 4 RL 2013/34/EU und ErwG. 6 RL 2014/95/EU
• Wahlrecht der Mitgliedstaaten, ein Weglassen nachteiliger Angaben zu ermöglichen.	• Art. 19a Abs. 5 bzw. 29a Abs. 5 RL 2013/34/EU.
• Möglichkeit der Unternehmen, sich unter Angabe des Rahmenwerks auf nationale, unionsbasierte oder internationale Rahmenwerke zu stützen.	• Art. 19a Abs. 1 Unterabs. 5 bzw. 29a Abs. 1 Unterabs. 5 RL 2013/34/EU
• Pflicht zur formalen Prüfung und Wahlrecht der Mitgliedstaaten zur materiellen Prüfung.	• Art. 19a Abs. 1 Unterabs. 4 bzw. 29a Abs. 1 Unterabs. 4 RL 2013/34/EU • Art. 19a Abs. 5 bzw. 29a Abs. 5 RL 2013/34/EU
• Erweiterte Offenlegung der Diversitätspolitik für bestimmte große Unternehmen durch Beschreibung des Diversitätskonzepts (z.B. Alter, Geschlecht, Bildungs- und Berufshintergrund) in der Erklärung zur Unternehmensführung inkl. Aufzeigung der verfolgten Ziele, deren Umsetzung und Ergebnisse.	• Art. 20 Abs. 1 lit. g) RL 2013/34/EU
• Begründung, wenn kein Diversitätskonzept verfolgt wird.	• Art. 20 Abs. 1 lit. g) RL 2013/34/EU

Anhang 247

• Veröffentlichung der Beschreibung des Diversitätskonzepts im Lagebericht oder auf der Internetseite des Unternehmens.	• Art. 20 Abs. 2 RL 2013/34/EU
• Pflicht zur formalen Prüfung.	• Art. 20 Abs. 3 RL 2013/34/EU

Gesetz zur Stärkung der nichtfinanziellen Berichterstattung der Unternehmen in ihren Lage- und Konzernlageberichten (CSR-Richtlinie-Umsetzungsgesetz) vom 11. April 2017

• Gilt für große, kapitalmarktorientierte Kapitalgesellschaften, haftungsbeschränkte Personengesellschaften und Genossenschaften mit im Geschäftsjahr durchschnittlich mehr als 500 Mitarbeitern. • Gilt für große Kreditinstitute und Versicherungsunternehmen mit im Geschäftsjahr durchschnittlich mehr als 500 Mitarbeitern.	• §§ 289b Abs. 1, 264a, 336 HGB • §§ 340a Abs. 1a, 341a Abs. 1a HGB
• Gilt für Mutterunternehmen, wenn sie kapitalmarktorientierte Kapitalgesellschaften oder haftungsbeschränkte Personenhandelsgesellschaften sind und die in den Konzernabschluss einzubeziehenden Unternehmen die Voraussetzungen für eine größenabhängige Befreiung nicht erfüllen und bei ihnen im Geschäftsjahr durchschnittlich auf konsolidierter Basis mehr als 500 Arbeitnehmer beschäftigt sind. • Gilt für Kreditinstitute und Versicherungsunternehmen, die Mutterunternehmen sind, deren in den Konzernabschluss einzubeziehende Unternehmen die Voraussetzungen für eine größenabhängige Befreiung nicht erfüllen und die im Geschäftsjahr auf konsolidierter Basis durchschnittlich mehr als 500 Mitarbeitern haben.	• § 315b Abs. 1 • §§ 340i Abs. 5, 341j Abs. 4 HGB.
• Verpflichtung zur Erstellung einer nichtfinanziellen Erklärung mit Angaben zum Geschäftsmodell und zu den Belangen Umwelt, Soziales, Arbeitnehmer, Achtung der Menschenrechte, Bekämpfung von Korruption und Bestechung und Nennung von Beispielen.	• § 289c Abs. 1 und 2 HGB
• Beschreibung der vom Unternehmen verfolgten Konzepte einschließlich der angewandten Due-Diligence-Prozesse bzgl. der Belange und dessen Ergebnissen.	• § 289c Abs. 3 S. 1 Nr. 1 und 2 HGB
• Begründung, wenn kein Konzept verfolgt wird.	• § 289c Abs. 4 HGB
• Aufführung wesentlicher zukünftiger und bereits eingetretener Risiken, die mit der Geschäftstätigkeit des Unternehmens bzw. der Unternehmensgruppe, mit deren Geschäftsbeziehungen, Produkten und Dienstleistungen verbunden sind, und die sehr wahrscheinlich negative Auswirkung auf einen oder mehrere der Belange haben.	• § 289c Abs. 3 Nr. 4 HGB

• Aufzeigen der Handhabung dieser Risiken und der wichtigsten nichtfinanziellen Leistungsindikatoren, die auch zur internen Steuerung des Unternehmens herangezogen werden.	• § 289c Abs. 3 Nr. 3 und 5 HGB • Begr. GesE CSR-RL-UmsG (2016), S. 58.
• Hinweise auf im Jahresabschluss ausgewiesene Beträge inkl. Erläuterung, soweit für das Verständnis erforderlich.	• § 289c Abs. 3 S. 1 Nr. 6 HGB.
• Aufnahme der nichtfinanziellen Erklärung an verschiedenen Stellen oder in einem besonderen Abschnitt im (Konzern-)Lagebericht bzw. Veröffentlichung eines gesonderten nichtfinanziellen Berichts.	• §§ 289b Abs. 1 S. 1 und Abs. 3 bzw. 315b Abs. 1 S. 1 und Abs. 3 HGB • §§ 340a Abs. 1a S. 1 bzw. 340i Abs. 5 S. 1 (Kreditinstitute) • §§ 341a Abs. 1a S. 1 bzw. 341j Abs. 4 S. 1 HGB (Versicherungsunternehmen)
• Möglichkeit der Unternehmen, nachteilige Angaben wegzulassen. Nachholung dieser Angaben, sobald Gründe für die Nichtaufnahme entfallen.	• § 289e HGB
• Möglichkeit der Unternehmen, sich unter Angabe des Rahmenwerks auf nationale, unionsbasierte oder internationale Rahmenwerke zu stützen. • Ergänzung von dem Rahmenwerk nicht abdeckenden Informationen. Begründung, wenn kein Rahmenwerk genutzt wird.	• § 289d HGB
• Pflicht zur formalen Prüfung.	• § 317 Abs. 2 S. 4 HGB
• Bei Erstellung eines gesonderten nichtfinanziellen Berichts Pflicht zur Prüfung über das Vorliegen des Berichts auf der Internetseite des Unternehmens vier Monate nach dem Abschlussstichtag.	• § 317 Abs. 2 S. 5 HGB
• Materielle Prüfung der Inhalte durch den Aufsichtsrat, ggf. mit externer Hilfestellung.	• §§ 171 Abs. 1 S. 4 111 Abs. 2 AktG
• Erweiterte Offenlegung der Diversitätspolitik für bestimmte große Unternehmen durch Beschreibung des Diversitätskonzepts (z.B. Alter, Geschlecht, Bildungs- und Berufshintergrund) in der Erklärung zur Unternehmensführung inkl. Aufzeigung der verfolgten Ziele, deren Umsetzung und Ergebnisse.	• § 289 f HGB
• Begründung, wenn kein Konzept verfolgt wird.	• § 289f Abs. 5 HGB

Anhang   249

• Veröffentlichung der Beschreibung des Diversitätskonzepts im (Konzern-)Lagebericht oder auf der Internetseite des Unternehmens,	• § 289f Abs. 1 HGB
• Pflicht zur formalen Prüfung.	• § 317 Abs. 2 S. 7 HGB
Deutscher Rechnungslegungs Änderungsstandard Nr. 8 (DRÄS 8), vom 22. September 2017	
• Definition des Begriffs „Due-Dilligence-Prozesse".	• DRS 20.11
• Ausweitung der Konkretisierung der Darstellung des Geschäftsmodells.	• DRS 20.37
• Anwendungsbereich und Befreiungsmöglichkeiten der nichtfinanziellen Erklärung.	• DRS 20.232-240
• Berichtsformat der nichtfinanziellen Erklärung.	• DRS 20.241-256
• Inhaltliche Ausgestaltung der nichtfinanziellen Erklärung.	• DRS 20.257-295
• Anwendung von Rahmenwerken für die Erstellung der nichtfinanziellen Erklärung.	• DRS 20.296-301
• Weglassen nachteiliger Angaben in der nichtfinanziellen Erklärung.	• DRS 20.302-305
• Aufnahme der Beschreibung des Diversitätskonzepts in die Auflistung der Inhalte der Konzernerklärung zur Unternehmensführung.	• DRS 20.K227f
• Überblick über die Angaben zum Diversitätskonzept.	• DRS 20.K231f
• Bei Nichterreichung von etwaigen Zielen des verfolgten Diversitätskonzepts Hinweis hierauf.	• DRS 20.K231k

250   Anhang

1. Beschreiben Sie eine typische Situation, in der sich ein Arbeitnehmer über ein Unternehmen informieren möchte. Wie gelangt er an diese Informationen?

2. Stellen Sie sich vor, ein Arbeitnehmer hat zwei Arbeitsangebote. Welche Kriterien können für ihn bei der Entscheidung wichtig sein, wenn Gehalt, Einstiegsposition und Ort gleich sind?

3. Nennen Sie beispielhaft ein negatives Thema oder eine Situation, in der eine öffentliche Berichterstattung eines Unternehmens über nichtfinanzielle Aspekte wünschenswert ist. Für welche Unternehmen sind welche nichtfinanziellen Themen in welchen Situationen interessant? Ist eine Pauschalisierung möglich?

4. Was verstehen Sie unter dem Begriff Corporate Social Responsibility? Ist CSR und CSR-Berichterstattung aus Arbeitnehmerperspektive im Vergleich zu anderen Stakeholdern anders zu betrachten? Wenn ja, warum und wie?

5. Welche Mindestanforderungen stellen Sie an die CSR-Berichterstattung aus Arbeitnehmerperspektive? Welche Mindestanforderungen sehen Sie bei den Themen Umwelt-, Arbeitnehmer- und Sozialbelange, Achtung der Menschenrechte, Bekämpfung von Korruption und Bestechung und Diversität?

6. An welche Unternehmen stellen Sie diese Mindestanforderungen? Gibt es Eigenschaften von Unternehmen, die Ihr Interesse beeinflussen? Stellen Sie die Mindestanforderungen auch an Unternehmen, die mit dem berichtenden Unternehmen in Geschäftsbeziehungen stehen?

7. Welche Maßnahmen erachten Sie als geeignet,

    ○ die Transparenz, Relevanz, Konsistenz und Vergleichbarkeit von Sozial- und Umweltbelangen eines Unternehmens zu erhöhen,

    ○ Unternehmen für nichtfinanzielle Themen zu sensibilisieren,

    ○ das Vertrauen von Arbeitnehmern in Unternehmen zu stärken,

    ○ die Rechenschaftslegung von Unternehmen bzgl. ihrer Auswirkungen auf die Gesellschaft zu fördern,

    ○ die Vielfalt in Unternehmen zu erhöhen?

8. Welche Mittel können hier unterstützend genutzt werden?

9. Bennen Sie aus Arbeitnehmerperspektive konkrete Chancen und Risiken, die aus einer verpflichtenden CSR-Berichterstattung hervorgehen für

    ○ Arbeitnehmer,

    ○ Arbeitnehmervertreter,

    ○ die Sozial- und Umweltbelange eines Unternehmens.

Abbildung 11: Erzählaufforderungen des Leitfadens der Untersuchung[1343]

1343 Eigene Darstellung.

Anhang

Abbildung 12: Anschreiben der Untersuchung[1344]

1344 Eigene Darstellung.

252 Anhang

Fakultät für Wirtschaftswissenschaft
Lehrstuhl für Internationale UnternehmensRechnung
PROF. DR. BERNHARD PELLENS

RUHR
UNIVERSITÄT
BOCHUM

Verschwiegenheits- und Einverständniserklärung

zur Erhebung und Verarbeitung personenbezogener Interviewdaten

Im Rahmen eines Forschungsprojektes am Lehrstuhl für Internationale Unternehmensrechnung (Prof. Dr. Bernhard Pellens) der Fakultät für Wirtschaftswissenschaft der Ruhr-Universität Bochum wird das Thema Nachhaltigkeit in der Unternehmensberichterstattung untersucht.

Für das Projekt werden Interviews durchgeführt. Sämtliche Daten werden streng vertraulich behandelt. Die Interviews werden mit einem Aufnahmegerät aufgezeichnet und im Anschluss von den Mitarbeiterinnen und Mitarbeitern des Forschungsprojekts in Schriftform gebracht. Für die weitere wissenschaftliche Auswertung der Interviewtexte werden alle Angaben, die zu einer Identifizierung von Personen führen könnten, anonymisiert. In wissenschaftlichen Veröffentlichungen werden Interviews nur in Ausschnitten zitiert, um gegenüber Dritten sicherzustellen, dass der entstehende Gesamtzusammenhang von Ereignissen nicht zu einer Identifizierung von Personen führen kann.

Personenbezogene Kontaktdaten werden von Interviewdaten getrennt für Dritte unzugänglich gespeichert. Die Daten werden ausschließlich zu Zwecken der wissenschaftlichen Forschung und Lehre verwendet und nicht an Dritte zu anderen Zwecken weitergegeben.

Die Teilnahme an den Interviews ist freiwillig. Sie haben zu jeder Zeit die Möglichkeit, das Interview abzubrechen. Die Einwilligung in die Aufzeichnung und Niederschrift des Interviews kann jederzeit mit Wirkung für die Zukunft widerrufen werden. Sie können die Löschung Ihrer personenbezogenen Daten verlangen. In diesem Fall dürfen die bis zu diesem Zeitpunkt gespeicherten Daten weiterhin verwendet werden, soweit dies im Rahmen des Forschungsprojekts erforderlich ist.

Interviewer Interviewte

-------------------------------- --------------------------------
Ort, Datum Ort, Datum

Nina Schröder Christopher Wysotzki

PROF. DR. BERNHARD PELLENS | Universitätsstraße 150, 44780 Bochum | pellens@rub.de
FON +49 (0)234 32-23832 | Fax +49 (0)234 32-14228

WWW.RUB.DE

Abbildung 13: Verschwiegenheits- und Einverständniserklärung der Untersuchung[1345]

1345 Eigene Darstellung.

Printed in the United States
By Bookmasters